Thomas Bauer · In guter Gesellschaft

1. Oktober 2010

Frau Ellen Walliser
mit herzlichem Dank
und Gruß gewidmet.

Thomas Bauer
Henriette [illegible]
[illegible] Ring

Thomas Bauer

In guter Gesellschaft

Die Geschichte der Polytechnischen Gesellschaft in Frankfurt am Main

Herausgegeben von der
Polytechnischen Gesellschaft e. V.

Waldemar Kramer

Waldemar Kramer in der marixverlag GmbH,
Frankfurt am Main und Wiesbaden

www.frankfurtbuecher.de

ISBN 978 3 86539 677 8

Umschlag: Michael Drossmann, Wolfsburg, unter Verwendung der Abbildung „Frankfurt am Main von Südwesten“ Gouache von Anton Radl, um 1800
Bildquelle: Historisches Museum, Frankfurt am Main

Druck: betz-druck GmbH, Darmstadt

Buchbinderische Verarbeitung: Schaumann GmbH, Darmstadt

Inhalt

7 Vorwort

„Zur Beförderung der nützlichen Künste“
11 Gründung der Gesellschaft 1816 – 1821

„An der Menschenveredlung arbeiten“
35 Bildung und Verantwortung 1821 – 1866

„Die Geschmack angebende Metropole Südwestdeutschlands“
69 Qualität und Schönheit 1866 – 1933

„Mitglied kann jeder deutsche Reichsbürger sein“
113 Gleichschaltung im Nationalsozialismus 1933 – 1945

„Nobis cura futuri – Wir sorgen für die Zukunft“
139 Wiederaufbau und Kultur 1945 – 1966

„Der geistigen Idee Frankfurts dienen“
167 Bürgersinn und Bürgertat 1966 – 2005

„Groß wurde Frankfurt durch die Kraft der Bürger“
211 Tradition und Moderne 2005 – 2010

243 Proponierende Sekretäre und Präsidenten
245 Zeittafel
249 Anmerkungen
271 Literatur
279 Register

Vorwort

Es war das Jahr Eins nach Napoleons Sturz, als 1816 in Frankfurt am Main die Polytechnische Gesellschaft gegründet wurde, damals unter dem Namen „Gesellschaft zur Beförderung der nützlichen Künste und ihrer Hülfswissenschaften“. Frankfurt befand sich nach dem Ende der napoleonischen Herrschaft in einer desaströsen Situation, die nach einem politischen, gesellschaftlichen, wirtschaftlichen und nicht zuletzt geistigen Neuanfang verlangte.

Ihre Gründer wussten, dass dies nur durch die Bürger selbst gelingen konnte. Und so kam, was in einer selbstbewussten mündigen Bürgerschaft, die aus der Tradition der Freien Stadt heraus gewöhnt war, ihre Dinge selbst in Hand zu nehmen, erwartet werden konnte: Es fand sich eine Gruppe überwiegend jüngerer Frankfurter zusammen – Handwerker, Kaufleute, Juristen, Lehrer, Ärzte, Gelehrte –, die die städtische Entwicklung nicht allein dem Rat der Stadt überlassen wollten. Sie hatten die richtigen Ideen, sie wussten, wo in der Stadt zu handeln besonders notwendig war. So begannen sie, konkrete Förderprogramme zu entwickeln und Schritt für Schritt umzusetzen. „Virtus in actione consistit“ – Tugend besteht in Handeln – war einer ihrer Leitsätze. Dahinter stand ein Menschenbild, welches aus dem Liberalismus und der Aufklärung kam: das der Freiheit und Gleichheit aller Bürger, der Selbstbestimmtheit, der Verpflichtung zu Eigenverantwortung, aber auch der Verantwortung für das Gemeinwohl. Sie glaubten an den Aufstieg durch Bildung. Ihr wichtigstes Ziel war es, die Fähigkeiten und das Können des Einzelnen zu fördern, denn nur so ließ sich Wohlstand für alle steigern. Über allem aber stand, dass sie ihre einst so stolze und einflussreiche Freie Stadt wieder ganz nach vorne bringen, sie im nationalen und internationalen Wettbewerb mit anderen Städten konkurrenzfähig machen wollten.

Zu den Schwerpunkten ihrer Arbeit gehörte die „Vervollkommnung der technischen und ökonomischen Gewerbe“, wie es im Gründungsaufruf heißt. Deshalb stand lange Zeit die Aus- und Weiterbildung der Handwerker – des damaligen Mittelstandes – im Vordergrund. Die „Hülfswissenschaften“ stehen für die damals in lebhafter Entwicklung befindlichen Naturwissenschaften: Physik, Chemie, Mechanik und dem damit verbundenen Gewerbe als Grundlage moderner Wirtschaftsentwicklung. Die Polytechniker unterstützten Erfindungen jeder Art, förderten „Kunstfleiß“, veranstalteten Ausstellungen und Leistungsschauen, also für die Gesellschaft höchst nützliche Entwicklungen.

Daneben übernahmen sie soziale Aufgaben, leisteten Beistand bei Arbeitslosigkeit, Hungersnöten und Krankheit. Sehr viel lag ihnen an praxisorientierter Volksbildung. Sie veranstalteten öffentliche Vorträge über

„Fortschritte der Gewerbekunde“, „Landwirtschaftskunde“, über neue Erfindungen und ihre gewerbsmäßigen Nutzungsmöglichkeiten. Adressaten waren Handwerker, Fabrikanten, Künstler, Lehrer. Besondere Bedeutung hatte die 1822 von Polytechnikern gegründete Sparkasse, die den unteren Bevölkerungsschichten zu Krediten verhelfen, ihnen aber auch sichere Spargroschen garantieren sollte.

Das Programm der Polytechnischen Gesellschaft war in seiner Zeitlosigkeit hochmodern und ist daher auch heute noch aktuell. Es umfasst die Grundbedürfnisse eines jeden Bürgers genauso wie die Notwendigkeiten städtischer Entwicklungsförderung. Die Polytechniker wussten: Immer wieder Neues zu denken und zu erproben ist Voraussetzung für den Fortschritt. Auf diese Weise gelang es der Gesellschaft, nicht nur vorhandene Probleme in der Stadt zu identifizieren, sondern auch an ihrer Behebung mitzuwirken. Nicht zuletzt aus dieser Erkenntnis gründete die „Polytechnische“ immer wieder Tochterinstitute, die auf unterschiedlichsten Feldern tätig wurden.

Aber die Polytechniker beschränkten sich nicht darauf. Denn es gab noch andere Ziele, abgeleitet aus dem Konflikt zwischen Jüngeren und Älteren, zwischen Fortschritt und Restauration. Die junge Generation sah ihre Aufstiegschancen bedroht. Neben liberalen, nationalen oder patriotischen Vereinen, die im ausgehenden 18. Jahrhundert und im 19. Jahrhundert gegründet wurden, hatten auch Polytechniker gesellschaftspolitische Anliegen. Sie alle verstanden sich als „Schrittmacher und Zutreiber des Staatlichen Zusammenschlusses“, wie Dolf Sternberger in seinem Festvortrag „Über den Bürgersinn“ es anlässlich des 150-jährigen Jubiläums der Polytechnischen Gesellschaft formulierte. Man findet sie als Beteiligte am Vormärz und in der Paulskirchenbewegung.

Die Vereine von damals hatten ihr Gewicht in sich selbst. Sie waren Zusammenschlüsse freier Bürger für Bürger und somit alles andere als Werkzeuge der Obrigkeit. Schließlich hatten sie sich ausdrücklich mit dem Ziel gegründet, wichtige gesellschaftliche Forderungen aufzustellen und in die Praxis überzuleiten.

Um noch einmal Sternberger zu zitieren: „Für das 19. Jahrhundert ist daher die Vereinsgeschichte kaum weniger wichtig als die Staaten- oder Stadtgeschichte. Folgerichtig rangierten die Vereine jener Zeit auch nicht unterhalb der öffentlich-rechtlichen Organe oder Ämter, sondern durchaus neben ihnen“. Im Wettstreit mit der Obrigkeit stellten sie eine innerstädtische Macht dar, denn sie fanden große Aufmerksamkeit und Beteiligung in der Bürgerschaft.

Es ist aufschlussreich, wie stark sich in den Zielen der Polytechnischen Gesellschaft widerspiegelt, was rund vierzig Jahre zuvor in Hamburg mit der Gründung der Patriotischen Gesellschaft auf den Weg gebracht worden war oder auch 1795 in Lübeck durch die Gründung der „Gesellschaft zur Beförderung gemeinnütziger Tätigkeit“. In ihren Gründungsmanifesten findet man den gleichen freiheitlichen Geist und den gleichen Willen, zum Nutzen der Allgemeinheit zu handeln. Nie unter kirchlicher oder weltlicher Herrschaft gestanden zu haben, nie Untertanen gewesen zu sein, hatte die Bürger dieser drei Städte geprägt.

Die bürgerschaftliche Mentalität in den drei Städten, über Jahrhunderte gewachsen, ist erhalten geblieben. Frankfurt, Hamburg und auch Lübeck gehören noch heute – oder heute wieder – zu den Städten mit der höchsten Dichte an privaten gemeinnützigen Stiftungen in Deutschland. Dieses Stiftertum gehört zum Besten, was eine Stadtgesellschaft entwickeln kann.

Diese Haltung hat sich nicht erschöpft. Die Einsicht der Gründer, dass staatliches Wirken durch Initiativen der Bürger ergänzt werden muss, ist heute ebenso gültig wie damals. Die Bürgergesellschaft ist in dieser Gesinnung zum wichtigsten Stabilisator städtischer Gesellschaften geworden.

Die Geschichte der Polytechnischen Gesellschaft ist insofern auch ein Teil Frankfurter Stadtgeschichte. Die „Polytechnische“ hat die Stadt in ihrer Entwicklung in vielfältiger Weise begleitet und gefördert. Sie hat Rat gegeben und Anstöße für Neues, welches sie zunächst einmal für sich selbst erprobte, bevor sie es weitergab. Immer wieder hat sie auch Aufgaben übernommen, die eigentlich Aufgaben der Stadt oder des Staates gewesen wären. Dennoch wurde sie nie der „caritative Arm“ der Stadt oder lieferte dauerhaft Ersatz für städtisches Handeln. Das Zusammenwirken mit der Stadt mag nicht immer spannungsfrei gewesen sein; letztendlich aber war es harmonisch und konstruktiv bis in die heutige Zeit hinein. Der Stadt und ihrer Gesellschaft hat es großen Nutzen gebracht.

Trotz der vielen Erfolge, die die Polytechnische Gesellschaft erzielen konnte, war ihr Weg nicht ungefährdet. Es gab immer wieder wirtschaftliche Probleme, Engpässe bei der Finanzierung einzelner Projekte oder von Institutslasten. Wiederholt musste eine Einrichtung veräußert oder gar geschlossen werden.

Die größte Bedrohung ging indessen von den Nationalsozialisten aus, denen eine liberale Bürgervereinigung an sich bereits unbequem sein musste, mit einer Mitgliedschaft, die schon seit 1832 jüdische Frankfurter einschloss. Darüber hinaus interessierte sie das Vermögen der Polytechnischen Gesellschaft und die freien Mittel der mit der Polytechnischen eng verbundenen Frankfurter Sparkasse von 1822. Um Einfluss auf die Polytechnische Gesellschaft und ihr Geld entbrannte bald schon nach der Konsolidierung ihrer Macht ein Kampf zwischen dem „braunen“ Oberbürgermeister der Stadt und dem in Frankfurt ansässigen Gauleiter. Es ist das Verdienst von Dr. Thomas Bauer, durch intensive Recherchen in den Archiven eine Fülle neuer Quellen gefunden zu haben, die Licht in diese dunkelste Zeit der Polytechnischen Gesellschaft gebracht haben. Wir sind sehr froh, nunmehr solide Erkenntnisse über jene Jahre präsentieren zu können.

Die Polytechnische Gesellschaft hat trotz aller Bedrängnisse überlebt, wie im Übrigen auch ihre hanseatischen „Schwestern im Geiste". Es fanden sich immer wieder genügend Bürger in der Stadt, die bereit waren, ehrenamtlich und mit der gleichen Gesinnung für die Polytechnische tätig zu sein, welche ihre Vorgänger ausgezeichnet hatte, so schwer dies durch die hohen Vermögensverluste durch Inflation und Kriegsfolgen auch war. Nach wirtschaftlich schwierigen Jahren, in denen die Gesellschaft und ihre Töchter kaum Möglichkeiten hatten, Neues und Notwendiges zu tun, bekam sie 2005 mit dem Erlös aus dem Verkauf der Sparkasse von 1822 einen erheblichen Kapitalzufluss, der es ihr erlaubte, ihre Tätigkeit nunmehr in einer materiell völlig neuen Dimension fortzuführen. Sie gründete eine neue große Stiftung; die übrigen Töchter erhielten eine stabile finanzielle Grundausstattung. Damit war sie in der Lage, wieder an das anzuknüpfen, was sie bis in den Zweiten Weltkrieg hinein ausgezeichnet hatte: wichtige Entwicklungen in der Stadt Frankfurt zu fördern und jungen Menschen den Weg zu Bildung und beruflicher Qualifikation zu ebnen.

In einer Zeit, in der de facto zivilgesellschaftliche Selbstverantwortung abgebaut wird durch zunehmende Einflussnahme des Staates, in der bürgerliche Werte „verstaatlicht" werden und der Citoyen unmerklich zum Kundenbürger mutiert, muss alles getan werden, die Kreativität und die Kraft zivilgesellschaftlichen Engagements in den Städten wieder zu stärken. Es ist heute allgemeiner Konsens, dass künftige gesellschaftliche Entwicklungen aus den Städten kommen werden. Der Aufruf von Hans Jonas an die Bürger, sich der Verantwortung für die Gestaltung der Welt persönlich zu stellen, gilt daher heute unverändert.

Wir würden wünschen, dass das vorliegende Buch in seiner Beschreibung des Werdegangs der Polytechnischen Gesellschaft – in Fortführung der Chronik, die 1966 Franz Lerner unter dem Titel „Bürgersinn und Bürgertat" veröffentlicht hat – die notwendige Diskussion um die Rolle privaten Engagements in einer modernen Stadt und die Aufgaben einer verantwortungsbewussten Bürgergesellschaft in einer auseinanderdriftenden Stadtgesellschaft anregten.

Für den Vorstand der Polytechnischen Gesellschaft
Professor Dr. Klaus Ring

„Zur Beförderung der nützlichen Künste“

Gründung der Gesellschaft 1816 – 1821

Der Frankfurter Bürger und Kaufmann Joseph Serviere war ein Polytechniker der ersten Stunde. Sobald er seine Pflichten in der vom Vater überlassenen und zusammen mit dem Schwager Johann Franz Denant in der Alten Mainzer Gasse geführten Weinhandlung „Serviere & Denant“ erfüllt hatte, widmete sich der kluge Kopf der Chemie und der Mechanik. Dabei galt die Leidenschaft des Weinhändlers der Kunst des Bierbrauens. Beim Bierbrauen bereitete am Anfang des 19. Jahrhunderts den deutschen Braumeistern die Kühlung der Flüssigkeit, die bei einer Erwärmung auf über zehn Grad in Essig umzuschlagen drohte, und die geringe Haltbarkeit des Endprodukts nach wie vor Kopfzerbrechen. Während die Biertrinker in den warmen Sommermonaten in Frankfurt am Main und anderswo auf dem Trockenen saßen, floss der beliebte Gerstensaft in England, wo mit Hilfe moderner Brautechnik und einer speziellen Würze ein Bier von längerer Haltbarkeit und von höherer Qualität produziert wurde, das ganze Jahr über aus den Zapfhähnen.

Nach jahrelangem Recherchieren und Probieren glaubte der wissensdurstige Serviere im Frühjahr 1812 das Geheimnis der englischen Braukunst gelüftet zu haben. Gemeinsam mit dem Bierbrauer Georg Daniel Finck ersuchte Serviere den Präfekten des großherzoglichen Departements Frankfurt, Friedrich Maximilian von Günderrode, um die Erlaubnis, sein „englisches Bier“ in einem Garten-Kolleg auszuschenken. „Ich weis nun seit wenigen Tagen“, triumphierte Serviere in dem Gesuch vom 12. März 1812, „auf was es ankom(m)t bey der englischen Brauerey, ich habe nun das Mittel, den Erbfeind aller andern Brauer, den Wärmestoff, zu besiegen, und mitten im Sommer die Producte des Winters zu liefern, meinem Bier die Haltbarkeit des englischen zu geben.“[1] Serviere bot dem Präfekten eine Verkostung des Biers an und fügte dem Schreiben ein Exemplar seines 1809 veröffentlichten Erstlingswerks „Der theoretische und praktische Kellermeister“ hinzu.[2] Das großherzogliche Innenministerium begrüßte den Beitrag der beiden Frankfurter Bürger zur Hebung des deutschen Braugewerbes und erteilte Serviere und Finck im April 1812 eine auf sechs Jahre befristete Schankerlaubnis für das so genannte englische Bier.[3]

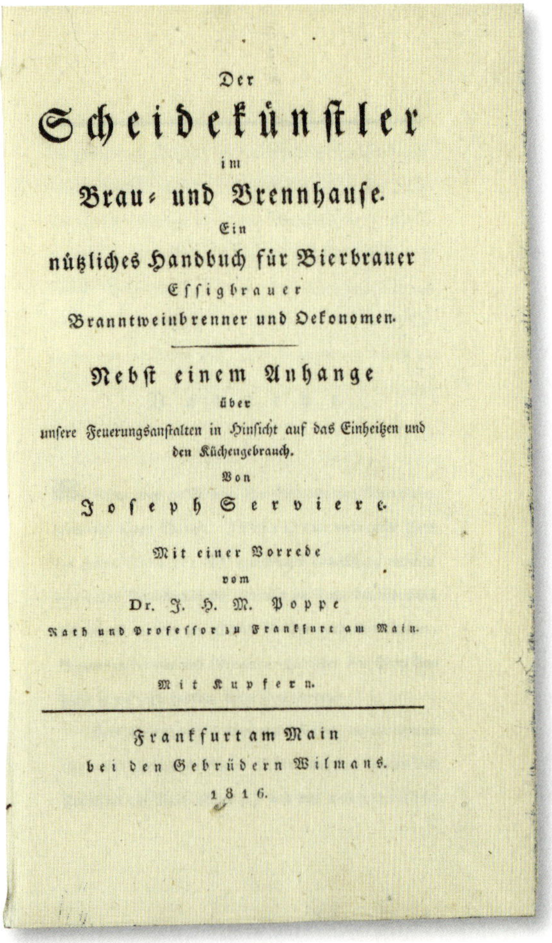
Der
Scheidekünstler
im
Brau- und Brennhause.
Ein
nützliches Handbuch für Bierbrauer
Essigbrauer
Branntweinbrenner und Oekonomen.
Nebst einem Anhange
über
unsere Feuerungsanstalten in Hinsicht auf das Einheitzen und den Küchengebrauch.
Von
Joseph Serviere.
Mit einer Vorrede
vom
Dr. J. H. M. Poppe
Rath und Professor zu Frankfurt am Main.
Mit Kupfern.
Frankfurt am Main
bei den Gebrüdern Wilmans.
1816.

Der Autor Joseph Serviere meldete sich 1816 erneut zu Wort. In die bei Wilmanns in Frankfurt verlegte Abhandlung „Der Scheidekünstler im Brau- und Brennhause“ hatte Serviere sein gesamtes Wissen über das Brauereiwesen hineingepackt und dabei auch nicht mit Details der von ihm entwickelten Kühlapparate und „Erhaltungs-Cylinder“ hinter dem Berg gehalten. Mit Nachdruck warb der Neuerer für eine Reform der bislang von den Handwerkszünften starr reglementierten Ausbildung zum Braumeister. Um im Wettbewerb mit der englischen Konkurrenz bestehen zu können, bedurfte es an der Spitze großer Brauereien „gebildeter, kenntnißvoller und thätiger“[4] Männer. Die künftigen Führungskräfte sollten in eigens errichteten Musterbetrieben herangebildet werden. Im Vorwort zum „Scheidekünstler“, das aus der Feder Johann Heinrich Moritz Poppes stammte, würdigte der am Frankfurter Gymnasium Mathematik und Physik unterrichtende Professor Servieres Anteil daran, dass es mit der „deutschen Indüstrie“ langsam, aber sicher vorwärts ging. „Wenn Deutschland“, so der Verfasser der Vorrede, „mehr solcher Männer, wie Herrn Ser-

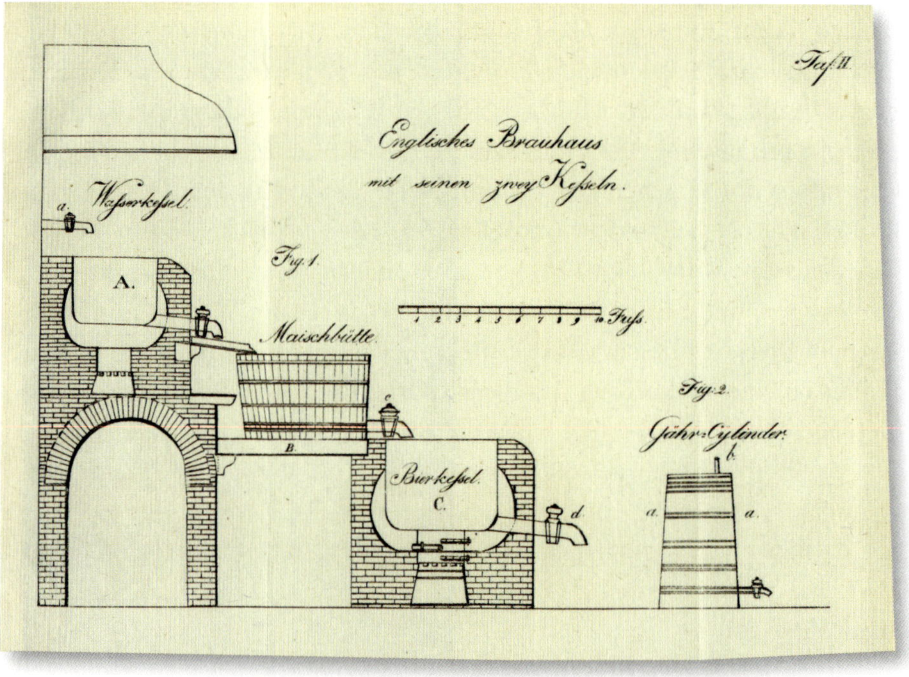

Titelseite und Schema eines englischen Brauhauses aus Joseph Servieres Handbuch für Bierbrauer, 1816.

viere hätte, und der Staat diesen die gehörige Unterstützung angedeihen ließe, so würden die Engländer ihren Rang über uns nicht lange mehr behaupten."[5]

Johann Heinrich Moritz Poppe und Joseph Serviere verband mehr als nur das gemeinsame Interesse an der Mechanik – sie waren beide Kinder des 18. Jahrhunderts, des Zeitalters der Aufklärung. In der festen Über-

Der Gründer – Johann Heinrich Moritz Poppe

Die Wiege des Gründers der heutigen Polytechnischen Gesellschaft stand in Göttingen, einem Zentrum der deutschen Aufklärung. Johann Heinrich Moritz wurde am 16. Januar 1776 als Sohn des Universitätsmechanikus und Uhrmachers Poppe in der Stadt an der Leine geboren. Schon als Schüler entwickelte der Uhrmachersohn eine besondere Schwäche für Mathematik und Mechanik. In der väterlichen Werkstatt sammelte der Gymnasiast praktische Erfahrungen und trug zum Unterhalt der vielköpfigen Familie bei. Ab 1794 studierte Poppe an der Georg-August-Universität in Göttingen Mathematik und Physik sowie Technologie und Staatswirtschaft. Die von Johann Beckmann als eigenständiges Wissenschaftsgebiet begründete Technologie umfasste „die Kenntniß der Handwerke, Fabriken und Manufacturen, vornehmlich derer, die mit der Landwirtschaft, Polizey und Cameralwissenschaft in nächster Verbindung stehn."[8] Das neue Studienfach beinhaltete eine die Kenntnis der neuesten Erfindungen einschließende praktische Gewerbelehre.
Mit dem im „Hannöverschen Magazin" abgedruckten Aufsatz „Ueber die Stellung und Regulirung der Uhren" trat Poppe im Alter von 18 Jahren erstmals als Autor hervor. 1797 folgte sein „Versuch einer Geschichte der Uhren", 1799/1800 das „Woerterbuch der Uhrmacherkunst." Die Kette der Veröffentlichungen sollte von nun an bis zu seinem Lebensende nicht mehr abreißen. Dem Mainzer Erzbischof Carl Theodor von Dalberg gewidmet verschaffte die 1802 aus einer Preisschrift hervorgegangene „Ausführliche Geschichte der Anwendung aller krummen Linien in den mechanischen Künsten und in der Architektur" Poppe den Titel eines Hofrates im Fürstentum Schwarzburg-Sondershausen. Im weiteren Verlauf seiner akademischen Karriere wurde der Uhrmachersohn 1804 in Göttingen zum Doktor der Philosophie promoviert und hielt fortan als Privatdozent Vorlesungen über mathematische Geographie.

Johann Heinrich Moritz Poppe (1776–1854). Ölgemälde von Otto L. Viemeier nach einem Stich von Mens Haas, um 1938.

Mit 29 Jahren kehrte Poppe seiner Vaterstadt den Rücken und folgte an Ostern 1805 einem Ruf als Lehrer für Mathematik und Physik an das Gymnasium in Frankfurt am Main. In der Reichsstadt fasste Poppe schnell Fuß und wurde im Herbst 1805 vom Frankfurter Rat zum Professor ernannt. 1816 übernahm Poppe die Leitung der von ihm mit 22 Gleichgesinnten gegründeten „Frankfurtischen Gesellschaft zur Beförderung der nützlichen Künste und der sie veredelnden Wissenschaften." Zwei Jahre später wurde der erste in Deutschland errichtete Lehrstuhl für Technologie an der Eberhard Karls Universität in Tübingen mit Poppe besetzt. 1836 in den persönlichen Adelsstand erhoben, ist Johann Heinrich Moritz von Poppe am 21. Februar 1854 in Tübingen verstorben.[9]

zeugung, dass allein die Erfahrung oder das Experiment die Erkenntnis befördere, hatten englische und französische Philosophen wie John Locke oder Voltaire die alle Lebensbereiche durchdringende Zeitströmung geprägt. Der Mensch sollte von geistiger Abhängigkeit und von Unwissenheit befreit sowie als selbstständiges und von Vernunft geleitetes Individuum dem Gemeinwesen dienen. Für die deutsche Aufklärung formulierte Immanuel Kant in der Sprache der Gelehrten das lateinische Motto: „Sapere aude! – Habe Mut, dich deines eigenen Verstandes zu bedienen!"[6] Die Aufklärung war jedoch keineswegs eine rein intellektuelle Bewegung. Der aufklärerische Praxisbezug war dem Grundsatz nach am Gemeinwohl orientiert. In einem auf Vernunft und Nützlichkeit gegründeten Gemeinwesen hatte jeder seine Lebens- und Arbeitswelt nach rationalen Kriterien einzurichten. Die hierfür notwendigen Kenntnisse und die erforderlichen Tugenden wie Fleiß und Pflichttreue mussten allerdings erst vermittelt werden, weshalb die Reform des Bildungswesens in der Epoche der Aufklärung einen hohen Stellenwert einnahm. Ein weiteres Merkmal der Aufklärung bildete die Gründung von Vereinen. Der gesellige Umgang und der kritische Diskurs mit Gleichgesinnten bestärkte die Minderheit, sich in einer weiterhin traditionalen Vorstellungen verhafteten Gesellschaft zu behaupten.[7]

Unter der Regierung des aufgeklärten Fürsten Carl Theodor von Dalberg wurden in Frankfurt am Main viele alte Zöpfe abgeschnitten. Die militärischen Niederlagen gegen Napoleon Bonaparte und der Austritt von 16 im Rheinbund unter französischem Schutz vereinten Fürsten aus dem Reichsverband hatten Kaiser Franz II. am 6. August 1806 zur Auflösung des Heiligen Römischen Reichs Deutscher Nation bewogen. Mit dem Untergang des alten deutschen Reiches stand auch die seit Gene-

Frankfurt am Main von Südwesten. Gouache von Anton Radl, um 1800.

rationen von lutherischen Patrizierfamilien selbst verwaltete Reichsstadt Frankfurt vor einer Zeitenwende. Die Frankfurter verloren 1806 vorübergehend ihre „Freiheit" und gewannen unfreiwillig den Fortschritt. Im Rheinbundvertrag vom 12. Juli 1806 wurde die ehemalige Wahl- und Krönungsstadt der römisch-deutschen Kaiser dem letzten Mainzer Erzbischof Carl Theodor von Dalberg als Teil eines Fürstentums zuerkannt, welches 1810 von Napoleon zum Großherzogtum erhoben wurde.

In Abhängigkeit von Frankreich und geleitet von den Idealen der Französischen Revolution setzte Dalberg während seiner kurzen Regierungszeit von 1806 bis 1813 in Frankfurt wichtige Reformen durch. So wurde als Zivilrecht der Code Napoléon eingeführt, die Gleichberechtigung aller Untertanen einschließlich der Juden erklärt und den christlichen Minderheiten die uneingeschränkte Religionsausübung ermöglicht. Das Schul- und Bildungswesen korrigierte Dalberg, indem er die unzureichenden Quartierschulen durch staatliche Volksschulen ersetzte und im Anschluss an das Gymnasium zur Vorbereitung auf die Fachschule den Besuch des Lyzeums einschob. Die Zwischenstufe, an der auch Jo-

Verbrennung englischer Waren auf dem Fischerfeld. Gemälde von Johann Carl Wilck, 1810.

hann Heinrich Moritz Poppe unterrichtete, sollte den Schülern Kenntnisse in höherer Mathematik, Naturwissenschaften, Weltgeschichte und Philosophie vermitteln. Uneingeschränkte Zustimmung fand Dalberg bei den Frankfurtern nur für die 1804 auf französischen Druck begonnene und von ihm konsequent zu Ende gebrachte Beseitigung der unter strategischen Gesichtspunkten mittlerweile nutzlosen Festungsanlagen. Die von Stadtgärtner Sebastian Rinz geleitete Umwandlung der Bollwerke in einen Anlagenring befreite die Stadt aus ihrer mittelalterlichen Enge. Goethes Mutter schrieb im Juli 1808 ihrem Sohn nach Weimar: „Die alten Wälle sind abgetragen, die alten Tore eingerissen, um die ganze Stadt ein Park, man glaubt, es sei Feerey“ und merkte weiter spöttisch an, die Frankfurter „alten Perücken hätten so was bis an Jüngsten Tag nicht zuwege gebracht.“[10]

Die meisten Frankfurter empfanden die Regierung Dalberg bis zuletzt als Fremdherrschaft. Der Verlust der politischen Selbstständigkeit, die

Knebelung der öffentlichen Meinung, die hohen Steuern und die französische Wirtschaftspolitik, die während der Kontinentalsperre auch den Frankfurter Englandhandel zu unterbinden suchte, sorgten für böses Blut. Mit der im November 1806 verfügten und bis 1814 in Kraft gebliebenen Wirtschaftblockade über die britischen Inseln versuchte Napoleon den Kriegsgegner England in die Knie zu zwingen. Das Handelsverbot mit englischen Waren schädigte sowohl das britische als auch das kontinentale Wirtschaftsleben. Im Nachhinein sollte sich das Zurückbleiben der industriellen Entwicklung auf dem Festland als Bumerangeffekt der Kontinentalsperre erweisen. Nach der verheerenden Niederlage der napoleonischen Streitmacht gegen die verbündeten russischen, preußischen und österreichischen Armeen im Oktober 1813 in der Völkerschlacht bei Leipzig hatte Großherzog Carl Theodor von Dalberg seine Residenz im Palais Thurn und Taxis in der Großen Eschenheimer Gasse geräumt und Frankfurt für immer den Rücken gekehrt. Als die siegreichen Truppen der Alliierten Anfang November 1813 in Frankfurt eintrafen, wurden sie als Befreier begrüßt.[11]

Der Zentralverwaltungsrat für die nördlich der Mainlinie herrenlos gewordenen Gebiete der Rheinbundstaaten nahm im November 1813 unter der Leitung von Heinrich Friedrich Carl Reichsfreiherr vom und zum Stein Quartier im verwaisten Palais Thurn und Taxis. Dank der Fürsprache des Freiherrn vom Stein gehörte Frankfurt zu den Gewinnern des Wiener Kongresses 1814/15. Nach dem Sturz Napoleons verhandelten Monarchen und Staatsmänner in Wien über die politische Neuordnung Europas. Artikel 46 der Wiener Schlussakte erklärte Frankfurt auf Betreiben Steins zur Freien Stadt, was ihm Bürgermeister und Rat hoch anrechneten und am 20. November 1816 mit der Verleihung der Ehrenbürgerwürde dankten. Als souveräner Staat war Frankfurt neben den drei Hansestädten Hamburg, Bremen und Lübeck sowie 35 Fürstenstaaten Teil des Deutschen Bundes, der 1815 die Stelle des aufgelösten Heiligen Römischen Reichs eingenommen hatte. Mit der am 16. Oktober 1816 auf dem Römerberg von den Bürgern beschworenen „Constitutions-Ergänzungs-Acte" gab sich die Stadt, indem sie mit den meisten Dalbergischen Reformen brach, eine neue Verfassung.

Als wichtigstes Machtzentrum übernahm der von Juristen geprägte Senat im Wesentlichen die Struktur des reichsstädtischen Rates mit den beiden Bürgermeistern an der Spitze. In seinem Finanzgebaren von der mehrheitlich mit Kaufleuten besetzten Bürgerrepräsentation kontrolliert, erwuchs dem Senat mit der Gesetzgebenden Versammlung ein konkurrierendes Gremium. Die mit der Steuergesetzgebung oder der Genehmigung des jährlichen Status exigentiae befasste Versammlung zählte 85

Mitglieder, von denen je zwanzig vom Senat und von der Bürgerrepräsentation bestimmt und 45 aus der Bürgerschaft nach direkter Wahl entsandt wurden. Als gewählte Mitglieder der Versammlung erhielten im Vereinswesen engagierte Bildungsbürger Einfluss auf die Stadtpolitik. Die unterschiedlich privilegierten Rechtsgemeinschaften der alten Ordnung lebten ebenso wieder auf wie das Prinzip des Nahrungsschutzes, das auf Kosten der Gewerbefreiheit den bürgerlichen Handwerksmeistern ausreichende Einkünfte garantierte. Im Jahr 1817 war von den insgesamt 47.850 Einwohnern Frankfurts nur jeder Zehnte im Besitz des vollen, an den Vermögensnachweis von 5.000 Gulden gebundenen Bürgerrechts. Die Familienangehörigen eingerechnet, umfasste das Bürgertum 17.670 Personen. Die übrigen Einwohner unterschieden sich in Beisassen, das heißt christliche Schutzverwandte mit einem minderen Rechtsstatus, in nur über eine befristete Aufenthaltserlaubnis verfügende „Permissionisten", in die Gruppe der Fremden, zu denen die Gesellen oder das Dienstpersonal zählten, sowie in Juden und in leibeigene Bewohner der acht von Frankfurt beherrschten Dörfer.[12]

Frankfurt am Main war eine traditionale bürgerliche Stadt, deren Wohlstand auf einem florierenden Großhandel und Bankgeschäften beruhte. Der 66-jährige Johann Wolfgang von Goethe hatte im Spätsommer 1815 bei seinem letzten Frankfurt-Besuch nicht nur Augen für Marianne von Willemer, sondern der Dichterfürst registrierte auch die rege Bautätigkeit: „Unter so vieler Jahre Kriegsdruck und Dulden hat sich diese Stadt auf das prächtigste und heiterste hervorgebaut. Ein Fremder, wenn er sie lange nicht besucht hat, erstaunt, und Einheimische bewundern täglich das längst bekannte."[13] Die ehemalige Wahl- und Krönungsstadt wurde als Sitz des Bundestages, der ständigen Versammlung von Abgesandten der fürstlichen Regierungen und Freien Städte, wieder zur „heimlichen Hauptstadt" der Deutschen. Kanonendonner und Glockenläuten kündigten am 5. November 1816 die feierliche Eröffnung des Bundestags im Palais Thurn und Taxis an.[14] In Frankfurt am Main wurde 1816 ein neues Kapitel deutscher Geschichte aufgeschlagen.

Die fortschrittlich denkenden Parteigänger des abgedankten Großherzogs gerieten in der Freien Stadt ins politische Abseits. Aufgeklärte Köpfe wie Johann Heinrich Moritz Poppe oder Joseph Serviere fanden im Vereinswesen, der modernen Form der Selbstorganisation des Bürgertums, ein neues Betätigungsfeld. Der Vielschreiber Poppe griff zunächst zur Feder und veröffentlichte im März 1816 unter dem Titel „Deutschland auf der höchst möglichen Stufe seines Kunstfleißes und seiner Industrie überhaupt" einen Beitrag zur Gewerbeförderung, der zum Manifest für die Polytechnische Gesellschaft werden sollte. Seit dem Fall der Kontinentalsperre hatte preiswerte Qualitätsware aus England den deutschen Markt überschwemmt und viele inländische Hersteller an den Rand des Ruins gebracht. So wurde allein im Jahr 1816 aus Großbritannien Baumwollware im Wert von rund drei Millionen Pfund nach Deutschland exportiert. Die Massenware kam oftmals auf Auktionen zu Dumpingpreisen unter den Hammer, da die englischen Industriellen rasch wieder freie Lagerflächen benötigten. Das Nachsehen hatten deutsche Fabrikanten, die auf ihren nicht mehr konkurrenzfähigen Erzeugnissen sitzen blieben. Zum Leidwesen einheimischer Anbieter wurden im Sommer 1816 im „Frankfurter Intelligenz-Blatt“ ständig englische Produkte inseriert. In der Ausgabe vom 16. August 1816 konnten die Leser zum Beispiel zwischen einer „Parthie englisches Steingut billig zu verkaufen“ in der Großen Sandgasse und der Versteigerung englischer Haushaltswaren und Textilien im Arbaur'schen Haus an der Zeil wählen.[15]

In der Neuerscheinung über die deutsche Kunstfertigkeit und Industrie untersuchte Poppe die tieferen Ursachen für den Wettbewerbsvorteil der Briten. Neben der in England gegebenen nationalen Einheit und bürgerlichen Freiheit – zwei bis dato unerfüllte Hauptforderungen der liberalen Bewegung in Deutschland – konstatierte der Gymnasiallehrer einen höheren Ausbildungsstand der Arbeiter und der Handwerker sowie eine wesentlich fortschrittlichere Wirtschaftsförderung. Das englische Parlament und „patriotische Societäten“ prämierten jedes Jahr die neuesten „Erfindungen und Verbesserungen im Fache der technischen Künste und der damit verwandten Gewerbe.“[16] Bei genauer Betrachtung fehlte es in Deutschland nicht an begabten Erfindern, sondern es mangelte an Unterstützung für viel versprechende Neuentwicklungen. Zu den verkannten Talenten rechnete Poppe auch den Frankfurter Tüftler Joseph Serviere. Trotz der erfolgreichen Anwendung neuer Kühl- und Konservierungsmethoden habe Serviere keinen Förderer für die von ihm angeregten Musterbetriebe zur Ausbildung befähigter Bierbrauer gefunden und sich schließlich dem Torfhandel zugewandt.

Um die deutschen Manufakturen und Fabriken auf ihre „höchst mögliche Stufe“ und somit auf Augenhöhe zur englischen Industrie zu befördern, hatte Johann Heinrich Moritz Poppe ein beachtenswertes Maßnahmenpaket geschnürt. In Wirtschaftsfragen sollten die im Deutschen Bund zusammengeschlossenen Fürstentümer und Städte ihre partikularen Interessen hintanstellen und sich „hierin als Einen allgemeinen Staat betrachten.“[17] Mit Einfuhrzöllen beabsichtigte Poppe die Flut von englischen Importwaren einzudämmen. Innerhalb des Deutschen Bundes plädierte der studierte Staatswirtschaftler zur Erleichterung des Handelsverkehrs für eine Aufhebung der Binnenzölle, was mit dem 1834 gegründeten Deutschen Zollverein verwirklicht wurde. In der Produktion setzte Poppe verstärkt auf den Einsatz von Maschinen. Für die Perfektionierung von Maschinen und für Erfindungen mit Hand und Fuß sollten Preise, öffentliche Belobigungen und finanzielle Zuschüsse winken. Zentrale Jahresausstellungen deutscher Qualitätswaren sollten die Fabrikanten und Gewerbetreibenden zu Höchstleistungen anspornen. Breiten Raum nahm in Poppes Maßnahmenkatalog die Ausbildung der Handwerker und der Fabrikarbeiter ein. „In gut eingerichteten Schulen", so der Lehrer am Frankfurter Gymnasium, „und zwar in sogenannten Bürgerschulen und Industrieschulen, muß in unsern Tagen überall für die künftige Generation der Grund zu edlern Gefühlen in die jungen Seelen gelegt, der Trieb nach Forschung und Fortschreitung, ein rühmlicher Ehrgeiz, eine hohe Liebe zur Arbeit und zu allem Guten und Nützlichen, eine große Achtung gegen Staat und Gesetze in ihre Brust eingepflanzt werden."[18] In „technologischen Lehranstalten" sollte der Nachwuchs im Zeichen-, Mathematik-, Physik-, Chemie- und Technologie-Unterricht das notwendige Rüstzeug für die Ausübung eines Handwerks oder die Arbeit in einer Fabrik erhalten. Leuchtende Vorbilder sah Poppe in der 1794 gegründeten École polytechnique in Paris und in dem 1815 in Wien eröffneten Kaiserlichen Königlichen Polytechnischen Institut sowie in den lokalen Einrichtungen in Berlin, München oder Hamburg. „Wie würde ich mich freuen", hatte Poppe in seinem am 1. März 1816 verfassten Vorwort offenbart, „wenn ich durch diese Schrift zur Verbesserung der technischen Gewerbe in Deutschland und zum Glück meiner Landsleute nur Etwas beygetragen hätte!"[19]

Johann Heinrich Moritz Poppe ließ es nicht beim Bücher schreiben bewenden. Der Wahlfrankfurter stand seit mehreren Jahren mit der „Hamburgischen Gesellschaft zur Beförderung der Künste und nützlichen Gewerbe (Patriotische Gesellschaft von 1765)" als assoziiertes Mitglied in Kontakt. Die Hamburger Patrioten waren den Frankfurtern ein gutes Stück voraus. In der Hansestadt unterhielt die Gesellschaft, die einen Bienenkorb in ihrem Siegel führte und von einem proponierenden, das heißt von einem geschäftsführenden Sekretär geleitet wurde, zur Beförderung des heimischen Gewerbes eine Zeichenschule für Handwerker. Darüber hinaus veranstaltete die „Patriotische" seit 1790 im Rahmen eines „Technologischen Instituts" Vorlesungen für Handwerker und Künstler über die Grundlagen der Mechanik, der Naturlehre oder der Chemie. Öffentliche Ausstellungen mit kunstgewerblichen Erzeugnissen und nützlichen Erfindungen ergänzten die praktischen und theoretischen Angebote. Der Buchautor Poppe hat bei der Zusammenstellung seines Maßnahmenkatalogs zur Hebung der deutschen Industrie zahlreiche Anleihen beim Pro-

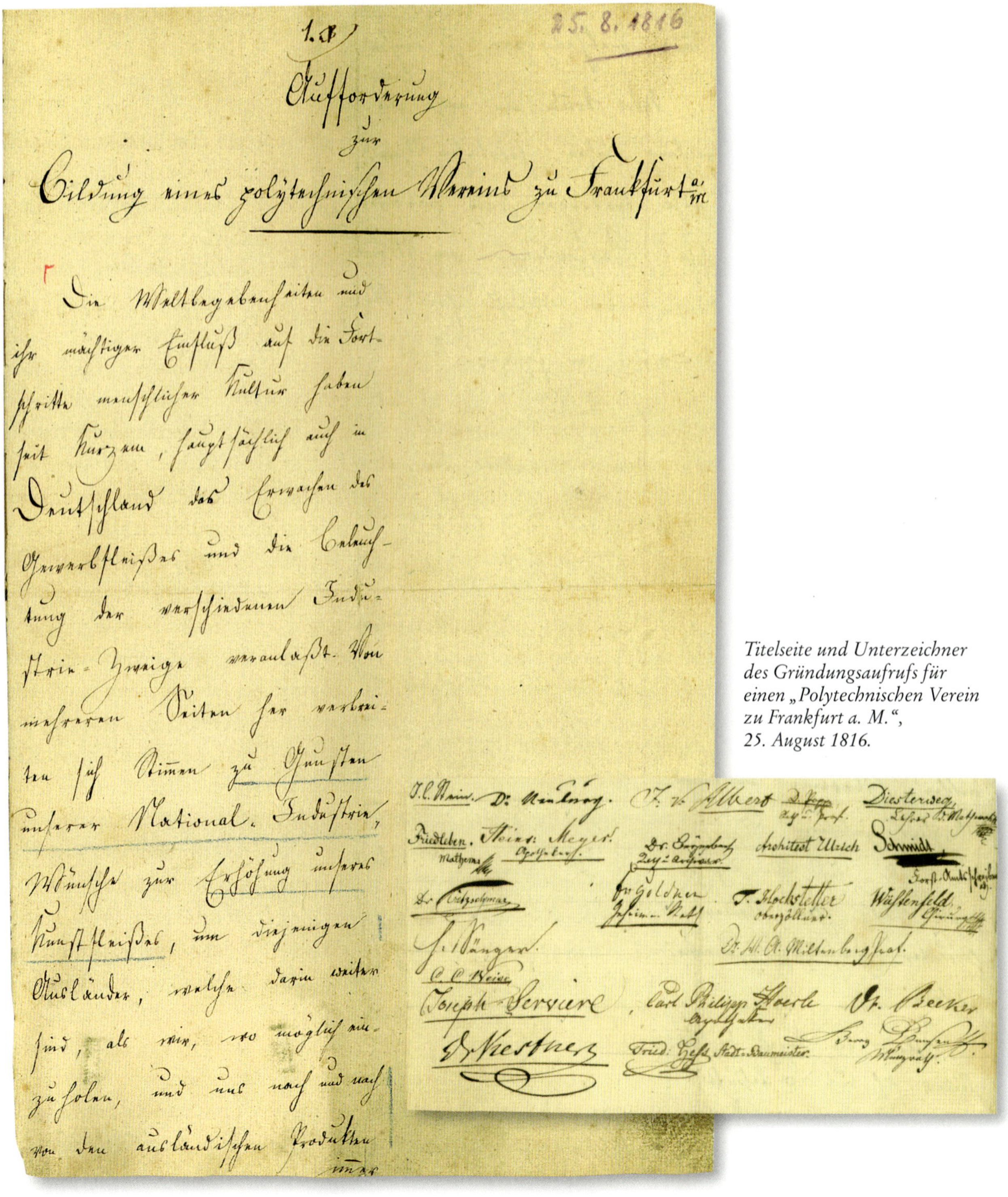
25. 8. 1816

Aufforderung zur Bildung eines polytechnischen Vereins zu Frankfurt a/M

Titelseite und Unterzeichner des Gründungsaufrufs für einen „Polytechnischen Verein zu Frankfurt a. M.“, 25. August 1816.

gramm der „Hamburgischen Gesellschaft zur Beförderung der Künste und nützlichen Gewerbe“ gemacht. Bei der Gründung der „Frankfurtischen Gesellschaft zur Beförderung der nützlichen Künste und der sie veredelnden Wissenschaften“ stand die Hamburger „Patriotische Gesellschaft“ Pate.[20]

In einem kleinen Kreis von „Freunden und Patrioten“ diskutierte Johann Heinrich Moritz Poppe im Sommer 1816 die Idee für eine Frankfurter Bildungs- und Wirtschaftsinitiative am Beispiel Hamburgs und anderer deutscher Städte. Dem Zirkel gehörten mit dem Mechaniker Johann Valentin Albert, dem Kaufmann Georg Wilhelm Clarus, den beiden Lehrern Adolph Diesterweg und Theodor Friedleben, dem Chemieprofessor und Arzt Theodor Kestner, dem Architekten Christian Friedrich Ulrich sowie last, but not least dem Weinhändler Joseph Serviere im Kern bereits die späteren Gründungsmitglieder der geplanten Vereinigung an. Nachdem sich die Vertrauten den Sommer über in der Wohnung von Professor Friedrich Christian Matthiae, des Direktors des im ehemaligen Barfüßerkloster untergebrachten Gymnasiums, wiederholt versammelt hatten, verabschiedeten sie am 25. August 1816 den Gründungsaufruf für einen „Polytechnischen Verein zu Frankfurt a. M.“ Sobald der handschriftliche Aufruf von mindestens zwanzig Beitrittswilligen unterzeichnet worden war, sollte Poppe zur konstituierenden Sitzung des Vereins einladen.[21]

Der Name der geplanten Vereinigung war Programm. Der Begriff „Polytechnik“ ist eine Wortschöpfung der Aufklärung und geht zurück auf das griechische „polýtechnos“ (sich auf viele Künste verstehend). Nach dem damaligen Sprachgebrauch wurden in dem Wort „Polytechnik“ die griechischen Bezeichnungen für Vielfalt und Tüchtigkeit kombiniert. Die französische Volksvertretung, der Nationalkonvent, hatte mit der École Polytechnique eine Militärschule zur Ausbildung von Artilleristen, Pionieren und Technikern gegründet, deren Absolventen nicht nur von Napoleon Bonaparte wegen der Vielseitigkeit ihrer Kenntnisse sehr geschätzt wurden. Bei den Gegnern der Französischen Revolution und von Napoleon war der Begriff „Polytechnik“ seither verpönt.[22] Nichtsdestotrotz haben in den folgenden Wochen und Monaten 23 Befürworter die „Aufforderung zur Bildung eines polytechnischen Vereins zu Frankfurt a. M.“ unterschrieben. Außer dem Freundeskreis um Poppe haben zum Beispiel der Absolvent der École Polytechnique und frischgebackene Frankfurter Stadtbaumeister, Johann Friedrich Christian Hess, sowie dessen Schwiegervater, der Arzt und Mitadministrator der Dr. Senckenbergischen Stiftung, Johann Georg Neuburg, den Aufruf signiert.[23] Auf der letzten Seite des im Frankfurter Institut für Stadtgeschichte verwahrten Originaldokuments findet sich auch der Schriftzug von Philipp Jakob Cretzschmar, der von 1808 bis 1813 als Militärarzt der französischen Armee gedient und 1816 die Stelle des Lehrers an der Dr. Senckenbergischen Anatomie angetreten hatte. Dass auch der Weinhändler Joseph Serviere zu den Unterzeichnern des Aufrufs gehörte, versteht sich fast von selbst.

Die erste im Protokollbuch festgehaltene Sitzung gilt als Gründungstag der heutigen Polytechnischen Gesellschaft – sie hat am 24. November 1816 in einem Raum des Gymnasiums stattgefunden.[24] Die Versammlung wählte einen Ausschuss, der den handschriftlichen Aufruf zur Bildung des „Polytechnischen Vereins" in eine druckreife Version zur weiteren Mitgliederwerbung umarbeiten sollte. Neben Poppe und Neuburg gehörte dem Dreiergremium der unter Carl Theodor von Dalberg zum Professor der Chemie avancierte Arzt Theodor Kestner an. Um nicht bei restaurativen Aufsichtsbehörden anzuecken, folgten die am 1. Dezember 1816 erneut versammelten Gründungsmitglieder dem Vorschlag des Redaktionsteams und stimmten der Änderung des Vereinsnamens in „Frankfurtische Gesellschaft zur Beförderung der nützlichen Künste und der sie veredelnden Wissenschaften" zu. Die Vereinigung bezweckte die Hebung des Gewerbes („nützliche Künste"), wobei sich die Bestrebungen nach Bildung und nach wirtschaftlichem Fortschritt gegenseitig befruchteten. „Von mehreren Seiten her", hieß es in dem in einer Auflage von 1.000 Exemplaren gedruckten Gründungsaufruf, „verbreiten sich Stimmen zu Gunsten unserer National-Industrie, Wünsche zur Erhöhung unseres Kunstfleißes, und zur thätigen Benutzung unserer Kräfte, um diejenigen Ausländer, welche weiter sind als wir, wo möglich einzuholen, und uns von den ausländischen Producten nach und nach immer unabhängiger zu machen. Was könnte nun wohl zur Erreichung dieser herrlichen Zwecke mehr beitragen, als patriotische Verbindungen von Männern, denen das Wohl ihres Vaterlandes am Herzen liegt? als die Stiftung von Gesellschaften, deren Tendenz die Vergrößerung unserer National-Industrie ist? und welche deutsche Stadt eignete sich wohl mehr zu solchen wohlthätigen Verbindungen, als unser Frankfurt, das gleichsam in dem Herzen von Deutschland liegt, das durch seinen Handel so wichtig, und durch den Zusammenfluß vieler anderer günstiger Umstände eine der ersten Städte Deutschlands ist."[25]

Das hochgesteckte Ziel sollte durch die Popularisierung von Erfindungen und Verbesserungen erreicht werden. Beim Wissenstransfer vertraute die Gesellschaft auf die belehrende Kraft des Vortrags. In Mitgliedern vorbehaltenen Zusammenkünften sollten die neuesten Erfindungen im Gewerbe und in den betreffenden Wissenschaften vorgestellt sowie in einer öffentlichen Vortragsreihe Grundlagen der Technik, Physik oder Chemie vermittelt werden. Im Ganzen gesehen ging es um den „Austausche der Ideen und Kenntnisse."[26] Die zahlreichen Bildungsbürger unter den inzwischen 32 Gründungsmitgliedern der „Gesellschaft zur Beförderung der nützlichen Künste" hatten die Fokussierung des Zwecks auf die Wissensvermittlung durchgesetzt. Unter den Gründern ragen Mediziner, Professoren und Lehrer mit insgesamt zehn Vertretern sowie sechs Kaufleute und vier Handwerker zahlenmäßig hervor. Nachdem die Mitglieder den Text der Werbeschrift verabschiedet hatten, wählten sie den Spiritus Rector der Gesellschaft, Johann Heinrich Moritz Poppe, zum proponierenden Sekretär. Anschließend wurden im Junghof an der Taubenhofgasse zwei große Zimmer für 25 Gulden im Quartal gemietet und zwei Assistenten für den naturwissenschaftlichen Bereich (die Professoren Kestner und Miltenberg) sowie zwei Assistenten für das technische Fachgebiet (Albert und Diesterweg) gewählt. Mit dem proponierenden Sekretär bildeten die vier Assistenten den Engeren Ausschuss. Nach der Ernennung des Kaufmanns C. C. Weise zum Kassierer war der Vorstand der Gesellschaft komplett.[27]

Neue Mitglieder hatten gewisse Voraussetzungen mitzubringen. Die Aufnahmebedingungen waren in der ersten im Frühjahr 1817 bei Sauerländer gedruckten Satzung der „Gesellschaft zur Beförderung der nützlichen Künste" verankert. „Als ordentliches Mitglied", so Paragraph eins der Statuten, „kann ein jeder in Frankfurt oder dessen Nähe wohnende gesittete Mann, christlicher Religion, der selbstständig und von unbescholtenem Rufe ist, aufgenommen werden."[28] Interessenten benötigten ein Mitglied der Gesellschaft als Bürgen, der ein schriftliches Aufnahmegesuch, mit dem Hinweis versehen, ob der Aspirant dem technischen oder dem naturwissenschaftlichen Fachgebiet zugeneigt ist, an den proponierenden Sekretär richtete. Unter Einbeziehung von vier durch das Losverfahren ermittelten Mitgliedern befand der Engere Rat über den Aufnahmeantrag. Neue Mitglieder schrieben sich in das „Subscriptions-Buch" ein und bekamen ein Diplom sowie eine Quittung über den Jahresbeitrag in Höhe von elf Gulden ausgehändigt. Auswärtige konnten durch einen Mehrheitsbeschluss der Generalversammlung entweder aufgrund ihrer fachlichen Reputation zu korrespondierenden Mitgliedern oder wegen ihrer Persönlichkeit zu Ehrenmitgliedern ernannt werden. Die erste Ehrenmitgliedschaft wurde am 3. September 1817 keinem Geringeren als Johann Wolfgang von Goethe verliehen.

Die einheimischen beziehungsweise ordentlichen Mitglieder kamen jeden ersten Mittwoch im Monat zu einer Generalversammlung zusammen, um die Angelegenheiten der Vereinigung zu regeln und um Fachvorträge zu hören. Die Räumlichkeiten im Junghof stand ihnen mittwochs und samstags von sechs bis neun Uhr abends für „discursive Zusammenkünfte" offen. Im Frühjahr 1817 zählte die Gesellschaft rund achtzig ordentliche Mitglieder, darunter so illustre Persönlichkeiten wie den

Bankier Simon Moritz von Bethmann, den Großkaufmann Georg Brentano-Laroche und den Staatsminister Freiherr vom Stein. Das im Anhang der Statuten abgedruckte Mitgliederverzeichnis enthält viele engagierte Frankfurter, so auch den Stadtgärtner Sebastian Rinz, den Botaniker der Dr. Senckenbergischen Stiftung J. C. Becker, den Buchdrucker Johann David Sauerländer oder das liberale Mitglied der Gesetzgebenden Versammlung Louis Daniel Jassoy. Der Senat der Freien Stadt bestätigte am 8. Mai 1817 die Satzung der Gesellschaft und begrüßte die private Initiative: „Der zu Beförderung der nützlichen Künste und Wissenschaften gestifteten Frankfurtischen Gesellschaft liegen so augenscheinlich gemeinnützige Zwecke zum Grunde, dass solchen der Senat nicht anders als seinen vollkommenen Beifall geben kann.“[29]

Unter den Mitgliedern rumorte es. Die Neuaufnahmen hatten zwischen den mehr naturwissenschaftlich und den eher technisch Interessierten zu einer Verschiebung der Gewichte zugunsten der Letztgenannten geführt. Die Mitglieder der naturwissenschaftlichen Sektion, die sich als Angehörige der „veredelnden Wissenschaften“ den Vertretern der „nützlichen Künste“ übergeordnet und als eigentlichen Kern der Gesellschaft empfanden, sahen ihren Einfluss schwinden. Eine von der Generalversammlung am 15. Januar 1817 beschlossene abermalige Änderung des Namens in „Frankfurtische Gesellschaft zur Beförderung der nützlichen Künste und ihrer Hülfswissenschaften“ betrachteten die Naturwissenschaftler als Affront, woraufhin sie sich neu zu orientieren begannen. Das Vereinslokal wurde im April 1817 noch im besten Einvernehmen vom Junghof in das Gebäude der Dr. Senckenbergischen Stiftung am Eschenheimer Tor verlegt. Die Gesellschaft mietete für ihre Versammlungen eine Wohnung im Erdgeschoss des Stiftshauses und vereinbarte zugleich die Mitbenutzung des im Nordflügel eingerichteten Chemielabors und des dortigen Hörsaals. Zwischen der „Gesellschaft zur Beförderung der nützlichen Künste“ und der Senckenbergischen Stiftung existierte nicht nur eine räumliche Nähe, sondern bedingt durch Doppelmitgliedschaften bestand auch eine enge personelle Verklammerung. Sowohl in der Gesellschaft als auch bei der Stiftung gab es Unzufriedene – zumeist handelte es sich um dieselben Personen –, die sich mit dem Gedanken an eine naturwissenschaftliche Neugründung trugen.[30]

Der Arzt Johann Christian Senckenberg hatte im August 1763 zur Verbesserung des Frankfurter Gesundheitswesens die „Dr. Senckenbergische Stiftung“ gegründet. Auf einem von Bleich- und Stiftstraße begrenzten Gelände erbaute Senckenberg der „Wissenschaft einen Tempel“. Die Stiftung ruhte auf zwei Säulen, dem Bürgerhospital und dem Medizinischen Institut, das eine Anatomie, ein Chemielabor, einen botanischen Garten,

Die
Frankfurtische Gesellschaft
zur Beförderung der nützlichen Künste
und ihrer Hülfswissenschaften
ernennt
den Herrn J. G. Winkler-Hinkel
zu ihrem ordentlichen Mitgliede
mit dem Wunsche, daſs derselbe nach Gelegenheit und Kräften an ihren gemeinnützigen Bemühungen Theil nehmen möge.
Frankfurt den 29. Nov. 1817.
d. Z. proponirender Secretair
d. Z. Assistenten

Mitgliedsurkunde der „Gesellschaft zur Beförderung nützlicher Künste“ für den Kaufmann J. G. Winkler-Hinkel, 29. November 1817.

eine naturwissenschaftliche Bibliothek und eine Sammlung von Mineralien umfasste. Während die Befreiungskriege gegen die napoleonische Herrschaft und die Teuerungsjahre 1816/17 an dem Krankenhaus nahezu spurlos vorüber gegangen waren, führten die Einrichtungen des Medizinischen Instituts nur noch ein Schattendasein. Im Unterschied zum Bürgerhospital, das Johann Wolfgang von Goethe nach dem letzten Aufenthalt in seiner Geburtsstadt im Spätsommer 1815 als „palastähnlich“ beschrieb, sah der Dichter und Naturwissenschaftler das Medizinische Institut in „Staub und Verborgenheit“ versinken. Goethes Appell an die

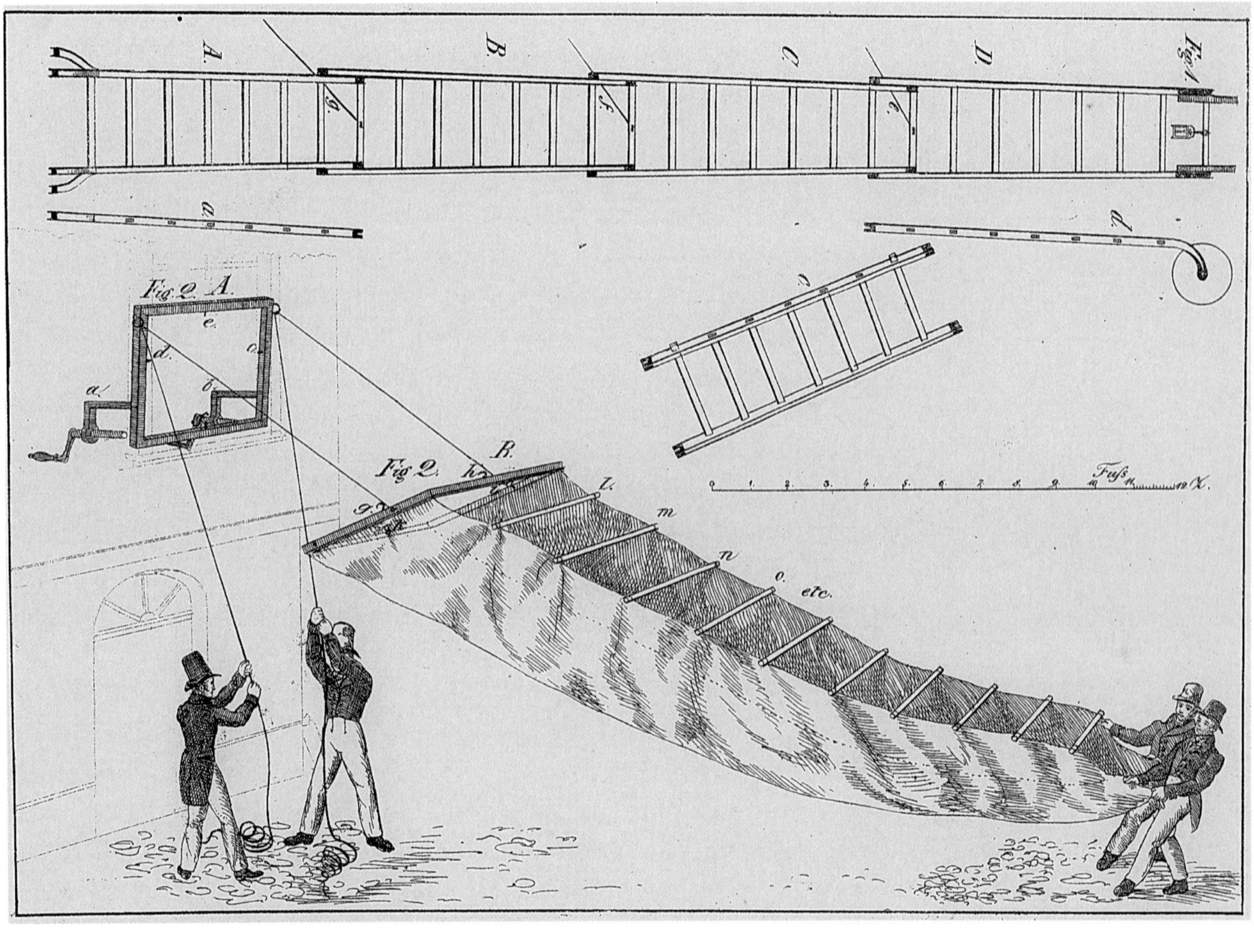

Bei Hausbränden hatten sich Anfang des 19. Jahrhunderts in Genf Rettungsleitern und -rutschen bewährt. Nach Modellen aus der Lehrmittelsammlung der „Frankfurtischen Gesellschaft zur Beförderung nützlicher Künste“ angefertigte Zeichnung, um 1825.

Frankfurter, sich den fortschrittlichen Naturwissenschaften zuzuwenden, bestärkte die Unzufriedenen in der „Gesellschaft zur Beförderung der nützlichen Künste“ und bei der Senckenbergischen Stiftung in ihren Vorbereitungen für eine Neugründung. Auf Initiative des Anatomielehrers Philipp Jakob Cretzschmar und unter Mitwirkung der Vertreter der Stiftung, Christian Ernst Neeff, Johann Georg Neuburg (Administratoren), Johann Wilhelm Reuß (Hospitalmeister) und J. C. Becker (Stiftsgärtner) – bis auf Reuß gehörten alle auch der Gesellschaft an –, erfolgte am 22. November 1817 im Hörsaal des Stiftsgebäudes die Konstituierung der „Senckenbergischen Naturforschenden Gesellschaft“ (SNG). Unter den insgesamt 17 Gründern der SNG waren zehn Mitglieder der „Gesellschaft zur Beförderung der nützlichen Künste.“[31]

„Senckenberger“ und „Polytechniker“ teilten sich in der Anfangszeit den Hörsaal im Stiftshaus am Eschenheimer Tor. Die „Gesellschaft zur Beförderung der nützlichen Künste“ machte ihrem Namen alle Ehre und wurde zu einem Forum für Projekte. Findige Köpfe wandten sich mit ihren zumeist recht praktischen, manchmal aber nicht ganz ausgereiften Neuentwicklungen auf Unterstützung hoffend an die Gesellschaft. Die Zuschriften sorgten bei den Zusammenkünften im Vereinslokal am Eschenheimer Tor für Gesprächsstoff, und von Fall zu Fall bildeten sachkundige Mitglieder eine Spezialkommission, um eine viel versprechende Erfindung genauer unter die Lupe zu nehmen. Die Gutachter beschäftigten sich mit der Verbesserung von Backöfen, neuen Uhrenmodellen, lebensrettenden Handfeuerspritzen und kunstvoll konstruierten Mühlen ebenso wie mit einem Verfahren zur Bereitung von Champagner. Mit der Verleihung von Ehrendiplomen und dem Versand von Anerkennungsschreiben suchte der Engere Ausschuss Erfinder und Techniker zu ermutigen und ihnen weiterzuhelfen.

Der badische Forstmeister und Tüftler, Freiherr Karl von Drais, bat 1818 den proponierenden Sekretär Poppe um Unterstützung für ein bei der Freien Stadt beantragtes Patent zum Schutz der von ihm erfundenen „Laufmaschine". Das hölzerne Zweirad mit Lenkstange und gepolstertem Sitz wurde von einem rittlings darauf platzierten Fahrer, der sich mit den Füßen vom Boden abstieß, in Bewegung gesetzt und gilt als Urform des Fahrrads. Anfang April 1818 traf Drais werbewirksam auf seiner „Laufmaschine" in Frankfurt ein, um die Erfindung einem größeren Publikum vorzustellen. „Vor einigen Tagen", berichtete die „Frankfurter Oberpostamtszeitung" am 12. April 1818, „kamen hier Herr Baron von Drais aus Mannheim und sein Diener auf Laufmaschinen an. Beide hatten den Weg Darmstadt bis Frankfurt (6 Stunden) ohngefähr in 2 Stunden zurückgelegt. Noch ein paar Maschinen wurden auf einem Wagen nachgeführt. Den 8. April zeigte Herr von Drais seine Maschine der Frankfurtischen Gesellschaft zur Beförderung der nützlichen Künste, und machte vor dem Hörsaale der Gesellschaft auf dem Walle, unter den Augen der meisten Mitglieder und vieler anderer Zuschauer, Lauf-Versuche mit seinen Maschinen, welche die Erwartung einiger Zuschauer übertrafen. Mit großer Gewandtheit und Schnelligkeit geschah das Laufen. Hauptsächlich bewunderte man die Fertigkeit des Hrn. v. Drais und seines Dieners im Balanciren; man überzeugte sich, daß die Maschine auf horizontalem Boden wohl über 60 Fuß weit von selbst lief, ohne daß der Reiter einen Fuß auf die Erde zu setzen brauchte."[32] Trotz der erfolgreichen Präsentation und eines fesselnden Vortrags im Anschluss hat der Senat die „Laufmaschine" nicht patentiert. Das Laufrad ist nie in Produktion gegangen – Drais war seiner Zeit voraus.

„Mehr Licht!" lautet ein geflügeltes Wort der Aufklärungszeit.[33] Die „Gesellschaft zur Beförderung der nützlichen Künste" nahm die auf das Streben nach Erkenntnis gemünzte Devise wörtlich und leistete mit der versuchsweisen Einführung der Gasbeleuchtung in Frankfurt Pionierar-

Karl von Drais auf seiner „Laufmaschine". Kolorierte Lithographie, um 1820.

beit. Das in England entwickelte Gaslicht hatte seit Beginn des 19. Jahrhunderts die künstliche Beleuchtung revolutioniert. Bei der Verkokung von Steinkohle gewonnenes Gas brannte im Vergleich zu den herkömmlichen Öllampen deutlich heller, sicherer und geruchsärmer. Der Gymnasiallehrer Professor Wilhelm Adolph Miltenberg griff am 6. August 1817 in der Generalversammlung der „Gesellschaft zur Beförderung der nützlichen Künste" den Vorschlag des Mechanikers Johann Valentin Albert auf, die Umstellung der Frankfurter Straßenbeleuchtung auf Gaslicht zu erproben. Miltenberg war seines Zeichens Mineraloge und somit über den Rohstoff der Gasgewinnung informiert. Der „kunstfertige Mechanikus" Albert verstand sich hingegen auf die technische Seite der Gasherstellung – beide waren Gründungsmitglieder der Gesellschaft. Im Vorfeld hatte Miltenberg mit dem Direktor des Polytechnischen Instituts in Wien, Johann Josef Prechtl, der 1816 versuchsweise Leuchtgas aus Steinkohle hergestellt und darüber ein Buch verfasst hatte, Verbindung aufgenommen. Die Generalversammlung ließ sich von Albert und von Miltenberg sowie von einem Schreiben Prechtls, in dem der Institutsleiter erhebliche Kosteneinsparungen gegenüber der Rübölbeleuchtung in Aussicht stellte, für das Vorhaben erwärmen und berief eine Kommission zur Prüfung der Gasbeleuchtung.

Mit den Kosten für die Anschaffung von zwei Retortenöfen und für die erforderliche Steinkohle konfrontiert, bat die Gesellschaft den Senat und die Einwohner der Freien Stadt um Unterstützung. Eine Sammlung ergab mehr als 520 Gulden und das Bauamt erteilte, „da man von den patriotischen Gesinnungen dieser löblichen Gesellschaft überzeuget sei“[34], den Auftrag für ein Gutachten über die öffentliche Straßenbeleuchtung. Unter Verwendung von zwei in der Friedrichshütte bei J. W. Buderus Söhne gegossenen Retorten zur Gaserzeugung wurde im Chemielabor der Dr. Senckenbergischen Stiftung die erste Frankfurter „Gasfabrik“ in Betrieb genommen. Die Beleuchtungsversuche begannen im März 1819 im Vereinslokal der „Gesellschaft zur Beförderung der nützlichen Künste“ am Eschenheimer Tor und verursachten großes Aufsehen. Im Frühjahr 1819 sorgten auf einem zwischen dem Senckenbergischen Stiftshaus und dem Anwesen der Familie von Günderrode gelegenen Teilstück der Großen Eschenheimer Gasse die ersten Gaslaternen in Frankfurt für mehr Licht und ein Gefühl der Sicherheit. Die kupfernen Leitungen und Laternen waren nach Plänen des Architekten und Mitbegründers der Gesellschaft, Christian Friedrich Ulrich, verlegt und aufgestellt worden. Unter dem Aspekt der Kostendämpfung vermochte der Pilotversuch die hochgesteckten Erwartungen nicht zu erfüllen. Die öffentlichen Gaslaternen wurden wieder abgestellt. Für die moderne Energieversorgung war die Zeit noch nicht reif. Die Etablierung der öffentlichen Gasbeleuchtung gelang in Frankfurt erst ab 1835.[35]

Ausgerechnet der Benjamin unter den Gründern der „Gesellschaft zur Beförderung der nützlichen Künste“ brachte in der Generalversammlung vom 7. Mai 1817 die Mitglieder auf den Boden der Tatsachen zurück. „Was helfen“, gab der 26-jährige Adolph Diesterweg zu bedenken, „am Ende alle Erfindungen, alle verbesserten Einrichtungen im Felde der technischen Wissenschaften und Künste, wenn die, welche mit deren Betrieb beschäftiget sind und denen die Einführung der Verbesserungen angedichtet wird, dafür keinen Sinn, dazu keine Lust und noch weniger Fertigkeit besitzen!“[36] Diesterweg unterrichtete seit 1813 an der Musterschule Mathematik und Naturlehre (Physik), wusste folglich über das Frankfurter Bildungswesen bestens Bescheid. Die meisten Kinder konnten nur eine der Quartierschulen besuchen, wo bis zu 200 Schüler unterschiedlichen Alters in einem Raum zusammengepfercht wurden. Die

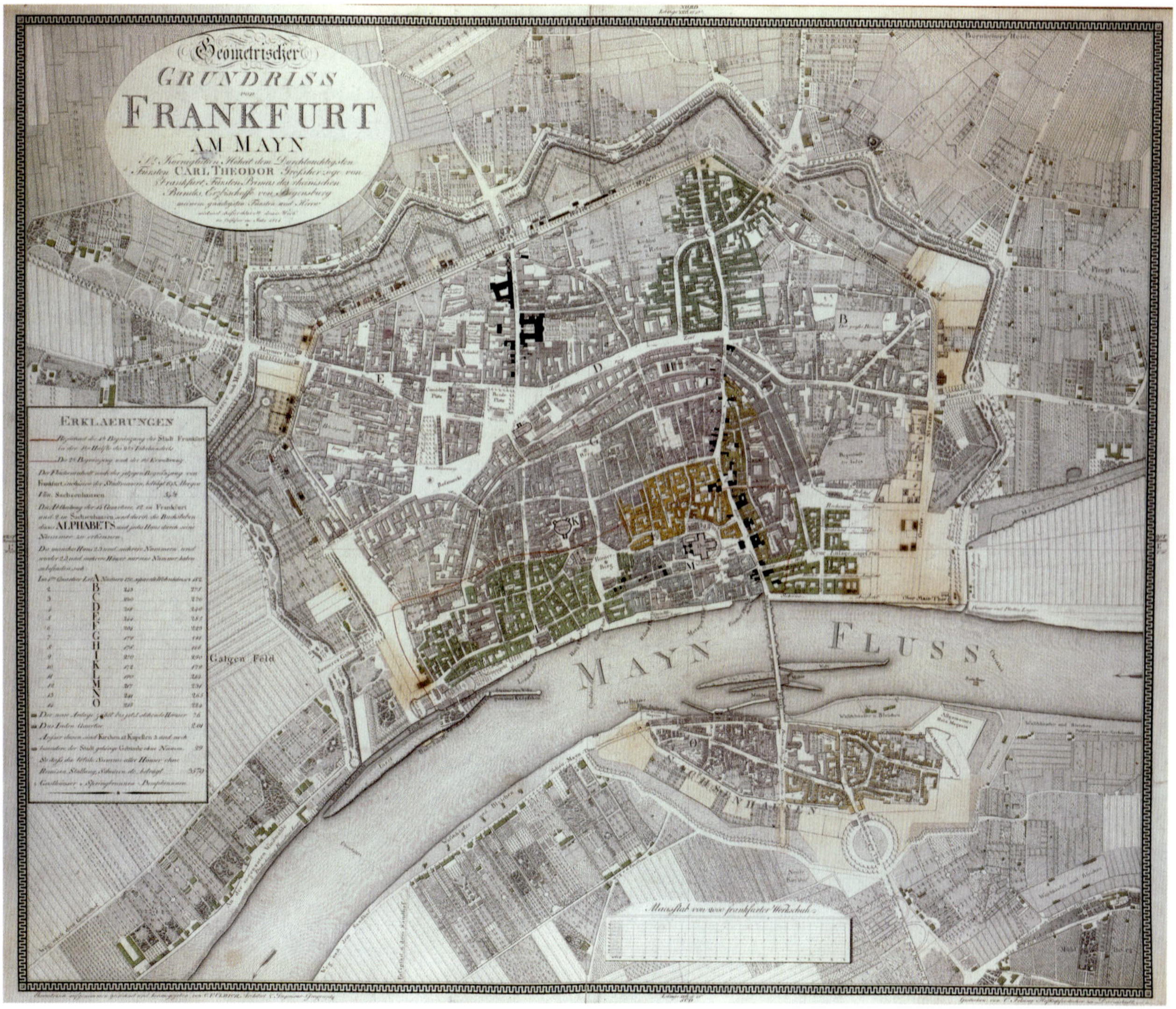

Stadtplan von Frankfurt am Main. Gezeichnet von dem Gründungsmitglied der „Gesellschaft zur Beförderung nützlicher Künste“ Christian Friedrich Ulrich, 1811.

„Schulmeister“ vermittelten den Zöglingen rudimentäre Grundkenntnisse im Lesen, Schreiben, Rechnen und Katechismus. Daneben existierten seit Anfang des 19. Jahrhunderts als Vorbild für eine breitere Volksbildung die Musterschule und für jüdische Kinder das Philanthropin. 1813 öffnete die private Weißfrauenschule ihre Pforten. Das wohlhabende Bürgertum beschäftigte private Hauslehrer. Der Besuch des Gymnasiums blieb einer kleinen Elite vorbehalten.

Für das Gros der Kinder folgte auf die kurze Schulzeit eine Lehre. Die berufliche Ausbildung lag in den Händen der allem Neuen skeptisch gegenüberstehenden Handwerksmeister und beschränkte sich auf altbewährte Fertigkeiten. Ohne qualifizierte, für den technischen Fortschritt aufgeschlossene Nachwuchskräfte drohte die deutsche „Nationalindustrie“ endgültig den Anschluss zu verlieren. Das Mitglied des Engeren

Ausschusses, Adolph Diesterweg, unterbreitete daher am 7. Mai 1817 der Generalversammlung den Vorschlag, nun auch in Frankfurt eine Sonntagsschule für Lehrlinge und Gesellen zu eröffnen, denn so würde „der Weg ausfindig gemacht, fremde Entdeckungen auf vaterländischen Boden zu verpflanzen, und dem verborgenen Genie wäre ein Mittel an die Hand gegeben, sich zu entfalten und auszubilden.“[37] Im Auftrag der „Gesellschaft zur Beförderung der nützlichen Künste“ entwickelten die befreundeten Mathematiklehrer Adolph Diesterweg und Theodor Friedleben ein Schulkonzept, das am 2. September 1817 vom Senat der Freien Stadt genehmigt wurde.

Die Eröffnung der Sonntagsschule am 9. November 1817 markiert den Beginn des Frankfurter Berufsschulwesens. Der Sekretär Johann Heinrich Moritz Poppe hieß am Eröffnungstag 25 Schüler im Vereinslokal am Eschenheimer Tor willkommen. Aufgrund der im Stiftshaus herrschenden Raumnot hatte die Gesellschaft nur etwa jede vierte Anmeldung berücksichtigen können. Die Sonntagsschule stand jedem Lehrling oder Gesellen offen, „den Liebe zum Wissen und der Wunsch nach Vervollkommnung“[38] leitete. Nur wenn die Anzahl der Interessenten das vorhandene Platzangebot überstieg, erhielten Bewerber aus Frankfurt den Vorzug. Die Kandidaten hatten bei der Anmeldung „Zeugnisse ihrer Sittlichkeit“ vorzulegen, Lehrlinge mussten zudem einen Erlaubnisschein ihrer Lehrherren beibringen. Der Schulbesuch war nicht nur unentgeltlich, sondern die Gesellschaft stellte den Sonntagsschülern auch das notwendige Unterrichtsmaterial zur Verfügung. Der Unterricht begann außer an hohen Feiertagen nach dem sonntäglichen Gottesdienst und dauerte, von einer Mittagspause unterbrochen, insgesamt dreieinhalb Stunden. In einem sechsmonatigen „Lehrcursus“ wurden die Schüler vorerst in den Fächern Schönschreiben, Buchführung, Zeichnen, Rechnen samt Geometrie sowie Geographie und Naturkunde unterrichtet und abschließend in einer öffentlichen Prüfung abgefragt. Nach Vermittlung der Vorkenntnisse sollte der Lehrplan zu einem späteren Zeitpunkt um allgemeine Technologie und Mechanik für Handwerker erweitert werden. Das Kollegium der Sonntagsschule bestand aus den Lehrern der Musterschule Adolph Diesterweg, Christian Hahn und J. C. Müller sowie dem seit 1824 an der Katharinenschule unterrichtenden Theodor Friedleben. Die vier Pädagogen opferten für ihre Tätigkeit im Dienst der „Gesellschaft zur Beförderung der nützlichen Künste“ ihre knapp bemessene Freizeit und arbeiteten ohne Bezahlung. Die Unterrichtung der jungen Handwerker stellte an die engagierten Lehrkräfte hohe Anforderungen. Im Umgang mit den Sonntagsschülern soll insbesondere Diesterweg, der als Anhänger des schweizerischen Pädagogen Johann Heinrich Pestalozzis im Unterricht auf Anschaulichkeit und Mitwirkung der Schüler auf dem Weg zur Erkenntnis setzte, eine glückliche Hand bewiesen haben.[39]

Wer waren die Jugendlichen, die um 1820 jeden Sonntag freiwillig die Schulbank drückten? Über die Teilnehmer der sechsmonatigen Fortbildungskurse wusste einer der Vorsteher der Sonntagsschule, der Direktor U. E. Kemmeter, Näheres zu berichten: „Viele dieser Schüler sind durch eigene Schuld, durch jugendlichen Leichtsinn; andere durch Armuth ihrer Eltern; mehrere wegen gänzlichem Mangel an Gelegenheit, in der früheren Jugend abgehalten worden, sich die in jedem Lebensverhältnisse so unentbehrlichen Kenntnisse zu erwerben. Sie sind Alle gleich bedauernswerth, fühlen jetzt größtentheils selbst die nachtheiligen Folgen ihrer Unwissenheit und suchen mit brennender Lernbegierde das Versäumte nachzuholen und so viel noch möglich, einem Mangel abzuhelfen, der heutigen Tages in jedem Stande nur zu oft fühlbar und drückend wird.“[40] Kemmeter fand anerkennende Worte für die Entschlossenheit der aus einfachen Verhältnissen stammenden Lehrlinge und Gesellen, ihre beruflichen Chancen zu verbessern. Die Schüler nahmen große Entbehrungen auf sich, kamen zum Teil bei Wind und Wetter zu Fuß aus den umliegenden Dörfern zum Stiftshaus am Eschenheimer Tor, blieben „während der Essenszeit im Schul-Lokale und begnüg(t)en sich mit einem Stück mitgebrachten Brods, um dem nachmittäglichen Unterricht beiwohnen zu können.“[41]

Die Lehrer gaben sich nicht mit der reinen Wissensvermittlung zufrieden und wirkten bei den Zöglingen auf eine „Veredlung des Charakters“ hin, das heißt, sie legten den Schülern Tugenden wie Bescheidenheit, Zuverlässigkeit und Sparsamkeit ans Herz und warnten vor Streitsucht, Völlerei und anderen Lastern. Selbst wenn Kemmeter die Verhältnisse an der Sonntagsschule zu einseitig dargestellt haben sollte, so trugen die Bemühungen der „Gesellschaft zur Beförderung der nützlichen Künste“ zweifelsohne reiche Früchte. „Ein Geist und ein Wunsch“, so der an der Sonntagsschule unterrichtende Kemmeter, „ein und dasselbe Bestreben beseelt und durchdringt sie Alle. Sie wollen etwas lernen, und sehen diejenigen, die ihnen die Hand dazu bieten, als ihre Wohltäter an und verehren sie als wahre Helfer in der Noth. Bei einem solchen Verhalten der Schüler wird dem Lehrer auch das mühsamste Geschäft leicht und lohnend, und er opfert gern seine Erholungsstunden auf, um dem Hülfesuchenden die rettende Hand zu reichen.“[42]

Sei dem Frühjahr 1818 fiel an der Sonntagsschule immer öfter der Unterricht aus. Der Wegzug von Adolph Diesterweg und von Johann Heinrich Moritz Poppe aus Frankfurt beraubte das polytechnische Erziehungswesen seiner beiden wichtigsten Förderer und stürzte die „Gesellschaft zur Beförderung der nützlichen Künste“ insgesamt in eine Krise. Bis auf den Buchführung und Schönschreiben unterrichtenden J. C. Müller beendeten alle anderen Lehrer ihr Engagement für die Sonntagsschule. Da die Schließung des Vorzeigeprojekts unter Umständen den Fortbestand der Gesellschaft in Frage gestellt hätte, setzte der im Mai 1819 zum Assistenten des proponierenden Sekretärs ernannte August Anton Wöhler alles daran, die Sonntagsschule zu retten. Unterstützt wurde Wöhler dabei von dem im Februar 1819 als Mitglied der Gesellschaft aufgenommenen Buchbindermeister Hermann Heinrich Hildebrand und dem Gründungsmitglied C. C. Weise. Nachdem der Schulbetrieb ab März 1820 mit einem neuen Kollegium wieder uneingeschränkt fortgesetzt werden konnte, kam es bald darauf auch zu einer Lösung der Raumfrage. Der Kaufmann Weise brachte mit einem befreundeten Lehrer an der Weißfrauenschule, Georg Friedrich Gräf, die Verlegung der Sonntagsschule vom Stiftshaus am Eschenheimer Tor in das am westlichen Stadtrand gelegene ehemalige Klostergebäude in Vorschlag, was allenthalben auf Zustimmung stieß. In drei geräumigen Klassenzimmern begann am 30. Juli 1820 in der Weißfrauenschule der Unterricht mit rund 100 Schülern. In kurzer Zeit stieg die Schülerzahl auf mehr als 300 an. Die Sonntagsschule, das erste Institut der „Gesellschaft zur Beförderung der nützlichen Künste“, war über den Berg. Die Gesellschaft litt unterdessen an häufig wechselnden proponierenden Sekretären. Nach dem Rücktritt von Johann Heinrich Moritz Poppe im August 1818 hatte innerhalb von zwei Jahren mit Wilhelm Adolph Miltenberg, Theodor Kestner und Ludwig Thilo der Amtsinhaber dreimal gewechselt. Erst der im Januar 1821 erfolgte Amtsantritt von August Anton Wöhler sorgte an der Spitze der „Gesellschaft zur Beförderung der nützlichen Künste“ über fast drei Jahrzehnte für Kontinuität.[43]

Bildung und Verantwortung 1821–1866

Der Bienenkorb symbolisiert Fleiß, Ordnung und Sparsamkeit. Anfang 1822 führte die „Frankfurtische Gesellschaft zur Beförderung nützlicher Künste und deren Hülfswissenschaften“ einen von Honigbienen umschwirrten und von einem Eichenkranz umgebenen Bienenstock in ihrem Signet.[44] Das galt auch für die 1822 von der Gesellschaft ins Leben gerufene Frankfurter Sparkasse, die sich die Verbreitung von Fleiß und Sparsamkeit auf ihre Fahnen geschrieben hatte.

Der Buchhändler Philipp Jakob Döring und der Buchbinder Hermann Heinrich Hildebrand – beide überzeugte „Polytechniker“ – hatten den Wechsel im Amt des proponierenden Sekretärs von Thilo zu Wöhler für einen erneuten Vorstoß in Sachen Sparkassengründung genutzt. Vergeblich war Döring 1809 an Carl Theodor von Dalberg mit dem Vorschlag für eine Spar- und Sterbekasse herangetreten. Der Fürstprimas gab der Stiftung einer „Hilfskasse“ den Vorzug, die finanziell klammen Handwerkern und Kaufleuten Überbrückungskredite gewährte. Nachdem er bei Studien zur Frankfurter Stadtgeschichte auf die gescheiterte Initiative für eine Sparkasse gestoßen war, hatte Buchbindermeister Hildebrand der Gedanke an ein derartiges Institut nicht mehr losgelassen. Auf Hildebrands Betreiben hin referierte der Sekretär der „Gesellschaft zur Beförderung nützlicher Künste“, Ludwig Thilo, am 5. Juli 1820 in der Generalversammlung über die Einrichtung und den Erfolg der zinstragenden Ersparniskasse für die Einwohner des Kantons Aargau. Thilos Informationen stammten aus erster Hand, da er seit 1812 im schweizerischen Aargau als Mathematiklehrer unterrichtet hatte und 1818 nach Frankfurt am

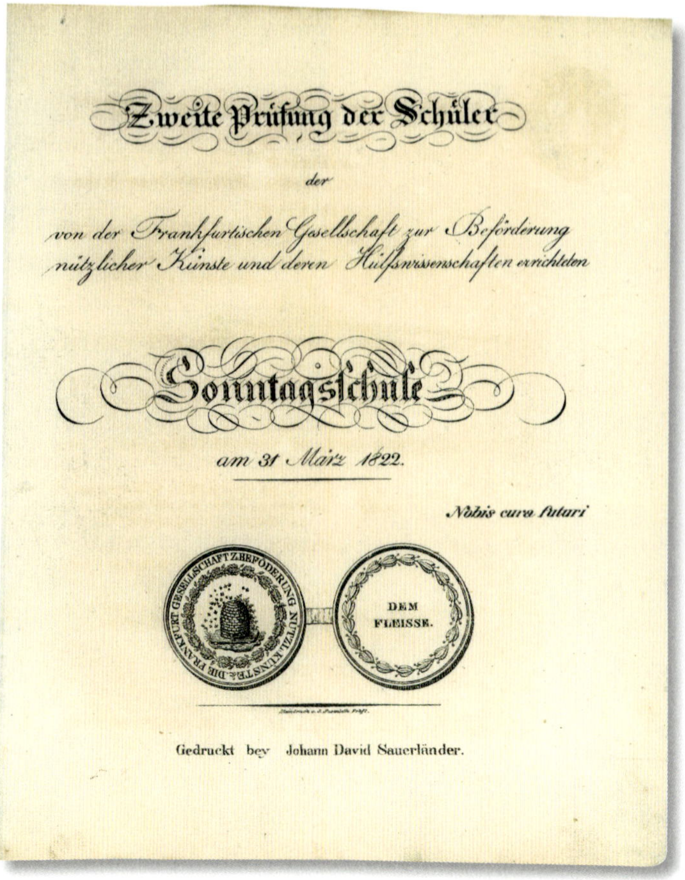
Zweite Prüfung der Schüler
der
von der Frankfurtischen Gesellschaft zur Beförderung nützlicher Künste und deren Hülfswissenschaften errichteten
Sonntagsschule
am 31 März 1822.
Nobis cura futuri
DEM FLEISSE.
Gedruckt bey Johann David Sauerländer.

Titelseite des Jahresberichts der Sonntagsschule mit dem Wahlspruch der Polytechniker „Nobis cura futuri“ (Wir sorgen für die Zukunft) und dem von Johann Ludwig Köhler gestalteten Bienenkorb-Signet, 1822.

Main übergesiedelt war. Gleichwohl erlitten Thilo und Hildebrand mit dem Antrag, in der Freien Stadt eine Sparkasse zu eröffnen, Schiffbruch, da eine Mehrheit der Mitglieder das Risiko scheute.[45]

Im Frühjahr 1821 nahm der neue proponierende Sekretär August Anton Wöhler das Heft in die Hand. Von Döring und Hildebrand über die Vorgeschichte informiert, erkannte Wöhler die sich bietende Gelegenheit und ersuchte den Großkaufmann Johann Jakob Mylius als Leiter einer elfköpfigen Kommission, die Gründung der Sparkasse vorzubereiten. Das Komitee prüfte eingehend die Satzungen bestehender Sparkassen und legte im August 1821 den Entwurf für ein Reglement vor. Das geplante Institut sollte den Charakter einer Wohltätigkeitseinrichtung haben und nicht die Geschäfte der Frankfurter Privatbanken beeinträchtigen. An den Kleinsparern waren die Bankiers jedoch ohnehin nicht interessiert, da sie weder das Verwaltungspersonal noch die Anlagemöglichkeiten für derartige Beträge hatten. Den Dienstmägden und Handwerksburschen war bislang zur Verwahrung ihrer vom Munde abgesparten Kreuzer und Gulden nur der Sparstrumpf geblieben. Die „Gesellschaft zur Beförderung nützlicher Künste“ beantragte beim Senat die Genehmigung zur Errichtung einer zinstragenden Sparkasse, um „unbemittelten Personen, Dienstboten, Handwerkern und dergleichen Gelegenheit darzubieten, ihre kleinen Ersparnisse sicher und verzinslich anlegen zu können, den Geist der Sparsamkeit zu erwecken und zu nähren, die Ansammlung eines kleinen Kapitals für Zeiten der Not und für das Alter zu erleichtern, durch Beförderung der Sparsamkeit den städtischen Armen Aerar zu entlasten.“[46] Mit Beschluss vom 14. März 1822 überließ es der Senat der Gesellschaft als Trägerin, das Projekt einer Sparkasse nach dem vorgelegten Reglement auszuführen. Das Institut erhielt den Status einer öffentlichen, obrigkeitlich bestätigten und mündelsicheren Sparkasse mit eigener Rechtspersönlichkeit. Auf ein Rundschreiben von August Anton Wöhler brachten die Mitglieder innerhalb weniger Wochen einen Garantiefonds in Höhe von 4.120 Gulden auf. Dabei war Simon Moritz von Bethmann mit gutem Beispiel vorangegangen, indem er allein 200 Gulden zu dem Fonds beisteuerte. Außerdem trat der großzügige Bankier der Sparkasse eine Hypothekenforderung auf ein Haus am Allerheiligentor in Höhe von 6.000 Gulden ab, so dass den Einlegern bereits am Tage der Eröffnung eine erstklassige Sicherheit geboten werden konnte. Ein Mitglied der neunköpfigen Sparkassen-Direktion, der Weinhändler Andreas Peters, stellte in seinem Haus in der Großen Sandgasse ein Zimmer als Geschäftsraum zur Verfügung.[47]

Schlag acht Uhr betrat am Vormittag des 12. Juni 1822 ein Beauftragter des Bergrats Georg F. Buderus von der Friedrichshütte bei Laubach das

Geschäftszimmer der Sparkasse in der Großen Sandgasse, um das erste Sparbuch anzulegen. Die Einzahlung belief sich auf 100 Gulden und erfolgte zugunsten der Sonntagsschule und der Finanzierung von Preisverteilungen. Mit der Stiftung knüpfte das korrespondierende Mitglied Buderus, dessen Eisenhütte 1819 die Retorten für die „Gasfabrik" im Stiftshaus geliefert hatte, ein symbolisches Band zwischen den beiden Instituten der „Gesellschaft zur Beförderung nützlicher Künste". Die drei anwesenden Direktoren der Sparkasse stellten am Eröffnungstag insgesamt zehn „Einlege-Büchlein" aus und nahmen Einzahlungen in Höhe von 416 Gulden entgegen. Außer einem Obolus von zwölf Kreuzern für das Sparbuch berechnete die Sparkasse ihren Kunden keine Kontoführungsgebühren. Einzahlungen konnten nur in runden Guldenbeträgen getätigt werden, die geringste Einlage betrug einen Gulden. Sparguthaben wurden mit dreieinhalb Prozent im Jahr verzinst. Abhebungen von einem Konto mussten bei einem Betrag von zehn bis fünfzig Gulden zwei Wochen und bei höheren Beträgen sogar einen Monat vorher angemeldet werden. Die erste Auszahlung in Höhe von 65 Gulden erfolgte am 28. August 1822 an Catharine Messing aus Bockenheim. Die „Schalterstunden" der Sparkasse waren zeitlich auf mittwochs und samstags jeweils von acht bis neun Uhr festgesetzt. Drei Mitglieder der Direktion bedienten die Kunden. Die ehrenamtlich tätigen Direktoren nahmen Einlagen entgegen und verzeichneten die Buchungen in den Spar- und Hauptbüchern, wobei sie ab dem zweiten Geschäftsjahr ein besoldeter Buchhalter unterstützte. Für die expandierende Sparkasse mietete die „Gesellschaft zur Beförderung nützlicher Künste" ab November 1822 von dem Buchdrucker Johann David Sauerländer einen an dessen Haus in der Großen Sandgasse errichteten mehrstöckigen Anbau. Binnen Jahresfrist vertrauten 294 Sparer dem Institut Einlagen von mehr als 51.500 Gulden an. Die Kundengelder waren in guten Hypotheken und in mit vier Prozent verzinsten städtischen Schuldverschreibungen sicher angelegt. Den Betriebsüberschuss von 232 Gulden verwendeten die Direktoren zur Anschaffung von eisernen Geldtruhen und zur Sicherung der Geschäftsräume gegen Einbruch.[48]

Ab 1824 wurden die Überschüsse zur Bildung eines Reservefonds auf die Seite gelegt. Der in den Statuten des Instituts nachträglich verankerte Reservefonds bildete „außer der Sicherheit der Anlagen selbst und dem Vertrauen in die Direktoren, die einzig specielle Garantie, welche die Frankfurter Sparkasse ihren Einlegern"[49] darbot. Ein Mitglied der Sparkassendirektion, der erst 23-jährige Jurist Franz Eduard Souchay, hatte 1824 die von Johann Jakob Mylius entworfene Neufassung der Statuten rechtlich wasserdicht gemacht. Der „Gesellschaft zur Beförderung nützlicher Künste“ oblag demnach als „Stifterin des Sparkassen-Instituts“ die Oberaufsicht über dessen Tätigkeit. Im Übrigen verkörperte das Institut eine selbstständige juristische Person, zu deren Vertretung nur die neun Direktoren befugt waren. Als „Pflanzschule sittlicher Verbesserung und haushälterischer Wirthschaft“[50] sollte die Sparkasse dem Gemeinwohl dienen. Über den Kundenkreis des Instituts gibt der Bericht für das Geschäftsjahr 1823/24 Auskunft: „Die hiesigen Dienstboten jeder Gattung, jedes Geschlechts, jedes Alters, sind diejenige Klasse, welche unser Institut am meisten benutzt. Alsdann kommen die Einlagen hiesiger Bürgerstöchter und Wittwen, und diejenigen von Pathengeschenken und Sparbüchsengeldern. Die hiervon herrührenden Einlagen machen die Mehrzahl aus: aus allen übrigen Ständen der hiesigen Einwohner fehlt es jedoch nicht an Personen, welche sich unserer Anstalt, jede zu ihrem besonderen Zweck und Vortheil, zu bedienen wissen.“[51]

Portal des Hauptfriedhofs. Farblithographie von Friedrich Rumpf, um 1830.

Die Entwicklung der Sparkasse wurde zu einer Erfolgsstory. Im Jahr 1825 verzeichnete das Institut 1.484 Sparer, die bei der Kasse mehr als eine viertel Million Gulden auf die hohe Kante gelegt hatten. In dem Reservefonds befanden sich 3.936 Gulden. Die jährlich wechselnden Direktoren kamen aus den eigenen Reihen der „Gesellschaft zur Beförderung nützlicher Künste". In der Regel wurden Kaufleute ausgewählt, die sich ehrenamtlich und gewissenhaft um die Geschäfte der Sparkasse kümmerten, wobei sie ihre Beziehungen spielen ließen und im Hypothekengeschäft eine glückliche Hand bewiesen. So fädelte zum Beispiel der Ratsherr und als Senior der Kirchen- und Friedhofs-Kommission mit der Finanzierung des geplanten Hauptfriedhofs an der Eckenheimer Landstraße befasste Sparkassendirektor Adam Beil im Sommer 1826 ein besonders lukratives Geldgeschäft ein. Mit einer Hypothekenzusage von 27.000 Gulden zu vier Prozent ermöglichte die Sparkasse den Bau des klassizistischen Portals des Hauptfriedhofs und damit erstmals ein öffentliches Bauwerk.[52]

Die Wohltätigkeitseinrichtung hatte sich zu einer Bank der kleinen Leute und zu einem nicht zu unterschätzenden Faktor im Wirtschaftsleben der Stadt Frankfurt aufgeschwungen. Die Geschäftstüchtigkeit der Sparkasse war sowohl den konkurrierenden Geldverleihern als auch den Philanthropen unter den Mitgliedern der „Gesellschaft zur Beförderung nützlicher Künste" ein Dorn im Auge. Innerhalb der Gesellschaft entbrannte eine Diskussion über die Grundsatzfrage, ob die Sparkasse in erster Linie einen gemeinnützigen und erzieherischen Auftrag zu erfüllen oder im Interesse der Sparer möglichst gewinnbringend zu arbeiten habe. Da es zwischen der Sparkassendirektion und den Kritikern um den Senator Georg Wilhelm Clarus zu keinem Konsens kam, entschloss sich die Gesellschaft als Kompromisslösung mit der „Ersparniß-Anstalt" im Dezember 1825 ein weiteres Institut ins Leben zu rufen. Die Kunden der 1833 in „Ersparungsanstalt" umbenannten Einrichtung unterwarfen sich einem freiwilligen Sparzwang, indem sie sich bei der Anmeldung verpflichteten, wöchentlich einen fixen Betrag einzuzahlen. Die Wochenbeträge wurden von einem Kassierer der Einrichtung in der Wohnung oder am Arbeitsplatz der Sparer abgeholt. Im Unterschied zur Sparkasse wurden bei dem Ratensparsystem kleinste Einlagen ab zwölf Kreuzer akzeptiert (60 Kreuzer = 1 Gulden). Für zwölf Kreuzer gab es um 1825 beim Bäcker ein dreipfündiges Brot oder beim Metzger anderthalb Pfund Rindfleisch, so dass selbst der niedrigste Wochenbeitrag für den Kleinsparer einen Konsumverzicht bedeutete. Die Einlagen wurden erst nach drei Jahren verzinst, die Rückzahlung war an Bedingungen geknüpft. Die Verwalter der „Ersparniß-Anstalt" verständigten sich mit den Direktoren der Sparkasse auf eine Mitbenutzung der Geschäftsräume in der Großen Sandgas-

Sparmarken der Wochenkasse, um 1840.

se. Außerdem wurden die Kundeneinlagen der Anstalt auf einem Sonderkonto bei der Kasse angelegt. „Mögen nun", verlieh der proponierende Sekretär August Anton Wöhler in der Bekanntmachung einer „Ersparniß-Anstalt" vom 7. Dezember 1825 seiner Hoffnung Ausdruck, „unsre geliebten Mitbürger diese neue Anstalt, welche einzig und allein Beförderung des Wohlstandes, der Selbstständigkeit und des Bürgerglücks zum Zweck haben soll, eben so vertrauungsvoll aufnehmen, wie ihre ältere Schwester, die Sparkasse."[53] Das neue Institut der „Gesellschaft zur Beförderung nützlicher Künste" stieß auf schwache Resonanz. Im Jahr 1826 unterzeichneten lediglich 86 Einleger einen Aufnahmeantrag und zahlten knapp 2.500 Gulden auf das Sonderkonto bei der Sparkasse ein. Die Zahl der Sparer stieg auch in den folgenden Jahren nur langsam und erreichte 1837, als die „Ersparniß-Anstalt" in einer besonderen Geschäftsabteilung der Sparkasse aufging, 737 Einleger.

Der Präsident – August Anton Wöhler

Der fünfte proponierende Sekretär der „Gesellschaft zur Beförderung nützlicher Künste und deren Hülfswissenschaften" war ebenso wenig wie seine Vorgänger ein gebürtiger Frankfurter. August Anton Wöhler erblickte am 28. Januar 1771 in Rinteln an der Weser das Licht der Welt. Auf Wunsch seines Vaters, der dem Landgrafen Wilhelm IX. von Hessen-Kassel als Stallmeister diente, studierte Wöhler an der Marburger Philipps-Universität Tiermedizin und Landwirtschaftswissenschaften. Dank der väterlichen Fürsprache bekam der Universitätsabsolvent 1798 den Posten eines Stallmeisters am Hof des hessischen Kronprinzen in Hanau. Nach einem handfesten Eklat mit dem Thronfolger musste Wöhler 1800 mit seiner Frau Hanau verlassen. Während die Ehefrau bei ihrem Schwager, dem Pfarrer von Eschersheim, Zuflucht suchte und dort bald ihr erstes Kind, Friedrich, zur Welt brachte, fand Wöhler eine neue Anstellung als Stallmeister beim Herzog von Sachsen-Meiningen. 1806 nahm er seinen Abschied von Meiningen und ließ sich auf einem in Rödelheim erworbenen Hofgut als Privatmann nieder.

Der nach modernen Methoden der Landwirtschaft und Tierhaltung geführte Hof entwickelte sich zu einem Mustergut. Durch den Rödelheimer Hofrat Wichterich und den ebenfalls in dem zum Großherzogtum Hessen gehörenden Ort ansässigen Kaufmann Georg Brentano-Laroche lernte Wöhler bekannte Persönlichkeiten aus Frankfurt und der näheren Umgebung

kennen, die als Gutsbesitzer seinen Rat als Ökonom und Tierarzt suchten. Fürstprimas Carl Theodor von Dalberg erkannte Wöhlers Talente und berief ihn 1812 zu seinem Stallmeister. Der umworbene Pferdekenner verlegte den Wohnsitz nach Frankfurt, behielt aber das Hofgut in Rödelheim.
Wöhlers Sohn Friedrich besuchte von 1814 bis 1820 das Gymnasium im ehemaligen Barfüßerkloster und promovierte 1823 in Heidelberg zum Doktor der Medizin. Nachdem er sich für eine Laufbahn als Chemiker entschieden hatte, gelang es Friedrich Wöhler 1827 in Berlin als erstem Chemiker, das Metall Aluminium in reiner Form darzustellen. Mit der künstlichen Herstellung des Harnstoffs ist Wöhler junior in die Annalen der chemischen Forschung eingegangen. Für Wöhler senior wurde der Ausbau der „Gesellschaft zur Beförderung nützlicher Künste" zu einer der bedeutendsten gemeinnützigen Institutionen Frankfurts zur Lebensaufgabe. Seit Oktober 1817, sehr wahrscheinlich auf Empfehlung der beiden „Polytechniker" Brentano-Laroche und Wichterich, Mitglied der Gesellschaft wurde Wöhler im Mai 1819 von der Generalversammlung zum Assistenten und im Dezember 1820 zum proponierenden Sekretär gewählt. Während seiner fast drei Jahrzehnte dauernden Amtszeit vervielfachte sich die Zahl der ordentlichen und korrespondierenden Mitglieder auf 554, kamen zur Sonntagsschule acht weitere Institute hinzu. Unter Wöhlers Leitung wurde aus der hoffnungsvollen Neugründung eine feste Größe in der Frankfurter Vereinslandschaft. Ab der Wiederwahl im Dezember 1826 führte Wöhler den Titel eines Präsidenten der „Gesellschaft zur Beförderung nützlicher Künste". Als der 79-jährige am 19. Juli 1850 bei einem Spaziergang über die Felder seines Hofguts in Rödelheim einen Schlaganfall erlitt, endete eine Ära.[54]

August Anton Wöhler (1771–1850). Ölgemälde von Otto L. Viemeier nach einer Vorlage vonGotthelf Leberecht Glaeser, um 1938.

Die „Gesellschaft zur Beförderung nützlicher Künste und deren Hülfswissenschaften" war 1822 auf drei Standorte in der Stadt verteilt: die Sonntagsschule im ehemaligen Weißfrauenkloster, die Sparkasse in der Großen Sandgasse und das Vereinslokal in der Töngesgasse. Nachdem Klagen über die Randlage des Stiftshauses am Eschenheimer Tor laut geworden waren, hatte die Gesellschaft für ihre Versammlungen im Dezember 1820 zunächst den Saal des Gasthauses Zum Maulbeerhof in der Töngesgasse und anschließend im Oktober 1821 das erste Obergeschoss in einem vis-à-vis gelegenen Wohnhaus angemietet. Mit der Verlegung des Vereinslokals in das bereits von der Sparkasse genutzte Nebengebäude in der Großen Sandgasse wurde das Anwesen von Johann David

Sauerländer im Januar 1823 zum Mittelpunkt der Gesellschaft. „Schlichte Bürger und eifrige Vaterlandsfreunde haben sich hier", begrüßte der liberal gesinnte Pfarrer Anton Kirchner am 8. Januar 1823 die Gäste der Einweihungsfeier im neuen Domizil, „ohne ein anderes Mandat, als ihren redlichen Willen, vereinigt um an dem großen Werke der Menschenveredlung, Besserung und Beglückung, nach Kräften zu arbeiten."[55] In der neuen Vereinszentrale fanden die Zusammenkünfte der Mitglieder und die Vortragsveranstaltungen statt. Das Gründungsmitglied Johann Valentin Albert setzte im Februar 1823 in der Großen Sandgasse seine physikalischen Demonstrationen fort und der Professor Christian Daniel Gerdum begann eine Vorlesungsreihe zur Mechanik.

Der Unterrichtsbetrieb der „Gesellschaft zur Beförderung nützlicher Künste" konzentrierte sich auf die Weißfrauenschule. Die Sonntagsschule erfreute sich eines ungebrochenen Zuspruchs, so dass im Februar 1822 der 508te Schüler in das Register eingeschrieben werden konnte. Unter den Lehrlingen und Gesellen waren sämtliche in Frankfurt ausgeübten Handwerksberufe vertreten, die Schüler stammten aus allen möglichen deutschen Staaten und den Nachbarländern Dänemark, Österreich und Italien – nur etwa ein Drittel waren Söhne Frankfurts. Die Kehrseite der bunt zusammengewürfelten Schülerschaft war eine überaus starke Fluktuation. Bei vielen erlahmte das Interesse nach wenigen Schulstunden, manche Gesellen setzten ihre Wanderjahre unvermittelt fort und verschwanden mit den kostenlos zur Verfügung gestellten Unterrichtsmaterialien auf Nimmerwiedersehen. Die bei der Stange blieben und sich die erforderlichen Grundkenntnisse aneigneten, konnten an den speziellen polytechnischen Lehrgängen für Fortgeschrittene teilnehmen. Mit dem Vorschlag, der Sonntagsschule eine Bossier- und Modellierschule[56] anzugliedern, rannte der Bildhauer Sommer bei Wöhler offene Türen ein. Der Unterricht im originalgetreuen Abformen von Gegenständen sollte Bauhandwerkern, Juwelieren, Spenglern und anderen Werktätigen, die anhand von Zeichnungen und Modellen arbeiteten, ein Gespür für die dritte Dimension geben. Darüber hinaus trug das am 20. November 1824 eröffnete Institut dazu bei, „den Geschmack zu läutern und neuen Ideen die Möglichkeit zu geben zu Tage gefördert zu werden."[57]

Das Bildungsangebot der „Gesellschaft zur Beförderung nützlicher Künste" wurde im Oktober 1825 um eine Schule der Mechanik erweitert. Die zweistündigen Unterweisungen in dem für fast jedes Gewerbe oder Handwerk grundlegenden Fach fanden freitagabends in der Großen Sandgasse statt. Aus der Mechanik-Schule ging im Frühjahr 1828 die Gewerbeschule hervor, so dass die Gesellschaft fortan über ein zweistufiges „Schulsystem" verfügte. An der Sonntagsschule bekamen die Lehrlinge und Gesellen die notwendigen Elementarkenntnisse beigebracht. Anschließend wurden sie nach bestandener Aufnahmeprüfung an der Gewerbeschule im Zeichnen und Modellieren sowie in Mathematik, Geometrie, Mechanik und Technologie unterrichtet. An der am 1. Februar 1828 eröffneten Gewerbeschule wurden die polytechnischen Bildungsziele verwirklicht. Die Gewerbeschüler stillten unter der Woche nach Feierabend ihren Bildungshunger.[58]

Die von den Schülern seit 1821 im Frühjahr abgelegten öffentlichen Prüfungen entwickelten sich zu „Bürgerfesten“. Die Prüfungsfeiern fanden unter den Mitgliedern und Freunden der „Gesellschaft zur Beförderung nützlicher Künste“ solchen Anklang, dass für sie die Festsäle an der Zeil gelegener eleganter Hotels angemietet wurden. Bei der zweiten Prüfung am 31. März 1822 begrüßte Pfarrer Anton Kirchner nach einem frommen Gesang der Schüler die Festgesellschaft und die „geliebten Zöglinge der Sonntagsschule“ als „Kampfgenossen gegen einen gemeinschaftlichen Feind. Unwissenheit heißt dieser gefährlichste Feind unseres Geschlechts!“[59] Nach dem pathetischen Auftakt schlug für die Schüler die Stunde der Wahrheit. Im Anschluss an die Prüfungen erstattete August Anton Wöhler den jährlichen Schulbericht. Darin dankte er den Lehrern für ihren selbstlosen Einsatz und ihren Beitrag dafür, dass „Kenntnisse, Wissen und Fertigkeiten immer mehr in unserm teutschen Vaterlande verbreitet werden.“[60] Nun hatte das Warten für die Schüler ein Ende und die 44 besten wurden mit Denkmünzen und Buchgeschenken ausgezeichnet. Die Prägestempel für zwei verschiedene Denkmünzen stammten aus der Werkstatt des Graveurs Johann Ludwig Köhler in Neustadt an der Haardt (heute: an der Weinstraße). Die eine Münze ziert auf der Vorderseite das von einem Eichenkranz umgebene Vereinsemblem, der Bienenkorb, und als Umschrift der Name der Gesellschaft. Auf der Rückseite steht von einem Lorbeerkranz umrahmt „Dem Fleisse“. Die andere Münze zeigt vorne einen Bienenstock mit Büchern, Füllhorn, Winkel und Zirkel sowie obenherum die Umschrift „Des Fleisses Lohn!“ Die Kehrseite enthält in einem Eichenkranz den Namen der Gesellschaft. Der Stempel für die Vorderseite der ersten Denkmünze fand fortan für die Schauseite weiterer Medaillen der Gesellschaft Verwendung, wobei die Inschrift auf der Rückseite dem Anlass entsprechend wechselte.[61]

Preismedaillen der „Gesellschaft zur Beförderung nützlicher Künste“ für erfolgreiche Sonntagsschüler, 1822.

Im Namen ihrer Mitschüler bedankten sich am 31. März 1822 drei der Ausgezeichneten überschwänglich für die von der Gesellschaft gebotenen Bildungschancen. „Zu den Wohltaten Gottes, welche mir zu Theil wurden", bekannte der bei Schneidermeister Stumpf beschäftigte und mit einem Buchpreis belohnte Geselle Johann Philipp Göbel aus Panrode im Herzogtum Nassau, „zähle ich besonders meine Aufnahme in die Frankfurter Sonntagsschule. Leer an Kenntnissen, und doch sehnsuchtsvoll nach Erlernung derselben, kam ich in diese Stadt, tief fühlend deren Mangel und die Nothwendigkeit, noch Vieles lernen zu müssen, um als Mitglied der bürgerlichen Gesellschaft nützlich seyn zu können."[62] Auf der im Rahmen der Prüfungsfeier gezeigten „Gewerbeausstellung" war Göbel mit einem selbst geschneiderten Mantel vertreten. Um den Ehrgeiz der Sonntagsschüler anzuspornen, hatte die Gesellschaft die Zöglinge aufgefordert, Proben ihres handwerklichen Könnens vorzulegen. Im Foyer des Festsaals im Roten Haus an der Zeil waren von Schülern hergestellte Kinderstiefel, Flaschenzüge, Tabakspfeifen oder Sargmodelle zu bewundern. Von 64 ausgestellten Schülerarbeiten wurden zehn mit Denkmünzen prämiert, der von dem Schneidergesellen Göbel angefertigte Mantel kam nicht in die engere Auswahl. Die Festveranstaltung endete so, wie sie begonnen hatte: mit einer Rede des Theologen Hufnagel und einem frommen Gesang der Schüler. Die Prüfungsfeier im Frühjahr und die Generalversammlung im Dezember waren Pflicht für die Mitglieder der „Gesellschaft zur Beförderung nützlicher Künste."

Philanthropen und „Polytechniker" setzten große Hoffnungen in das Ausstellungswesen als Quelle der Inspiration und als Mittel der Gewerbeförderung. Einmal mehr brachte Buchbindermeister Hermann Heinrich Hildebrand den Stein ins Rollen, indem er im Herbst 1825 die Veranstaltung einer Kunst- und Gewerbe-Ausstellung beantragte. Die „Gesellschaft zur Beförderung nützlicher Künste" bat daraufhin im Februar 1826 alle Frankfurter Künstler und Gewerbetreibende, das Vorhaben „durch Produkte ihres Fleißes und ihrer Geschicklichkeit"[63] zu unterstützten. Georg Brentano-Laroche überließ das große Prunkzimmer in seinem Elternhaus, dem Goldenen Kopf in der Großen Sandgasse, als Ausstellungsraum. Unweit ihres Domizils zeigte die Gesellschaft während der ersten Messewoche im September 1826 mehr als 45 Bilder und sechzig gewerbliche Arbeiten. Die mit Brentano-Laroche, Stadtbaumeister Hess, Hildebrand und drei weiteren Preisrichtern besetzte Jury vergab fünf Denkmünzen, darunter eine Goldene an den Maler Anton Radl, der mit einer Ansicht von Kronberg und mit einer Landschaft bei Sonnenuntergang begeisterte. In Begleitung von Simon Moritz von Bethmann besuchte der österreichische Staatskanzler Klemens Wenzel Fürst von Metternich die Kunst- und Gewerbe-Ausstellung. Die Symbolfigur reaktionärer Politik erwarb mehrere Teppiche und ermunterte Bethmann, die Ausstellung auf ähnliche Weise zu wiederholen.

Zur Herbstmesse 1827 organisierte die „Gesellschaft zur Beförderung nützlicher Künste“ die erste umfassende Gemäldeausstellung Frankfurter Meister. Als Gemäldegalerie dienten drei helle und geräumige Klassenzimmer im ersten Obergeschoss des ehemaligen Katharinenklosters, wo sich seit dem Sommer 1827 das neue Lokal der Gesellschaft befand. Die über dem im Erdgeschoss untergebrachten Pfandhaus der Stadt gelegene Etage der Gesellschaft gliederte sich in einen großen Sitzungssaal, ein Nebenzimmer für den Engeren Ausschuss, einen von der Sparkasse genutzten Geschäftsraum mit Nebenzimmer, drei Klassenräume für die Sonntags- und Gewerbeschule sowie eine Bibliothek, die zugleich als Aufenthaltsraum für die Lehrer und den Schulvorstand diente. Während die Sparkasse am 28. August 1827 von der Großen Sandgasse in das hinter der Katharinenkirche gelegene ehemalige Kloster umziehen konnte, fehlten der Sonntags- und Gewerbeschule noch die Mittel zum Erwerb neuer Bänke und Tische. Der Kaufmann B. Richtberg – 1821 und 1826 als Assistent Mitglied des Engeren Ausschusses – hatte die Idee, die Schulmöbel über eine große Kunstausstellung und den dabei aus dem Verkauf von Eintrittskarten und von Katalogen erzielten Gewinn zu finanzieren. In einem öffentlichen Aufruf bat die Gesellschaft Künstler, Sammler und Händler um die Ausleihe von Meisterwerken Frankfurter Provenienz, woraufhin 410 Gemälde im Katharinenkloster eingingen. Die wohlgeordnete Werkschau begann mit einer in Öl auf Kupfer gemalten Landschaft von Martin van Valkenburg, der im 16. Jahrhundert als niederländischer Glaubensflüchtling in Frankfurt einen neuen Wirkungskreis gefunden hatte, und endete mit zeitgenössischen Künstlern wie Karl Friedrich Wendelstadt, dem Inspektor am Städelschen Kunstinstitut. Die Frankfurter konnten sich an den Bildern von Georg Flegel, Maria Sibylla Merian oder Christian Georg Schütz dem Älteren gar nicht satt sehen, so dass die ursprünglich auf eine Woche befristete Ausstellung zweimal verlängert wurde und schließlich einen ganzen Monat geöffnet blieb. Mit dem von Hermann Heinrich Hildebrand und dem Kassierer der Gesellschaft, Ferdinand Wilhelm Mack, verfassten und von Johann David Sauerländer gedruckten 54-seitigen Katalog ging Johann Wolfgang von Goethes bereits 1815 geäußerter Wunsch nach einem den jeweiligen Standort vermerkenden Gesamtverzeichnis von Frankfurter Meisterwerken in Erfüllung. Die Ausstellung schloss mit dem erhofften Überschuss, der zur Finanzierung der Schulmöbel ausreichte. Seit dem Unterrichtsbeginn am 21. Oktober 1827 befanden sich alle Institute der „Gesellschaft zur Beförderung nützlicher Künste" erstmals wieder unter einem Dach. Neben der Sonntags- und Gewerbeschule sowie der Sparkasse und der „Ersparniß-Anstalt" unterhielt die Gesellschaft im eisigen Notwinter 1829/30 im Katharinenkloster eine Wärmstube und eine Suppenanstalt.[64]

Das lang gestreckte Gebäude des Katharinenklosters (re.) mit dem charakteristischen Treppenturm beherbergte das Gesellschaftslokal von 1827 bis 1862. Linker Hand verläuft die Zeil. Lithographie nach einer Zeichnung von Johann Friedrich Morgenstern, 1811.

Aufgrund interner Meinungsverschiedenheiten lehnte der seit 1821 amtierende Präsident August Anton Wöhler 1830 seine Wiederwahl ab, so dass die Vereinigung ein ganzes Jahr lang von den Assistenten geleitet wurde. Erst 1831 setzte der erneut wiedergewählte Wöhler seine Präsidentschaft fort. Ein Drittel der Mitglieder kehrte zwischen 1829 und 1833 der kriselnden Gesellschaft den Rücken, die Anzahl der Polytechniker sank vor Ort von 325 auf 217, die der korrespondierenden Mitglieder blieb dagegen konstant bei rund 160. Für die Differenzen gab es mehrere Ursachen. Wöhler hatte in Verbindung mit Hofrat Johann Herrfeldt vorgeschlagen, den jährlich anwachsenden Reservefonds der Sparkasse zu deckeln und weitere Überschüsse entweder als Prämien an die Sparer auszuschütten oder für gemeinnützige Zwecke zu verwenden. Die Initiative löste heftige Diskussionen aus, in deren Verlauf sich eine Niederlage für Wöhler abzeichnete. Der Entwurf wurde fallen gelassen, was offenbar nicht nur Herrfeldt zum Austritt aus der Gesellschaft bewog. Junge Liberale verließen, erfüllt von freiheitlich-demokratischen Ideen und beflügelt von der Julirevolution 1830 in Frankreich, die „Gesellschaft zur Beförderung nützlicher Künste", um sich einem direkten politischen Engagement zuzuwenden. Bestrebungen, die Gesellschaft zu einer liberalen Bastion am Sitz des reaktionären Bundestags auszubauen, waren angesichts der von Wöhler und seinen Freunden gepflegten Neutralitätspolitik und der Betonung philanthropischer Ziele von vornherein zum Scheitern verurteilt.

Der philanthropische Kurs der polytechnischen Gesellschaft bereitete einem Teil der Mitglieder zusätzlichen Verdruss. Der Assistent Eduard Souchay ging im Oktober 1830 bei der Preisverteilung an die Sonntagsschüler in seinem Jahresbericht mit den Kritikern ins Gericht: „Wer den Wirkungskreis unserer Schulen zu eng, oder die Thätigkeit der Gesellschaft für andere polytechnische Zwecke zu lässig findet, den bitten wir recht uns die Wege zur Vergrößerung unserer Mittel anzudeuten; denn an diesen fehlt es noch zur Zeit einzig zur Vermehrung dieser Thätigkeit."[65]

Nach der selbst gewählten Auszeit kehrte August Anton Wöhler 1831 mit neuem Elan an die Spitze der „Gesellschaft zur Beförderung nützlicher Künste“ zurück und rief mit dem Institut für Garten- und Feldbaukultur eine vierte Einrichtung ins Leben. Der Agronom wollte Hobbygärtnern und Landwirten eine Plattform geben, den Meinungsaustausch fördern und gemeinsame Anstrengungen zur Ertragssteigerung in die Wege leiten. Zwischen 1835 und 1856 trug das Institut mit prächtigen Blumen- und Pflanzen-Ausstellungen zum Wiederaufblühen der Gesellschaft bei. Die Anzahl der Mitglieder belief sich 1836 wieder auf 328.[66]

Die Institutsgründung erforderte eine Aktualisierung der Statuten. Nach Paragraph eins, Unterpunkt „d“ der im November 1832 überarbeiteten Satzung der „Gesellschaft zur Beförderung nützlicher Künste und deren Hülfswissenschaften“ verwaltete sie nunmehr vier Institute: die Sonntags- und Gewerbeschule, die Sparkasse, die „Ersparniß-Anstalt“ und das Institut für Garten- und Feldbaukultur. Den Unterpunkten „a“ bis „c“ zufolge bezweckte die Gesellschaft wie bisher die „a) Vervollkommnung technischer und ökonomischer Gewerbe im Allgemeinen und im Einzelnen, Beförderung und Ermunterung des örtlichen und nationalen Gewerbefleißes durch das Bestreben, erprobte Erfindungen und Verbesserungen auf vaterländischen Boden zu verpflanzen, zu verbreiten und gemeinnützig zu machen, zu neuen Erfindungen und Verbesserungen aufzumuntern und, soweit ihre Mittel es gestatten, Erfinder zu belohnen. b) Ausbreitung und Bearbeitung der bei allen technischen Gewerben unentbehrlichen Elementar- und Hülfswissenschaften, als: der Naturbeschreibung, Chemie, Physik, Mathematik, Waaren-, Material- und Maschinenkunde durch Vorträge darüber in ihrem Lokale, durch anzustellende Versuche über deren Anwendung auf Gewerbe, durch Veranstaltung von Modellen-, Maschinen- und literarischen Sammlungen zu gemeinnützigem Gebrauche u. s. w. c) Verbindung mit andern ähnlichen Vereinen zu gleichem Zweck und zum Austausch neuer Ideen und Erfindungen im Fache der technischen Künste und Gewerbe u. s. w.“[67]

Preismedaille der 1831 gegründeten „Section für Garten- und Feldbau-Kultur“, um 1840.

Die eigentliche Neuerung der 1832 verabschiedeten Statuten betraf die Aufnahme von Mitgliedern. „Als wirkliches Mitglied“, so Paragraph zwölf, „kann ein jeder gesittete Mann, der selbstständig und von unbescholtenem Rufe ist, aufgenommen werden.“[68] Gegenüber der al-

Programm

der

Vorträge über Chemie

in dem

Versammlungssaal der Gesellschaft zur Beförderung nützlicher Künste und deren Hülfswissenschaften. *Januar — März 1834.*

Uebersicht des Wichtigsten aus der Chemie, besonders in technischer Beziehung, mit Erläuterung durch Versuche.

Historische Einleitung.
Begriffsbestimmung.
Unorganische- und organische Chemie.
Grundstoffe (Elemente).
Benennung. Eintheilung.
Verwandtschaft.

Unorganische Chemie.

I. Abtheilung.

Nicht metallische Körper oder Metalloide.

Sauerstoff.
Oxydation. Oxyde.
Wasserstoff.
Sauerstoff- u. Wasserstoff-Wasser. Kochen. Verdunsten. Destilliren. Auflösung. Krystallisation.
Stickstoff.
— und Sauerstoff - Salpetersäure. Atmosphärishe Luft. Zusammensetzung. Luftgütemesser (Eudiometer). Verbrennen in der Luft.
Schwefel.
— u. Sauerstoff — Schwefelsäure.
— und Wasserstoff.
Phosphor.
— u. Sauerstoff — Phosphorsäure.
— und Wasserstoff.
Chlor.
— u. Sauerstoff — Chlorsäure.
— u. Wasserstoff — Salzsäure.
Fluor.
— u. Wasserstoff — Flusssäure. Glasätzen.
Kohlenstoff. Diamant. Reissblei (Graphit). Holzkohle. Thierkohle.
— u. Sauerstoff — Kohlensäure.
Kohlenstoff und *Wasserstoff.*
Grubengas. Sicherheitslampe.
Ölgas. Gasbeleuchtung.
Weingeist. (Alkohol).
Terpentinöl.
Kohlenwasserstoff u. *Sauerstoff.*
Essigsäure.
Weinsäure.
Citronensäure.
Aepfelsäure.
Kiesel.
— u. Sauerstoff — Kieselerde.

II. Abtheilung.

Metalle.

Allgemeine Eigenschaften.
Metalloxyde oder Metallkalke.
Metalllegirungen. Salze.
Vorkommen. Gewinnung. Eintheilung der Metalle.

a) *Metalle,* deren Oxyde Alkalien und Erden bilden.

Kalium.
— und Sauerstoff — Kali oder Pottasche.
Natrium.
— und Sauerstoff — Natron oder Soda.
Kalcium.
— u. Sauerstoff — Kalkerde.
Aluminium.
— und Sauerstoff. Thonerde. Alaun.

b) Schwere *Metalle.*

Eisen. Roheisen. Stabeisen.
— u. Kohlenstoff — Stahl.
Eisensalze.
Kobalt.
Kupfer.
Kupfersalze.
Blei.
— und Sauerstoff — Bleiglätte. Mennige.
Bleisalze.
Zinn.
Zinnlegirungen.
Zinnsalze.
Zink.
Quecksilber.
Amalgame.
— u. Schwefel — Zinnober.
Quecksilbersalze.
Silber.
Silberlegirungen.
Silbersalze.
Platin.
Gold.
Goldlegirungen.
Arsenik.
— und Sauerstoff — Arsenige u. Arseniksäure.

Organische Chemie.

Flüchtige Öle. Harze. Gerbstoff. Farbstoffe. Rothe — gelbe — grüne — blaue Farben. Chemische Grundsätze der Färbekunst.
Zucker.
Käsestoff.
Osmazom.
Holz.
Moder.
Gährung.
Weingährung.
Wein. Bier. Branntwein.
Essiggährung.
Faulige Gährung. Fäulniss.

ten Fassung fehlte hinter der Formulierung „jeder gesittete Mann“ der einschränkende Einschub „christlicher Religion“, so dass ab November 1832 auch Juden in der „Gesellschaft zur Beförderung nützlicher Künste“ Mitglied werden konnten. Das am 1. September 1824 von der Gesetzgebenden Versammlung für die Freie Stadt verabschiedete Gesetz „über die privatbürgerlichen Rechte der Israeliten“ stellte die Juden zumindest in gewerblichen Belangen mit der christlichen Bevölkerung gleich. Juden hatten weitgehend uneingeschränkten Zugang zu Handel und Handwerk und durften überall in der Stadt Häuser erwerben oder Läden mieten. Das Ghetto in der Judengasse wurde aufgehoben. Der Zugang zu öffentlichen Ämtern und Verwaltungspositionen blieb den „israelitischen Bürgern“ allerdings noch bis zum Erlass des „Organischen Gesetzes“ vom 7. Oktober 1864 verwehrt. Die wirtschaftliche Integration der Juden ging der gesellschaftlichen Emanzipation voraus.

Das Vereinswesen leistete rund drei Jahrzehnte vor der politischen Gleichberechtigung der Juden einen nicht zu unterschätzenden Beitrag zu ihrer gesellschaftlichen Anerkennung. In seiner 1821 veröffentlichten Schrift „Der ewige Jude“ hatte sich das zum Protestantismus übergetretene Kind der Frankfurter Judengasse, Ludwig Börne, noch bitter über die Ausgrenzung der religiösen Minderheit durch die führenden Frankfurter Kreise beklagt: „Ihr Herren vom Frankfurter Gelehrten-Verein, antwortet mir: Warum kann kein jüdischer Gelehrter Mitglied dieses Vereins werden? Ihr Herren des Frankfurter Museums für Kunst und Wissenschaft, antwortet mir: Warum nehmet ihr keinen jüdischen Freund der Kunst und Wissenschaft, keinen jüdischen Gelehrten oder Künstler auf? Ihr Herren der Frankfurter Lesegesellschaft, antwortet mir: Warum darf kein Jude unter Euch sitzen und den allgemeinen Anzeiger lesen? Ihr Herren von der Frankfurter Gesellschaft zur Beförderung nützlicher Künste, antwortet mir: Warum darf kein Jude die nützlichen Künste befördern helfen?“[69] Neben dem „Frankfurter Museum für Kunst und Wissenschaft“, besser bekannt als „Museumsgesellschaft“, zählte die „Gesellschaft zur Beförderung nützlicher Künste“ zu den ersten Vereinen, die Juden als ordentliche Mitglieder aufnahmen. Die tolerante Einstellung gegenüber den „israelitischen Bürgern“ ging zu einem Gutteil auf den Einfluss des angesehenen Rechtsanwalts Maximilian Reinganum zurück. Als Assistent hatte Reinganum 1827/28 dem Engeren Ausschuss der „Gesellschaft zur Beförderung nützlicher Künste“ angehört, 1828/29 amtierte er als Direktor der Sonntags- und Gewerbeschule. In der Judengasse geboren hatte er sich 1821 taufen lassen, um in Frankfurt als Rechtsanwalt eine Kanzlei eröffnen zu können. Reinganum wurde zu einem der

Empfehlungsschreiben von Amschel Mayer von Rothschild für den Diener Jacob Benzheim vom 27. August 1834 mit einer Preismedaille für Dienstboten.

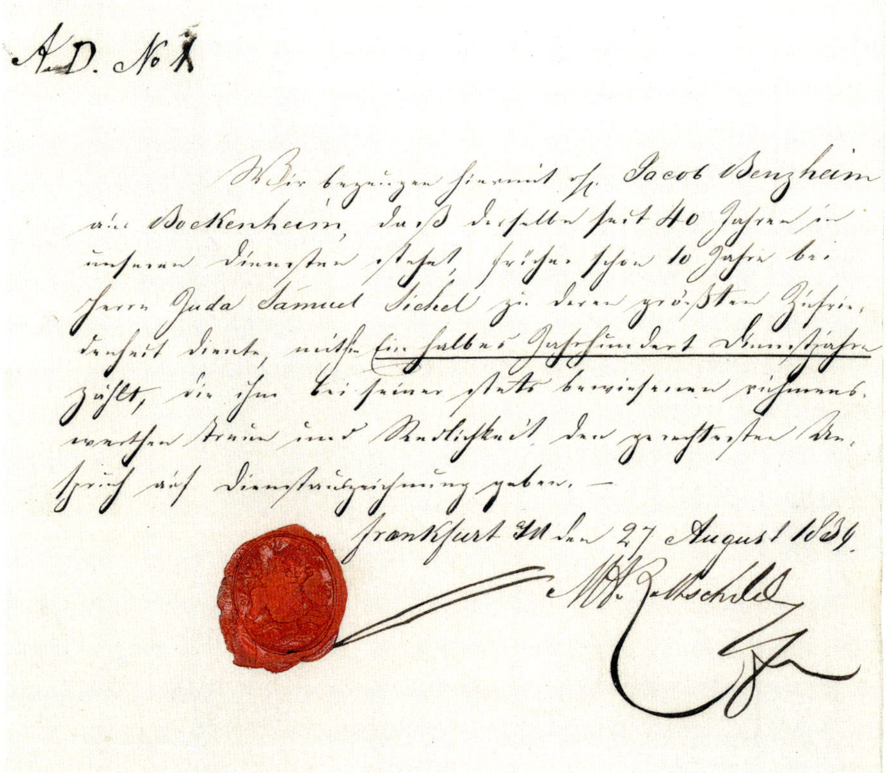

A.D. No 1

Wir bezeugen hiermit dß Jacob Benzheim aus Bockenheim, daß derselbe seit 40 Jahren in unseren Diensten stehet, früher schon 10 Jahre bei Herrn Juda Samuel Sichel zu deren größten Zufriedenheit diente, mithin ein halbes Jahrhundert Dienstjahre zählt, die ihm bei seiner stets bewiesenen rühmenswerthen Treue und Redlichkeit den gerechtesten Anspruch auf Dienstauszeichnung geben. —

Frankfurt a/M den 27 August 1834.

M. v. Rothschild

erfolgreichsten Anwälte in Frankfurt und zählte unter anderem die Rothschilds zu seinen Mandanten. Die jüdische Bankiersfamilie war 1842 mit fünf Mitgliedern in der „Gesellschaft zur Beförderung nützlicher Künste" vertreten, darunter mit Amschel Mayer von Rothschild der Leiter des Frankfurter Bankhauses M. A. Rothschild & Söhne.[70]

Der Magnat Amschel Mayer von Rothschild stellte am 27. August 1834 seinem Diener Jacob Benzheim ein Empfehlungsschreiben aus. Darin bescheinigte der Freiherr dem 62-jährigen Benzheim, dass er zunächst zehn Jahre für Juda Samuel Sichel und anschließend vierzig Jahre für die Familie Rothschild ohne Fehl und Tadel gearbeitet habe und ihm die vielen Jahre voller Anstrengungen „bei seiner stets bewiesenen rühmenswerthen Treue und Redlichkeit den gerechtesten Anspruch auf Dienstauszeichnung geben."[71] Das Zeugnis war zur Vorlage bei der „Gesellschaft zur Beförderung nützlicher Künste" bestimmt, die seit 1832 jedes Jahr sechs der treuesten Dienstboten in Frankfurt mit einer Denkmünze auszeichnete. Um das Auswahlverfahren und die Preisverteilung in geregelte Bahnen zu lenken, gründete die Gesellschaft im November 1835 das „Institut zur Beförderung der Sittlichkeit und des Wohlverhaltens unter der dienenden Klasse." Das 1852 in „Verein zum Wohle der dienenden Klasse" umbenannte Institut sollte in erster Linie dazu beitragen, dass sich die aus den Unterschichten stammenden Dienstboten in die patriarchalische Gesindeordnung fügten. Für eine Auszeichnung kamen nur Dienstboten in Frage, die in „vieljähriger Treue und musterhafter Berufserfüllung" gewirkt und sich durch „Sittsamkeit, tadelloses Betragen, Sparsamkeit und Einfachheit zur Nacheiferung für Andere"[72] hervorgetan hatten. Der Diener der Rothschilds, Jacob Benzheim, erfüllte diese Voraussetzungen problemlos und bekam am 2. November 1834 im großen Sitzungssaal des Katharinenklosters zusammen mit fünf anderen Kandidaten im Beisein der beiden Bürgermeister eine silberne, rückseitig mit der Inschrift „Treuen Diensten" versehene Denkmünze überreicht.

Der Gewerbeverein verlieh seit 1837 goldene, silberne und bronzene Denkmünzen mit der Inschrift „Dem Verdienst" auf der Kehrseite. Dass die „Gesellschaft zur Beförderung nützlicher Künste" statt technischer Innovationen das Wohlverhalten von Dienstboten prämierte, bestärkte die an der Gewerbeförderung und an einer politischen Erneuerung interessierten Mitglieder in ihrer Kritik an Wöhlers Kurs. Der Präsident und sein Umfeld hatten das eigentliche Ziel der Gesellschaft jedoch keineswegs aus den Augen verloren. Mit einer großen Kunst- und Gewerbeschau sollte im Dezember 1835 an die erfolgreichen Ausstellungen der Jahre 1826/27 angeknüpft und das heimische Gewerbe und der technische Fortschritt sollten befördert werden. Zur Vorbereitung der Kunst- und Gewerbeausstellung sowie anderer Förderungsmaßnahmen rief die Gesellschaft im Sommer 1835 als sechstes Institut den Gewerbeverein ins Leben. Die Ausstellung wurde ein Publikumserfolg, an dem die Verlosung der Exponate großen Anteil hatte. Der Gewerbeverein wiederholte die Ausstellungen in den darauf folgenden Jahren jeweils zur Herbstmesse. Ein Preisgericht von Sachverständigen prämierte 1837 erstmals besonders gelungene Arbeiten mit den Bienenkorb-Denkmünzen. Das rührige Tochterinstitut der „Gesellschaft zur Beförderung nützlicher Künste" veranstaltete außerdem Vorträge über technische Neuerungen, erweiterte die Bibliothek und gab mit dem „Frankfurter Gewerbefreund" ab 1837 sogar eine eigene Zeitschrift heraus. Das von Johann David Sauerländer verlegte Fachblatt, das Gewerbetreibende über die jüngsten Erfindungen und verbesserte Herstellungsverfahren im In- und Ausland informierte, musste 1843 aus Mangel an Abonnenten sein Erscheinen einstellen. Als sich die Klagen über unmotivierte Lehrlinge häuften, kündigte der Gewerbeverein für April 1844 eine umfassende Ausstellung von Lehrlingsstücken an. Um den „Eifer, Fleiß und die Aufmerksamkeit bei den Lehrlingen anzuregen"[73] winkten den Teilnehmern Denkmünzen und öffentliche Belobigungen. Bei der Preisverteilung am 2. Juni 1844 gab es achtmal Silber, elfmal Bronze und elf Belobigungszeugnisse – sie waren ein Beitrag zur Nachwuchsförderung.

Anlässlich der 20-Jahr-Feier der „Gesellschaft zur Beförderung nützlicher Künste und deren Hülfswissenschaften“ wurde August Anton Wöhler in seinem Bericht über das Jahr 1836 für einen Moment grundsätzlich: Ohne die drei Eigenschaften Menschenliebe, Beharrlichkeit und Eintracht, so der Präsident, hätten die Gesellschaft und ihre Tochterinstitute niemals eine so beachtliche Entwicklung genommen. Das Erreichte war für Wöhler kein Grund, die Hände in den Schoss zu legen. Im Rahmen seines Jahresberichts informierte er die Mitglieder über die Pläne für eine Blindenanstalt. Die Idee für das siebte Institut stammte wieder einmal von dem Buchbindermeister Hermann Heinrich Hildebrand, einem Vordenker der Gesellschaft. Als ehrenamtlicher Direktor der Sonntags- und Gewerbeschule hatte Hildebrand 1836 dem Leiter der privaten Taubstummenanstalt, Ludwig Kosel, für die erste öffentliche Prüfung seiner Schützlinge einen Klassenraum im Katharinenkloster zur Verfügung gestellt. Tief beeindruckt von dem Schicksal und dem Lebensmut der Taubstummen begannen Hildebrand und der ebenfalls anwesende Lehrer der Sonntagsschule Jost Pläne für eine in Frankfurt noch fehlende Blindenschule zu schmieden. Da Jost Unterrichtserfahrung mit Blinden besaß, gab es für den Handwerksmeister kein Halten mehr. „Als ich dieses vernommen hatte“, so Hildebrand in seinen 1841 niedergeschriebenen Erinnerungen, „was mich sogleich entschlossen machte, die Errichtung einer Blindenanstalt zu beantragen, verfügte ich mich deshalb auf der Stelle zu meinem Freunde dem Präsidenten Dr. Wöhler um denselben mit der Idee bekannt zu machen.“[74] Ein von Wöhler einberufener Arbeitskreis, dem auch der Leiter der Frankfurter Gasanstalt und Vater eines blinden Sohns, Johann Christian Carl Knoblauch, angehörte, erstellte für die nächste Generalversammlung eine Vorlage. Die Mitglieder der „Gesellschaft zur Beförderung nützlicher Künste“ baten am 31. Januar 1837 den Anstaltsleiter und Polytechniker Ludwig Kosel um ein Exposé über den Unterricht für Blinde als Entscheidungshilfe.

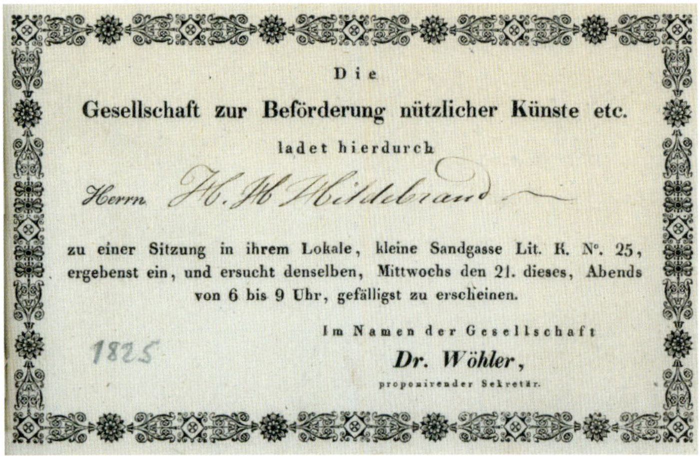
Die
Gesellschaft zur Beförderung nützlicher Künste etc.
ladet hierdurch
Herrn H. H. Hildebrand
zu einer Sitzung in ihrem Lokale, kleine Sandgasse Lit. K. N°. 25, ergebenst ein, und ersucht denselben, Mittwochs den 21. dieses, Abends von 6 bis 9 Uhr, gefälligst zu erscheinen.
Im Namen der Gesellschaft
Dr. Wöhler,
proponirender Sekretär.
1825

Einladungskarte für Hermann Heinrich Hildebrand, 1825.

Nur zwei Wochen später lag die Denkschrift auf dem Tisch. Unter Verwendung eines vom Direktor der Wiener Blindenanstalt verfassten Lehrbuchs empfahl Kosel in dem Exposé das Unterrichtsangebot zunächst auf blinde Kinder im Alter von 5 bis 16 Jahren zu beschränken. Der Direktor der Taubstummenanstalt plädierte für eine integrative Schulform. Die blinden Kinder sollten die an das Katharinenkloster angrenzende Mittelschule besuchen, da dort der im Umgang mit Sehbehinderten erfahrene Lehrer Jost unterrichtete. Als Sonderfächer für die Blinden waren Musik sowie das Lesen und Schreiben von ertastbaren Schriftzeichen vorgesehen. Großen Wert legte Kosel auf die körperliche Ertüchtigung. In ihrer Freizeit sollten die blinden Schüler daher auf Spaziergängen begleitet und zu gymnastischen Übungen angehalten werden. Für die Beschäftigung erwachsener Blinder sah Kosel noch keine Möglichkeit. Die Generalversammlung der „Gesellschaft zur Beförderung nützlicher Künste“ verabschiedete am 18. April 1837 die von einer Kommission auf der Grundlage des Kosel'schen Exposés erarbeiteten Statuten der „Unterrichtsanstalt für Blinde“. Auf den Tag genau einen Monat später wurde am 18. Mai 1837 die von einem dreiköpfigen, mit Ludwig Kosel, Johann Christian Carl Knoblauch und Pfarrer Johann Philipp König besetzten Vorstand geleitete Anstalt eröffnet. Die drei Schüler betreuende Einrichtung finanzierte sich mit Spenden. Ein Aufruf an die Frankfurter Bürgerschaft hatte binnen weniger Wochen ein Kapital von mehr als 1.600 Gulden erbracht, das zum Beispiel die Anstellung des Blindenlehrers Jost ermöglichte. Die „Unterrichtsanstalt für Blinde“ war das siebte Tochterinstitut der „Gesellschaft zur Beförderung nützlicher Künste“ und die siebte deutsche Einrichtung für Blinde überhaupt.[75]

In den Statuten der „Unterrichtsanstalt für Blinde“ war die Anzahl der Schüler auf zehn begrenzt worden. Zur besseren Auslastung der Einrichtung beschloss der Vorstand 1838 auch auswärtige Blinde aufzunehmen. Indem ein blinder Junge aus Bad Homburg hinzukam, bildeten die Schüler nun ein Quartett. Für die bis 1840 auf fünf Schüler angewachsene und als Tagesheimschule konzipierte Unterrichtsanstalt wurde es im Katharinenkloster langsam, aber sicher zu eng. Der Vorstand des Tochterinstituts mietete im Dezember 1840 in einem dem Kloster gehörenden Haus an der Zeil zwei Zimmer für ein „Unterrichts- und Arbeits-Lokal“. Nachdem die ersten Schüler das Höchstalter von 16 Jahren erreicht hatten, sahen die Verantwortlichen die Notwendigkeit, sich auch um das berufliche Fortkommen ihrer Schützlinge zu kümmern und ergänzten die Unterrichtsanstalt um eine „Arbeitsschule“ für Korb- und Stuhlflechter. Die beiden Einrichtungen wurden im November 1843 unter dem Namen „Blinden-Anstalt“ in das Haus des Buchbindermeisters Wolfahrt in der Töngesgasse verlegt. 1845 siedelte die Blindenanstalt in das Anwesen der Witwe Friederike Manskopff am heutigen Goetheplatz über und zog 1852 von dort zurück an die Zeil. Trotz vier Umzügen in zwölf Jahren war die

Blindenanstalt eine wahre Wohltat. „Der Sinn der Augen", schilderte August Anton Wöhler 1837 die segensreiche Wirkung des Instituts auf die Gemütsverfassung seiner Schützlinge, „wird in die Fingerspitzen übertragen. Der Blinde lernt nun sich nützlich beschäftigen; sein Gedächtniß wird gesteigert, seine Begriffe werden klarer und seine Kenntnisse vielseitiger. Seine Angehörigen, denen er früher eine Last war, freuen sich seiner Fortschritte, seines gleichsam Menschwerdens; und er selbst gewinnt täglich mehr an heiterem Sinn und Zufriedenheit; er denkt nicht mehr an sein Unglück und freut sich seines Lebens, so gut wie der Sehende."[76]

Das 25-jährige Jubiläum von August Anton Wöhler im Amt des Präsidenten der „Gesellschaft zur Beförderung nützlicher Künste" wurde am 25. Januar 1846 im Festsaal des Hotels Zum Weidenbusch groß gefeiert. Die Assistenten Hassel und Mack gaben dem Jubilar an jenem Sonntagmorgen im Januar 1846 das Geleit und kutschierten mit Wöhler Zum Weidenbusch, wo ihn die beiden Bürgermeister sowie zahlreiche Honoratioren und Mitglieder der Gesellschaft bereits erwarteten. Nachdem der Liederkranz die Feier mit einer Festkantate eröffnet hatte, würdigte Pfarrer Anton Wehner in seiner Laudatio die in Wöhlers Amtszeit gegründeten sechs Tochterinstitute und die allgemeine Aufwärtsentwicklung der Gesellschaft in dem vergangenen Vierteljahrhundert. Unter den wichtigsten Frankfurter Vereinen lag die 1846 exakt 744 Mitglieder aufweisende „Gesellschaft zur Beförderung nützlicher Künste" gemessen an der Zahl mit dem Kunstverein gleichauf an der Spitze. Auf die beiden mitgliederstärksten Organisationen folgten mit großem Abstand der von dem „Frankfurter Turnvater" August Ravenstein ins Leben gerufene „Verein für die körperliche Ausbildung der Jugend" (442 Mitglieder), die Museumsgesellschaft (348) und die Senckenbergische Naturforschende Gesellschaft (275). Als Präsident war es an Wöhler, zwischen den Tochterinstituten und den unterschiedlichen Strömungen innerhalb der Mitgliederschaft zu vermitteln und das große Ganze im Auge zu behalten. „Es bedarf", stellte Festredner Wehner zu Wöhler gewandt fest, „einer festen Uebersicht des Ganzen, einer starken Begeisterung, eines fast unverletzlichen Gleichmuthes, einer Unparteilichkeit in der Behandlung Einzelner, einer ruhigen Stellung über den oft kämpfenden Elementen, um unsere mannigfaltigen Bestrebungen zusammenzuhalten. Nur solche Eigenschaften konnten es einem Leiter möglich machen, zu erwirken, daß die Rührigkeit der einzelnen Sectionen blieb, und die Vereinigung aller doch erhalten ward."[77] Die „Gesellschaft zur Beförderung nützlicher Künste" war Wöhlers Lebenswerk.

Die Gesellschaft dankte August Anton Wöhler mit einer Ehrenkette und einer Stiftung. Im Anschluss an die Lobrede Wehners trat der Assistent Mack vor und legte Wöhler eine von dem Silberschmied Hessenberg angefertigte Kette um, deren Glieder aus kleinen Bienenkörben bestanden. Im Anschluss daran überreichte der Assistent Hassel dem Präsidenten die Gründungsurkunde der nach ihm benannten „Wöhler-Stiftung“. Der Engere Ausschuss wollte dem „Mann, dessen ganzes Leben Humanität athmet“ zum silbernen Amtsjubiläum ein „unvergängliches Denkmal“[78] errichten und hatte im Dezember 1845 die Mitglieder um Beiträge für ein Stiftungskapital gebeten. Für die geplante Einrichtung, die begabten Frankfurtern und Preisträgern der Sonntags- und Gewerbeschule anhand von Stipendien und „durch väterliche Fürsorge und Überwachung“[79] eine qualifizierte Ausbildung in einem gewerblichen oder technischen Beruf ermöglichen sollte, spendeten die Polytechniker in Weihnachtsstimmung rund 2.330 Gulden. Unter den ersten fünf Stipendiaten befanden sich ein Zimmergeselle und der Auszubildende eines Mechanikers, denen freier Unterricht an der Gewerbeschule gewährt wurde, sowie ein „Handlungslehrling“, der kostenlosen Sprachunterricht in Französisch erhielt. Das Schlusswort der 25-Jahr-Feier hatte dem Jubilar gebührt. In seinen Dankesworten gab Wöhler der Freude über das achte, nach ihm benannte Tochterinstitut Ausdruck und betonte zugleich, dass es sich bei der „Gesellschaft zur Beförderung nützlicher Künste“ nicht um eine Einzelleistung, sondern um ein Gemeinschaftswerk handele. Für die Zukunft hoffte Wöhler auf den Erwerb eines Gebäudes, in dem alle Institute der Gesellschaft Platz fänden.

Über die Finanzierung der Gesellschaft und ihrer Institute gingen die Meinungen auseinander. Als einziges Tochterinstitut, das gute Erträge erwirtschaftete, rückte die Sparkasse immer dann, wenn es ums Geld ging, ins Blickfeld. August Anton Wöhler hatte im November 1841 in seiner Ansprache zur 25-Jahr-Feier der „Gesellschaft zur Beförderung nützlicher Künste und deren Hülfswissenschaften“ auf den bei einem Zinsfuß von drei Prozent jährlich um 3.000 Gulden ansteigenden Reservefonds der Sparkasse hingewiesen und laut darüber nachgedacht, ob es nicht sinnvoller wäre, den Zinsertrag ab einer bestimmten Höhe der Rücklage für die gemeinnützige Arbeit der anderen Tochterinstitute zu verwenden. Wohl wissend, dass er mit dem Vorschlag ein heikles Thema berührte, beschwor Wöhler in der Festrede das Zusammengehörigkeitsgefühl der Polytechniker. „D'rum Einheit in allen Zweigen der Gesellschaft! Verbannt sei aller Kastengeist, und eine schöne Harmonie verschmelze die Wirkungskreise aller Institute zu einem großen Ganzen, in dessen Mittelpunkte die Wohlfahrt der Vaterstadt auf dem Altare der Humanität im reinen Lichte glänzt!“[80]

Es folgte eine fast siebenjährige Kontroverse über die Frage, ob die Gesellschaft einen rechtlichen oder auch nur moralischen Anspruch auf eine Unterstützung ihrer Bestrebungen aus Mitteln der Sparkasse geltend machen konnte. Während die eine Seite den Reservefonds des Tochterinstituts quasi als Eigentum der „Muttergesellschaft“ betrachtete, pochten andere Mitglieder auf den Status der Sparkasse als selbstständige Rechtspersönlichkeit. Die Sparkassendirektion reklamierte für die erwirtschafteten Überschüsse Eigenbedarf und verteidigte den Reservefonds als Rücklage zur Sicherheit der Einleger. Als Vermittler in dem Meinungsstreit und zur Überarbeitung der Sparkassenstatuten wurde eine Kommission eingesetzt. Nach zähem Ringen und allein zehn außerordentlichen Generalversammlungen in der Endphase genehmigte der Senat der Freien Stadt im Juli 1847 die neue Satzung der Sparkasse. Darin wurde die Gesellschaft zwar als Gründerin der Sparkasse bestätigt, der Reservefonds aber zur unantastbaren Rücklage erklärt. Der alljährliche Zinsertrag, den der Reservefonds abwarf, sollte der Gesellschaft für gemeinnützige Zwecke zur Verfügung stehen, allerdings nur, solange der Fonds mehr als zehn Prozent der Einlagen betrug. Blieb der Reservefonds unter der Zehn-Prozent-Marke, stand der Gesellschaft lediglich ein Festbetrag in Höhe von 2.000 Gulden im Jahr zu. Rutschte die Rücklage unter acht Prozent der Einlagen, ging die „Muttergesellschaft“ leer aus. Seit der Statutenänderung flossen der Gesellschaft Jahr für Jahr aus den Zinsen des Reservefonds der Sparkasse beachtliche Beträge zu. Bis 1862 vereinnahmte der Kassierer auf diese Weise den stolzen Betrag von insgesamt 76.577 Gulden und 53 Kreuzern. Die Sparkasse wurde zur finanziellen Stütze der „Gesellschaft zur Beförderung nützlicher Künste“ – zum Besten der Bürgerschaft.[81]

Der Parlamentarier und Polytechniker Friedrich Siegmund Jucho (1805–1884). Lithographie nach einer Zeichnung von Fritz Hickmann, um 1848/49.

Für den ehemaligen preußischen Bundestagsgesandten Carl Ferdinand Friedrich von Nagler war Frankfurt um 1840 ein übles „Liberalennest“. Zugleich befand sich in der Freien Stadt mit dem Deutschen Bundestag aber auch das Zentrum der Restauration. In der „heimlichen Hauptstadt“ des Deutschen Bundes prallten oppositionelle und reaktionäre Kräfte aufeinander und machten Frankfurt zu einem Kristallisationspunkt des Vormärz. Als Weltanschauung des aufstrebenden Bürgertums stand der Liberalismus für Gewaltenteilung, Rechtsstaatlichkeit und Pressefreiheit. Wirtschaftspolitische Forderungen betrafen die freie unternehmerische Betätigung sowie die Abschaffung der Zunftordnung und der Zollschranken. Die liberale Bewegung war aus den gegen Napoleon geführten Befreiungskriegen gestärkt hervorgegangen und eng mit der für ein geeintes Deutschland eintretenden nationalen Bewegung verbunden. Nationale und Liberale lehnten den lockeren Zusammenschluss von 35 Fürstenstaaten und vier freien Städten im Deutschen Bund als unvollkommene Lösung ab. Die Fürsten und die Symbolfigur für das restaurative System der Unterdrückung, der österreichische Staatskanzler Fürst Metternich, sahen in der liberalen Bewegung eine ernste Bedrohung für die alte Ordnung und einen Vorboten revolutionärer Bestrebungen. Mit den auf Metternichs Betreiben im August 1819 gefassten Karlsbader Beschlüssen wurden die auf einen Einheitsstaat drängenden Burschenschaften verboten, eine staatliche Vorzensur für alle Zeitungen eingeführt und in Mainz eine Untersuchungskommission des Bundes zur Verfolgung revolutionärer Umtriebe eingesetzt. Von der Pariser Julirevolution 1830 beflügelt folgten im Mai 1832 etwa 30.000 Streiter für Freiheit und Einheit einem Aufruf des deutschen Press- und Vaterlandsvereins und versammelten sich auf dem Hambacher Fest. Zeitgleich trafen sich am 27. Mai 1832 rund 4.000 Sympathisanten, die in Hambach nicht dabei sein konnten, auf dem Sandhof bei Frankfurt am Main. Metternich reagierte mit der völligen Unterdrückung der Presse-, Vereins- und Versammlungsfreiheit.[82]

Aus Frankfurt hatte auch der Rechtsanwalt und spätere Polytechniker (ab 1833), Friedrich Siegmund Jucho, am Hambacher Fest teilgenommen. Der Advokat war Mitglied des Pressvereins und gehörte zu den mehr als 230 Unterzeichnern der „Protestation deutscher Bürger für die Preßfreiheit in Deutschland.“ Nach dem Verbot des Press- und Vaterlandsvereins gründete Jucho mit dem Verfasser der „Protestation“, dem Polytechniker Maximilian Reinganum, das „Mittwochskolleg“, das, getarnt als Kneipengesellschaft, für kurze Zeit zum Zentrum der liberalen Bewegung in Frankfurt wurde. Den vorläufigen Höhepunkt der Auseinandersetzungen erlebte die Freie Stadt am 3. April 1833 mit dem Sturm von etwa fünfzig bewaffneten Putschisten auf die Haupt- und auf die Konstablerwache. Die Aktion zur Gefangenenbefreiung sollte das Fanal zum Sturz des Bundestags und zur Errichtung einer deutschen Republik setzen, scheiterte aber blutig im Kugelhagel des Linienmilitärs. Obwohl er sich am Wachensturm nicht beteiligt hatte, wurde Jucho 1834 unter der Anschuldigung verhaftet, Aufständischen zur Flucht verholfen zu haben. Wegen des Verdachts auf republikanische Umtriebe, der Förderung des Pressvereins und der Verbreitung politischer Flugschriften musste der Anwalt zunächst in der Konstablerwache und ab 1837 auf der Festung Hartenberg bei Mainz eine vierjährige Untersuchungshaft absitzen. Nach der Entlassung aus der Haft konnte Jucho, der sich vorerst nicht mehr am politischen Geschehen beteiligte, seine Arbeit als Rechtsanwalt wieder aufnehmen. Unter der Oberfläche gärte es in der Bevölkerung weiter. Die aufgestaute Unzufriedenheit mit den politischen Verhältnissen entlud sich zum Beispiel im Theater, wenn das Publikum auf die Worte des Marquis Posa in Friedrich von Schillers „Don Carlos"-Drama „Geben Sie Gedankenfreiheit!" in Beifallsstürme ausbrach.[83]

Am Sitz des Deutschen Bundestags herrschte um 1840 eine trügerische Ruhe. In der gespannten Atmosphäre tat die „Gesellschaft zur Beförderung nützlicher Künste und deren Hülfswissenschaften" unter der Leitung von August Anton Wöhler gut daran, sich aus der Politik herauszuhalten, zumal sie die nach dem Wachensturm in Frankfurt gebildete „Zentralbehörde für die politischen Untersuchungen" mit ziemlicher Sicherheit bereits ins Visier gefasst hatte. Das Interesse der Ermittler galt den zahlreichen liberalen Polytechnikern. Das Metternichsche Überwachungssystem profitierte von geheimen Listen und anonymen Denunzianten. In den Akten der Frankfurter Bundespräsidialkanzlei, die heute im Haus-, Hof- und Staatsarchiv Wien liegen, befindet sich ein im November 1840 angefertigtes Verzeichnis der Frankfurter Liberalen ohne Absender. Der Verfasser listete namentlich 44 Frankfurter und einige Gesinnungsfreunde aus dem Umland auf, „welche die eigentliche liberale Partei von politischem und moralischem Einfluß dahier bilden. [...] Es sind keine jungen Leute mehr. Die meisten stehen an den Vierzigern und darüber. Bei ihnen kann also keine Rede von Jugendschwärmerei seyn, ihre politischen Meinungen sind fest begründet und bei den meisten ultraliberaler Natur: sie wollen den Umsturz. Diese Liberalen waren auch alle mehr oder weniger bei den revolutionären Umtrieben der kaum verflossenen 1830iger Jahre betheiligt."[84]

Der Spitzel lieferte zu jedem Angehörigen des harten Kerns der nach Hunderten zählenden liberalen Bewegung in Frankfurt eine Einschätzung seiner staatsfeindlichen Ansichten, so charakterisierte er Friedrich Siegmund Jucho als „sehr vorsichtig, trotz seiner langen Haft unverändert in seinen politischen Gesinnungen" und Maximilian Reinganum als „ebenso vorsichtig, geistreich und eitel auf seine einflußreiche Stellung in unserem Staat, namentlich als Mitglied der gesetzgebenden Versammlung und der ständigen Bürgerrepräsentation. Gewissermaßen Chef der Liberalen dahier."[85] Außer den beiden Galionsfiguren Jucho und Reinganum stehen 15 weitere Polytechniker auf der Schwarzen Liste vom November 1840, darunter der Buchhändler Valentin Meidinger („entschlossen und exaltirt, aber vorsichtig"), der vom Güterverkehr mit Frankreich lebende Spediteur Johann Martin Wetzel („wodurch er namentlich oft französische Liberale bei sich sieht") sowie der viel beschäftigte Rechtsanwalt

Johann Jakob Konrad Kloß, über den der Anonymus keine genaueren Angaben zu machen wusste.[86] „Diese zusammen“, so das Fazit des geheimen Informanten, „bilden den Kern der liberalen Partei unserer Gegend; sie sind alle mit politischen Sünden beladen.“[87] Ob die bei der Obrigkeit angeschwärzten Liberalen für ihre „Sünden“ büßen mussten, ist nicht bekannt.

Unter dem Deckmantel religiöser Absichten versammelte sich das liberale Frankfurt seit dem Winter 1845/46 im „Montagskränzchen“. Das vermeintlich harmlose „Kränzchen“, in dem Hadermann[88], Jucho, Reinganum und andere führende Liberale verkehrten, wurde zum Mittelpunkt aller Reformbestrebungen in der Freien Stadt. Der Funke der französischen Revolution, die in dem Nachbarland zur Abdankung des Königs und zur Ausrufung der Republik geführt hatte, sprang im März 1848 auf die Staaten des Deutschen Bundes über. Allerorten wurde für Presse- und Vereinsfreiheit demonstriert und die Einberufung eines frei gewählten gesamtdeutschen Parlaments gefordert. Nach blutigen Barrikadenkämpfen mit 254 Toten und vielen Verwundeten in Berlin willigten die Einzelstaaten des Deutschen Bundes ein, dass in Frankfurt am Main eine verfassunggebende Nationalversammlung zusammentreten sollte. Mit den Vorbereitungen für die Einberufung des ers-

Stimmzettel für Friedrich Siegmund Jucho, 1848.

Stimmzettel
zur Wahl eines Abgeordneten
für die
constituirende deutsche National-Versammlung.
Herr Dr. Jucho.

Einzug der Mitglieder des Vorparlaments in die Paulskirche. Lithographie nach einer Zeichnung von Jean Nicolas Ventadour, 1848.

ten gesamtdeutschen Parlaments wurde ein „Vorparlament" beauftragt, dem auch die beiden liberalen Polytechniker Jucho und Reinganum angehörten. Auf je 50.000 Einwohner sollte ein Abgeordneter in die Nationalversammlung kommen. Der rund 58.000 Einwohner zählenden Stadt Frankfurt stand ein Parlamentssitz zu, um den sich Jucho und Reinganum bewarben. Bei der Kandidatenwahl unterlag der Radikaldemokrat Reinganum deutlich dem mehr rechts stehenden Jucho, der 6.650 von 8.615 abgegebenen Stimmen erhielt.

Der Polytechniker Friedrich Siegmund Jucho zog am Nachmittag des 18. Mai 1848 als einer von 585 Abgeordneten der Nationalversammlung in die Frankfurter Paulskirche ein. Als zum linken Zentrum gehörender Parlamentarier und als einer der Schriftführer der Versammlung reiste Jucho Anfang Juli 1848 mit einer Deputation nach Wien, um Erzherzog Johann von Österreich von seiner Wahl zum „Reichsverweser" in Kenntnis zu setzen. Die Wahl des Habsburgers zum provisorischen Regenten eines angestrebten deutschen Gesamtstaates sollte die Souveränität des Parlaments unterstreichen. Beim triumphalen Einzug des Erzherzogs in das mit schwarzrotgoldenen Fahnen geschmückte Frankfurt saß Jucho am 11. Juli 1848 mit in der offenen, sechsspännigen Kutsche des „Reichsverwesers".[89]

Die Revolution von 1848 hat die „Gesellschaft zur Beförderung nützlicher Künste" wie das gesamte öffentliche Leben arg in Mitleidenschaft gezogen. Während sich in der Tagespolitik die Ereignisse überschlugen, blieben in den kulturellen Vereinen, den wissenschaftlichen Gesellschaften und selbst in den Handwerkszünften die Mitglieder aus. Die „Gesellschaft zur Beförderung nützlicher Künste" verlor von 1848 bis 1850 durch Austritte und durch Todesfälle 150 Mitglieder – 21 Beitritte fielen im Vergleich dazu kaum ins Gewicht. Die Tochterinstitute hatten Mühe, sich über Wasser zu halten, da ihre Spendengeldquellen versiegten. Viele Veranstaltungen mussten mangels Interesse ausfallen, das alljährliche Stiftungsfest der Gesellschaft wurde im November 1848 wegen der unsicheren Zeitläufte abgesagt. Unter den rund 4.700 Einlegern der Sparkasse kam es im März 1848 zu Panikreaktionen. Aus Angst um ihr Erspartes hoben 844 Einleger schlagartig ihr ganzes Guthaben ab, weitere 504 Kunden ließen sich größere Beträge auszahlen. Summa summarum schrumpfte das Einlagekapital mit knapp 200.000 Gulden um fast ein Fünftel. Die Sparkassendirektion bewahrte einen kühlen Kopf und ersuchte einige angesehene Bürger um eine außerordentliche Prüfung der Bücher. Die Kommission bestätigte der Sparkasse Solidität und sorgte für die erhoffte Trendumkehr. Die Talsohle war im Juni 1848 durchschritten, denn die monatlichen Einzahlungen überstiegen bereits wieder die Rückforderungen um rund 11.000 Gulden. Ende 1849 hatte sich die Sparkasse von dem revolutionsbedingten Einbruch vollständig erholt.[90]

Die Nationalversammlung verabschiedete am 20. Dezember 1848 die Grundrechte des deutschen Volkes. Erstmals in der deutschen Geschichte bildeten Freiheit und rechtliche Gleichheit ohne Rücksicht auf den sozialen Status oder die Religionszugehörigkeit das Fundament der Gesellschaftsordnung – allerdings nur für kurze Zeit. In Preußen und Österreich war die Gegenrevolution längst auf dem Vormarsch. Als der preußische König Friedrich Wilhelm IV. im April 1849 seine Wahl zum „Kaiser der Deutschen" durch das Parlament brüsk zurückwies, war die Nationalversammlung endgültig gescheitert. Die Abgeordneten gingen nach Hause, ein nach Stuttgart ausgewichenes „Rumpfparlament" wurde im Juni 1849 von württembergischem Militär gewaltsam aufgelöst. In Frankfurt sammelte sich die bürgerliche Opposition in dem am 7. Juli 1849 gegründeten Patriotischen Verein. In der von dem Juristen und Polytechniker Eduard Franz Souchay geleiteten Vereinigung kam es zum Schulterschluss zwischen den gemäßigten Liberalen und dem ständisch-konservativen Bürgertum. „Der Patriotische Verein", so der in den Satzungen verankerte Zweck, „will den konservativ-liberalen Elementen unseres Freistaates zum Sammel- und Stützpunkt dienen."[91] Die provisorische Zentralgewalt unter Erzherzog Johann von Österreich blieb bis Ende 1849 im Amt, um zur zweiten Periode des Deutschen Bundes überzuleiten. Der Habsburger erschien am 4. November 1849 im Katharinenkloster zur Prüfung der Schüler der Sonntags- und Gewerbeschule und verteilte höchstselbst die Prämien. Drei Wochen später ließ es sich der „liberale" Erzherzog nicht nehmen, auch der Preisverteilung des „Instituts zur Beförderung der Sittlichkeit und des Wohlverhaltens unter der dienenden Klasse" beizuwohnen. Zum Dank für diese Gesten ernannte die „Gesellschaft zur Beförderung nützlicher Künste" Erzherzog Johann von Österreich zum Ehrenmitglied.[92]

Das erzherzogliche Ehrenmitglied kondolierte der Gesellschaft im Juli 1850 zum Tod ihres Präsidenten August Anton Wöhler mit den Worten: „Er wollte aufrichtig das Gute und war rastlos beflissen, dasselbe zu bewirken."[93] Mit der Wahl von Eduard Franz Souchay zu Wöhlers Nachfolger lehnte sich die Gesellschaft ziemlich weit aus dem Fenster. Im Gegensatz zu seinem Vorgänger, der stets Abstand zur Tagespolitik gehalten hatte, stand Souchay als Wortführer der Liberalen in der Gesetzgebenden Versammlung in Bezug auf die zukünftige Gestalt des Deutschen Reiches für eine kleindeutsche Lösung unter preußischer Führung und damit in Opposition zur proösterreichischen Politik der Freien Stadt. In seiner neuen Funktion kümmerte sich Souchay als Erstes um den Ausbau des Schulwesens. Unter der Mitwirkung Souchays kam eine mit der Prüfung des vorhandenen Angebots beauftragte Kommission zu dem Ergebnis, dass es in Frankfurt an einer höheren Gewerbeschule fehlte, auf der sich Absolventen der Volksschule für den Besuch einer Technischen Hochschule der Zeit qualifizieren konnten. Während die Stundenpläne der Sonntags- und der Abendschule (frühere Gewerbeschule) wöchentlich nur fünf und 16 Stunden vorsahen, sollte das im Rahmen des üblichen Vormittagsunterrichts zu erfüllende Pensum an der höheren Gewerbeschule 34 Wochenstunden umfassen. In der „Unterklasse" zählten Mathematik, Physik, Chemie und Zeichnen zu den Hauptfächern, in der Oberklasse kamen Statik, Mechanik, Maschinenlehre, Technologie, Mineralogie und Konstruktionslehre hinzu.

Im Frühjahr 1852 gab die „Gesellschaft zur Beförderung nützlicher Künste" die baldige Eröffnung einer höheren Gewerbeschule bekannt und forderte interessierte Eltern zur Anmeldung ihrer Söhne auf: „Diese Anstalt", meldeten die Frankfurter Zeitungen, „ist für alle Schüler bestimmt, die sich den Handwerken, der gewerblichen Betriebsamkeit im Kleinen oder Großen, oder dem Handel zu widmen gedenken. Sie sollen darin die nöthigen wissenschaftlichen Vorkenntnisse erhalten, um entweder während der Ausübung ihres Berufes von der rein mechanischen Nachahmung und Wiederholung des Erlernten zu der weiteren Ausbildung der erworbenen Fertigkeiten durch eigenes Nachdenken emporsteigen oder auf jene Vorkenntnisse ein weiteres Studium bauen zu können, wie es in den polytechnischen Schulen z. B. in Berlin, Karlsruhe etc. betrieben wird."[94] Mit 56 Schülern nahm die höhere Gewerbeschule am 3. Mai 1852 im Katharinenkloster den Betrieb auf. Steigende Schülerzahlen bewogen 1854 den Frankfurter Senat, das neue Institut der „Gesellschaft zur Beförderung nützlicher Künste" erstmals mit 2.500 Gulden zu subventionieren. Die Leitung des Schulbetriebs übertrug die Gesellschaft 1855 dem Sohn ihres Gründers, Adolf Poppe, der den hauptamtlichen Direktorenposten fast anderthalb Jahrzehnte bekleidete.

Der Wunsch nach einer eigenen Immobilie sollte für die Blindenanstalt in der gut neunjährigen Amtszeit von Eduard Franz Souchay in Erfüllung gehen. In der seit 1852 in einem Hinterhaus an der Zeil untergebrachten Anstalt stand mittlerweile die Anleitung und Beschäftigung von Erwachsenen im Vordergrund. Unter den zehn Schützlingen befanden sich nur zwei Schulpflichtige, den acht anderen wurde ein siebenstündiger Arbeitstag ermöglicht. Die Hauptbeschäftigung bestand im Flechten von Strohteppichen und Rohrstuhlsitzen. Dazu kam das Knüpfen von Kordel und Seil sowie zumeist von weiblichen Blinden erledigte Handarbeiten. Neben den Erlösen aus dem Verkauf der Blindenarbeiten trugen

Blick in die Karpfengasse mit dem Mädchenwohnheim des Vereins zum Wohle der dienenden Klasse. Radierung von E. Quirin, um 1910.

im Wesentlichen Spenden zur Finanzierung der Blindenanstalt bei. Aus dem Heyderschen Legat erhielt das Institut 1855 zum Beispiel die stolze Summe von 20.000 Gulden zur „Anschaffung nützlicher Bücher, Vervollkommnung des Unterrichts, Erholung und Erheiterung der Zöglinge.“[95]

Dank großzügiger Zuwendungen aus der Bürgerschaft und eines Hypothekenkredits der Sparkasse konnte im Juni 1857 ein Grundstück an der Theobaldstraße für 4.000 Gulden erworben und mit einem mehrstöckigen Anstaltsgebäude bebaut werden. Der über Werkstätten und Wohnraum verfügende Neubau öffnete am 1. Oktober 1858 die Pforten.

Das Hauptziel der Einrichtung, in der ab 1862 auch der Schulunterricht stattfand, bildete die Eingliederung der Blinden in das Erwerbsleben. Um den Schülern den weiten Weg von der heutigen Theobald-Christ-Straße bis zum Katharinenkloster zu ersparen, übernahm 1862 der aus Oberhessen stammende Leiter der Blindenanstalt, Jakob Metzler, den Unterricht in eigene Regie. In den Sechzigerjahren des 19. Jahrhunderts betreute die Anstalt im Durchschnitt 15 Blinde, von denen in der Regel ein Drittel in der Theobald(Christ)straße wohnte.[96] Neben der Blindenanstalt unterhielt die im Katharinenkloster untergebrachte „Gesellschaft zur Beförderung nützlicher Künste" seit 1853 im Haus zum Karpfen in der Alten Mainzer Gasse eine zweite Außenstelle. Der „Verein zum Wohle der dienenden Klasse" hatte die ehemalige Herberge vom Allgemeinen Almosenkasten zur vorübergehenden Unterbringung stellenloser weiblicher Dienstboten und zum Betrieb einer Arbeitsvermittlung gemietet. In der von einer Verwalterin geführten „Zufluchtstätte" fanden zum Beispiel im Jahr 1860 903 Frauen mit 5.320 Verpflegungstagen gegen einen geringen Obolus Aufnahme. Der Verein nutzte 1861 einen Besitzerwechsel, um das Eckhaus in der Alten Mainzer Gasse mit Hilfe der Sparkasse zu erwerben.[97]

Im Katharinenkloster wurde es der „Gesellschaft zur Beförderung nützlicher Künste" zu eng. Durch die Gründung der höheren Gewerbeschule hatte sich der Platzmangel noch weiter zugespitzt, weshalb der Assistent des Präsidenten, Emil von Oven, 1854 die Bildung einer Kommission zur Suche nach einem geeigneten Lokal für die Gesellschaft beantragte. Da der Immobilienmarkt für Gebäude nichts Passendes hergab, erwarb die Gesellschaft im Herbst 1859 für 34.000 Gulden ein Baugrundstück auf dem Gelände des ehemaligen Junghofs. Die vom Rossmarkt quer durch den Hofkomplex vorgesehene Junghofstraße sollte die Neue Mainzer Straße mit der Innenstadt verbinden. In der neu alignierten Straße befanden sich die Polytechniker in guter Gesellschaft: Die Saalbau AG plante in der Nachbarschaft den Bau eines Konzerthauses und am anderen Ende der Straße sollte das neue Domizil des Kunstvereins entstehen. Der Neubau des Gesellschaftshauses hatte für den im März 1860 zum Nachfolger Souchays gewählten Ernst Passavant höchste Priorität. Bei dem siebten Präsidenten der „Gesellschaft zur Beförderung nützlicher Künste" handelte es sich erneut um einen Juristen, dem der Ruf vorausging, ein Verfechter politischer Freizügigkeit und der Gewerbefreiheit zu sein.

Mit dem Entwurf und der Ausführung des Gesellschaftshauses wurde der Frankfurter Architekt Heinrich Burnitz beauftragt, der bereits für das Gebäude der Saalbau AG verantwortlich zeichnete. Die Einweihung

Das Gesellschaftshaus (li.) an der Junghofstraße und dahinter die spätere Wöhlerschule. Xylographie, um 1875.

des auf circa 100.000 Gulden veranschlagten und über die Zinseinnahmen aus dem Reservefonds sowie eine Hypothek der Sparkasse finanzierten Gesellschaftshauses wurde am 16. Februar 1862 mit einem Festakt in dem Neubau und einem Festmahl im Saalbau groß gefeiert. Nachdem der „Liederkranz" die Einweihungsfeier mit dem Chor „Vollendet stehen die neuen Hallen" eröffnet hatte, ergriff Senator Emil von Oven im Namen der Baukommission das Wort und dankte allen an dem Projekt Beteiligten für ihren Einsatz. Der Senator der Freien Stadt begrüßte das Gesellschaftshaus „als Stätte der Eintracht und Menschenliebe, als Pflanzschule edlen Bürgersinnes, als Werkstätte freien selbstthätigen Wirkens für Menschenwohl und Gemeingeist."[98] Bis auf die Blindenanstalt und die „Zufluchtstätte" des „Vereins zum Wohle der dienenden Klasse" fanden alle Tochterinstitute der Gesellschaft in dem Neubau unter einem Dach Platz. Das Erdgeschoss nahmen die Sparkasse und die „Ersparniß-Anstalt" in Beschlag. Neben den Klassenräumen der Schulanstalten gab es zwei Sitzungszimmer, ein Sekretariat, einen Hörsaal und eine Bibliothek für die Zwecke der Gesellschaft. Drei Wohnungen standen für Angestellte bereit.

Im Anschluss an Emil von Oven trat bei der Einweihungsfeier am 16. Februar 1862 Ernst Passavant ans Rednerpult und ließ beginnend mit

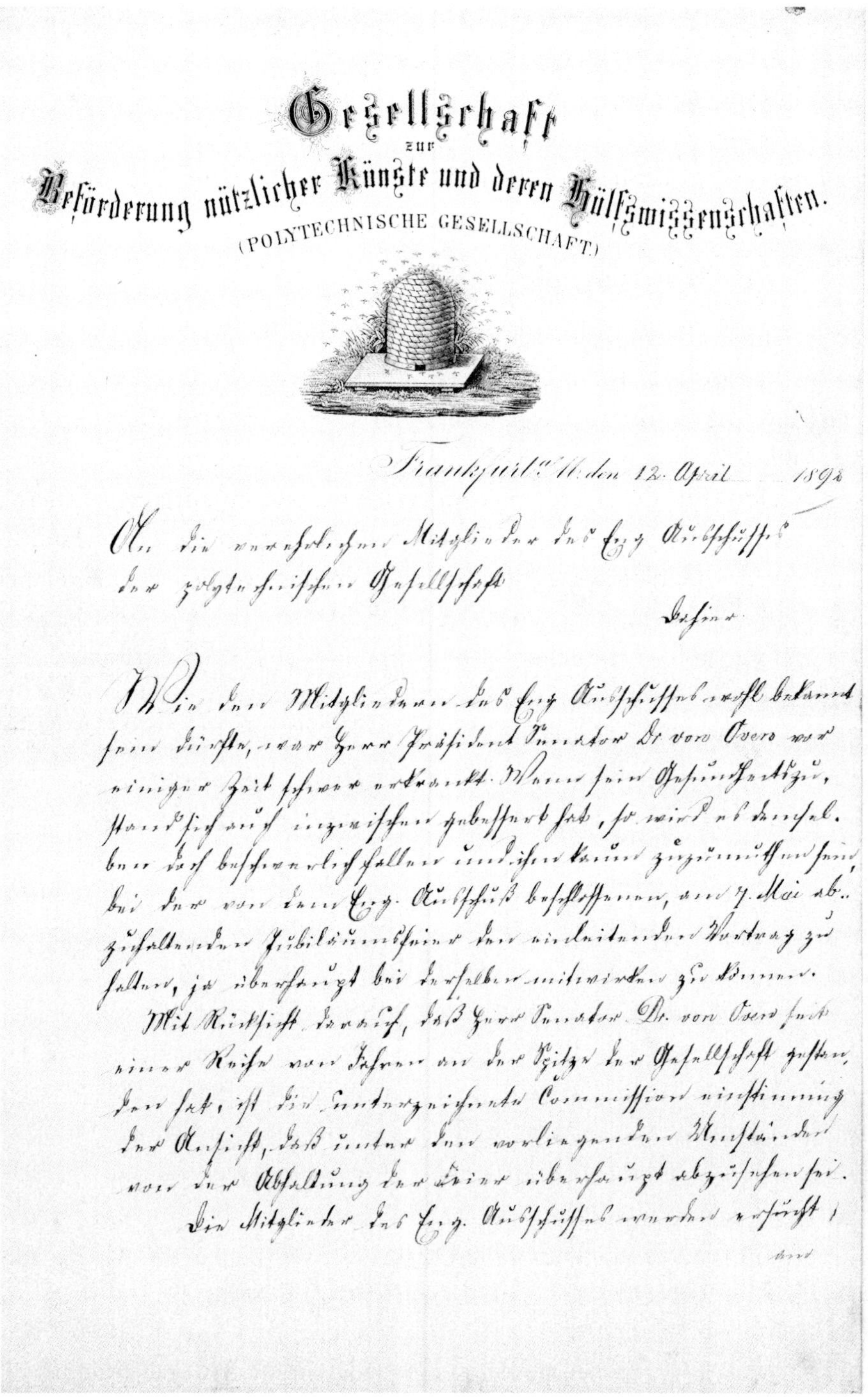
Gesellschaft zur Beförderung nützlicher Künste und deren Hülfswissenschaften.
(POLYTECHNISCHE GESELLSCHAFT)

Schreiben von Ferdinand Eyssen an den Präsidenten Ernst Passavant, 29. Dezember 1863.

der Blindenanstalt und dem „Verein zum Wohle der dienenden Klasse" die erfolgreichen Institutsgründungen in der bald 50-jährigen Geschichte der „Gesellschaft zur Beförderung nützlicher Künste" Revue passieren. „Unsere anderen Institute", so Passavant unter Bezug auf die sieben[99] übrigen Einrichtungen, „helfen die wichtigsten Aufgaben der Gegenwart zu lösen, durch sie arbeiten wir mit an der großen Frage, die jetzt die Geister erregt, an der Frage des Wohlbefindens der bürgerlichen Gesellschaft in allen ihren Schichten."[100] Nachdem Passavant eine Lanze für die Gewerbefreiheit gebrochen hatte, kündigte als letzter Festredner das Mitglied des Engeren Ausschusses, Johann David Sauerländer, die Gründung von drei weiteren Instituten an: des Stenographischen Instituts (am 1. März 1862 eröffnet), der Gewerbekasse (19. Mai 1862) und der Frankfurter Handelsschule (12. Juni 1862). Letztere nahm nur Interessenten auf, die bereits einen allgemeinen Schulabschluss in der Tasche hatten und sich zur Vorbereitung auf eine kaufmännische Berufsausbildung die theoretischen Grundkenntnisse aneignen wollten. Der Senat genehmigte das Institut und stellte es unter die Aufsicht der gemischten Kirchen- und Schulkommission. Für den 75 Schüler umfassenden ersten Jahrgang reichte in dem neuen Gesellschaftshaus der Platz nicht aus, so dass die Handelsschule in das Gebäude des Bürgervereins in der Großen Eschenheimer Gasse ausweichen musste. Die Verlegenheitslösung war nicht von Dauer. 1864 wurde für die Handelsschule eine nördlich an das Gesellschaftshaus angrenzende, an der Neuen Rothofstraße befindliche Liegenschaft erworben. Die Schulabgänger konnten bei der Gesellschaft entweder eine gewerbliche oder eine kaufmännische Laufbahn einschlagen.[101]

Als übergeordnetes Ziel verfolgte der Präsident der „Gesellschaft zur Beförderung nützlicher Künste", Ernst Passavant, die Einführung der Gewerbefreiheit. Mit dem im Dezember 1861 der Gesellschaft beigetretenen Bankier und Verleger der „Neuen Frankfurter Zeitung", Leopold Sonnemann, wusste Passavant einen weiteren Mitstreiter an seiner Seite. Das befreundete Gespann, Passavant und Sonnemann, gehörte bereits in dem 1859 gegründeten Volkswirtschaftlichen Verein, der sich ganz der Aufhebung der Zunftbeschränkungen verschrieben hatte, zu den treibenden Kräften. Die jahrelange Überzeugungsarbeit der Anhänger einer liberalisierten Gewerbeordnung begann sich um 1860 auszuzahlen. Im Oktober 1863 stimmte die Gesetzgebende Versammlung einem die Gewerbefreiheit befürwortenden Gesetzentwurf des Senats zu. Als das Gesetz über die Berechtigung zum Gewerbebetrieb in der Freien Stadt am 12. Januar 1864 in Kraft trat und in Frankfurt die Zunftschranken fielen, ging eine Hauptforderung der Polytechniker in Erfüllung.[102]

„Die Geschmack angebende Metropole Südwestdeutschlands"

Qualität und Schönheit 1866 – 1933

Die 50-Jahr-Feier der „Gesellschaft zur Beförderung nützlicher Künste und deren Hülfswissenschaften" fiel im November 1866 ins Wasser. Nach der Annexion durch Preußen und dem Verlust der Selbstständigkeit der Freien Stadt war niemandem nach einem Jubelfest zu Mute. Zu spät hatte sich die „heimliche Hauptstadt" des Deutschen Bundes im

Einrücken der Preußen durch das Allerheiligentor am 16. Juli 1866. Getuschte Zeichnung von Heinrich Hasselhorst, 1866.

Totenmaske von Bürgermeister Carl Fellner. Getönter Gips, 24./25. Juli 1866.

Bruderkrieg des Jahres 1866 von Österreich losgesagt und für neutral erklärt. Die siegreichen Preußen besetzten Frankfurt am 16. Juli 1866 und stellten Kontributionsforderungen von mehr als dreißig Millionen Gulden. Von den preußischen Besatzern in die Enge getrieben und von den Frankfurter Gremien im Stich gelassen beging der letzte Ältere Bürgermeister der Freien Stadt, der Polytechniker Carl Fellner, in den frühen Morgenstunden des 24. Juli 1866 Selbstmord und wurde zu einem „Märtyrer Altfrankfurter Freiheit". Die Einleger der Sparkasse reagierten auf die Krisensituation wie im Revolutionsjahr 1848 mit Verunsicherung und der überhasteten Abhebung großer Geldbeträge. Da die Direktion alle Auszahlungswünsche befriedigen konnte, fassten die Einleger bald wieder Vertrauen in die Solidität der Sparkasse. Das „Gesammt-Einlage-Capital" hatte nach dem Einbruch in den Sommermonaten am 31. Dezember 1866 mit 3,24 Millionen Gulden bis auf einen Restbetrag von rund 100.000 Gulden wieder den Status quo ante erreicht.[103]

Der preußische Adler verdrängte 1866 das Frankfurter Stadtwappen von den Schlagbäumen an der Stadtgrenze. Das neue Hoheitszeichen versinnbildlichte die von König Wilhelm I. befohlene Einverleibung Frankfurts in den preußischen Staat. Den Übergang von der Freien zur preußischen Stadt besiegelten das Gemeindeverfassungsgesetz vom 25. März 1867 und die rechtliche Einbindung in das Königreich Preußen am 1. Oktober 1867. Das Gemeindeverfassungsgesetz verankerte die kommunale Selbstverwaltung durch Magistrat und Stadtverordnetenversammlung. Der auf Vorschlag der Stadtverordneten vom König ernannte Oberbürgermeister war Vertreter des Staates und Leiter der Stadtverwaltung in einer Person und somit ein Mittler zwischen Krone und Kommune. In weiser Voraussicht präsentierten die Stadtverordneten dem König entgegen den im Stadtparlament obwaltenden Mehrheitsverhältnissen mit Daniel Heinrich Mumm von Schwarzenstein (Oberbürgermeister von 1868 bis 1880), Johannes Miquel (1880–1890) und Franz Adickes (1891–1912) jeweils Kandidaten nationalliberaler Couleur. Alle drei Oberbürgermeister waren Polytechniker. Der zuvor am Frankfurter Appellationsgericht tätige Jurist Mumm hatte bei der „Gesellschaft zur Beförderung nützlicher Künste" verschiedene Ehrenämter bekleidet, so 1845/46 als Direktor und 1847/1865 als Präses der Sparkasse sowie von 1855 bis 1857 als Assistent im Engeren Ausschuss.[104]

In der bis zum Ersten Weltkrieg fest in der Hand liberaler Gruppierungen befindlichen Stadtverordnetenversammlung waren stets eine ganze Anzahl Polytechniker vertreten. Unter den 54 Abgeordneten des im Juli 1867 gewählten Stadtparlaments gab es nachweislich 16 Mitglieder der „Gesellschaft zur Beförderung nützlicher Künste", zu ihnen zählten der Architekt Heinrich Burnitz, die Rechtsanwälte Johann David Sauerländer und Eduard Franz Souchay sowie der Direktor der Frankfurter Gasfabrik, Simon Schiele. Angehörige des linksliberalen, großdeutsch-föderalistisch eingestellten und gegen den Bismarckschen Staat opponierenden Demokratischen Vereins stellten in der Stadtverordnetenversammlung die Mehrheit. An der Spitze der linksliberalen Stadtverordneten stand von 1869 bis 1904 der Herausgeber der „Frankfurter Zeitung" und Polytechniker Leopold Sonnemann. Den Gegenpol bildeten die regierungsfreundlichen, rechtsliberalen Abgeordneten des Nationalliberalen Wahlvereins.

Nach der konstituierenden Sitzung vom 25. September 1867 widmete sich das Stadtparlament der Bestellung des Magistrats. Als zweites kommunales Verfassungsorgan hatte der Magistrat die Gemeindeverwaltung zu leiten sowie in enger Kooperation mit den Stadtverordneten verordnungsrechtliche Vorschriften zu entwerfen und zu verabschieden. In Anlehnung an die vier großen Verwaltungszweige Finanzen, Stadtkämmerei und Forstwesen, Bauverwaltung, Kirche und Schule wählten die Stadtverordneten am 22. Januar 1868 einschließlich der beiden Bürgermeister sechs besoldete und sechs unbesoldete Magistratsmitglieder. Mit der Leitung des Rechneiamts und der städtischen Schulverwaltung betrauten sie als hauptamtlichen Stadtrat Ernst Passavant, der daraufhin sein Amt als Präsident der „Gesellschaft zur Beförderung nützlicher Künste" niederlegte. In der Person des Stadtverordneten und Demokraten David Sauerländer fand die Gesellschaft einen würdigen Nachfolger, der das Präsidentenamt bis 1877 ausübte. Dass 1868 der Posten des besoldeten Stadtrats für das Bauressort mit Emil von Oven besetzt wurde, belegt die Präsenz der Polytechniker in der Kommunalpolitik. Die Mitgliederzahl der Gesellschaft ging im Krisenjahr 1866 von 489 auf 438 zurück und blieb in der Folgezeit, obwohl die Einwohnerzahl Frankfurts stark anstieg, auf diesem niedrigen Niveau. Durch die Entpolitisierung des Vereinslebens verlor die Gesellschaft an Attraktivität, insbesondere für die jüngere Generation. Die „Gesellschaft zur Beförderung nützlicher Künste" wandelte sich in der Wilhelminischen Zeit zu einer einflussreichen Vereinigung von Honoratioren, die den Aufstieg Frankfurts zur Großstadt tatkräftig förderte.[105]

Nach der Zäsur von 1866 mussten sich die Polytechniker neu positionieren. Die Gewerbeförderung im Sinne der Biedermeierzeit war passé. Dafür benötigte die sich seit Einführung der Gewerbefreiheit stärker entwickelnde Industrie dringend qualifizierte Mitarbeiter für technische und leitende Funktionen. Im Ausbau der vorhandenen Schuleinrichtungen der „Gesellschaft zur Beförderung nützlicher Künste" sahen der neue Präsident, Johann David Sauerländer, und seine Mitstreiter einen Ansatzpunkt für das zukünftige Engagement. Zuvor sollte eine mit langjährigen Mitgliedern besetzte Kommission die finanziellen Spielräume für den geplanten Einsatz der Gesellschaft ausloten. Die Möglichkeiten hatten sich durch eine im Dezember 1868 beschlossene Änderung der Sparkassenstatuten insofern verbessert, als nicht mehr nur der Zinsertrag des Reservefonds, sondern auch die Hälfte vom Reinertrag eines Geschäftsjahrs in die Kasse der Gesellschaft fließen sollte. Der im September 1869 vorgelegte Prüfbericht fiel entsprechend positiv aus. Das Vermögen der Gesellschaft betrug demnach mehr als eine Viertelmillion Gulden, wobei allerdings der Hausbesitz mit Hypotheken von rund 180.000 Gulden belastet war. Unterm Strich konnte die Gesellschaft 1868 bei Einnahmen von 40.000 Gulden – 33.000 Gulden stammten von der Sparkasse – und Ausgaben von 28.000 Gulden einen beachtlichen Überschuss verbuchen. In Anbetracht der günstigen Finanzlage empfahl die Kommission, der mit Philipp Bernhard Andreae-Winkler, Rudolph Pfefferkorn und Remigius Sauerländer auch drei ehemalige Sparkassendirektoren angehörten, die Anstellung eines besoldeten Sekretärs und die Unterstützung der unterfinanzierten Wöhler-Stiftung mit 1.000 Gulden im Jahr. Zur Entlastung des Präsidenten von den laufenden Geschäften wurde 1869 der ehemalige Ratsschreiber und Polytechniker Carl Wilhelm Kellner als Sekretär angestellt. Heinrich Ernst trat 1871 die Nachfolge des kränkelnden Kellner an und kümmerte sich mehr als drei Jahrzehnte um die Geschäftsführung. Sorge bereitete der Finanzkommission die von der Gesellschaft mit jährlich 10.000 Gulden bezuschusste und zudem schlecht besuchte Gewerbeschule. Nahmen 1869 mehr als 120 Lehrlinge und Gesellen am Unterricht der Sonntagsschule teil, so verloren sich in den vier Klassen der Höheren Gewerbeschule nur knapp vierzig Schüler. Entweder musste die Gewerbeschule aufgelöst oder reorganisiert werden – die Finanzkommission favorisierte Letzteres.[106]

In Frankfurt sorgten sich viele Eltern um die Einschulung ihrer Kinder. Das rasche Anwachsen der Frankfurter Bevölkerung von 75.918 im Jahr 1867 über 91.040 in 1870 auf 103.136 (1875) stellte enorme Anforderungen an die städtische Infrastruktur. Händeringend bemühte sich der Magistrat um eine Lösung für die drückende Schulraumnot. Nicht zuletzt, um „die Vaterstadt von dem Druck einer schweren Sorge“[107] zu befreien, beauftragte der Engere Ausschuss der „Gesellschaft zur Beförderung nützlicher Künste“ eine sechsköpfige Kommission mit der Entwicklung eines Konzepts zur Reorganisation der höheren Gewerbeschule. Nach eingehenden Beratungen schlug die Kommission vor, in dem nicht ausgelasteten Schulflügel des Gesellschaftshauses eine bis zu acht Klassen umfassende Vollschule zu errichten. Dadurch werde nicht nur die städtische Schulraumnot gelindert, sondern auch dem Nachwuchsmangel der beiden ab dem 14ten beziehungsweise ab dem 15ten Lebensjahr besuchten höheren Berufsfachschulen der Gesellschaft abgeholfen. Der Engere Ausschuss befürwortete die geplante Vollschule und appellierte an die Mitglieder der Gesellschaft, „treu den Traditionen unserer Entwicklungsgeschichte, mit Vertrauen in die eigne oft genug bewährte Thatkraft voranzugehen, und Angesichts des notorischen Nothstandes weder vor kleinlichen Bedenken, noch vor erheblichen Schwierigkeiten zurückzuschrecken.“[108] Die Generalversammlung nahm sich im März 1870 die Worte des Vorstandes zu Herzen und beschloss die Errichtung einer Ele-

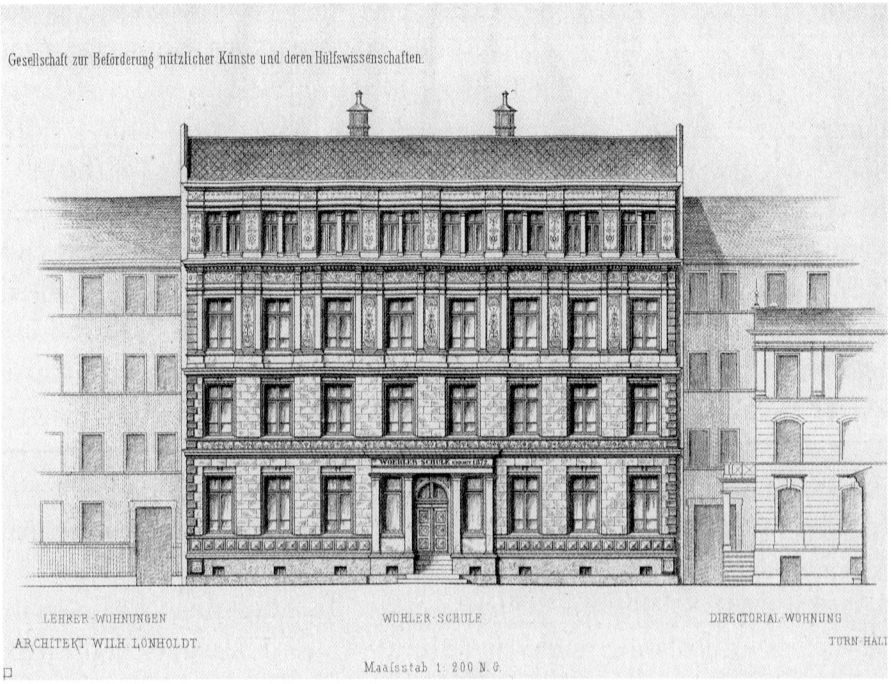

Gartenseite der Wöhlerschule, 1873.

mentarschule, die nach dem unvergessenen Präsidenten August Anton Wöhler den Namen „Wöhlerschule“ tragen sollte.

Der amtierende Präsident, Johann David Sauerländer, informierte am 24. März 1870 das Königlich Preußische Provinzialschulkollegium in Kassel über die Absicht der „Gesellschaft zur Beförderung nützlicher Künste“, die vorhandenen Berufsschulen zu erweitern, so dass Knaben ab dem sechsten Lebensjahr in die Vorschule eintreten und sich dort innerhalb von acht Jahren das Wissen für den anschließenden Besuch der Höheren Gewerbe- oder Handelsschule aneignen konnten. Bald danach forderte die Schulverwaltung der umgangssprachlich immer öfter nur noch „Polytechnische Gesellschaft“ genannten Vereinigung im „Frankfurter Intelligenzblatt“ die Eltern auf, ihre Sprösslinge für die Elementarklassen der Wöhlerschule bei Direktor Poppe in der Junghofstraße 18 anzumelden. Das Schulgeld betrug jährlich vierzig Gulden und war nur für Gutsituierte erschwinglich. Der Unterricht begann in der Wöhlerschule am 25. April 1870 mit 48 ABC-Schützen. Die Schule der „Polytechnischen“ erfreute sich großen Zuspruchs und zählte zum Ende des ersten Schuljahrs im April 1871 bereits 63 Schüler.[109]

Die Leitung der vereinigten Wöhler-, Gewerbe- und Handelsschule übertrug die Polytechnische Gesellschaft im April 1871 dem langjährigen Direktor der Realschule in Kassel, Friedrich Kreyssig. Der erfahrene Schulleiter verschaffte der Wöhlerschule die Anerkennung als Realschule erster Ordnung. Als unmittelbarer Vorgesetzter des Lehrerkollegiums führte Kreyssig die Aufsicht über den Unterricht. Die Notengebung unterschied in sieben Kategorien: Allgemeines Lob (Bestnote), viel Lob, mehr Lob als Tadel, Lob und Tadel gleich, mehr Tadel als Lob, viel Tadel und allgemeiner Tadel. Der Direktor wachte laut Dienstanweisung darüber, „daß das wesentliche Disciplinarmittel das lobende oder tadelnde Wort des Lehrers sei, und daß eigentliche Strafen möglichst selten, erforderlichen Falls aber rechtzeitig und mit Entschiedenheit verhängt werden.“[110] Steigende Schülerzahlen verlangten schon bald nach einem Neubau. An der parallel zur Junghofstraße verlaufenden Neuen Rothofstraße entstand 1872/73 auf gleicher Höhe zum Gesellschaftshaus ein dreistöckiges, von dem Architekten Wilhelm Lönholdt im Renaissancestil entworfenes Gebäude. Zwischen dem Gesellschaftslokal und der neuen, 13 Klassenzimmer für 680 Schüler aufweisenden Wöhlerschule verblieb ein nach außen abgeschirmter Schulgarten. Im August 1873 bezog die Wöhlerschule das 110.000 Gulden teure Gebäude mit 496 Schülern. Ende 1874 besuchten 636 Schüler das voll ausgebaute Tochterinstitut der „Gesellschaft zur Beförderung nützlicher Künste“. Das Schulklima sollte von gegenseitiger Achtung geprägt sein: „Wir“, so die Präambel der 1873 verabschiedeten Schulgesetze, „betrachten die Schule als eine erweiterte Familie, in welcher Direktor und Lehrer die Stelle der Eltern vertreten, die Schüler aber miteinander leben, wie ältere und jüngere Brüder. Zweck dieses großen Familienlebens ist geistige und sittliche Vervollkommnung. Er wird nur da erreicht, wo liebevoller Ernst der Führung freiem Gehorsam begegnet, wo Pflichttreue und herzliches Wohlwollen, Wahrhaftigkeit und Vertrauen alle Beziehungen trägt und durchdringt. Deshalb hat das strenge, geschriebene Gesetz für die Schule nur eine beschränkte Bedeutung. ‚Der Buchstabe tödtet, der Geist macht lebendig,‘ das gilt für die Schule, wie für ihr Vorbild, die Familie.“[111]

Familiär ging es auch in der Blindenanstalt zu. Das Tochterinstitut der Polytechnischen Gesellschaft war infolge des starken Anstiegs der Einwohnerzahl bis auf den letzten Platz belegt. Die Verwaltung der Anstalt griff im Frühjahr 1872 beherzt zu, als ihr von der Baugesellschaft Gramm & Co. in der projektierten Adlerflychtstraße vier Grundstücke zum Kauf angeboten wurden. Der am 27. Dezember 1874 in der Adlerflychtstraße 8 eröffnete Neubau gab 36 Blinden und den verschiedenen Angeboten der Einrichtung Raum: der Blindenschule mit Vollzeitunterricht, den Wohn- und Aufenthaltsräumen für die in der Anstalt lebenden Schützlinge und den Werkstätten für die unterschiedlichen Arbeitsbereiche. Das über den Verkaufserlös des Anwesens in der Theobaldstraße, Spenden aus der Bürgerschaft und einen Hypothekenkredit der Frankfurter Sparkasse finanzierte Vorzeigeinstitut wurde bei Fachleuten aus dem In- und Ausland zu einem beliebten Studienobjekt. Der Leiter der Österreichischen Blindenanstalt in Oberdöbling, Endlicher, berichtete im Frühjahr 1876 über seinen Besuch der im Frankfurter Nordend gelegenen Adlerflychtstraße: „Die Leistungen der Schüler in den einzelnen Unterrichtsdisciplinen sind überaus befriedigend. Daß die Arbeit in einem so vorzüglichen Institute, wie das Frankfurter ist, einen Ehrenplatz einnimmt, braucht wohl kaum besonders angeführt zu werden. Bevor wir unsern Bericht über diese Anstalt schließen, können wir nicht umhin, dem Wunsche Ausdruck zu geben, daß der liebevolle Familiengeist, welcher dermalen in derselben waltet, auch fürderhin derselben erhalten bleibe und dieselbe auf diese Weise den armen Blinden Frankfurts der beste Ersatz für die Familie werde, die ihnen kaum das zu bieten vermöchte, was sie in der Anstalt finden."[112]

Der Technische Verein wurde im April 1872 in die Familie der polytechnischen Tochterinstitute aufgenommen. Nach Einführung der Gewerbefreiheit und Aufhebung der Zünfte hatten im Februar 1865 Gewerbetreibende und Techniker den Verein zum Zweck des Informationsaustauschs und zur Pflege des Zusammengehörigkeitsgefühls gegründet. Gemeinsam sollten Spezialfragen erörtert, Gutachten erstellt, Erfindungen geprüft und Fachvorträge gehört werden. Mit anderen Worten, der Technische Verein verfolgte urpolytechnische Absichten. Da nimmt es nicht wunder, dass sich unter dem fünfköpfigen Gründungsvorstand mit dem Münzmeister Carl Conrad (Präsident), dem Eisenbahningenieur Carl Vogel (Vizepräsident) und dem Zivilingenieur Gustav Mack drei Mitglieder der „Gesellschaft zur Beförderung nützlicher Künste" befanden. Die chronisch klamme Technikervereinigung suchte frühzeitig den Anschluss an die Polytechnische Gesellschaft. Von der am 17. April 1872 beschlossenen Aufnahme des Technischen Vereins unter die polytechnischen Institute profitierte die Gesellschaft insofern, als das traditionelle Vortragswesen zu neuem Leben erwachte. An fünf Vortragsabenden wurde 1872 unter anderem über die Desinfektion von Trinkwasser, die Funktionsweise von Luftheizungen und die Vorteile von Blitzableitern referiert. Darüber hinaus gab es praktische Vorführungen, wobei das durchweg männliche Auditorium zum Beispiel das Modell einer Ziegelpresse bestaunte.[113]

Die Polytechniker waren 1875 eine reine Männergesellschaft. Weibliche Mitglieder bildeten im bürgerlichen Vereinswesen die absolute Ausnahme.[114] Gleichwohl stand bei dem Präsidenten der „Gesellschaft zur Beförderung nützlicher Künste", Johann David Sauerländer, das Problem der Frauenarbeit ganz oben auf der Agenda. Über den „Verein zum Wohle der dienenden Klasse" war man in der „Polytechnischen" über die Schwierigkeiten der aus dem Umland nach Frankfurt zuwandernden Mädchen und Frauen, eine Erwerbsmöglichkeit zu finden, informiert.

Die Anzahl freier Stellen im häuslichen Bereich war begrenzt, kleinere Unternehmen hatten für die ungelernten weiblichen Arbeitskräfte keine Verwendung. Die allgemeine Misere der beruflichen Bildung für Mädchen trat dabei offen zutage. Aufgrund des bürgerlichen Weiblichkeitsideals, das die Rolle der Frau auf Ehe und Mutterschaft reduzierte, unterhielten bis zur preußischen Schulreform im Jahr 1908 weder der Staat noch die Kommunen über den Besuch der Elementar- und Volksschule hinausgehende Bildungsangebote für Mädchen.

Für mehr Chancengerechtigkeit stritt der Allgemeine Deutsche Frauenverein, der im September 1876 seine achte Generalversammlung im Saal der Frankfurter Polytechnischen Gesellschaft in der Junghofstraße abhielt. Die Methode, die als „Frauentage" bezeichneten nationalen Mitgliedertreffen an wechselnden Orten zu veranstalten, um die Bildung neuer Lokalvereine anzuregen, verfing auch in Frankfurt. Wenige Wochen nach der Generalversammlung gründeten 227 Frauen am 5. November 1876 den Frankfurter Frauenbildungs-Verein – es war der Beginn der organisierten Frauenbewegung in der aufstrebenden Mainmetropole. Die Satzung erklärte „die Bildung der weiblichen Jugend, die Erwerbsbefähigung des weiblichen Geschlechts wie überhaupt die Hebung der Frauenarbeit"[115] zum Zweck des Vereins. Waren die Eröffnung einer Fortbildungsschule mit Kursen in Handarbeiten, Sprachen oder Rechnen sowie die Ausrichtung von Vortragsabenden unstrittig, so entzündete sich an der Frage einer Mitgliedschaft von Männern, dem so genannten „Männer-Paragraphen", eine längere Debatte. Schließlich verständigten sich die Frankfurterinnen darauf, Männer höchstens als außerordentliche Mitglieder mit beratender Stimme aufzunehmen. Auch ohne Stimmrecht hatte die Meinung mancher Männer in dem Frauenbildungs-Verein großes Gewicht. Das galt zum Beispiel für Philipp Carl Diehl, den Delegierten der Polytechnischen Gesellschaft, die den Frauenbildungs-Verein jährlich mit 3.000 Mark[116] unterstützte und eine Kommission für Frauenarbeit gebildet hatte, die sich mit den Arbeitsleistungen der Gewerbeschülerinnen befasste. Viele Mitglieder der beiden Organisationen standen sich menschlich nahe. Im Gründungsjahr gehörte bei einem Sechstel der Mitglieder des Frauenbildungs-Vereins der Ehemann oder Vater zu den Polytechnikern. Die Vorsitzende des Frauenvereins bis 1890, Coelestine Sauerländer, war mit dem Präsidenten der „Gesellschaft zur Beförderung nützlicher Künste", Johann David Sauerländer, verheiratet.[117]

Der Präsident hatte Großes mit der Polytechnischen Gesellschaft vor. Wie Hamburg, Nürnberg oder Dresden sollte auch Frankfurt am Main ein Kunstgewerbemuseum bekommen. Der 1849 aus politischen Gründen emigrierte Erbauer des Dresdner Opernhauses, Gottfried Semper, hatte 1852 in London als Berater bei der Gründung des ersten Kunstgewerbemuseums, dem späteren Victoria and Albert Museum, mitgewirkt. Der Grundgedanke, dass die Ausstellung nicht nur an die Leistungen der Vergangenheit erinnern, sondern auch konkrete pädagogische Absichten verfolgen sollte, fand vor allem im deutschsprachigen Raum viel Beifall. In Wien (1863), München und Berlin (1867) kam es zu an der Konzeption des Londoner Victoria and Albert Museum orientierten Museumsgründungen. Spätestens seit 1874 trug sich der Engere Ausschuss der Polytechnischen Gesellschaft mit dem Gedanken, in Frankfurt ebenfalls ein Kunstgewerbemuseum einzurichten. Da den Polytechnikern das schulische Engagement seit der Eröffnung der Wöhlerschule über den Kopf zu wachsen drohte, schien eine Verlagerung der Tätigkeit auf ein neues Feld angezeigt. Im Namen des Engeren Ausschusses unterbreitete Sauerländer im Februar 1875 dem Magistrat eine Denkschrift über das künftige Wirken der Gesellschaft, das sich auf die Förderung der Frauenarbeit und den Aufbau eines Kunstgewerbemuseums konzentrieren sollte. „Wenn ferner", begründete Sauerländer die Museumspläne, „Frankfurt seinen Rang als geschmackangebende Metropole Südwestdeutschlands behaupten will, ist es bei dem geläuterten Einflusse, welchen die Kunst heut zu Tage auf Industrie und Gewerbe gewonnen hat, ein unabweisbares Bedürfniß, dem Gewerbefleiß in dieser Richtung die Erlangung der erforderlichen theoretischen Kenntnisse einerseits und die Vorführung der neuesten besten Modelle andererseits zu ermöglichen. Frankfurt bedarf also eines sogenannten Gewerbemuseums sammt einer damit verbundenen Fortbildungsschule für Techniker. Die Gesellschaft erscheint recht eigentlich dazu berufen, diese höchst wichtige Angelegenheit in die Hand zu nehmen. Zur Zeit hält sie nur der Umstand davon ab, daß ihre Kraft von dem Schulwesen absorbirt wird."[118]

Der Verkauf der Wöhlerschule kam einem Befreiungsschlag gleich. Der Erfolg der Schulanstalten hatte für die Polytechnische Gesellschaft ein Janusgesicht, da er zwangsläufig die Vernachlässigung der anderen Tochterinstitute bedingte. Darüber hinaus stand die private Wöhlerschule der Vereinheitlichung des Frankfurter Schulwesens im Weg. In der Stadtverordnetenversammlung wirkten seit 1874 die Demokraten auf eine Lichtung des in den letzten Jahrzehnten in der städtischen Schullandschaft entstandenen Wildwuches hin, die zugleich den in Preußen geltenden Vorschriften entsprach. In das einheitliche Schulsystem passten die polytechnischen Einrichtungen nicht mehr hinein, weshalb die „Gesellschaft zur Beförderung nützlicher Künste" dem Magistrat die Übernahme der Wöhler-, Handels- und Gewerbeschule „mit dem dazu gehörigen Mobiliar- und Immobiliarvermögen" zum Preis von 717.920 Gulden anbot.

Nach schwierigen Verhandlungen erwarb die Stadt am 1. April 1876 die Schulanstalten und den zwischen der Junghof- und der Neuen Rothofstraße gelegenen Gebäudekomplex der Polytechnischen Gesellschaft für 550.000 Gulden beziehungsweise 942.865 Mark. Bis zum Bezug eines neuen Domizils verblieben die Gesellschaft und die Sparkasse zunächst in ihren alten Räumen als städtische Mieter.[119]

Frankfurt besaß von August bis Oktober 1875 sein eigenes „Grünes Gewölbe".[120] Auf Einladung der Polytechnischen Gesellschaft hatte sich im Februar 1875 ein Komitee von Kunstfreunden aus der Rhein-Main-Region zusammengefunden, um in Frankfurt ein Gewerbemuseum mit angegliederter Fachschule ins Leben zu rufen. Der eigentliche Motor des Vorhabens, Johann David Sauerländer, übernahm den Vorsitz. Das Museumsprojekt sollte durch die Ausrichtung einer großen historischen Sonderausstellung kunstgewerblicher Kostbarkeiten angeschoben werden. Mit der Zusage der Erbprinzessin von Thurn und Taxis, das ehemalige Bundespalais in der Großen Eschenheimer Gasse als Ausstellungsgebäude zur Verfügung zu stellen, in der Tasche und mit Fürst Karl Anton zu Hohenzollern als Fürsprecher an seiner Seite bat Sauerländer die Kunstsammler der Stadt und der Region um Leihgaben für das geplante Ausstellungsereignis. Der fürstliche Beistand öffnete den Zugang zu den Schatzkammern des Hochadels und selbst Kaiser Wilhelm I. ließ aus dem fernen Berlin eine Serie silberner Becher überbringen. Die bekannten Frankfurter Privatsammler Moritz Gontard, Wilhelm Metzler und Carl Anton Milani unterstützten das Vorhaben ebenso mit Leihgaben wie Oberbürgermeister Daniel Heinrich Mumm von Schwarzenstein, der sechs wertvolle Gobelins aus dem Besitz seiner Familie zur Verfügung stellte. Insgesamt beteiligten sich 112 Leihgeber mit 2.372 Katalognummern an der „Historischen Ausstellung Kunstgewerblicher Erzeugnisse", die am 9. August 1875 im Palais Thurn und Taxis ihre Pforten öffnete. Die Ausstellung war das Ereignis des Sommers 1875. Der hochrangigste Leihgeber, Kaiser Wilhelm I., gab sich mit Kaiserin Augusta die Ehre und fast 30.700 zahlende Besucher sorgten für ein Plus in der Endabrechnung. Nach dem Abbau der Ausstellung bekam das Komitee rund fünfzig Exponate für das geplante Gewerbemuseum geschenkt.[121]

Das Ausstellungskomitee schmiedete das Eisen, solange es noch heiß war und begann umgehend mit den Vorbereitungen für die Gründung eines Kunstgewerbevereins. Nachdem alle Hindernisse aus dem Weg geräumt waren, bat das um Vertreter der Künstlergesellschaft, des Architekten- und Ingenieurvereins sowie eine Gruppe von Industriellen erweiterte Komitee für den 25. März 1877 zur Konstituierung des „Mitteldeutschen Kunstgewerbevereins" in das neu eröffnete Hotel Frankfurter Hof. Das

Adjektiv im Vereinsnamen sollte die Kunst- und Gewerbelandschaft zwischen München und Berlin einbinden und den auswärtigen Leihgebern der Ausstellung von 1875 Rechnung tragen. Den Vorsitz übernahm der kunstbegeisterte Mitinhaber der Höchster Farbwerke Adolf Brüning. In den geschäftsführenden Verwaltungsausschuss wurden der Architekt Heinrich Burnitz, der Kaufmann Ferdinand Günther, der Maler Eugen Klimsch und der Verleger Leopold Sonnemann berufen. Im Dezember 1877 zählte der Mitteldeutsche Kunstgewerbeverein bereits 645 Mitglieder. Zum Vergleich: Der Polytechnischen Gesellschaft gehörten 391 Mitglieder an. Der Kunstgewerbeverein hatte sich zum Ziel gesetzt, „den Gewerbetreibenden die Hülfsmittel der Kunst und Wissenschaft zugänglich zu machen und hierdurch zur Hebung des vaterländischen Kunstgewerbes und zu dessen Veredelung hinsichtlich der Schönheit der Form und der technischen Vollendung beizutragen."[122]

Zur Förderung des Kunstgewerbes in Frankfurt und seinen „mitteldeutschen Nachbargebieten" sollten nicht nur ein Museum, eine Schule und eine Bibliothek mit Modellsammlung entstehen, sondern es sollte auch Einfluss auf die aktuelle kunstgewerbliche Produktion genommen werden. Um das Bewusstsein für gute Formen und echte Qualität zu schärfen, waren Preisausschreiben, öffentliche Vorträge und Publikationen geplant. Als Interimslösung mietete der Verein in der Großen Gallusgasse 21 das erste Stockwerk und richtete dort eine semipermanente Ausstellung kunstgewerblicher Erzeugnisse ein. Für die Verwirklichung des Gewerbemuseums mit Fachschule benötigte der Kunstgewerbeverein einen starken Partner. Der Engere Ausschuss der Polytechnischen Gesellschaft zögerte ein Engagement für das Lieblingsprojekt des Präsidenten Sauerländer jedoch heraus und widmete sich dafür der Suche nach einem neuen Gesellschaftshaus. Als die Ausschussmitglieder 1876 nicht auf die Offerte Carl Anton Milanis eingingen, der seine wertvolle Privatsammlung für moderate 100.000 Mark als Grundstock des geplanten Kunstgewerbemuseums abgeben wollte, zeigte sich Johann David Sauerländer zutiefst enttäuscht. Ohnehin nicht bei bester Gesundheit, trat Sauerländer im Mai 1877 von seinem Amt als Präsident der Polytechnischen Gesellschaft zurück. Trotz des Rückzugs hat Sauerländer die künftige Entwicklung der „Polytechnischen" vorgezeichnet und Frankfurt letztlich eines seiner schönsten Museen beschert. Sauerländers Nachfolger im Präsidentenamt, Stadtrat Emil von Oven, sollte zu Ende führen, was sein Vorgänger begonnen hatte.[123]

Der Mitteldeutsche Kunstgewerbeverein gehört seit 1878 zur polytechnischen Familie. Die Generalversammlung der Polytechnischen Gesell-

Städelsches Kunstinstitut an der Neuen Mainzer Straße. Bleistiftzeichnung, um 1850.

schaft fasste am 14. März 1878 einen entsprechenden Aufnahmebeschluss. Als zehntes polytechnisches Institut stand der Kunstgewerbeverein in einer Reihe mit der Sonntags- und Abendschule, der Sparkasse und „Ersparungs-Anstalt“, dem Verein für Volkswirtschaft und Gewerbe, dem Verein zum Wohl der dienenden Klasse, der Blindenanstalt, der Wöhler-Stiftung, dem Stenographischen Institut, dem Technischen Verein und der Kommission für Frauenarbeit. Im Vorfeld der Aufnahme hatten sich die Gesellschaft und der Verein darauf verständigt, zunächst nur die Errichtung der Kunstgewerbeschule anzugehen und die Gründung des Museums vorerst zurückzustellen. Für beide, für die Schule und für das Museum, war der Ankauf eines neuen Gesellschaftshauses die Voraussetzung. Hinter den Kulissen verhandelte der Engere Ausschuss der Polytechniker bereits mit der Administration des Städelschen Kunstinstituts über den Erwerb ihrer Liegenschaft Neue Mainzer Straße 49. Das 1809 von Johann Friedrich Hess vermutlich nach Plänen seines Vaters im klassizistischen Stil errichtete und 1833 für das Städel umgebaute Anwesen verfügte über Ateliers und Ausstellungsräume, so dass es sich bestens für die Bedürfnisse des Kunstgewerbevereins eignete. Bei einem Kaufpreis von 685.000 Mark wurde man handelseinig. Die Polytechnische Gesellschaft finanzierte den Erwerb des in der „Straße der Millionäre“ gelegenen Anwesens über eine Hypothek von 300.000 Mark zu Gunsten des Städels, durch eine weitere bei der Frankfurter Sparkasse aufgenommene Hypothek von 235.000 Mark und eine Barzahlung in Höhe von 150.000 Mark. Weitere 104.000 Mark aus dem Verkaufserlös der Liegenschaft an der Junghofstraße verschlangen die notwendigen Umbauten und die Sanierungsarbeiten in dem neuen Domizil der Polytechniker. So wurde zum Beispiel für die neben zehn ehrenamtlichen Direktoren einen Geschäftsführer, elf Beamte, vier Erheber und einen Hausmeister beschäftigende Sparkasse am nordwestlichen Gebäudeflügel der Neuen Mainzer Straße 49 ein Anbau errichtet.

Die ab 1808 entlang des Anlagenrings entstandene Neue Mainzer wandelte sich im Laufe der Jahrzehnte von einem vornehmen Wohnbezirk zu einem wichtigen Zentrum des Frankfurter Wirtschaftslebens. Das Adressbuch von 1877 führte unter der Neuen Mainzer Straße 17 Geldinstitute und ein halbes Dutzend Weinhandlungen. Das Städelsche Kunstinstitut bezog im November 1878 den deutlich mehr Ausstellungsfläche bietenden Neubau am Schaumainkai. Zusammen mit der Unter- und der Obermainbrücke (1874/78), dem Frankfurter Hof (1876) oder der neu errichteten Börse (1879) gehörte das von Oskar Sommer in repräsentativen Formen der Neurenaissance entworfene Städel zu den bedeutenden Bauvorhaben, die das Bild der aufstrebenden Stadt Frankfurt prägten. Während der Palmengarten (1869) oder das imposante Opernhaus (1880) vom Gemeinsinn und Repräsentationsbedürfnis des Bürgertums zeugten, sicherten die Mainkanalisierung und der 1888 eröffnete Hauptbahnhof Frankfurts Bedeutung als internationaler Verkehrsknotenpunkt. Die bis zur Jahrhundertwende verwirklichten Netzwerke zur Ver- und Entsorgung bildeten die Grundvoraussetzung für eine Transformation zur Großstadt.[124]

Polytechnische Gesellsch

Einladung zur Feier

der

Einweihung des neuen Gesellschaftsgebäudes

Neue Mainzerstrasse No. 35

auf

Sonntag den 15. Juni 1879, Vormittags 11 Uhr

für Herrn Jacob Heimpel

Eingang: Südliches Portal.

Man bittet die Karte beim Eingang vorzuzeigen.

Druck von C. Adelmann

Die Polytechnische Gesellschaft verzichtete auf einen repräsentativen Neubau und begnügte sich mit der Übernahme des bisherigen Städelschen Kunstinstituts. Musikalisch vom Liederkranz mit Gesangsdarbietungen umrahmt, wurde am 15. Juni 1879 das Gesellschaftshaus der

Polytechniker an der Neuen Mainzer Straße feierlich eingeweiht. Der Präsident Emil von Oven begrüßte die Festgäste an dem Sonntagvormittag im neu eingerichteten Vortragssaal und erinnerte in seiner Ansprache an die sieben verschiedenen Lokale im Verlauf der Vereinsgeschichte. Die Neue Mainzer sollte auf Dauer zum Mittelpunkt der Gesellschaft werden, zumal nach Meinung des Präsidenten auf den ehemaligen Räumen des Städels als „Stätten der Humanität" und der „veredelnden Künste" eine „höhere Weihe" lag.[125] Bevor Oven zu einem Rundgang durch das dreiteilige Anwesen einlud, dankte er den Architekten des Umbaus, Carl Jonas Mylius und Friedrich Bluntschli. Das Gebäude besaß drei Eingänge, was die Trennung der Bankkunden und der Kunstgewerbeschüler von den übrigen Besuchern erleichterte.

„Der mittlere Haupteingang führt", einer 1879 veröffentlichten Beschreibung der Raumaufteilung zufolge, „in das mit den Büsten Raphaels und Albrecht Dürers, welche das Städel'sche Institut der Gesellschaft überlassen hatte, geschmückte neu dekorirte Treppenhaus, und zwar im Erdgeschosse links zu dem Zimmer des Sekretariats und dem Sitzungszimmer des Engeren Ausschusses und der Institutsverwaltungen mit einer Verbindungsthüre nach dem Saale; rechts zu der Gesellschaftsbibliothek; im ersten Stockwerke zu den Ausstellungsräumen (vier größere und fünf kleinere Säle und Zimmer), Bureau und Sitzungszimmer des Kunstgewerbevereins."[126] Im zweiten Obergeschoss des Mittelbaus lagen die Wohnungen des Sekretärs und eines Dieners der Polytechnischen Gesellschaft. Der nördliche Hauseingang führte zur Sparkasse und zur „Ersparungs-Anstalt". „Die Sparkasse benutzt", laut Raumskizze von 1879, „den neuen Anbau im Erdgeschoß, enthaltend deren Vorraum mit den besonderen Thüren zum Eintritt und Austritt und das geräumige Lokal für Casse und Buchhaltung, sowie daran anschließend in dem Hauptbau das Bureauzimmer der Ersparungsanstalt, das Sitzungs- und Directionszimmer, sowie das Cassengewölbe. Das südliche neue Portal links führt das die Vorlesungen besuchende Publikum direkt in den Hörsaal der Gesellschaft und dessen Vorzimmer im Erdgeschoß und dient zugleich als gesonderter Zugang zu den im Hofseitenbau liegenden in drei Stockwerken mit besonderer Treppe vertheilten Schul-, Zeichen- und Modellirsälen der Kunstgewerb- und zu sonstigen Schulräumen, sowie zu dem Bureau des Directors der Kunstgewerbschule und der Bibliothek des Kunstgewerbvereins."[127] Von 1879 bis 1921 wirkte Ferdinand Luthmer in dem Direktionsbüro. Der 37-jährige Architekt und Kunstpädagoge hatte an der Schule des Deutschen Gewerbemuseums in Berlin unterrichtet, bevor er sich den Aufbau der Kunstgewerbeschule in Frankfurt am Main zur Lebensaufgabe machte.

Vortragssaal in der Neuen Mainzer Straße 49, um 1890.

Der erste Schultag fiel auf den 15. Oktober 1879. Die Kunstgewerbeschule begann zunächst mit zwei Klassen der Vorschule und 148 Besuchern im ersten Halbjahr. Der Unterricht fand an mehreren Wochentagen in den Abendstunden und an Sonntagvormittagen statt. Die altbewährte Sonntags- und Abendschule ging in den Vorkursen der Kunstgewerbeschule auf und wurde als Institut der Polytechnischen Gesellschaft aufgelöst. Die allgemeinbildenden Fächer wurden aus dem Lehrplan gestrichen und dafür noch mehr Gewicht auf die Ausbildung der künstlerischen Fähigkeiten gelegt. Mit Macht setzte im Schuljahr 1880/81 der eigentliche Aufbau der Kunstgewerbeschule ein, als Direktor Luthmer drei Tagesklassen für ornamentale Gestaltung, Malen und Modellieren eröffnete. 1883 erwarb die Polytechnische Gesellschaft von der Administration des Städelschen Kunstinstituts das Nachbarhaus Neue Mainzer 51 hinzu und ließ es für die Vorschule umbauen. Nun konnten im Oktober 1884 eine Fachklasse für Ziseleure und an Ostern 1887 eine für Holzbildhauer eröffnet werden, womit der Ausbau der Kunstgewerbeschule einen vorläufigen Abschluss fand. Das Hauptgewicht des Unterrichts lag im Sinne einer künstlerischen Ausbildung auf den Fachklassen, die sich zunehmend in Meisterateliers wandelten. In der Ziselierklasse entstanden monumentale Silberwerke, darunter Teile des „Neueren Ratssilbers" der Stadt Frankfurt. Die Mehrzahl der zwischen 1899 und 1914 gestifteten kostbaren Pokale, Tafelaufsätze und Leuchter wurde nach den Entwürfen Ferdinand Luthmers von Friedrich Hausmann in der Schule modelliert und schließlich von Eduard Staniek ziseliert, wobei nur die besten Schüler

Der Kunstgewerbeverein veranstaltete seit 1880 jährlich eine Lotterie und nutzte die Einnahmen zum Ankauf von Sammelstücken. Die Lose berechtigten zugleich zum Besuch der permanenten Ausstelllung.

beider Klassen mitarbeiten durften. Die Breitenarbeit erfolgte in den vornehmlich von Lehrlingen und von Gesellen des Frankfurter Handwerks besuchten Abend- und Sonntagskursen. Der jährliche Zuschuss der Polytechnischen Gesellschaft von anfänglich 36.000 Mark deckte rund Dreiviertel des Finanzbedarfs der Kunstgewerbeschule. Hinzu kamen staatliche und städtische Subventionen in vierstelliger Höhe sowie ein jährlicher Zuschuss der 1877 von Freifrau Mathilde von Rothschild zu Ehren ihres verstorbenen Vaters gegründeten „Freiherr Anselm Salomon von Rothschild'schen Stiftung zur Förderung des Kunstgewerbes."[128]

Das Kunstgewerbemuseum musste aus dem Nichts erschaffen werden. Nach der verpassten Gelegenheit, Carl Anton Milanis umfangreiche Privatsammlung zu erwerben, verblieben nur die 1875 überlassenen fünfzig Ausstellungsstücke als Ausgangsbasis für das geplante Museum. Die von dem Bankier Hugo von Bethmann geleitete Museums-Kommission des Kunstgewerbevereins sollte, ohne dass ihr ein regulärer Ankaufsetat an die Hand gegeben wurde, die Sammlung mehren. Die Einnahmen aus den in den Achtzigerjahren des 19. Jahrhunderts vom Mitteldeutschen Kunstgewerbeverein ausgespielten Lotterien und der Eingang von Geldspenden ermöglichten den gezielten Ankauf von Sammelstücken. Im ersten Stock der Neuen Mainzer Straße 49 konnte 1885 in zwei Sälen eine ständige Ausstellung eingerichtet werden. Als 1890 die aus dem frühen 17. Jahrhundert stammende kostbare Wandvertäfelung aus dem Haus Fürsteneck auf dem Antiquitätenmarkt für 12.000 Mark zum Kauf angeboten wurde, bewiesen Mitglieder und Freude des Kunstgewerbevereins wahren Bürgersinn. Der wohlhabende Kaufmann und Besitzer des an der Frankfurter Fahrgasse ganz aus Stein aufgeführten Patrizierhauses Fürsteneck, Dieterich Goßmann, hatte 1614/15 den größten Raum im ersten Stockwerk aufwendig ausschmücken lassen. Verschiedenartige Hölzer mit kunstvollen Schnitzereien, Intarsien und Drechslerarbeiten im Stil der Renaissance fügten sich zu einem einzigartigen Gesamtkunstwerk. Damit das begehrte Sammlerobjekt nicht in fremde Hände fiel, legten die Industriellenwitwe Clara von Brüning, der Konsul Carl Becker, die Bankiers Charles Hallgarten, Selig Goldschmidt und Albert Andreae sowie weitere Vertreter des Bürgertums zusammen und stifteten dem Kunstgewerbeverein das Fürsteneckzimmer. Vor dem Einbau der restaurierten Wandvertäfelung in die Museumsetage in der Neuen Mainzer Straße 49 wurde in dem dafür vorgesehenen Raum die reich verzierte Stuckdecke aus dem Haus Fürsteneck kopiert. Das im Werden begriffene Kunstgewerbemuseum besaß damit eine außergewöhnliche Sehenswürdigkeit.

Von Leopold Sonnemann dem Mitteldeutschen Kunstgewerbeverein geschenkte Biskuitfiguren der französischen Nationalmanufaktur Sèvres, 1900.

Mäzene und Stifter trugen mit Schenkungen dazu bei, dass sich die Museumsbestände von Jahr zu Jahr mehrten. Der Name von Leopold Sonnemann wird in den Spenderlisten häufig genannt. Der einflussreiche Politiker und Mäzen war seit dem 13. Dezember 1861[129] Polytechniker und engagierte sich ganz besonders in der Museums-Kommission. Im Laufe der Zeit schenkte Sonnemann dem Kunstgewerbemuseum eine Vielzahl einschlägiger Objekte, so zum Beispiel zwei Schweizer Wappenscheiben von 1670/71, einen süddeutschen Kleiderschrank von 1697 und zwei große Biskuitfiguren aus der französischen Porzellanmanufaktur von Sèvres von 1900. Sonnemanns siebzigster Geburtstag wurde am 29. Oktober

1901 im Dr. Hoch'schen Konservatorium groß gefeiert. Für den Kunstgewerbeverein und die Polytechnische Gesellschaft überbrachte Stadtrat Alexander Matti die offiziellen Glückwünsche, wobei er an die großzügigen Schenkungen erinnerte: „In unseren Sammlungen – dem Museum und der Bibliothek – geben eine stattliche Reihe schöner Gegenstände, die wir Ihnen als Geschenke verdanken, Zeugniß von Ihrem steten werkthätigen Interesse für den Verein, von Ihrem Kunstsinne und Ihrer Liberalität."[130] Dem Gratulanten dankte der Jubilar mit den Worten: „Bei der Polytechnischen Gesellschaft im engeren Sinne habe ich nichts weiter gethan, als daß ich ihr Mitglied und das Mitglied vieler ihrer Zweiganstalten seit vierzig Jahren bin. Bei dem Kunstgewerbeverein bin ich allerdings Mitbegründer und langjähriges Vorstandsmitglied. Was die durch mich erfolgte Bereicherung Ihres Museums betrifft, so sieht sich das mit den Augen des Siebzigjährigen sehr einfach an: Ich habe die kleine Sammlung, die ich namentlich auf meinen Reisen im Orient, in Spanien und Italien erworben habe, anstatt in meiner Wohnung gleich im Hause Neue Mainzerstraße 49 aufgestellt und dadurch Tausenden Gelegenheit gegeben, die Sachen zu besichtigen und zu benützen. Ich habe daher sehr egoistisch gehandelt und verdiene keinen besonderen Dank."[131]

Vignette der Vereins-Mitteilungen des Mitteldeutschen Kunstgewerbevereins. Zeichnung von J. Süssenbach, 1898.

Das Kunstgewerbemuseum stand seit 1897 unter der Leitung eines Direktors. Der vorherige Leiter des Kaiser Franz Joseph-Museums in Troppau, Hermann von Trenkwald, sorgte in der Museumsetage der Neuen Mainzer Straße 49 für frischen Wind. Der Kunsthistoriker erweiterte die Ausstellungsfläche auf 13 Räume, wovon zwei Säle wechselnden Sonderausstellungen vorbehalten blieben. Zur Neueröffnung der Sammlung erschien am 27. Februar 1899 erstmals ein Kurzführer durch das Museum. Als Sachverständiger war Trenkwald 1904 am Ankauf der Privatsammlung Wilhelm Metzlers, der einen Wendepunkt in der Geschichte der polytechnischen Einrichtung markiert, maßgeblich beteiligt. Der Museumsdirektor kannte die Sammlung, nachdem er sie noch zu Lebzeiten Metzlers inventarisiert hatte, in- und auswendig. Unter den 506 Inventarnummern hob der Kenner vor allem die 37 Majoliken und das liturgische Gerät des Mittelalters hervor. „Die Sammlung", urteilte Trenkwald in einem den Ankauf befürwortenden Gutachten, „ist mit grosser Sachkenntnis und feinem Geschmack zusam(m)engestellt, sie trägt einen durchaus musealen Charakter, indem für die einzelnen Erwerbungen, dem Sin(n)e des Besitzers entsprechend, einzig der künstlerische Wert des Objectes ausschlaggebend war. Dadurch dass er niemals im Sam(m)eln einer blossen Modeströmung nachging, gelang es dem Besitzer sich von jeder Überschätzung des Halbwertigen auf einem speziellen Modegebiet frei zu halten."[132] Den Ankaufpreis von 390.000 Mark schulterten die Polytechnische Gesellschaft, der Kunstgewerbeverein und die Stadt Frankfurt zu drei gleichen Teilen. Der langjährige Vereinsvorsitzende Hermann Mumm von Schwarzenstein hatte das polytechnische Tochterinstitut mit der Stiftung von 100.000 Mark in die Lage versetzt, ein Drittel des Kaufpreises zu übernehmen. Der Zugewinn an bedeutenden Artefakten machte 1905 eine Neukonzeption der Dauerausstellung notwendig, zumal das Museum auch noch in den Besitz der 296 Inventarnummern umfassenden Medaillen- und Plakettensammlung des verstorbenen Wilhelm Metzler gekommen war. Das im Dezember 1905 wiedereröffnete Kunstgewerbemuseum wurde nicht nur von der Fachwelt mit viel Beifall aufgenommen, sondern es zog bis November 1906 auch 10.188 Besucher in seinen Bann.[133]

Der Franzose Louis Braille hat sich große Verdienste um das Wohl der Blinden in der Welt erworben. Im Alter von 16 Jahren entwickelte der 1809 in Coupvray bei Paris geborene und seit dem dritten Lebensjahr erblindete Knabe die Punktschrift. Das nach seinem Erfinder auch Brailleschrift genannte revolutionäre Zeichensystem besteht aus erhabenen, aus dem Papier oder sonstigem Material heraustretenden Punkten, die mit den Fingerspitzen ertastet und somit gelesen werden können. Die Grundform eines Braillezeichens gleicht den sechs Augen eines Spielwürfels mit jeweils drei Punkten in zwei Spalten. Anhand der Kombinationsmöglichkeiten der Punkte lassen sich 62 verschiedene Zeichen formen. Braille gab den Blinden ein Alphabet an die Hand, das, einmal erlernt, leicht zu lesen und zu schreiben ist. Menschen ohne Augenlicht waren fortan in der Lage, Bücher und Zeitungen zu nutzen, Briefe zu schreiben, chemische Formeln zu notieren oder Musik zu komponieren. Die heute international verbreitete Brailleschrift bildet einen Meilenstein für die Selbstständigkeit und das Selbstbewusstsein blinder Menschen. In Deutschland wurde die „Braille“ 1879 offiziell als Blindenschrift eingeführt und seither in der Frankfurter Blindenanstalt unterrichtet.[134]

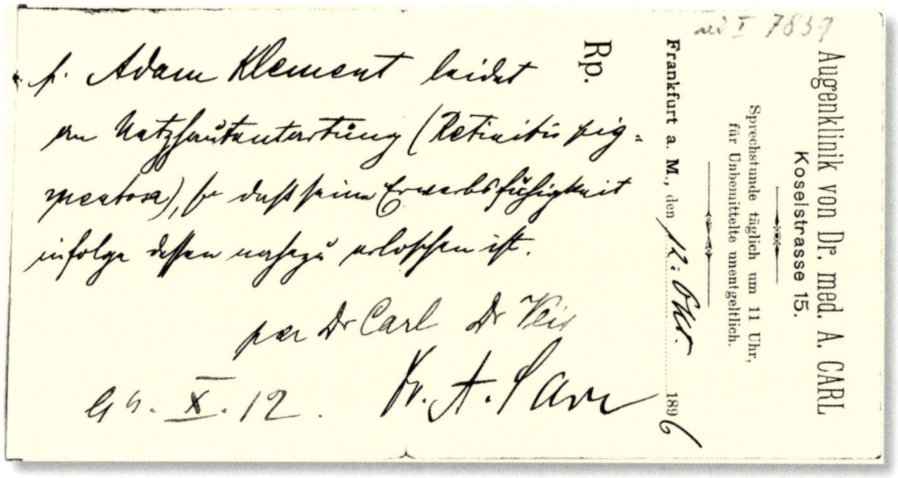

Augenklinik von Dr. med. A. CARL
Koselstrasse 15.
Sprechstunde täglich um 11 Uhr,
für Unbemittelte unentgeltlich.
Frankfurt a. M., den 12. Okt. 1896
Rp.

Attest des Augenarztes August Carl für den beim Tiefbauamt beschäftigten und aufgrund einer „Netzhautentartung“ nahezu erblindeten Adam Klement, 12. Oktober 1896.

Die Generalversammlung der Polytechnischen Gesellschaft genehmigte am 28. Februar 1881 die neuen Statuten der Blindenanstalt, wonach das Institut „a) die moralische, intellektuelle und technische Ausbildung, b) die Beschäftigung ausgebildeter, und c) die Versorgung hilflos dastehender Blinden beiderlei Geschlechts, ohne Rücksicht auf deren religiöses Bekenntniß“[135] bezweckte. Über die Aufnahme blinder oder sehbehinderter „Zöglinge“ entschied die mit acht Polytechnikern besetzte Direktion. Die Kandidaten mussten „bildungs-, schul- oder resp. arbeitsfähig“ sein, durften keine ansteckenden Krankheiten haben oder eine geistige Behinderung aufweisen. Unbemittelte konnten am Unterricht unentgeltlich teilnehmen, für die Unterbringung in der Anstalt hatten Eltern oder Pfleger aufzukommen. Im Falle einer wirtschaftlichen Notlage übernahm die Anstalt in Verbindung mit milden Stiftungen und mit der für die öffentliche Armenhilfe zuständigen „Polizei-Section“ die Kosten des Aufenthalts.

Der Sachsenhäuser Gärtnermeister Jonas Heinrich Heister wusste im März 1881 nicht mehr ein noch aus. In seiner Verzweiflung bat der im Hainer Weg wohnende Vater von sieben Kindern die Direktion der Blindenanstalt um die unentgeltliche Aufnahme seiner neun Jahre alten und fast vollständig erblindeten Tochter Catharina. „Das an sich talentvolle Kind“, so der besorgte Vater, „würde ohne Unterstützung wohlthätiger Menschen einer schrecklichen Zukunft entgegensehen, da mir meine Verhältnisse nicht gestatten dem Kinde eine Unterkunft zu sichern. Meine Familie besteht aus 7 Kinder(n) wovon das Zweitälteste gelähmt zur Welt kam u(nd) epileptische Krämpfe bekommt außerdem blödsinnig ist. Dieses unglückseelige Kind bedarf meiner fortwährenden Pflege. Zwei gehen seit einigen Jahren in die Schule hier, zwei sind noch im zarten Alter, so daß ich nur von meiner ältesten Tochter eine Stütze habe."[136] Die Direktion der Blindenanstalt prüfte Heisters Gesuch wohlwollend. Da der Gärtner nur einen Teil des jährlich 400 Mark betragenden Pflegegeldes aufbringen konnte, erklärte sich die Blindenanstalt bereit, auf 100 Mark zu verzichten, wenn sich die „Polizei-Section" an den Unterbringungskosten mit 200 Mark beteiligte. „Selbstverständlich", warb der Vorsitzende der Anstaltsdirektion, Eduard von Harnier, in einem Schreiben an den Magistrat um Beistand für die sehbehinderte Gärtnertochter, „ist

Die Frankfurter Blindenanstalt Adlerflychtstraße 8, um 1900.

es im höchsten Grade wünschenswerth und ein Gebot der Menschlichkeit, wie auch im Interesse der hiesigen Stadt liegend, dass die Catharina Heister, deren Eltern geborne Frankfurter sind und welche zweifelsohne für die Dauer ihres Lebens den Unterstützungswohnsitz dahier haben wird, nicht nur die Wohlthat des Unterrichts in der Blindenanstalt dahier genieße, sondern auch in technischen Fertigkeiten in dem Maße ausgebildet werde, daß sie sich ihr Brod dereinst selbst verdienen kann und nicht der öffentlichen Unterstützung dauernd zur Last falle."[137] Der Magistrat entschied am 28. Juni 1881, dass der Allgemeine Almosenkasten die Unterbringung von Catharina Heister in der Blindenanstalt mit 200 Mark im Jahr bezuschussen sollte. Der Armenverein übernahm einen Kostenanteil von 100 Mark, so dass der Familienvater Heister noch 100 Mark für die Versorgung seiner Tochter aufbringen musste.

Das polytechnische Institut im Frankfurter Nordend wurde für viele Blinde und Sehbehinderte zum Zufluchtshafen. Um die Jahrhundertwende mit 54 „Zöglingen“ bis auf den letzten Platz belegt, erwog die Direktion den Umzug in ein geräumigeres Gebäude. Als der Blindenanstalt im Juni 1903 das Anwesen Adlerflychtstraße 14 zum Kauf angeboten wurde, griff sie beherzt zu und richtete in dem nur durch eine mit großen Kastanienbäumen bestandene Grünanlage von dem Haupthaus getrennten Gebäude ein Mädchenwohnheim ein. Nachdem 1904 und 1911 auch noch die mit ihren rückwärtig gelegenen Gärten an das Grundstück der Adlerflychtstraße 8 angrenzenden Liegenschaften Stalburgstraße 11 und 9 hinzugekommen waren, ergab der Immobilienbesitz der Blindenanstalt ein zusammenhängendes Geviert. Die Stalburgstraße 11 bildete das Pendant zur Adlerflychtstraße 14 und wurde zu einem Männerwohnheim umgebaut, in der Nummer neun entstand eine Vorschule für blinde Kinder ab dem sechsten Lebensjahr. Unter der Aufsicht einer Lehrerin wurden die ab 1912 schulpflichtigen Kleinen in der Stalburgstraße 9 an das Leben in der Anstalt gewöhnt und spielerisch auf den eigentlichen Schulbesuch vorbereitet. Nach der Eingewöhnungsphase wechselten die Kinder hinüber in das Haupthaus, wo sie die aus zwei Klassen bestehende Blindenschule bis zur Vollendung des 14ten Lebensjahres besuchten. Der Lehrplan glich dem einer Volksschule, war aber naturgemäß auf die Bedürfnisse der Blinden ausgerichtet. Außer der Aneignung der Brailleschrift oder der sportlichen Betätigung in der 1882/83 auf dem Anstaltsgelände erbauten Turnhalle galt ein Schwerpunkt dem zur Ausbildung der Hand und des Tastsinns angebotenen Modellierunterricht. „Das Modellieren“, so die Festschrift zur 75-Jahr-Feier der Blindenanstalt, „in Ton oder auch Plastilina verlangt eine gewisse Anstrengung der Muskeln aller Finger, beide Hände werden ferner dadurch gleichmäßig geübt, der Modellierunterricht ist also für die Blindenschule eines der wichtigsten Unterrichtsfächer.“[138]

In den Werkstätten der Frankfurter Blindenanstalt leisteten die Beschäftigten vor allem Flechtarbeiten. 1910 wurden in dem Betrieb fast 10.400 Rohr- und Strohstühle hergestellt beziehungsweise erneuert sowie rund 4.000 Körbe und Weidenstühle geflochten. Während sich die Arbeitsräume der Stuhlflechterei im Mädchen- und im Männerwohnheim zu ebener Erde befanden, war die nur Männer beschäftigende Korbmacherei in einem großen Saal des Haupthauses untergebracht. Der erwirtschaftete Gewinn wurde an die Arbeiter, von denen etwa jeder zweite auch in der Anstalt wohnte, ausgezahlt. Die Anstaltsbewohner mussten von dem Verdienst das Pflegegeld bestreiten, über den Rest konnten sie frei verfügen. Den blinden und sehbehinderten Beschäftigten der Blindenanstalt ging es weniger um die Entlohnung, als um das eigene Selbstwertgefühl. „Die Blindenanstalt“, teilte der Vorsitzende der Direktion, Eduard von Harnier, im Mai 1914 dem für das Waisen- und Armenamt zuständigen Stadtrat Karl Flesch mit, „erkennt ihren höchsten Zweck in dem Bestreben, die Blinden [...] so auszubilden und mit Arbeit zu versorgen, dass sie der städtischen Armenpflege nicht zur Last fallen. Unsere älteren Blinden sind stolz darauf, Arbeiter und nicht Almosenempfänger zu sein.“[139]

Die vom Verein zum Wohl der dienenden Klasse unterstützten stellenlosen Dienstmädchen wollten niemandem auf der Tasche liegen und möglichst rasch wieder eine neue Anstellung finden. Die Verweildauer in dem seit 1892 von dem polytechnischen Institut in der Kirchnerstraße 10 als Zufluchtstätte für Arbeit suchende Dienstboten unterhaltenen Mädchenheim war mit durchschnittlich fünfeinhalb Übernachtungen entsprechend kurz. Der in dem Asyl betriebenen Arbeitsvermittlung gelang es zum Beispiel, von Dezember 1899 bis November 1900 mehr als 1.000 Stellen zu besetzen. Der um das Wohl der dienenden Klasse besorgte Verein schützte die weiblichen Dienstboten vor den „Gefahren der Armut und der Verführung“ und förderte das Wohlverhalten des Dienstpersonals durch die im Turnus von fünf Jahren öffentlich zelebrierte Vergabe von Preisen und Ehrenurkunden. Im Rahmen der am 8. April 1900 im Saalbau veranstalteten Preisverteilung wurden im Ganzen 624 Dienstboten für ihre Treue und Zuverlässigkeit ausgezeichnet. Für Dienstzeiten von mehr als 25 Jahren erhielten neun Frauen und 14 Männer eine „Ehrengabe“ von jeweils fünfzig Mark. Geldpreise händigte der Verein gerne in Form von Sparbüchern der Frankfurter Sparkasse aus. Der im Jahr 1900 übergangsweise als Präsident der Polytechnischen Gesellschaft amtierende Landgerichtsdirektor Gustav Schrader bedauerte in seiner Ansprache zur Preisverteilung im Saalbau, dass es noch nicht gelungen war, ein Heim zu eröffnen, in dem gebrechliche und pflegebedürftige Dienstboten ihren Lebensabend verbringen konnten. „Zwar wird es“, so der Jurist Schrader, „bei den Lohnverhältnissen gerade in unserer wohlhabenden Stadt einem braven Dienstboten in der Regel nicht schwer werden, von seinem Verdienst für die alten Tage Ersparnisse zurückzulegen, die ihn vor der äußersten Noth schützen, und auch der Staat hat durch die allgemeine Einführung der Alters- und Invaliden-Versicherungen, welche auch den Dienstboten zu Gute kommt, die Pflicht der Fürsorge anerkannt; aber es leuchtet ein, daß damit in zahlreichen Fällen eine sorgenfreie Zukunft im Alter nicht erreicht wird.“[140]

Bauten Dienstboten bevorzugt auf das Ratensparsystem der „Ersparungs-Anstalt“, hielten es gewerbliche Gehilfen, Fabrikarbeiter und Ta-

Sparmarke der Pfennig-Sparanstalt, um 1910.

gelöhner mit der „Pfennig-Sparanstalt". Für Kleinsparer, die im Prinzip von der Hand in den Mund lebten, hatte die Generalversammlung der Polytechnischen Gesellschaft am 15. Juni 1882 die „Pfennig-Sparanstalt" gegründet. Das polytechnische Institut gab Sparmarken im Wert von zehn Pfennigen aus. Die roten Märkchen waren in 180 zumeist in Einzelhandelsgeschäfte integrierten Verkaufsstellen im ganzen Stadtgebiet erhältlich und mussten in Sammelhefte eingeklebt werden. Ab zwanzig Marken konnte der Sammler das Heft gegen ein verzinsliches Sparbuch der Frankfurter Sparkasse eintauschen. Die Sparkasse gewann auf diesem Weg schon im ersten Jahr rund 8.400 neue Sparer mit einem Einlagenbestand von knapp 84.200 Mark hinzu. Das neue Institut gab den am Rande des Existenzminimums Lebenden die Möglichkeit, einen Spargroschen für Notfälle zurückzulegen. Mit der Frankfurter Sparkasse ging es stetig aufwärts. Im Jahr 1880 verwaltete das Tochterinstitut der Polytechnischen Gesellschaft die Sparguthaben von 23.406 Einlegern mit insgesamt 17,2 Millionen Mark. Das Geldinstitut begab sich 1883 auf Expansionskurs und eröffnete in dem Gebäude Lange Straße 26 die erste Zweigstelle, 1885 folgte die nächste Filiale in der Sachsenhäuser Wallstraße. Die Erfolgsgeschichte war nicht frei von Rückschlägen. Mit der Eingliederung Frankfurts und seines Landkreises in den Regierungsbezirk Wiesbaden verlor die Sparkasse 1886 ihre Monopolstellung und bekam mit der Nassauischen Sparkasse erstmals eine direkte Konkurrenz vor Ort. Ab 1895 buhlten in Frankfurt sogar drei gemeinnützige Sparkassen um die Gunst der Kunden, denn die Stadt Frankfurt hatte im Zuge der Eingemeindung von Bockenheim die dort seit 1860 bestehende Städtische Sparkasse übernommen. Der Wettbewerb von drei Sparkassen belebte zwar das Geschäft, zwang die Institute aber zu gegenseitiger Rücksichtnahme und führte zu einer ungleichmäßigen Verteilung ihrer Zweigstellen im Stadtgebiet.[141]

Schalterhalle der Frankfurter Sparkasse von 1822. Zeichnung aus der „Kleinen Presse“, um 1890.

Am 1. Januar 1900 trat das Bürgerliche Gesetzbuch in Kraft. Das Gesetzeswerk stellte auf dem Gebiet des Deutschen Reiches die Einheit des bürgerlichen Rechts her und brachte auch für die Polytechnische Gesellschaft zunächst einigen formaljuristischen Aufwand mit sich. In Angleichung an die geänderten Rechtsvorschriften gab sich die Gesellschaft eine neue Satzung, woraufhin sie am 10. Juli 1900 unter dem offiziellen Namen „Gesellschaft zur Beförderung nützlicher Künste und deren Hülfswissenschaften (Polytechnische Gesellschaft)“ in das Vereinsregister eingetragen wurde. Der Verein hatte den Zweck, „technisches und damit verwandtes Wissen und Können zu fördern, den Sparsinn zu wecken und zu pflegen, sowie überhaupt nach Maaßgabe ihrer Mittel innerhalb der Stadt Frankfurt a. M. gemeinnützige Unternehmungen zu unterstützten. Die Verfolgung politischer, socialpolitischer oder religiöser, sowie vorwiegend wohlthätiger Zwecke ist ausgeschlossen.“[142]

Die Frankfurter Sparkasse war nach dem alten Frankfurter Stadtrecht eine selbstständige Rechtsperson. Da der größte Teil des Stadtrechts mit der Einführung des Bürgerlichen Gesetzbuchs außer Kraft gesetzt wurde, musste eine Umstrukturierung erfolgen. Die Polytechnische Gesellschaft konnte als „Idealverein" nicht die wirtschaftliche Tätigkeit der Sparkasse führen und gründete daher den mit ihr „personengleichen" Wirtschaftlichen Verein als Trägereinrichtung. Nach einer entsprechenden Überarbeitung der Sparkassen-Satzung verliehen am 5. Juni 1902 der preußische Justizminister und der Minister des Innern in einem gemeinsamen Erlass dem Geldinstitut die Rechtsfähigkeit. Seither war die Frankfurter Sparkasse ein „mitgliederidentischer" Parallelverein zur Polytechnischen Gesellschaft. Als Organe der Sparkasse bestimmten die am 12. April 1902 verabschiedeten Statuten die Mitgliederversammlung, den Vorstand und die Beamten. Der ehrenamtliche Vorstand und spätere Verwaltungsrat trat an die Stelle der bisherigen Direktion und wirkte vornehmlich als Aufsichtsorgan. Erster Beamter wurde der Geschäftsführer Philipp Weydt-Varrentrapp mit dem Titel Direktor. Die „Ersparungs-Anstalt" ging im Zuge der Satzungsänderung in der Frankfurter Sparkasse auf. Ein zunächst nicht weiter beachteter Paragraph des „Regulativs der Frankfurter Sparkasse" sollte bald im Mittelpunkt des Interesses stehen. „Im Falle eines Krieges", so Paragraph 19 des Regulativs, „oder bei Eintritt sonstiger außerordentlicher Verhältnisse, welche die Erhebung von Guthaben in außergewöhnlich starkem Umfange erwarten lassen, ist der Vorstand berechtigt"[143], die Kündigungsfristen zu verlängern. Konkret sollte Panikreaktionen in Krisensituationen entgegengewirkt werden, indem Beträge von 500 bis 3.000 Mark erst nach einer zweimonatigen und Summen von mehr als 3.000 Mark nach einer sechsmonatigen Wartezeit ausgezahlt wurden. Die Bestimmungen über die Verwendung der Zinserträge des Reservefonds und der Betriebsüberschüsse der Sparkasse bekamen 1902 eine klarere Fassung und sicherten den finanziellen Handlungsspielraum der Polytechnischen Gesellschaft.

Die „Muttergesellschaft" stattete die Tochterinstitute Jahr für Jahr mit namhaften Beträgen für gemeinnützige Zwecke aus. Obwohl die Höhe der zur Verfügung gestellten Überschüsse der Sparkasse schwankte, unterstützte die Polytechnische Gesellschaft die Institute mit gleich bleibenden Beträgen. Eher stockte die „Polytechnische" ihre Hypothekenschuld bei der Frankfurter Sparkasse auf, als dass sie bei den Töchtern den Rotstift ansetzte. Zu Beginn des 20. Jahrhunderts gewährte die Polytechnische Gesellschaft dem Mitteldeutschen Kunstgewerbeverein rund 60.000 Mark, dem Verein zum Wohl der dienenden Klasse 12.000 Mark, der Blindenanstalt 8.000 Mark, der Wöhler-Stiftung und dem Technischen Verein jeweils 5.500 Mark, dem Stenographischen Institut 3.600 Mark, der Pfennig-Sparanstalt 1.000 Mark und dem Verein für Volkswirtschaft und Gewerbe 350 Mark pro Jahr. Außer den polytechnischen Instituten förderte die Gesellschaft im Jahr 1900 unter anderem den Frauenbildungs-Verein, den Verein für Kinderhorte, den Physikalischen Verein, den Verein für Haushaltungsschulen sowie den Versuchsgarten-Verein Sachsenhausen mit Geldbeträgen von 1.000 bis 7.000 Mark.

Die Polytechniker entsprachen am 29. Dezember 1900 der Bitte des Frankfurter Magistrats, sich an der Finanzierung der geplanten Akademie für Sozial- und Handelswissenschaften zu beteiligen. Oberbürgermeister Franz Adickes setzte an der Jahrhundertwende alles daran, aus dem Handels- und Finanzplatz Frankfurt auch eine Stadt der Wissenschaft zu machen. In dem Metallindustriellen Wilhelm Merton fand Adickes für seine Universitäts-Pläne einen großzügigen Stifter und einflussreichen Mitstreiter. Merton hatte in Frankfurt das Institut für Gemeinwohl gegründet, aus dem im Herbst 1901 als Vorstufe der Universität die Akademie für Sozial- und Handelswissenschaften hervorgehen sollte. Die „Polytechnische“ unterstützte das Vorhaben ab 1901 mit jährlich 5.000 Mark und delegierte den Direktor der privaten Frankfurter Gasgesellschaft, Carl Krohn, in den Großen Rat der Akademie. Der Nationalökonom und Professor an der Akademie für Sozial- und Handelswissenschaften Paul Arndt übernahm den Vorsitz im Verein für Volkswirtschaft und Gewerbe, wodurch die Bande zwischen der Handelshochschule und den Polytechnikern verstärkt wurden. Dank der Jügel'schen Erbschaft, bedeutender Zuwendungen der Georg und Franziska Speyerschen Studienstiftung und anderer Wohltäter belief sich das Vermögen für die geplante Universität ohne Zutun der Stadt oder des Staates zuletzt auf rund zwanzig Millionen Mark. Im Gründungsvertrag fasste Adickes am 28. September 1912 bereits vorhandene wissenschaftliche Einrichtungen wie zum Beispiel die Akademie für Sozial- und Handelswissenschaften, die Dr. Senckenbergische Stiftung oder die von Hannah Louise von Rothschild gestiftete Zahnklinik „Carolinum“ zur Universität zusammen. Kaiser Wilhelm II. genehmigte am 10. Juni 1914 die Errichtung und Eröffnung der Stiftungsuniversität zum Winterhalbjahr 1914/15. Obwohl die Polytechnische Gesellschaft nicht unmittelbar an der Universitätsgründung beteiligt war, erhielt sie Sitz und Stimme im Großen Rat und im Verwaltungsausschuss der Hochschule. Als die von Adickes vorbereitete Stiftungsuniversität am 26. Oktober 1914 den Lehrbetrieb aufnahm, herrschte bereits der Kriegszustand.[144]

Der Bankier Wilhelm Carl von Rothschild schloss am 25. Januar 1901 für immer die Augen, mit ihm erlosch in männlicher Linie der Frankfur-

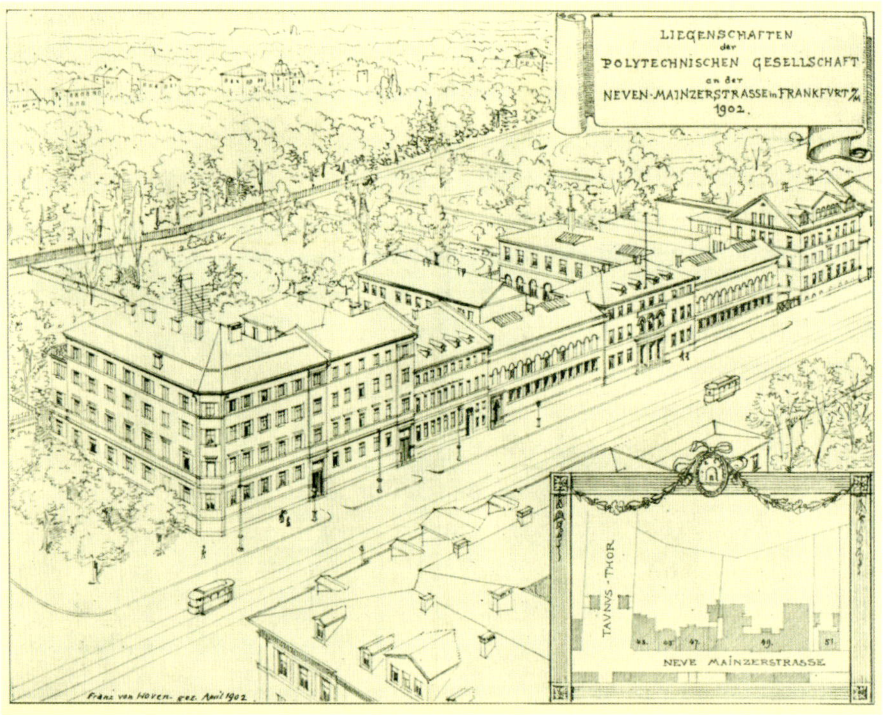

Die Häuserzeile der Polytechnischen Gesellschaft an der Neuen Mainzer Straße. Zeichnung von Franz von Hoven, April 1902.

ter Zweig der Rothschilds. Das Frankfurter Bankhaus Rothschild wurde liquidiert, der unter anderem an der Neuen Mainzer Straße gelegene Immobilienbesitz stand zum Verkauf. Der Engere Ausschuss der Polytechnischen Gesellschaft setzte sich mit den Erben in Verbindung und konnte im Juli 1901 dank des Entgegenkommens von Lord Nathan Mayer Rothschild in London die Liegenschaften Neue Mainzer Straße 43 bis 47 mit dem dazugehörigen Stallgebäude an der Neuen Schlesingergasse 11 bis 15 zum Gesamtpreis von 936.476 Mark erwerben. Der Kauf wurde durch die Aufnahme einer Hypothek bei der Frankfurter Sparkasse finanziert. Dass die teuer erstandenen Anwesen noch bis 1922 an die Michel-Kuchen'schen Erben vermietet waren, nahmen die Polytechniker in Kauf, da sie in erster Linie an der Arrondierung ihres Grundbesitzes an der Neuen Mainzer interessiert waren. Weil die Sparkasse und der Kunstgewerbeverein früher als erwartet unter Platzmangel litten und der im Erdgeschoss befindliche Vortragssaal der Gesellschaft „infolge des zunehmenden Straßenlärms kaum mehr benutzbar war“[145], verständigte sich die „Polytechnische“ 1908 mit den Michel'schen Erben gegen Zahlung einer Abfindung über die vorzeitige Auflösung des Mietvertrags. Eine außerordentliche Generalversammlung der Polytechniker verabschiedete im Juli 1908 die Um- und Neubaupläne des Architekten Franz von Hoven für die Neue Mainzer Straße 45 bis 49.

Für die Kunstgewerbeschule und die Bibliothek auf dem Grundstück Neue Mainzer Straße 47 errichteter Neubau, um 1910.

Die Bauarbeiten begannen im Oktober 1908 mit der an den Steuerfiskus vermieteten Neuen Mainzer Straße 45, die mit einem Hinterhaus verbunden wurde. Die in der Vergangenheit schon mehrfach umgebaute Nummer 47 musste niedergelegt und durch einen Neubau ersetzt werden, der mit einem Flügel in den Hofraum ragte. Im zur Straße gelegenen Bereich des Erdgeschosses wurden die Verwaltung und das Sitzungszimmer der Polytechnischen Gesellschaft eingerichtet, im Flügel fand der neue Hörsaal die nötige Abgeschiedenheit. Die beiden Obergeschosse belegte die Kunstgewerbeschule, ein Raum im ersten Stockwerk blieb der Erweiterung der Bibliothek vorbehalten. Der Baukörper der Neuen Mainzer Straße 49 blieb trotz Um- und Anbauten im Kern erhalten. Die zu ebener Erde gelegene Gipsabgusssammlung und das Kunstgewerbemuse-

Gipsabguss-Sammlung des Kunstgewerbemuseums, 1912.

um im ersten Obergeschoss erhielten neue Räumlichkeiten. Der Sparkasse standen infolge eines Anbaus statt bisher 619 künftig 1.084 Quadratmeter Geschäftsfläche zur Verfügung. Die Registratur fand in der neuen Unterkellerung ebenso Platz wie ein Kassengewölbe. Im Hof der Nummer 49 wurde ein Bildhaueratelier geschaffen und die Gipsgießerei vergrößert. Zudem konnte hier die 1911 der Kunstgewerbeschule angegliederte Werkstatt für Bronzeguss eingerichtet werden. Mit der Eröffnung des Kunstgewerbemuseums endete am 1. Juni 1912 die dreieinhalbjährige Bauzeit.

Bei der Konzeption der neuen Dauerausstellung hatte sich Direktor Hermann von Trenkwald von der „Aura des Originals" leiten lassen. „Die Umgebung", befand Trenkwald zum Ausstellungsdesign, „muß vielmehr den Gegenständen angepasst werden. Wieweit man in dieser Anpassung gehen soll, ist Sache künstlerischen und wissenschaftlichen Taktes. [...] Architekt und Museumsleiter haben sich nur darüber klar zu sein, daß die dekorative Ausgestaltung stets ein Dienendes bleiben muß, sie darf sich nicht als etwas Selbständiges, Eigenartiges zwischen Besucher und Objekt drängen. Die Ausstellung muß von den Gegenständen ausgehen."[146] Den Museumsbesuchern wurde ein Abriss der Entwicklung des Kunstgewerbes auf allen wichtigen Gebieten anhand hervorragender Beispiele aus sämtlichen Epochen und Kulturen geboten. Drei Jahre später stand der feinsinnige Museumsdirektor und österreichische Reserveoffizier Hermann von Trenkwald im Mai 1915 in Galizien an der Front, wo er am Durchbruch bei Gorlice beteiligt war und zum Oberleutnant befördert wurde.

Lautes „Mobil! Mobil!"-Rufen in den Straßen vermeldete am frühen Abend des 1. August 1914 auch in Frankfurt am Main den Ausbruch des Ersten Weltkriegs. Militarismus und Weltmachtstreben waren nach dem Attentat von Sarajevo auf den österreichischen Thronfolger im Juni 1914 in eine Kette von Mobilmachungen und Kriegserklärungen gemündet. Anfang August 1914 herrschte zwischen dem Bündnis aus Deutschland und Österreich-Ungarn sowie den Ententemächten Frankreich, Großbritannien und Russland der Kriegszustand. Besorgte Sparkassenkunden, die das Unheil heraufziehen sahen, hatten schon in der Woche vor dem eigentlichen Kriegsausbruch damit begonnen, ihre Ersparnisse abzuheben. Die Sparkassendirektion bewahrte trotz des Ansturms die Ruhe und machte von Paragraph 19 des „Regulativs der Frankfurter Sparkasse", der für den Kriegsfall längere Kündigungsfristen vorsah, keinen Gebrauch. Das Geldinstitut kam allen Auszahlungswünschen nach, bis sich am 4. August 1914 die Lage wieder entspannte. Unmittelbar nach der Mobilmachung bekamen die ersten Mitarbeiter der Sparkasse ihre Einberufungsbefehle. Im Ersten Weltkrieg wurden von 55 kaufmännischen Angestellten der Frankfurter Sparkasse 41 zum Militär eingezogen. Zur Aufrechterhaltung des Betriebs verpflichtete die Sparkasse elf männliche und 32 weibliche Aushilfskräfte. Aufgrund des kriegsbedingten Personalmangels wurden die Zweigstellen geschlossen

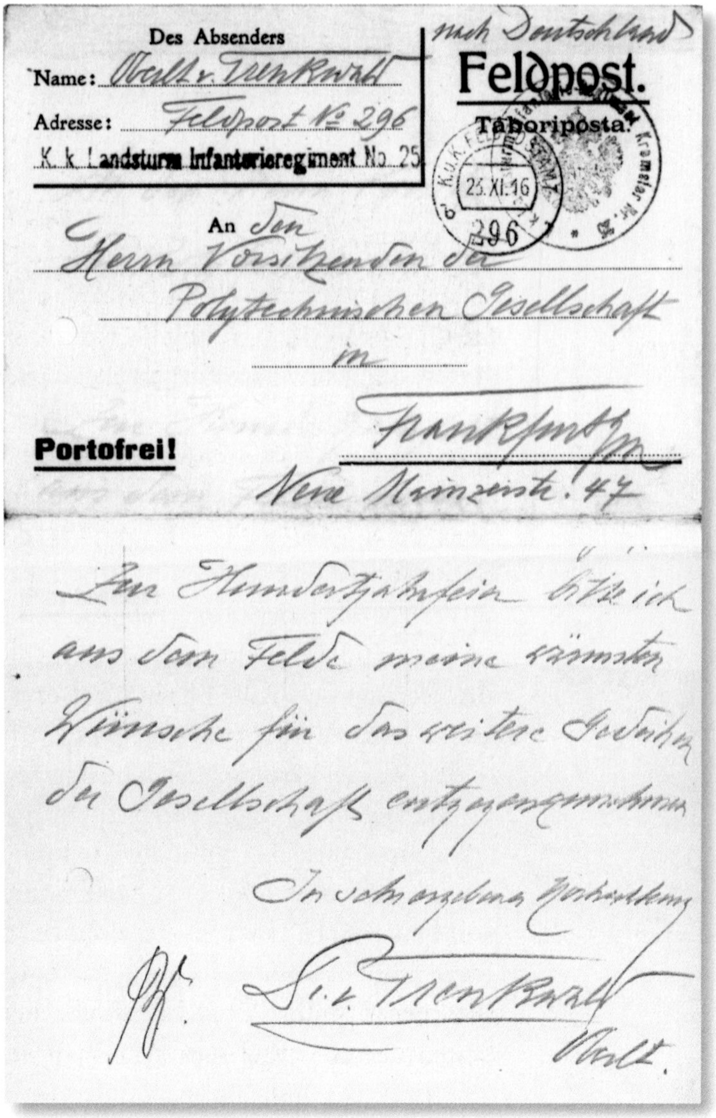
Des Absenders
Name: Oberlt. v. Trenkwald
Adresse: Feldpost No 296
K. k. Landsturm Infanterieregiment No 25

nach Deutschland
Feldpost.
Táboriposta.
26.XI.16
296

An den
Herrn Vorsitzenden der
Polytechnischen Gesellschaft
in
Frankfurt a/M
Neue Mainzerstr. 47

Portofrei!

Zur Hundertjahrfeier bitte ich aus dem Felde meine wärmsten Wünsche für das weitere Gedeihen der Gesellschaft entgegenzunehmen.

In vorzüglicher Hochachtung
Dr. v. Trenkwald
Oberlt.

Glückwunschkarte des österreichischen Reserve-Offiziers und Direktors des Frankfurter Kunstgewerbemuseums, Hermann von Trenkwald, zur 100-Jahr-Feier der Polytechnischen Gesellschaft, 22. November 1916.

und der bargeldlose Zahlungsverkehr eingeführt, das heißt die Sparer konnten Mieten, Steuern und andere Zahlungen per Überweisung tätigen. Das Deutsche Reich finanzierte die Materialschlachten des Ersten Weltkriegs über die Auflage von Kriegsanleihen. Die Zeichnung von staatlichen Kriegsanleihen wurde zur nationalen Pflicht erhoben. Die Frankfurter Sparkasse zeichnete von den Kriegsanleihen des Reichs 38,3 Millionen Mark. Die Sparkunden eiferten dem Beispiel des Geldinstituts nach und legten knapp 46,5 Millionen Mark in Kriegsanleihen an. Fatalerweise investierte auch die Polytechnische Gesellschaft alle verfügbaren Mittel in die unsicheren Anleihen, was nach Kriegsende den Fortbestand des Vereins ernstlich in Gefahr bringen sollte.[147]

Der Erste Weltkrieg ließ die Tochterinstitute der Polytechnischen Gesellschaft in ihrer inhaltlichen Tätigkeit nahezu unbehelligt. Einzig die Vortragsprogramme des Technischen Vereins und des Kunstgewerbevereins mussten empfindliche Kürzungen hinnehmen. In den Einrichtungen des Kunstgewerbevereins sorgten die Einberufungen allerdings für einschneidende personelle Veränderungen. Fünf Lehrer der Kunstgewerbeschule, darunter der Leiter der Malklasse, Max Liebert, wurden im Herbst 1914, zwei weitere Mitglieder des Kollegiums im Jahr 1916 zu den Fahnen gerufen. Den Unterricht der zum Heer einberufenen Lehrkräfte übernahmen Vertretungslehrer. Freie Plätze in den Klassen, die 48 im Verlauf des Krieges eingezogene Schüler hinterließen, besetzte die Direktion mit Schülerinnen, denen seit Mai 1914 alle Kurse und Fachklassen offen standen. Außer dem Schulsekretär wurden der Bibliothekar und dessen Assistent, der vom Verein beschäftigte Pförtner und fünf Aufseher zu den Waffen gerufen. Das Kunstgewerbemuseum musste Anfang 1914 aus Mangel an Aufsichtspersonal vorübergehend schließen. Ab Oktober 1914 hatten Besucher zumindest an den Vormittagen wieder Zutritt zu den Ausstellungsräumen. Sonderausstellungen erfüllten nunmehr auch propagandistische Zwecke. So sollte die 1916 von dem eigens abkommandierten Bibliothekar des Kunstgewerbevereins kuratierte Fotoausstellung „Bau- und Kunstdenkmäler der Westfront“ den Nachweis liefern, dass im Westen durch kriegerische Aktionen deutlich weniger Kulturgüter zerstört worden waren, als von den Ententemächten behauptet.

Nahrungsmittel und Brennstoffe stiegen seit Kriegsbeginn im Preis und wurden bald zu Mangelwaren. In besonders schlimmer Erinnerung blieb in Frankfurt der eisige Winter 1916/17, der aufgrund der katastrophalen Ernährungslage als „Kohlrübenwinter“ in die Geschichte einging. Der menschenverachtende Stellungskrieg und die ungenügende Versorgungslage weckten in der Bevölkerung ab 1916/17 eine weit verbreitete Friedenssehnsucht. Frankfurt hatte am Ende des verlorenen Ersten Welt-

Der „Gesellschaft zur Beförderung nützlicher Künste" vom Kunstgewerbeverein zur 100-Jahr-Feier gewidmete Plakette. Apollon, der Gott der Wissenschaften und der Künste, befestigt ein Lorbeergewinde an einer Säule, auf der ein Bienenkorb steht. Bronze von Friedrich Hausmann, 1916.

kriegs im November 1918 10.753 Kriegstote zu beklagen. Unter den Opfern waren vier Mitarbeiter der Frankfurter Sparkasse, der Schreiner und Heizer der Blindenanstalt, acht Kunstgewerbeschüler und der Maler Max Liebert, der bereits am 10. März 1915 in einem gottverlassenen Waldstück bei Bolniki in Russland gefallen war.[148]

Im Herbst 1918 überschlugen sich mit dem Ausbruch der Revolution und der Ausrufung der Republik die Ereignisse. Die Deutschen lebten im nach dem Tagungsort der verfassunggebenden Nationalversammlung „Weimarer Republik" genannten Zeitabschnitt von 1919 bis 1933 erstmals in einer Demokratie. Die Einführung des allgemeinen und gleichen Wahlrechts veränderte die Kräfteverhältnisse in den Parlamenten grundlegend. So stellte die Sozialdemokratische Partei Deutschlands (SPD) bis 1933 in der Frankfurter Stadtverordnetenversammlung die stärkste Fraktion und bildete mit der Deutschen Demokratischen Partei (DDP) und dem katholischen Zentrum die von Fall zu Fall von der rechtsliberalen Deutschen Volkspartei verstärkte „Weimarer Koalition". In der nachrevolutionären Übergangsphase 1919, während der zeitweise die rote Fahne vom Römer wehte und ein Arbeiter- und Soldatenrat in Frankfurt die Macht beanspruchte, sah sich der Vorstand des Mitteldeutschen Kunstgewerbevereins mit der Forderung des „Angestellten-Ausschusses" nach einer überfälligen Teuerungszulage konfrontiert. Falls die Zulage nicht bis Mitte Juni 1919 ausgezahlt werde, drohten die Angestellten des Kunstgewerbevereins mit Arbeitsniederlegungen. Der Vereinsvorsitzende Wilhelm Flinsch rechnete zu diesem Zeitpunkt für das Jahr 1919 mit einem Gesamtdefizit von rund 110.000 Mark. Nur weil ein „Gönner des Vereins" kurzfristig ein Darlehen von 16.000 Mark zur Verfügung stellte, konnte die Teuerungszulage ausgezahlt und der angedrohte Streik abgewendet werden.[149]

Der Polytechnischen Gesellschaft wuchsen 1919 die Ausgaben für die Einrichtungen des Kunstgewerbevereins über den Kopf. Die Frankfurter Sparkasse hatte der „Muttergesellschaft" zuletzt lediglich knapp 4.350 Mark für das Jahr 1917 überwiesen, 1918/19 ging sie völlig leer aus. Jetzt rächte es sich, dass die Sparkasse und die Polytechnische Gesellschaft den größten Teil ihrer verfügbaren Mittel in Kriegsanleihen angelegt hatten. Nachdem die Waffen schwiegen, sank der Kurs der Kriegsanleihen rapide. Um in der Bilanz einen Fehlbetrag zu vermeiden, musste die Sparkasse den Reservefonds angreifen, der daraufhin auf unter fünf Prozent der Einlagen absank. Folglich konnte das Institut keine Gewinne mehr ausschütten. Etwaige Überschüsse wurden zur Wiederauffüllung der Sicherheitsrücklagen benötigt, zumal die im Februar 1919 verabschiedete neue Satzung den Prozentsatz des Eigenkapitals, bei dessen Überschreiten die Sparkasse Gewinne an die „Polytechnische" abführte, von acht auf zehn Prozent heraufgesetzt hatte. Mit den neuen Statuten gingen die Einrichtung einer Giroabteilung und die Ergänzung des Firmennamens um das Gründungsjahr in „Frankfurter Sparkasse von 1822 (Polytechnische Gesellschaft)" einher. Nur über die Inanspruchnahme von Zwischenkre-

Bankangestellte Frankfurts heraus

zur

Protestversammlung

der Bankbeamtenschaft Frankfurts am Montag, den 13. Februar 1922, abends pünktlich 7 1/4 Uhr, im großen Börsensaal

gegen die

Entlassung des Betriebsratsvorsitzenden bei der Frankfurter Sparkasse.

Kollegen und Kolleginnen. Einen unerhörten Akt rückständigsten Gewalthabertums hat sich der Vorstand der Frankfurter Sparkasse (Polytechnische Gesellschaft) geleistet! Der Direktor Herr Dr. Hetzer, vor wenigen Jahren noch sozialdemokratischer Stadtrat in Stettin, hat den Vorsitzenden des Betriebsrates fristlos entlassen, weil dieser in einer Betriebsversammlung frei von der Leber weg sprach, ohne sich indes einer Ehrverletzung der Direktion gegenüber schuldig zu machen! Dieser brutale Rechtsbruch fordert zum schärfsten Protest heraus. Und nicht nur das. Es müssen Beschlüsse gefaßt werden, die diesen Leuten zum Bewußsein bringen, daß sie nicht ungestraft sich eine Provokation der Bankangestellten Frankfurts leisten dürfen! Umsomehr ist dies hier am Platze, als hier unter dem Deckmantel sozialistischer Redensarten sich der reaktionärste Herrenstandpunkt zu verbergen sucht. Die gesamten Verhältnisse der Frankfurter Sparkasse sollen in der Versammlung beleuchtet werden. **Darum erscheint in Massen! Auf zum Protest gegen Unternehmerwillkür, für Freiheit und Recht!**

Gewerkschaftskartell Frankfurter Bankangestellten

Geschäftsstelle Kronprinzenstraße 7. — Telephon Hansa 1914.

Die Entlassung des Betriebsratsvorsitzenden wurde nach der Protestversammlung zurückgenommen. Der Direktor der Frankfurter Sparkasse, Fritz Hetzer, blieb im Amt.

diten und die Aufnahme weiterer Hypotheken hatte es die Polytechnische Gesellschaft 1919 noch einmal vermocht, die Tochterinstitute in gewohnter Weise finanziell auszustatten. Die Grundstücke Neue Mainzer Straße 43 bis 51 hatten mit einer Belastung von mehr als zwei Millionen Mark die Beleihungsgrenze erreicht. „Nunmehr", eröffnete der seit 1914 amtierende Präsident der Polytechniker, Universitätsprofessor Heinrich Becker, in einem an den Magistrat adressierten Lagebericht, „bleibt der Gesellschaft als solcher nur noch soviel, dass sie sich mit Not über die allernächsten Jahre der Umwälzungen hinaus erhalten kann. Den Instituten können vorerst beim besten Willen keine baren Unterstützungen mehr geleistet werden."[150] Ausgerechnet in der beginnenden Geldentwertung waren die Töchter auf sich selbst gestellt.

Im Juli 1919 hatten sich der Präsident der Polytechnischen Gesellschaft, Becker, der Direktor der Sparkasse von 1822, Hetzer, sowie die Vertreter des Mitteldeutschen Kunstgewerbevereins, Luthmer, Günther und Grunelius, mit Bürgermeister Luppe, Stadtkämmerer Bleicher und zwei weiteren Magistratsmitgliedern zu einer Verhandlungsrunde getroffen, um die Möglichkeit einer „Verstadtlichung" der kunstgewerblichen Einrichtungen Schule, Museum und Bibliothek auszuloten. Während sich die Polytechniker nach Lage der Dinge außer Stande erklärten, die drei Institute weiterhin zu unterhalten, signalisierten die Vertreter des Magistrats das Interesse der Stadt an einer Übernahme. Die von städtischer Seite erhobenen Forderungen nach einer mietfreien Bereitstellung der bisherigen Schul-, Museums- und Bibliotheksräume sowie einer Übernahme der Sparkasse von 1822 durch die Stadtsparkasse lösten langwierige Verhandlungen aus. Gravierende Unstimmigkeiten konnten im März 1920 in einer von Oberbürgermeister Georg Voigt geleiteten Besprechung ausgeräumt werden. Die Verträge zwischen der Stadt und dem Kunstgewerbeverein sowie der Polytechnischen Gesellschaft waren am 5. Februar 1921 rückwirkend zum 1. April 1920 unterschriftsreif.

Haupteingang der Polytechnischen Gesellschaft, Neue Mainzer Straße 49, um 1920.

Der Verein übertrug der Stadt das Eigentum an den Beständen des Museums, der Bibliothek und der Schule, die Gesellschaft vermietete ihr die bislang mit den Einrichtungen des Kunstgewerbevereins belegten Räumlichkeiten in der Neuen Mainzer Straße 47/49 auf die Dauer von dreißig Jahren. Die jährliche Miete betrug zunächst 75.000 Mark und stieg ab 1923 auf 100.000 Mark. Darüber hinaus überschrieb die Polytechnische Gesellschaft der Stadt das zur Verbreiterung der Wallanlagen benötigte Gartengelände entlang der Neuen Mainzer 43 bis 51. Die Frankfurter Sparkasse von 1822 gaben die Polytechniker nicht aus der Hand. Künftige Überschüsse der Sparkasse musste sich die „Polytechnische" jedoch mit der Stadt teilen. „Die Polytechnische Gesellschaft", so die Vertragsklausel, die noch viel böses Blut machen sollte, „verpflichtet sich ferner, die nach § 35 der Satzung der Frankfurter Sparkasse von 1822 ihr zufliessenden Ueberschüsse zur Hälfte an die Stadt abzuführen zur Verwendung für gemeinnützige Zwecke."[151] Im Anschluss an die Kommunalisierung gingen der Kunstgewerbeverein und die Polytechnische Gesellschaft getrennte Wege. Der Kunstgewerbeverein sagte sich am 29. November 1921 in einer außerordentlichen Mitgliederversammlung von der „Polytechnischen" los und verabschiedete eine neue Satzung, der zufolge die Hauptaufgabe in der Förderung des Kunstgewerbemuseums bestehen sollte.

Die Polytechnische Gesellschaft finanzierte sich nach dem Ausfall der Sparkassengelder über Mieteinnahmen. Neben der Stadt als Hauptmieterin hatte die „Polytechnische" einige Räume in der Neuen Mainzer 49 und die gesamte Liegenschaft Nummer 51 an die Frankfurter Sparkasse vermietet. Die 1822er brachte in der Neuen Mainzer 51 die Giroabteilung unter und zahlte insgesamt eine Jahresmiete von 54.500 Mark. Die

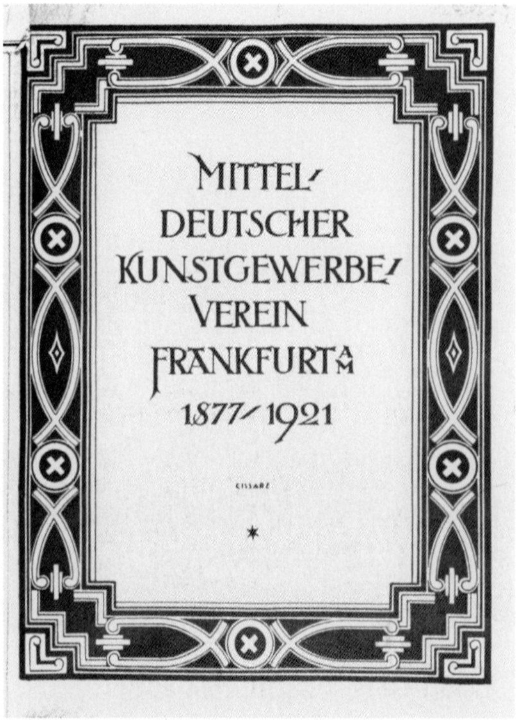

„Polytechnische" hatte nicht nur mit der immer rascher fortschreitenden Geldentwertung, sondern auch mit den Verpflichtungen gegenüber den Pensionären der Sparkasse und der übrigen Institute der Gesellschaft zu kämpfen. Um den zusammengeschrumpften Pensionsfonds wieder aufzufüllen, verkaufte die Polytechnische Gesellschaft im Juni 1921 die Liegenschaften Neue Mainzer Straße 43/45 an deren bisherigen Mieter, den Steuerfiskus. Während sich das Finanzamt in einer Toplage im Herzen der Stadt einen wertvollen Hausbesitz sicherte, verschaffte der Erlös von knapp 2,5 Millionen Mark den Polytechnikern nur eine kurze Atempause.

Seit dem Jahreswechsel 1922/23 nahm die als Spätfolge des weitgehend über Anleihen finanzierten Ersten Weltkriegs eingetretene Geldentwertung immer bedrohlichere Formen an. Der Preis für einen Laib Brot (1 kg) kletterte von etwas mehr als vier Mark im Januar 1922 bis Oktober 1923 auf exorbitante 3.611.111 Mark. Im Oktober 1923 gewährte der Landeshauptmann der Frankfurter Blindenanstalt zur Kartoffelbeschaffung ein Darlehen in Höhe von sage und schreibe 1,75 Billionen Mark. Als die Hyperinflation im Oktober 1923 ihren Höhepunkt erreichte, waren in Frankfurt mehr als 60.000 Kurzarbeiter registriert, bis zum Jahresende stieg die Zahl der Arbeitslosen auf 22.670. Geldentwertung und Arbeitslosigkeit stürzten vor allem die gehaltsabhängigen Mittelschichten, kinderreiche Familien, Rentner und Fürsorgeempfänger in große wirtschaftliche Not. Die Konsolidierung des Geldmarktes gelang nach einer im November 1923 verabschiedeten Währungsreform nur langsam. Als neues Zahlungsmittel wurde vorübergehend die Renten- und ab August 1924 die Reichsmark im Verhältnis eins zu einer Billion Papiermark ausgegeben. Die Polytechnische Gesellschaft, deren Mitgliederzahl auf deutlich unter 200 abgesunken war, hatte ihr stattliches Barvermögen und einen Teil ihres Grundbesitzes verloren. Da mit der Ausschüttung von Überschüssen seitens der Frankfurter Sparkasse vorerst nicht gerechnet werden konnte, nutzte die „Polytechnische" die Mieteinnahmen der Grundstücke Neue Mainzer Straße 47 bis 51, um ihre sozialen Einrichtungen zu unterstützen.[152]

Denkschrift des Mitteldeutschen Kunstgewerbevereins. Entwurf des Titelblatts von Johann Vinzenz Cissarz, seit 1916 Lehrer an der Kunstgewerbeschule.

Die Blindenanstalt lebte von der Substanz. Seit 1920 waren die Zuschüsse der Polytechnischen Gesellschaft ausgeblieben, das anstaltseigene Vermögen hatte die Inflation aufgezehrt. Während die Unterhaltskosten der von dem polytechnischen Tochterinstitut betreuten Menschen mit

Behinderung durch die vom Landeshauptmann für die Schulkinder gezahlten Pflegesätze, die Zuschüsse der Wohlfahrtsämter und die Beiträge der Selbstzahler unter den Blinden und Sehbehinderten gedeckt wurden, musste an der Instandhaltung der Gebäude und des Inventars gespart werden. Die Vorstandsvorsitzenden der Blindenanstalt, Bergmann und Pachten, schilderten dem Magistrat im Juli 1925 mit drastischen Worten die Missstände in dem Gebäudekomplex an der Adlerflychtstraße. Demnach waren die vier Gebäude „völlig verwahrlost". Die Dächer drohten an mehreren Stellen einzubrechen und mussten saniert werden. „In vielen Schlafräumen", so der unappetitliche Befund, „hat sich in den entstandenen Löchern und hinter den Tapeten Ungeziefer eingestellt. Die Säuberung vom Ungeziefer verschlingt grosse Summen. Die Küche, die für 50 – 60 Leute berechnet war, ist für 100 – 120 zu klein. In 3 Häusern ist Gasbeleuchtung. Nach Angabe der Sachverständigen sind sämtliche Leitungen unbrauchbar geworden. Auch hier sind dauernd Ausgaben für Reparaturen erforderlich. Die Betten sind zum Teil noch über 50 Jahre alte Holzbetten, die vom Ungeziefer kaum rein zu halten sind. An Bettwäsche konnte in den letzten Jahren nichts erneuert werden, darum sind Neuanschaffungen dringend erforderlich. Aus wohnungspfleglichen Gründen ist dieser Zustand unhaltbar geworden und eine gründliche Herstellung der Gebäude und Erneuerung der Möbel- und Wäschestücke dringend geboten."[153]

Nachdem zwei Jahre tatenlos verstrichen waren, riss dem Landeshauptmann Lutsch der Geduldsfaden. Der Vertreter des Bezirksvorstands verlegte im Mai 1927 zum Leidwesen der Kinder und Eltern die Schüler und die Lehrlinge aus der Frankfurter Blindenanstalt nach Wiesbaden in ein Heim der Nassauischen Blindenfürsorge. Erst als die Polytechnische Gesellschaft im August 1927 über die beabsichtigte

Schließung des Tochterinstituts informierte, trat der hoch verdiente Dezernent des Frankfurter Wohlfahrtsamtes, Bürgermeister Eduard Gräf, auf den Plan, um die Existenz der Einrichtung im allerletzten Moment zu sichern. Im Juni 1928 unterzeichneten die Polytechnische Gesellschaft, die Stadt Frankfurt und der Landeshauptmann ein Vertragswerk, das den Fortbestand der Blindenanstalt sicherte. Jede Vertragspartei übernahm ein Drittel des für die dringendsten Sanierungsarbeiten benötigten Betrages von 75.000 Reichsmark. Künftige Betriebsdefizite der Blindenanstalt deckte zur Hälfte die „Polytechnische“, die Stadt und der Landeshauptmann beglichen jeweils ein Viertel der Fehlbeträge. Den beiden Behörden wurde das Recht eingeräumt, Blinde in die Anstalt einzuweisen und an der Verwaltung des polytechnischen Instituts mitzuwirken, das heißt sie erhielten Sitz und Stimme im Vorstand. Die Schule der Blindenanstalt gehörte endgültig der Vergangenheit an. Bis 1934 besuchten die blinden Kinder aus Frankfurt die Wiesbadener Schule, später kamen sie in die hessen-darmstädtische Anstalt nach Friedberg. Die Blindenanstalt in der Adlerflychtstraße musste sich auf die handwerkliche Beschäftigung der schulentlassenen Blinden und Sehbehinderten beschränken, wobei 1928 zur Korbmacherei und zur Mattenflechterei das Bürstenbinden hinzukam. Mit der Unterzeichnung der Verträge verpflichtete sich die Polytechnische Gesellschaft, die bewährte Einrichtung mindestens bis zum 31. März 1948 zu betreiben.[154]

Hilferuf!

Nach fast 85jährigem Wirken steht unsere Anstalt vor der Schließung! Heizung, Beleuchtung, Instandhaltung der Gebäude, Beköstigung unserer Insassen verschlingen Summen, die wir aus unseren Mitteln allein nicht mehr zu decken vermögen. Von den öffentlichen Verbänden sind ausreichende Zuschüsse nicht zu erhalten. So droht unseren Frankfurter Blinden die Verbringung in eine fremde Stadt, die dauernde Trennung von Eltern und Familie, wenn uns nicht Hilfe aus der Bürgerschaft wird.

Wer hat ein Herz für die Frankfurter Blinden-Anstalt? Wer trägt zu ihrem Fortbestehen bei?

Gaben erbitten wir auf das Postscheckkonto der Anstalt Nr. 18642 oder deren Konto bei der Frankfurter Sparkasse von 1822, Neue Mainzerstraße 49.

Der Vorstand der Frankfurter Blinden-Anstalt:

Justizrat Dr. Günther, Justizrat Dr. Pachten, Eugen Grumbach-Mallebrein, August Mosher, Bruno Strubell, Albert Cornill, Dr. Carl Sulzbach.
Der Direktor: Paul Grafemann. 122206

Spendenaufruf der Blindenanstalt, 1922.

Die 91 Jahre alte Blindenanstalt zeigte sich am 11. September 1928 „in ihrem neuen Kleide.“[155] Nach dreimonatiger Sanierung waren die Werkstätten und die Wohnräume bezugsfertig. Für die Zwecke der Anstalt standen nur noch das Hauptgebäude Adlerflychtstraße 8 und das Anwesen Stalburgstraße 9 zur Verfügung, die einen neuen Anstrich erhalten hatten und deren Dächer instand gesetzt worden waren. Die vor dem Ersten Weltkrieg von der Polytechnischen Gesellschaft erworbenen und zu Wohnheimen umgewidmeten Mietshäuser Adlerflychtstraße 14 und Stalburgstraße 11 wurden wieder etagenweise als Wohnungen vermietet, um den Beitrag der „Muttergesellschaft“ für das Tochterinstitut aufzubringen. Die Stalburgstraße 9 diente nunmehr als Mädchenwohnheim, die männlichen Blinden waren im Hauptgebäude untergebracht. „Je zwei Blinde“, schilderte die „Frankfurter Zeitung“ den Zugewinn an Komfort, „bewohnen gemeinschaftlich ein Zimmer. Ein gemeinsamer Waschraum für die Männer ist mit schönen Waschbecken und fließendem Wasser ausgestattet worden. Die Frauen haben die Waschgelegenheiten

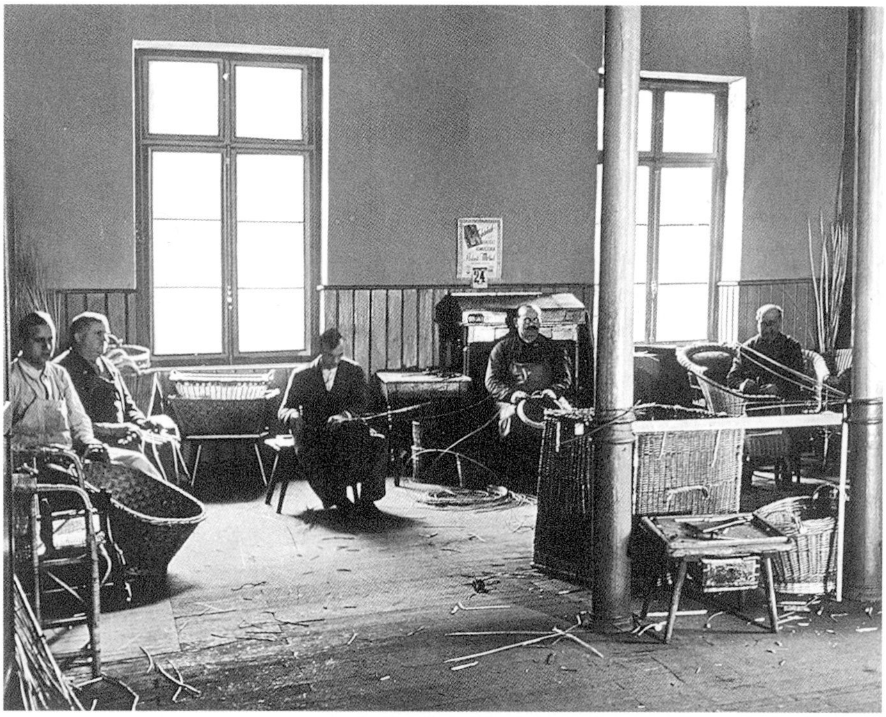

Korbmacherei und Stuhlflechterei im Hauptgebäude der Blindenanstalt, um 1930.

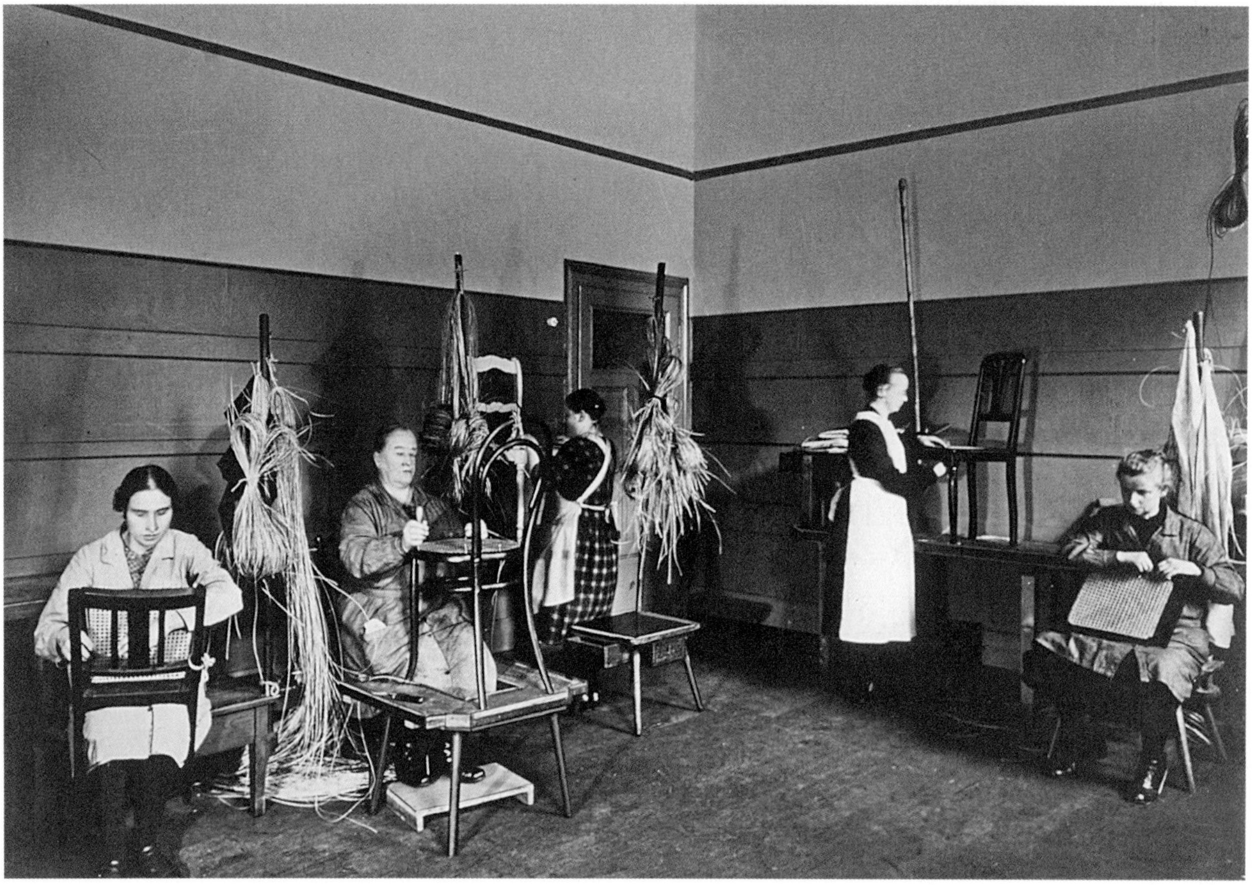

in ihren Zimmern. Für sie sind auch Kochstellen da, damit sie etwas für sich zubereiten können, obgleich die Verpflegung gemeinschaftlich in der Zentralküche hergestellt wird. Jedes Zimmer wurde bei der Renovierung mit einem Radioanschluß ausgestattet. Denn das Radio ist das wichtigste Unterhaltungsmittel für die Blinden. Es ersetzt allmählich auch die Vorleserinnen, die sich seit Jahrzehnten hilfsbereit der Anstalt zur Verfügung gestellt haben."[156] Eine neue Dampfheizung und elektrisches Licht hoben im Hauptgebäude den Wohnkomfort. Von den 57 Beschäftigten wohnten im September 1928 35 in der Anstalt, 22 lebten bei ihren Familien. Die umgebaute Einrichtung bot genügend Platz für weitere fünfzig Blinde und Sehbehinderte. Die Werkstätten der Korb- und der Stuhlflechter befanden sich im Haupthaus, die ehemalige Turnhalle diente als Bürstenbinderei. Neben der Anfertigung und Reparatur von 7.000 Rohrstühlen sowie 3.200 Körben und Weidenstühlen wurden 1928 in der Blindenanstalt rund 1.000 Klaviere gestimmt und von den beiden Masseurinnen etwa 1.200 Behandlungen durchgeführt. Die Bedeutung einer sinnvollen Beschäftigung kann für die Blinden nicht hoch genug eingeschätzt werden, weshalb der Direktor der Anstalt, Karl Burkard, nicht müde wurde, an die Frankfurter Bürgerschaft zu appellieren: „Gebt den Blinden Arbeit!" Am „Tag der Blinden", dem 6. September 1931, erneuerte Burkard den Aufruf wegen der eingetretenen Weltwirtschaftskrise besonders eindringlich.[157]

Der New Yorker Börsenkrach vom 25. Oktober 1929, der „Schwarze Freitag", und der daraufhin schlagartig einsetzende Abruf amerikanischer Kredite hatte in Europa und ganz besonders in Deutschland zu Firmenzusammenbrüchen, Massenentlassungen und Arbeitslosigkeit geführt. In der 550.000-Einwohner-Stadt Frankfurt gab es im Dezember 1932 fast 71.000 registrierte Arbeitslose. Aufgrund von Erwerbslosigkeit mussten viele Bankkunden auf ihr Erspartes zurückgreifen. Im Durchschnitt sanken die Einlagen auf den Sparbüchern bei der Frankfurter Sparkasse zwischen 1930 und 1932 von rund 515 auf 420 Reichsmark und stagnierten auf diesem Niveau bis zum Ausgang des Jahrzehnts. Da jedoch die Zahl der Sparkonten des Geldinstituts trotz Weltwirtschaftskrise weiter anstieg, gingen die Spareinlagen der Frankfurter Sparkasse 1930/31 nur vorübergehend von 79 auf 73 Millionen Reichsmark zurück, um bereits 1932 wieder leicht auf fast 74,8 und bis Ende 1933 auf annähernd 81 Millionen Reichsmark anzuziehen. Hinter dem ungebrochenen Sparwillen steckte mehr als nur ein Vertrauensbeweis in die Solidität der Frankfurter Sparkasse von 1822 – er offenbarte eine tiefe Sorge vor dem, was die nähere Zukunft bringen würde.[158]

Vor dem Hintergrund der Weltwirtschaftskrise zerbrach nach 1929 in der Mainmetropole der demokratische Grundkonsens. Das Ergebnis der Stadtverordnetenwahl vom 17. November 1929 bedeutete eine Niederlage für die Frankfurter Kommunalpolitik. Gegenüber den Regierungsparteien SPD, Zentrum und DDP, die insgesamt in der Wählergunst verloren hatten, konnte die linksextreme Kommunistische Partei Deutschlands (KPD) ihren Stimmenanteil von 13 Prozent halten. Eigentlicher Wahlsieger aber war mit zehn Prozent die rechtsradikale Nationalsozialistische Deutsche Arbeiterpartei (NSDAP). Die Stadtverordneten der extremen Rechten und Linken verfolgten bei unterschiedlichen Motiven das gleiche Ziel: die Zerstörung des kommunalen Parlamentarismus. Die von der Weltwirtschaftskrise im Herbst 1929 ausgelöste Massenarbeitslosigkeit destabilisierte die Demokratie. Mit Straßenkämpfen und aufpeitschender Propaganda schürten die antirepublikanischen Verbände und Parteien die allgemeine Verunsicherung. Die Anhänger der Republik, zu denen auch der emeritierte Physikprofessor Richard Wachsmuth rechnete, gerieten immer mehr in die Defensive.[159]

Der gebürtige Marburger Wachsmuth hatte seit 1908 als Physikdozent an der Akademie für Sozial- und Handelswissenschaften gelehrt und 1909 maßgeblichen Anteil am Zustandekommen der Internationalen Luftschifffahrtausstellung (Ila) auf dem Frankfurter Festhallengelände. Die Herausgabe der zweibändigen Ila-Denkschrift machte Wachsmuth zu einer anerkannten Größe auf dem Gebiet der deutschen Luftschifffahrt. Nachdem er zusammen mit dem Juristen Berthold Freudenthal zu den engsten Beratern von Oberbürgermeister Franz Adickes in Universitäts-Angelegenheiten gehört hatte, übte Wachsmuth 1914 das Amt des Gründungsrektors der Stiftungsuniversität aus. Als Inhaber des Lehrstuhls für Experimentalphysik leitete der Fachmann für Akustik von 1914 bis 1932 das Physikalische Institut der Universität. In der Frankfurter Stadtverordnetenversammlung gehörte Wachsmuth von 1920 bis 1924 der Fraktion der rechtsliberalen Deutschen Volkspartei an, ohne jedoch größer von sich reden zu machen. Bei der Polytechnischen Gesellschaft engagierte sich der Universitätsprofessor seit 1915 in der Verwaltung der Wöhler-Stiftung. Als ihm im November 1932 das Amt des Präsidenten der Polytechnischen Gesellschaft angetragen wurde, zögerte der erst wenige Monate zuvor aus Gesundheitsgründen in den vorzeitigen Ruhestand versetzte 64-Jährige. Die Überzeugungskraft des Vizepräsidenten der „Polytechnischen", Eduard Vollrath, und die Bereitstellung eines Dienstwagens bewogen Wachsmuth, am 28. Dezember 1932 im Rahmen der Mitgliederversammlung der Polytechniker für das Präsidentenamt

Menschenansammlung vor der Zentrale der Frankfurter Sparkasse, 1931.

zu kandidieren. Dem integren Wissenschaftler, der zeitlebens weder der NSDAP noch einer Gliederung der Hitlerpartei beigetreten ist, fiel die undankbare Aufgabe zu, die Polytechnische Gesellschaft möglichst unbeschadet durch die ersten Jahre der nationalsozialistischen Diktatur zu manövrieren.[160]

Gleichschaltung im Nationalsozialismus 1933–1945

Frankfurt am Main versank im Frühjahr 1933 in einem Meer von Hakenkreuzen. Das Symbol der NSDAP schien nach der am 30. Januar 1933 erfolgten Ernennung des Parteivorsitzenden Adolf Hitler zum Reichskanzler allgegenwärtig und sollte bald auch an der Fassade der Neuen Mainzer Straße 51 aufgezogen werden. Im Jahr 1937 erschien als Nachtrag zur 120-Jahr-Feier der inzwischen mit dem NS-Staat gleichgeschalteten Polytechnischen Gesellschaft das 48-seitige Machwerk „Frankfurt am Main und die Polytechnische“. „Schöner noch“, formulierte der Autor der Festbroschüre, Heinrich Theodor Wüst, im üblichen NS-Jargon,

Die Häuserzeile der Polytechnischen Gesellschaft. Das Gebäude Neue Mainzer Straße 51 hat die Hakenkreuzfahne geflaggt. Zeichnung von Richard Enders, 1937.

„und hoffnungsvoller aber liegt die Zukunft vor den Männern der Polytechnischen Gesellschaft und der Sparkasse im Aufblick zu dem über ihnen flatternden Hakenkreuzbanner. Vor ihnen liegt die edelste Aufgabe, die es wohl für deutsche Männer geben kann: Arbeiten für das ewige Deutschland Adolf Hitlers!“[161] Im Nebensatz verklärte Wüst die Auswirkungen der nationalsozialistischen „Machtergreifung“ im Januar 1933 auf den Traditionsverein mit den Worten „so hat der Frühlingssturm des deutschen Volkes auch die schlummernde Kraft der Polytechnischen Gesellschaft wieder wachgerufen und sie mitten in eine Fülle neuer Aufgaben gestellt."[162] Tatsächlich wurden 1933/34 infolge des nationalsozialistischen Machtanspruchs das Stenographische Institut und der Technische Verein aufgelöst. Der polytechnische Verein für Volkswirtschaft und Gewerbe fristete bis 1937 nur noch ein Schattendasein und musste dann ebenfalls aufgeben.[163]

Bei den Spitzen der Partei als „Stadt der Juden und Demokraten" verrufen, sank Frankfurt nach 1933 zu einer Provinzstadt herab. Gleichwohl machten bei der Reichstagswahl am 5. März 1933 mehr als 44 Prozent der stimmberechtigten Frankfurter ihr Kreuz bei der NSDAP. Da der Stimmenanteil von insgesamt 43,9 Prozent der Hitlerpartei nicht die absolute Mehrheit eintrug, blieben die Nazis 1933 im Reichstag auf die Mithilfe der Deutschnationalen Volkspartei (acht Prozent) angewiesen. Trotz massiver Wahlbeeinflussung verfehlte die NSDAP am 12. März 1933 auch bei den Kommunalwahlen in Frankfurt mit 47,9 Prozent die absolute Mehrheit, dominierte aber fortan als stärkste Fraktion und mit den Deutschnationalen als Steigbügelhalter die Stadtverordnetenversammlung nach Belieben. Der liberale Oberbürgermeister Ludwig Landmann, als Jude von den Nazis verfolgt, trat von seinem Amt vorzeitig zurück. Friedrich Krebs, seit 1929 NSDAP-Mitglied, wurde zum Frankfurter Oberbürgermeister ernannt.[164]

Um bei den neuen Machthabern nicht in Ungnade zu fallen, benötigte die Polytechnische Gesellschaft ein geeignetes Vorzeigeprojekt. Dem Präsidenten der Polytechniker, Richard Wachsmuth, kam daher der Vorschlag des Flugzeugbauers und Segelflugsportlers, Oskar Ursinus, sich des Problems des reinen Menschenfluges mit Muskelkraft anzunehmen, wie gerufen. Der Physiker hatte ein Faible für die Luftfahrt und sah in der Erforschung des „Muskelfluges" eine lohnenswerte Aufgabe. In typisch polytechnischer Manier wurde im Juli 1933 mit Genehmigung der Obersten Luftsportbehörde in Berlin ein Wettbewerb für einen Flug mit eigener Muskelkraft ausgeschrieben. 5.000 Reichsmark versprach die Polytechnische Gesellschaft demjenigen, der „als Erster in geschlossener Bahn, ohne zwischen Start und Landung den Boden zu berühren, einen Flug mit eigener Muskelkraft um 2 Wendemarken ausführt, die 500 m voneinander entfernt sind."[165] Die eigene Muskelkraft durfte vor dem Start, etwa in einem mitgeführten Gummiseil, gespeichert werden, wobei der Aufladungsprozess zeitlich auf eine halbe Stunde beschränkt war. Die Flugvorführungen sollten auf dem Flugplatz am Rebstock stattfinden. Das Preisausschreiben fand ein großes Echo, aber keinen ernsthaften Kandidaten, so dass die Bewerbungsfrist im Herbst 1934 um ein weiteres Jahr verlängert wurde.

Im Sommer 1935 schien für die Dessauer Junkers-Ingenieure, Helmut Haeßler und Franz Villinger, der Erfolg zum Greifen nahe. Die beiden Tüftler hatten in Anlehnung an den Segelflugzeugbau einen Eindecker konstruiert, dem als Antriebsmittel ein Gummiseil und zwei Pedale dienten, die einen Propeller in Bewegung setzten. Dem Erfurter Segelflieger, Karl Dünnbeil, gelang es nach wochenlangem Training als Testpilot das Flugzeug zu bedienen. Dünnbeil hob am 30. August 1935 auf dem Frankfurter Flugplatz mit dem „Muskelkraftflieger" vom Boden ab und legte eine Strecke von 235 Metern zurück. Da der Pilot nur eine Flughöhe von einem Meter erreichte, touchierte er bei dem Versuch, eine Kurve zu fliegen, den Boden und musste daraufhin „notlanden". „Mit diesen Leistungen", konstatierte die Jury, „wurde die Möglichkeit eines Fluges mit eigener Muskelkraft unter Beweis gestellt. Die Bedingungen des Preisausschreibens [...] konnten jedoch nicht erfüllt werden."[166] Der Wettbewerb wurde von Jahr zu Jahr verlängert und ist im September 1940 endgültig verfallen, ohne dass sich ein erfindungsreicher Ingenieur den auf 10.000 Reichsmark erhöhten Siegespreis sichern konnte. Das 1935 von der Polytechnischen Gesellschaft gegründete und von dem „Rhönvater" Oskar Ursinus geleitete „Muskelflug-Institut" fiel 1945 unter das von der US-Militärregierung erlassene Forschungsverbot und wurde aufgelöst.

Flugversuch mit einem „Schwingenfluggerät" des Muskelflug-Instituts auf dem Flugplatz Rebstock, 1937.

Die im März 1933 angelaufene „Gleichschaltung" der deutschen Länder, der Verwaltung und der Parteien mit dem NS-Staat erfasste auch das Sparkassenwesen. Gauleiter Jakob Sprenger und seine rechte Hand, der 1933 installierte Generaldirektor der Nassauischen Landesbank, SS-Obersturmbannführer Wilhelm Avieny, nutzten Ende 1934 die erstbeste Gelegenheit, um den langjährigen Geschäftsführenden Direktor der Frankfurter Sparkasse, Fritz Hetzer, auszubooten. Der von Nationalsozialisten kontrollierte Vorstand der Sparkasse akzeptierte das von Hetzer vermeintlich aus „Gesundheitsrücksichten" eingereichte Gesuch um vorzeitige Pensionierung und versetzte den verdienten Direktor zum 1. Juli 1935 in den Ruhestand. Außer dem Vorsitzenden, Otto Schneider, gehörten 1935 dem siebenköpfigen Vorstand des Geldinstituts mit dem ehrenamtlichen Stadtrat Hans Schönbein und dem Geschäftsführer des

Vereins „Creditreform“, Emil Vogt, mindestens zwei weitere stadtbekannte Vertreter der NSDAP an, die alle drei auch in den Mitgliederverzeichnissen der Polytechnischen Gesellschaft auftauchen. Im Hauptberuf war Schneider, der eng mit Avieny zusammenarbeitete, stellvertretender Verlagsleiter des nationalsozialistischen Parteiorgans „Frankfurter Volksblatt“ und der NS-Verlagsgesellschaft.[167]

Für den Direktorenposten bei der Frankfurter Sparkasse von 1822 kam nur ein linientreuer Nationalsozialist in Frage. Da die Nassauische Landesbank eine Art übergeordnete Instanz der Sparkassen bildete und die Gauleitung das letzte Wort bei der Besetzung von Schaltstellen in der Wirtschaft beanspruchte, nahm Avieny die Regelung der Nachfolge an der Spitze der Frankfurter Sparkasse von 1822 selbst in die Hand. Zum Geschäftsführenden Direktor der 1822er wurde mit Wirkung vom 1. Juli 1935 der Leiter der Provinzialbank Oberschlesien in Ratibor (heute: Racibórz), Friedrich Jacob Seelig, ernannt. Seelig war erst im April 1933 in die verantwortliche Stellung bei der Provinzialbank gekommen, die ihn für den Posten in Frankfurt qualifizieren sollte. Davor hatte Seelig eine Häute und Felle verarbeitende Firma bei Ratibor geleitet, die 1930/31 Konkurs anmelden musste. Anschließend betätigte sich der überzeugte Nationalsozialist als Redakteur des NS-Propagandablatts „Ostfront“ und nebenamtlich als Kreiswirtschaftsberater der NSDAP. Die Berufung zum Direktor der Frankfurter Sparkasse verdankte Seelig einzig und allein dem „richtigen“ Parteibuch. Der stellvertretende Sparkassendirektor Fritz Kerber folgte 1936 dem Beispiel Hetzers und beantragte ebenfalls aus Gesundheitsgründen die vorzeitige Versetzung in den Ruhestand. Auf Kerber folgte am 1. April 1936 der „über genügendes Ansehen bei den zuständigen Partei- und Wirtschaftsstellen“[168] verfügende Diplom-Kaufmann Carl Müller. Nachdem die Gauleitung die Schlüsselpositionen in der Direktion und im Vorstand mit Parteigenossen besetzt hatte, war die Frankfurter Sparkasse 1935 mit dem NS-Staat gleichgeschaltet. „Geheimrat Wachsmuth“, erläuterte der Zeitzeuge Bruno Müller im Februar 1948 in einer schriftlichen Aussage gegenüber dem Oberstaatsanwalt beim Landgericht Frankfurt, „sah mit Schrecken die Entwicklung im Vorstand der Frankfurter Sparkasse von 1822, die entweder zu einem völligen Auseinanderfallen zwischen der Polytechnischen Gesellschaft und der Frankfurter Sparkasse von 1822 oder aber zu einer Nazifizierung auch der Polytechnischen Gesellschaft zwangsläufig führen musste. Um dieser vorzubeugen, versuchte Geheimrat Wachsmuth bei Freiwerden von Stellen im Vorstand der Polytechnischen Gesellschaft diese wieder zu besetzen durch Frankfurter Bürger, die zwar der Partei angehörten, von denen aber bekannt war, dass sie nicht besonders begeistert den Weisungen des Gauleiters und der Partei folgten."[169]

Der Präsident der „Polytechnischen" suchte Rückhalt bei der Stadt und warb 1935/36 die Dezernenten Bruno Müller und Herbert Stein sowie Oberbürgermeister Friedrich Krebs als Mitglieder. Die beiden Stadträte wurden umgehend in den Engeren Ausschuss berufen, Müller im Januar 1936 von der Mitgliederversammlung zum stellvertretenden Präsidenten gewählt. Im Unterschied zu dem „braunen" Vorstand der Frankfurter Sparkasse war der 1936 mit Richard Wachsmuth, dem Stadtrat Bruno Müller, dem Rechtsanwalt Eduard Vollrath, dem Aufsichtsrat der Degussa Fritz Roessler, dem Leiter der Frankfurter Hypotheken-Bank, Fritz Weyrauch, dem Justizrat Ferdinand Pachten, dem Kurator der Universität, August Wisser, und dem Stadtrat Herbert Stein besetzte Engere Ausschuss noch nicht dem NS-Staat angepasst. Die drei bekannten NSDAP-Mitglieder Müller, Stein und Wisser zählten nicht zu den Hardlinern der Hitlerpartei in Frankfurt.[170]

1936

Polytechnische Gesellschaft E.V.
Gesellschaft zur Beförderung nützlicher Künste und deren Hülfswissenschaften

MITGLIEDSKARTE

für Herrn Oberbürgermeister

Dr. KREBS

Bruno Müller wurde nach 1945 mit der Abfassung historischer Gutachten und mit Aussagen vor der Spruchkammer zum wichtigsten Zeitzeugen für die Geschichte der Polytechnischen Gesellschaft unter dem Hakenkreuz. 1889 in Berlin geboren, hatte Bruno Müller in seiner Vaterstadt Jura und Volkswirtschaftslehre studiert. Anschließend wurde er an der Universität Jena mit „magna cum laude" zum Doktor der Rechtswissenschaften promoviert. Nachdem er einige Zeit zwischen einer Tätigkeit als Anwalt und dem Verwaltungsdienst geschwankt hatte, entschied sich der Jurist für eine administrative Laufbahn. Im November 1918 wurde er in Frankfurt an der Oder zum besoldeten Stadtrat gewählt. Von der Oder wechselte Müller 1926 an den Main nach Höchst, wo er sich mit Erfolg um das Amt des Bürgermeisters beworben hatte. Der Berliner amtierte bis zur Eingemeindung nach Frankfurt am 1. April 1928 als letzter Bürgermeister von Höchst. Von Oberbürgermeister Ludwig Landmann zum hauptamtlichen Stadtrat berufen gehörte Müller als für die Städtischen Werke sowie für die Vorort- und Rechtsangelegenheiten zuständiger Dezernent dem Frankfurter Magistrat bis 1945 an. Politisch soll Müller seit 1919 der Deutschen Volkspartei nahe gestanden haben. Den am 28. April 1933 vollzogenen Eintritt in die NSDAP begründete er später mit seiner Stellung als Berufsbeamter. Wegen seiner Parteizugehörigkeit wurde

Müller am 30. März 1945 auf Befehl der amerikanischen Militärregierung aus dem Dienst entfernt. In den Nachkriegsjahren hielt sich der Endfünfziger als Wirtschaftsberater und selbstständiger Gutachter über Wasser. Aus dieser Zeit stammen verschiedene im Auftrag der „Polytechnischen" verfasste Situationsberichte und Gutachten. Die am 1. Oktober 1945 vorgelegte 34-seitige Ausarbeitung „Entwicklung der Polytechnischen Gesellschaft in den letzten 10 Jahren" bildet eine der Hauptquellen zur NS-Geschichte des Vereins.

Stadtrat Bruno Müller (1889–1968). Passfoto aus der Personalakte der Stadt Frankfurt, nach 1933.

Gegen den Stadtrat a. D. Bruno Müller wurde Anfang 1947 im Zuge der Entnazifizierung ein Verfahren vor der Frankfurter Spruchkammer eröffnet. Die Kammer stufte den Angeklagten, der auf dem Fragebogen der Militärregierung die Bejahung der Parteizugehörigkeit mit dem handschriftlichen Zusatz „nur zahlendes Mitglied, nicht aktiv tätig gewesen"[171] versehen hatte, als „Minderbelasteten" ein. „Der Betroffene habe sich", berichtete die „Frankfurter Neue Presse" über den Ausgang des Verfahrens gegen Müller, „durch seinen Parteieintritt nach allen Seiten sichern wollen. Er habe dadurch einen Mangel an politischer Standfestigkeit gezeigt. In seinem Amt habe er gegen die Partei gewirkt, aber nach außen zur Stärkung der Nazi-Gewaltherrschaft beigetragen."[172] Müller ging gegen den Kammerbescheid mit Erfolg in die Berufung und galt fortan nur noch als „Mitläufer". Im Januar 1949 kehrte Müller in den Dienst der Stadt Frankfurt zurück und übernahm die Leitung der Stiftungsabteilung, die er bis 1957 ausübte. Die von Müller abgelieferten Berichte über die Polytechnische Gesellschaft während der NS-Zeit geben keinen Anlass zu Zweifeln, zumal sie mit überlieferten Originaldokumenten übereinstimmen. Die Müller-Exposés, aber auch die mehrbändige Spruchkammer-Akte Avienys und die im Institut für Stadtgeschichte verwahrten Archivalien erlauben es, bei der Rekonstruktion der 1936 durchgesetzten „Gleichschaltung" der „Polytechnischen" Ross und Reiter zu nennen.[173]

Nicht eine Reichsmark war seit der Kommunalisierung der polytechnischen Kunstgewerbe-Einrichtungen im Jahr 1921 aus Überschüssen der Frankfurter Sparkasse an die Polytechnische Gesellschaft oder an die Stadt Frankfurt gezahlt worden. Laut Paragraph zehn des zu Beginn der Zwanzigerjahre vereinbarten Übernahmevertrags standen der „Polytechnischen" Überschüsse der Sparkasse zu, sobald der Reservefonds wieder auf zehn Prozent der Spareinlagen angewachsen war. Den Betrag der Ausschüttung sollte sich die Gesellschaft mit der Stadt teilen. Bei den Polytechnikern hatte sich Mitte der Dreißigerjahre erheblicher Unmut aufgestaut, zumal der Verein aufgrund alter Verpflichtungen jedes Jahr rund 50.000 Reichsmark an Pensionen für ehemalige Sparkassenangestellte aufbringen musste. Die Stadt fühlte sich düpiert, da die erwarteten Zuschüsse zu den Betriebskosten des Museums, der Schule und der Bibliothek ausblieben, obwohl sich „das Sparkassengeschäft in blühendster Entwicklung“[174] befand. Die Stadt und die Gesellschaft konnten den Vertrag jedoch drehen und wenden, wie sie mochten, solange der Reservefonds wie zum Beispiel im Jahr 1935 mit sechs Millionen rund drei Millionen Reichsmark unter der Zehn-Prozent-Marke lag, hatten sie keinen Anspruch auf eine Gewinnabführung der Frankfurter Sparkasse. Dass die abtrünnige Sparkassendirektion alles unternahm, um die Auszahlung von Überschüssen an die Polytechnische Gesellschaft zu vermeiden, geht aus einer Äußerung des Gauleiters hervor. Als Sprenger im Dezember 1941 Oberbürgermeister Krebs zum wiederholten Male vergeblich anging, auf den Rechtsanspruch der Gewinnbeteiligung gegenüber der Polytechnischen Gesellschaft zu verzichten, verlor der leicht aufbrausende Gauleiter die Beherrschung. „Der Gauleiter“, notierte Krebs in einem Gesprächsvermerk, „erklärte mir daraufhin, dass die Stadt, solange er zu bestimmen habe, nicht einen Pfennig bekommen würde, dass also der Anspruch doch nicht verwirklicht werden könne. Ich erwiderte, dass die Stadt länger bestünde als die Menschen und eines Tages vielleicht doch die Forderung zum Zuge käme. Der Topf der Sparkasse müsse eines Tages zum Ueberlaufen kommen.“[175]

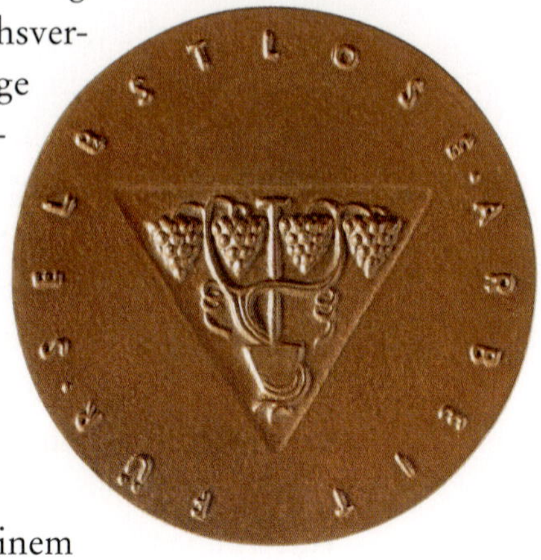

Ehrenplakette *„Für selbstlose Arbeit“ der Polytechnischen Gesellschaft. Entwurf von Philipp Becker, 1936.*

Die Polytechnische Gesellschaft wurde zu einem Spielball im Machtkampf zwischen Gauleiter Jakob Sprenger und Oberbürgermeister Friedrich Krebs. Das Verhältnis der in der Wolle gefärbten Nazis galt seit 1935 als zerrüttet. Der promovierte Jurist Krebs war ein Jahr nach der 1928 erfolgten Ernennung zum Landgerichtsrat am Frankfurter Oberlandesgericht in die NSDAP eingetreten, mit deren Ideologie er schon länger sympathisiert hatte. 1932 zog der Jurist für die NSDAP in den Preußischen Landtag ein. Auf Vorschlag von Gauleiter Sprenger wurde der 39-jährige Krebs im März 1933 zum Frankfurter Oberbürgermeister bestellt. Auf Gauebene galten die Führer der regionalen Mittelinstanzen der NSDAP als Vertreter Hitlers. Die Gauleiter sollten den Willen des „Führers“ und die Ziele der Partei unterhalb der Reichsebene umsetzen. Als parteipolitische Instanzen, die auf die öffentliche Verwaltung einwirkten, waren die Gauleiter mitverantwortlich für den Dualismus von Staat und Partei und den daraus resultierenden Kompetenzwirrwarr.

Der Pfälzer Jakob Sprenger kam aus bäuerlichen Verhältnissen und war 1902 nach dem Besuch des Progymnasiums in Bergzabern und der Ableistung der Militärzeit in den Verwaltungsdienst der Reichspost eingetreten. Während der Weimarer Republik war Sprenger als Postbeamter in Frankfurt-Bockenheim tätig, nach Dienstschluss arbeitete er sich in der NSDAP vom einfachen Parteigenossen zum Gauleiter hoch. Ab 1925 gehörte Ortsgruppenleiter Sprenger der vierköpfigen Fraktion des „Völkischen Blocks" (ab Juni 1926: NSDAP) in der Frankfurter Stadtverordnetenversammlung an, 1930 zog der Gauleiter für die Hitlerpartei in den Reichstag ein. Von 1933 bis 1945 amtierte Sprenger als Gauleiter von Hessen-Nassau mit Sitz in der Gauhauptstadt Frankfurt. Zwischen Sprenger und Krebs kam es nicht nur wegen des totalitären Führungsanspruchs der NSDAP, der mit der „zwangsläufigen Regelhaftigkeit der öffentlichen Verwaltung" kollidierte, zu Spannungen – die beiden „Parteifreunde" konnten einfach nicht miteinander. Oberbürgermeister Krebs, dem ein unbeherrschtes Wesen nachgesagt wurde, fühlte sich allem Anschein nach durch die „kaum gehemmte Selbstherrlichkeit"[176] des zehn Jahre älteren Gauleiters persönlich herabgesetzt. Dass ihm der Postbeamte übergeordnet war, konnte der Landgerichtsrat nicht verwinden. Um dem Machtanspruch Sprengers, der in der NS-Führung wohlgelitten war, etwas entgegenzusetzen, fehlte Krebs der parteiinterne Rückhalt.

Der Gauleiter benötigte für seine Bestrebungen zusätzliche Mittel. Die „Graue Eminenz", Wilhelm Avieny, war daher ständig auf der Suche nach Geldquellen, die für die Zwecke der Gauleitung angezapft werden konnten. Der 1935 von der Frankfurter Sparkasse erwirtschaftete Überschuss von rund 400.000 Reichsmark weckte unweigerlich Begehrlichkeiten. Der willfährige Sparkassenvorstand beschloss, für den Gauleiter 100.000 Reichsmark aus dem Jahresgewinn abzuzweigen. Über die Einwände des Präsidenten der Polytechnischen Gesellschaft, Richard Wachsmuth, dass die Preußische Sparkassen-Verordnung von 1932 die Vergabe von Spenden nicht zulasse und dass der Reservefonds nach wie vor unterhalb der Zehn-Prozent-Marke liege, setzten sich die Vorstandsmitglieder unbeeindruckt hinweg. Im Rahmen eines Scheingeschäfts wurden im Juni 1936 die 100.000 Reichsmark mit der Auflage, den Betrag umgehend an den Gauleiter auszuhändigen, an die „Polytechnische" überwiesen. Durch die „Spendenaffäre" geriet die Polytechnische Gesellschaft ins Visier der Nationalsozialisten.

Jakob Sprenger beauftragte den Gauamtsleiter und Generaldirektor der Nassauischen Landesbank, Wilhelm Avieny, mit einer Überprüfung der Polytechnischen Gesellschaft und mit der Ausarbeitung einer das nationalsozialistische „Führerprinzip“ und die „Ariervorschriften“ enthaltenden Satzung. Mit dem Vorstandsvorsitzenden und dem Direktor der Frankfurter Sparkasse, Schneider und Seelig, im Schlepptau stattete Avieny am 7. August 1936 dem in der Grillparzerstraße 83 wohnenden Präsidenten der „Polytechnischen“ einen Besuch ab. Die Delegation der Gauleitung bot Wachsmuth Unterstützung bei der „Gleichschaltung“ der polytechnischen Tochterinstitute und bei der Überarbeitung der Satzung an. Der 68-jährige Physikprofessor sah sich nach seinen eigenen Angaben einer „aktiv eingreifenden Fürsorge gegenüber“[177], sprich er wurde vor vollendete Tatsachen gestellt. Einen Tag nach dem Besuch der NS-Delegation legte Richard Wachsmuth das Präsidentenamt nieder. Als Zeuge im Verfahren gegen Avieny sagte Bruno Müller am 24. August 1949 vor der Frankfurter Spruchkammer aus, dass Wachsmuth wegen seiner „nicht ganz arischen“[178] Frau unter Druck gesetzt und zum Rücktritt gezwungen worden war. Die Personalakte Wachsmuths im Frankfurter Universitätsarchiv enthält eine am 9. Januar 1938 abgegebene eidesstattliche Erklärung zur arischen Abstammung des Ehepaares. Der Physikprofessor vermerkte damals auf dem Formular: „Es ist mir nachträglich bekannt geworden, dass der Grossvater meiner Frau väterlicherseits zwar schon als Kind der christlichen Religion angehört hat, aber von nichtarischen Eltern geboren worden ist.“[179]

Der Antisemitismus, die Feindschaft gegenüber den Juden, war ein Hauptmotiv der NS-Ideologie. Mit dem von Propagandaminister Joseph Goebbels für den 1. April 1933 angeordneten Boykott jüdischer Geschäfte, Banken, Ärzte und Rechtsanwälte setzte die organisierte Verfolgung der dieser Minderheit ein. Die NS-Rassenideologie richtete sich in erster Linie gegen jüdische Staatsbürger beziehungsweise „Nichtarier“, betraf aber auch als „rassisch minderwertig“ diskriminierte Gruppen, wie Sinti und Roma, oder „erbkranke“ Personen. Auf die vom Reichsparteitag der NSDAP 1935 verabschiedeten „Nürnberger Gesetze“ und die Herabsetzung der deutschen Juden zu Einwohnern minderen Rechts folgte eine schier endlose Kette von Diffamierungen und Demütigungen. Was mit dem Boykott jüdischer Geschäfte begonnen hatte, führte ab Oktober 1941 zu Deportationen in die Ghettos und Vernichtungslager im Osten, wo 12.555 Juden allein aus Frankfurt ermordet wurden.[180]

Nach dem Rücktritt von Richard Wachsmuth hielt sich die Gauleitung an den Vizepräsidenten der Polytechnischen Gesellschaft, Stadtrat Bruno Müller. Gauamtsleiter Avieny forderte Müller auf, den Vorstand und den Engeren Ausschuss der „Polytechnischen“ am 7. September 1936 zur Beratung der neuen Satzung einzuberufen, an der auch Gauleiter Sprenger teilnehmen werde. Zum festgesetzten Termin hatten sich im Sitzungszimmer der Neuen Mainzer Straße 47 der Engere Ausschuss, darunter Alfred Lotichius, Ferdinand Pachten und Richard Wachsmuth, sowie der komplette Vorstand der Frankfurter Sparkasse von 1822 versammelt. „Wir warteten“, erinnerte sich Müller Jahre später an die denkwürdige Sitzung, „über eine Stunde vergeblich. Dann erschien der Gauleiter in Begleitung von Avieny und einem Assessor der Landesbank (der wohl der Verfasser der neuen Satzung war). Der Gauleiter war nach meiner Erinnerung im Jagdanzug und hatte einen hochroten Kopf, sodass ich annahm, dass man vorher gut getrunken haben werde.“[181]

Gauleiter Sprenger ergriff sofort das Wort, stellte kurz die Bedeutung der Polytechnischen Gesellschaft in der Vergangenheit heraus und kündigte an, den Verein künftig auf der Basis einer neuen Satzung stärker in den nationalsozialistischen Gau Hessen-Nassau einzubinden. Sodann ließ der Gauleiter von Avieny den Text der Satzung verlesen. Für die Polytechniker verknüpfte Vizepräsident Müller die Bereitschaft zur Annahme der Statuten mit dem Vorschlag, den Verein in eine Stiftung umzuwandeln. Nach den Vorschriften des Allgemeinen Landrechts standen Stiftungen unter der Aufsicht des Regierungspräsidenten, der sie vor dem direkten Zugriff der Gauleitung hätte schirmen können. Sprenger und Avieny durchschauten den Schachzug und lehnten die Umwandlung in eine Stiftung brüsk ab. Der Gauleiter setzte den Polytechnikern die Pistole auf die Brust, indem er die sofortige Beratung durch den Engeren Ausschuss und die schnellstmögliche Einberufung einer Mitgliederversammlung zur Verabschiedung der neuen Satzung verlangte. Die Ausschussmitglieder akzeptierten die Statuten bei Stimmenthaltung von Ferdinand Pachten und Fritz Roessler ohne weitere Aussprache, „da durch die Erklärungen des Herrn Gauleiters klargestellt war, dass er die Satzung in der vorliegenden Form verabschiedet zu sehen wünsche und von dieser Tatsache seine fernere Förderung der Polytechnischen Gesellschaft abhängig sei.“[182] Die außerordentliche Mitgliederversammlung wurde für den 16. September 1936 im Sitzungssaal der Frankfurter Sparkasse in der Neuen Mainzer Straße 51 anberaumt.

Im Versammlungsraum des Geldinstituts waren am 16. September 1936 nur 16 Polytechniker anwesend, bis auf wenige Ausnahmen handelte es sich um Mitglieder des Engeren Ausschusses oder um Vorstände und Direktoren der Frankfurter Sparkasse. Als Gast und als verlängerter Arm des Gauleiters wohnte Generaldirektor Avieny der Versammlung bei. Punkt eins der Tagesordnung betraf die Änderung der Satzung. Da sich in dieser dunklen Stunde der Geschichte der Polytechnischen Gesellschaft niemand mehr zu Wort melden mochte, wurden die im Eiltempo

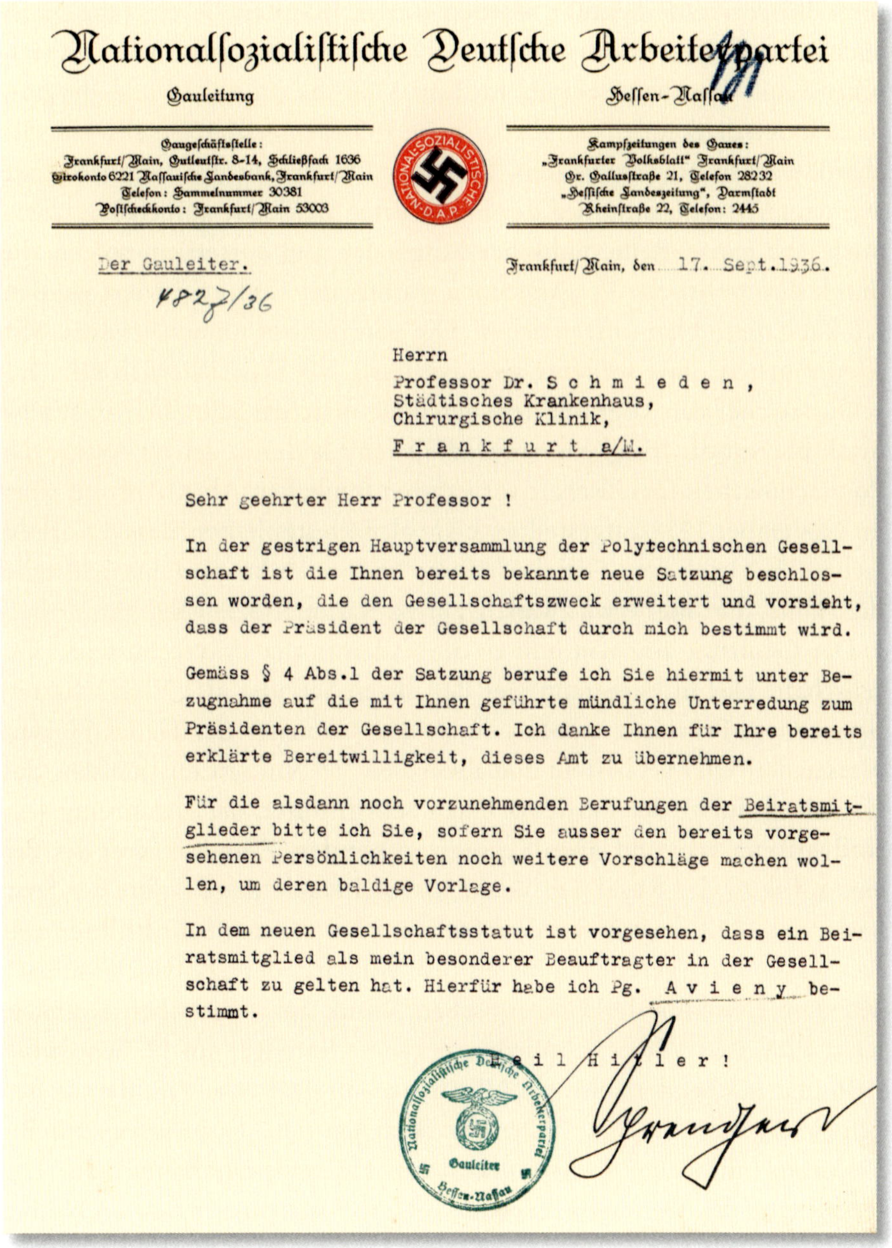

Nationalsozialistische Deutsche Arbeiterpartei
Gauleitung Hessen-Nassau

Gaugeschäftsstelle:
Frankfurt/Main, Gutleutstr. 8-14, Schließfach 1636
Girokonto 6221 Nassauische Landesbank, Frankfurt/Main
Telefon: Sammelnummer 30381
Postscheckkonto: Frankfurt/Main 53003

Kampfzeitungen des Gaues:
„Frankfurter Volksblatt" Frankfurt/Main
Gr. Gallusstraße 21, Telefon 28232
„Hessische Landeszeitung", Darmstadt
Rheinstraße 22, Telefon: 2445

Der Gauleiter.
4827/36

Frankfurt/Main, den 17. Sept. 1936.

Herrn
Professor Dr. S c h m i e d e n ,
Städtisches Krankenhaus,
Chirurgische Klinik,
F r a n k f u r t a/M.

Sehr geehrter Herr Professor !

In der gestrigen Hauptversammlung der Polytechnischen Gesellschaft ist die Ihnen bereits bekannte neue Satzung beschlossen worden, die den Gesellschaftszweck erweitert und vorsieht, dass der Präsident der Gesellschaft durch mich bestimmt wird.

Gemäss § 4 Abs.1 der Satzung berufe ich Sie hiermit unter Bezugnahme auf die mit Ihnen geführte mündliche Unterredung zum Präsidenten der Gesellschaft. Ich danke Ihnen für Ihre bereits erklärte Bereitwilligkeit, dieses Amt zu übernehmen.

Für die alsdann noch vorzunehmenden Berufungen der Beiratsmitglieder bitte ich Sie, sofern Sie ausser den bereits vorgesehenen Persönlichkeiten noch weitere Vorschläge machen wollen, um deren baldige Vorlage.

In dem neuen Gesellschaftsstatut ist vorgesehen, dass ein Beiratsmitglied als mein besonderer Beauftragter in der Gesellschaft zu gelten hat. Hierfür habe ich Pg. A v i e n y bestimmt.

H e i l H i t l e r !

Sprenger

Gauleiter Jakob Sprenger ernennt Viktor Schmieden zum Präsidenten der Polytechnischen Gesellschaft, 17. September 1936.

durchgepaukten Statuten einstimmig angenommen. Während Paragraph eins den Aktionsradius der offiziell unter dem Namen „Gesellschaft zur Beförderung nützlicher Künste und deren Hülfswissenschaften – Polytechnische Gesellschaft e.V." im Vereinsregister eingetragenen Vereinigung über Frankfurt hinaus auf Hessen und Hessen-Nassau ausdehnte, grenzte Paragraph zwei den Kreis der Mitglieder ein. „Mitglied der Gesellschaft", so die von der Gauleitung diktierte Satzung, „kann jeder deutsche Reichsbürger sein."[183] Da die Juden durch das unter die „Nürnberger Gesetze" fallende „Reichsbürgergesetz" vom 15. September 1935 ihrer Bürgerrechte beraubt worden waren, konnten sie ein Jahr später auch keine Polytechniker mehr sein. Der Nationalsozialist und Polytechniker Emil Vogt hatte bereits im Juni 1936 die jüdischen und die politisch andersdenkenden Mitglieder beim Präsidenten der Gesellschaft, Richard Wachsmuth, denunziert. Bei einer Durchsicht der Mitgliederliste war dem Vorstandsmitglied der Frankfurter Sparkasse aufgefallen, „dass noch eine ganze Reihe jüdischer Mitglieder und ausserdem solche, die durch ihre politische Vergangenheit vorbelastet sind, registriert werden. Ich habe diese blau unterstrichen. Die von mir rot unterstrichenen Mitglieder gelten ohne weiteres als zuverlässig.“[184] Das sicherlich sehr aufschlussreiche, von Vogt mit dem denunziatorischen Schreiben an Wachsmuth übersandte Mitgliederverzeichnis fehlt leider in der im Archiv der Polytechnischen Gesellschaft verwahrten fraglichen Akte. Anhand einer im November 1938 aufgestellten Liste bleibt festzuhalten, dass die „Polytechnische“ nach der „Gleichschaltung“ nur noch knapp achtzig Mitglieder zählte, darunter etwa zwanzig aktive Nationalsozialisten.[185]

Der Gauleiter zog von nun an die Fäden in der Polytechnischen Gesellschaft. Der in Paragraph vier der neuen Satzung als „Vereinsführer“ bezeichnete Präsident wurde „durch den Gauleiter des Gaues Hessen-Nassau der NSDAP. bestellt und abberufen.“[186] Nur mit Zustimmung des Gauleiters durfte der Präsident einen Schriftführer, der gleichzeitig sein Stellvertreter war, und einen Kassenwart berufen. Zum Kassierer des Vereins sollte in der Regel der Vorstandsvorsitzende der Frankfurter Sparkasse von 1822 ernannt werden. Stellvertreter für den Schriftführer und den Kassenwart vervollständigten den Vorstand der „Polytechnischen“. Mit dem Direktor der Chirurgischen Klinik am Städtischen Krankenhaus, Professor Viktor Schmieden, ernannte Sprenger am 17. September 1936 überraschenderweise ein Nichtparteimitglied zum Präsidenten des gemeinnützigen Vereins.[187] Der seit Bestehen der „Gesellschaft zur Beförderung nützlicher Künste und deren Hülfswissenschaften“ zur Unterstützung des Vorstands dienende Engere Ausschuss wurde im Herbst 1936 mit einem Federstrich durch einen Beirat ersetzt, sämtliche Mitglieder ausgetauscht. Den Beirat bildeten der Vorstand, die Vorsitzenden der Kuratorien der polytechnischen Tochterinstitute sowie fünf bis acht vom Gauleiter auf Vorschlag des „Vereinsführers“ zu ernennende Polytechniker, darunter ein „besonderer Beauftragter“ des Gauleiters.

Der honorige Justizrat Ferdinand Pachten zog aus der „Gleichschaltung“ die Konsequenzen, indem er tags darauf seine Ehrenämter niederlegte und in einem Schreiben an den Nochvizepräsidenten Bruno Müller den Austritt aus der Gesellschaft erklärte: „Nachdem in der gestrigen Mitgliederversammlung der Polytechnischen Gesellschaft eine Änderung der Satzung beschlossen worden ist, durch welche die Selbständigkeit und Unabhängigkeit der Gesellschaft preisgegeben wird und die Möglichkeit eröffnet ist, gegen den Willen der Gesellschaft über die Frankfurter Sparkasse zu verfügen, lege ich meine Ämter als Mitglied des Engeren Ausschusses und des Vorstands der Blindenanstalt hierdurch nieder. [...] Gleichzeitig erkläre ich hiermit meinen Austritt aus der Polytechnischen Gesellschaft auf den 31. Dezember 1936."[188] Jakob Sprenger bestellte am 2. Oktober 1936 auf Grund des Paragraphen fünf der neuen Vereinsstatuten mit Gauwirtschaftsberater Karl Eckardt, Ministerialrat Walther Knapp, Landesrat Max Kranzbühler, dem stellvertretenden Gauleiter Karl Linder, Sparkassendirektor Friedrich Jakob Seelig, Universitäts-Kurator August Wisser und Gauamtsleiter Wilhelm Avieny als seinem Beauftragten fast durch die Bank „führende Nationalsozialisten"[189] zu Mitgliedern des Beirats. Im Sommer 1938 rückte der „braune Beirat" der Polytechnischen Gesellschaft mit der Aufnahme des SA-Brigadeführers Karl Dörnemann noch näher an die NSDAP heran.

Entscheidungen wurden in der Gaugeschäftsstelle Gutleutstraße 8–14 und nicht in der Neuen Mainzer Straße 53 getroffen, wo sich seit 1937 die Büros der Polytechnischen Gesellschaft befanden. Über seinen Beauftragten Avieny konnte Gauleiter Sprenger seit September 1936 in der „Polytechnischen" schalten und walten, wie es ihm beliebte. Die „Frankfurter Rundschau" bezeichnete Wilhelm Avieny im August 1949 als „einen der nach 1933 einflussreichsten Männer im rhein-mainischen Wirtschaftsgebiet."[190] Der 1897 geborene Wiesbadener musste im Ersten Weltkrieg die Schulbank mit dem Schützengraben vertauschen und erhielt neben dem Eisernen Kreuz II. Klasse das Frontkämpfer Ehrenzeichen und das Verwundeten-Abzeichen. Der Heimkehrer studierte 1920/21 an der Frankfurter Universität, Anfang 1931 ist er Mitglied der Geschäftsleitung bei der Städte-Reklame. Seit Dezember 1931 NSDAP-Mitglied avancierte Avieny nach der nationalsozialistischen „Machtergreifung" zum Generaldirektor der Nassauischen Landesbank und zum Berater des Gauleiters in Bank-, Finanz- und Siedlungsfragen. Zwischen 1931 und 1945 hat das „Werkzeug Sprengers" sage und schreibe rund vierzig Aufsichtsräten als Mitglied oder als Vorsitzender angehört, so zum Beispiel der Main-Kraftwerke AG, der Nassauischen Heimstätte GmbH und der Lurgi GmbH. Darüber hinaus war der scheinbar allgegenwärtige Avieny Konsul der Slowakei und von 1935 bis 1945 „Gaujägermeister". Ab November 1938 Vorsitzender des Aufsichtsrats der Metallgesellschaft AG musste sich das SS-Mitglied im August 1949 vor der Frankfurter Spruchkammer verantworten, die ihn in die Gruppe II der „Belasteten" einstufte und zu dreieinhalb Jahren Arbeitslager verurteilte.[191]

Gauwirtschaftsberater Wilhelm Avieny (1897–unbekannt). Fotografie aus der Spruchkammerakte, um 1940.

Ein Vereinsleben hat es in der Polytechnischen Gesellschaft nach der „Gleichschaltung“ im September 1936 nicht mehr gegeben. Die Mitgliederversammlung sollte nach Paragraph sechs der Satzung zwar mindestens einmal im Jahr einberufen werden, damit der Präsident über die Ereignisse der zurückliegenden Monate und die Vorhaben der nächsten Zeit berichtete, tatsächlich ist das Plenum der Polytechniker bis 1945 aber nur dreimal zusammengekommen. Der Beirat der „Polytechnischen“ existierte praktisch nur auf dem Papier, denn bis zum Ende der NS-Zeit ist das Gremium lediglich siebenmal einberufen worden. Geschäftsberichte liegen für den Zeitraum von 1936 bis 1942 nicht vor.[192] Die außerordentliche Mitgliederversammlung hatte am 16. September 1936 nicht nur die „Gleichschaltung“ der Polytechnischen Gesellschaft, sondern auch die Auflösung des Vereins zum Wohle der Hausangestellten besiegelt. Das bis 1933 Verein zum Wohle der dienenden Klasse genannte Tochterinstitut musste seine Tätigkeit auf Druck der „Reichsanstalt für Arbeitsvermittlung und Arbeitslosenversicherung“ einstellen. Die 1936er Statuten listeten noch fünf polytechnische Institute auf: die Frankfurter Sparkasse von 1822, die Blindenanstalt, das Institut für Muskelflug, die Cöntgen- und Fleck'sche Stiftung und die Wöhler-Stiftung – die beiden Letzteren wurden 1942 sang- und klanglos aufgelöst.[193]

Die „Muttergesellschaft“ verlor durch die am 1. August 1937 in Kraft getretene Satzung der Frankfurter Sparkasse weiter an Einfluss auf das Tochterinstitut. Auf Verlangen der zuständigen Finanz- und Wirtschaftsminister wurden die Statuten des Geldinstituts an die Mustersatzung für die preußischen Sparkassen angeglichen, was der 1822er eine neue Organisationsstruktur, bestehend aus der Mitgliederversammlung, dem Verwaltungsrat (bis dato der Vorstand) und der Direktion, bescherte. Gemäß Paragraph 36 mussten Überschüsse so lange der Sicherheitsrücklage zugeführt werden, bis diese zehn Prozent des „Gesamteinlagebestandes“ der Sparkasse betrug. Sobald die Zehn-Prozent-Marke erreicht war – wozu es nicht gekommen ist –, sollte die Hälfte des Jahresgewinns zur weiteren Verstärkung der Sicherheitsrücklage dienen und lediglich der Rest „an die Polytechnische Gesellschaft als das Gründungsinstitut der Sparkasse zur Verwendung für gemeinnützige Zwecke ausgeschüttet“[194] werden. Eine spürbare Entlastung erfuhr die „Polytechnische“ dadurch, dass die Sparkasse die Pensionszahlungen an ihre ehemaligen Angestellten übernahm. Im zweiten Stock der Neuen Mainzer Straße 53 mietete die Polytechnische Gesellschaft 1937 sechs Büroräume und ein großes Sitzungszimmer. Die Geschäftsstelle war 1937 zwar nur mit dem Direktor Eugen Brumm und der Buchhalterin Faber besetzt, doch im Zuge der angekündigten Ausdehnung und Intensivierung der Vereinstätigkeit rechnete der Vor-

Sitzungszimmer mit Präsidentengalerie der Polytechnischen Gesellschaft in der Neuen Mainzer Straße 53. Über den Kopfenden des Konferenztischs prangen Porträts von Adolf Hitler und Jakob Sprenger an den Wänden, um 1940.

stand mit einem zusätzlichen Bedarf an Büroflächen. Als Wandschmuck für das gemeinsam mit der Sparkasse genutzte Sitzungszimmer ließ die Polytechnische Gesellschaft von dem Kunstmaler Otto L. Viemeier[195] Porträts der 15 proponierenden Sekretäre und Präsidenten nach vorhandenen Zeichnungen und Fotografien in Öl malen.

Viktor Schmieden (1874–1945). Ölgemälde von Franz Karl Delavilla, 1949.

Der Idealist – Viktor Schmieden

Den 16ten Präsidenten der Polytechnischen Gesellschaft porträtierte der Professor an der Städelschule Franz Karl Delavilla.[196] Der Chirurg Viktor Schmieden, Jahrgang 1874, hatte von 1908 bis 1913 in seiner Geburtsstadt Berlin an der Charité als außerordentlicher Professor gewirkt, bis er auf den Lehrstuhl der Chirurgie an der Universität Halle berufen wurde. Während des Ersten Weltkriegs gewann Schmieden als beratender Chirurg der IV. Armee neue Erkenntnisse, die er als Mitherausgeber in das „Lehrbuch der Kriegschirurgie" einbrachte. 1919 wechselte der renommierte Mediziner als Ordinarius an die Frankfurter Universität, wo er bis zu seiner Emeritierung die Chirurgische Klinik leitete. Mehr als 300 wissenschaftliche Veröffentlichungen, darunter das 1933 mit Ferdinand Sauerbruch verfasste Handbuch der chirurgischen Operationslehre, „wiesen diesen von Gestalt kleinen, untersetzten, liebenswürdigen Mann als einen der Großen seines Faches aus."[197] In der knapp bemessenen Freizeit ging Schmieden im Odenwald auf die Jagd oder er widmete sich auf seinem Obstgut in Lichtenberg der Imkerei. Viktor Schmieden stand der NSDAP fern und ist erst am 1. Mai 1937 in die Partei eingetreten. Das Amt als Präsident der Polytechnischen Gesellschaft hatte der Professor im September 1936 „in grossem Idealismus angetreten"[198] und gehofft, „eine der Gauleitung dienstbare nützliche Institution aus der vorher vernachlässigten Gesellschaft neu gestalten zu können."[199] Im Mai 1943 musste Schmieden erkennen, dass er im Grunde nur eine Marionette des Gauleiters gewesen war. Vergeblich hatte sich der Präsident der „Muttergesellschaft" um eine Teilhabe an den Überschüssen des Tochterinstituts bemüht. Außer dem Dauerkonflikt mit der Frankfurter Sparkasse und der Uneinigkeit in Mitarbeiterfragen veranlasste den „Vereinsführer" die Untergrabung seiner Autorität durch den Sonderbeauftragten des Gauleiters zum Rücktritt. Schmieden sah in Avieny einen „getarnte(n) Feind der Gesellschaft."[200] Im „Totalen Krieg" war der Direktor der Chirurgischen Klinik rund um die Uhr im Einsatz. „Wochenlang", so der Chronist Franz Lerner, „stand er fast pausenlos am Operationstisch, um den Opfern mit seiner großen Kunst zu helfen. Tausende verdankten ihm die Rettung. Mit erstaunlicher Energie und Disziplin leitete Viktor Schmieden seine stets überfüllte Klinik und den Stab seiner Mitarbeiter."[201]

Im Herbst 1944 musste der 70-Jährige der permanenten Überlastung Tribut zollen und sich krankheitsbedingt vom Dienst befreien lassen. Ohne noch einmal an seine Wirkungsstätte zurückzukehren, bat der Klinikdirektor und Professor im Mai 1945 um die Emeritierung. Im Gärtnerhaus seines Landsitzes bei Lichtenberg im Odenwald ist Viktor Schmieden am 11. Oktober 1945 entschlafen.

In der konstituierenden Sitzung des Beirats der Polytechnischen Gesellschaft hatte der Vorsitzende Viktor Schmieden am 23. November 1936 das Siedlungswesen als neues, über die Stadtgrenzen hinausreichendes Betätigungsfeld vorgestellt. Zum einen bilde die Förderung der Kleinsiedlung von Nebenerwerbslandwirten einen Beitrag zum Vierjahresplan der Regierung zur Belebung der deutschen Wirtschaft, zum anderen könne sich die „Polytechnische" durch die Beteiligung an der für 1938 auf dem Messegelände geplanten Deutschen Bau- und Siedlungs-Ausstellung profilieren. Die Polytechniker finanzierten den Architektenwettbewerb für den Bau einer Mustersiedlung auf dem Festhallengelände. Reichsorganisationsleiter Robert Ley eröffnete am 3. September 1938 die Bau- und Siedlungs-Ausstellung in Frankfurt, anschließend weihte er bei Oberursel den „Reichssiedlungshof" ein. Der Siedlungshof wurde von dem 1936 im Vorfeld der Frankfurter Ausstellung von Gauleiter Sprenger, Gauheimstättenleiter Avieny und Oberbürgermeister Krebs gegründeten „Gemeinnützigen Verein zur Förderung des nationalsozialistischen Siedlungswerkes im Rhein-Main-Gebiet (Siedlungsförderungsverein)" bewirtschaftet. Die Polytechnische Gesellschaft hat den „Siedlungsförderungsverein" beim Aufbau der Musteranlage bei Oberursel mehrfach finanziell unterstützt. Das Hofgut diente einer im September 1938 veröffentlichten „Anordnung" zufolge „zur Ausbildung aller im Heimstättenwesen tätigen Politischen Leiter und Amtswalter. Alle einschlägigen Vorschläge und Neuerungen sollen in dieser Reichsschule für das Siedlungs- und Heimstättenwesen erprobt werden. Auf die Versuche auf dem Gebiet der Tierzucht, der Bodenverbesserung, der Düngung wird ausdrücklich hingewiesen und angeordnet, daß der Hof die Voraussetzungen erforschen und festlegen soll, die den Aufbau eines Auslesesystems ermöglichten."[202] Nachdem die Deutsche Bau- und Siedlungsausstellung am 9. Oktober 1938 ihre Pforten wieder geschlossen hatte, wurde die Mustersiedlung abgetragen und auf dem Gelände des „Reichssiedlungshofs" originalgetreu wiederaufgebaut.

In einem Gebäude beim „Reichssiedlungshof" arbeitete das Institut für Bienenkunde der Polytechnischen Gesellschaft, das einzige seiner Art im

Gau Hessen-Nassau. Seuchenhafte Erkrankungen hatten 1927/28 in Hessen-Nassau und in Südhessen einen großen Teil der Bienenvölker vernichtet. Zur Beratung von Imkern und zu Forschungszwecken entstand daraufhin an dem von Otto zur Strassen geleiteten Zoologischen Institut der Universität Frankfurt eine bienenkundliche Untersuchungsstelle. Die Abteilung wurde zunächst von dem Parasitologen Gerhard Wülker und ab 1930 von Peter Rietschel unter der Mitarbeit von Hugo Gontarski geleitet. Die beiden Polytechniker und Universitätsprofessoren, Otto zur Strassen und Viktor Schmieden, kamen, nachdem der Chirurg 1936 das Amt des „Vereinsführers" übernommen hatte, überein, die Abteilung des Zoologischen Instituts zu einem selbstständigen Institut für Bienenkunde auszubauen. Die Polytechnische Gesellschaft nahm das Bieneninstitut 1937 in ihre Obhut, zur Strassens Nachfolger, Hermann Giersberg, stellte seine Mitarbeiter Rietschel und Gontarski für den Aufbau der Einrichtung zur Verfügung. Als Standort bot sich für das polytechnische Tochterinstitut der im Entstehen begriffene Siedlungshof bei Oberursel an. Der Architekt des Hofguts, Fritz Roepe, wurde mit der Errichtung des Institutsgebäudes beauftragt. Im Keller des Bieneninstituts sollte neben dem Heizungs- ein Honigschleuderraum entstehen, im Erdgeschoss waren Laboratorien und ein Geschäftszimmer vorgesehen und im Dachgeschoss entstand eine Dreizimmerwohnung für den Bienenmeister. An das Institutsgebäude grenzte ein Bienengarten mit Wetterwarte und Bienenständen. Der Neubau des Instituts für Bienenkunde war im Sommer 1938 fertig gestellt, der Forschungs- und Lehrbetrieb hatte schon im Frühjahr begonnen. Die Aufgaben des Bieneninstituts lagen Direktor Hermann Giersberg zufolge „im Rahmen der in den Richtlinien der Reichsfachgruppe Imker festgelegten Aufgaben der deutschen Bienenzucht im Vierjahresplan. Sie gliedern sich in zwei Hauptgebiete: Die unmittelbare Förderung der heimischen Bienenzucht und die Forschungsarbeit."[203]

Ausstellung der Blindenwerkstätten in der Adlerflychtstraße, 1937.

Im Gründungsjahr des Bieneninstituts feierte die Blindenanstalt 100-jähriges Bestehen. Der Vorstandsvorsitzende der Blindenanstalt, Alfred Lotichius, hieß am 25. Mai 1937 im Volksbildungsheim am Eschenheimer Tor eine illustre Festgesellschaft willkommen, unter die sich auch 120 ehemalige „Zöglinge" der Einrichtung gemischt hatten. In seiner Ansprache erinnerte Lotichius an die Höhepunkte in der Geschichte der 100

Jahre alten Institution und schilderte die Entwicklung zu einer „Blindenbeschäftigungsanstalt mit Internat.“[204] Im Jubiläumsjahr beschäftigte das Tochterinstitut der Polytechnischen Gesellschaft 69 Blinde, von denen 41 in der Adlerflychtstraße wohnten. Das Personal der Anstalt umfasste 21 Angestellte, mehr als dreißig selbstständige Handelsagenten kümmerten sich 1937 um den Vertrieb der Blindenwaren. Die Warenumsätze der Blindenanstalt hatten sich zwischen 1932 und 1937 von rund 91.000 auf mehr als 188.000 Reichsmark gesteigert. Der seit Oktober 1935 amtierende Direktor der Anstalt, Karl Wörner, nutzte die Anwesenheit von Vertretern der Partei und der Behörden, um in seiner aktuellen Fragen gewidmeten Jubiläumsansprache die Integration der Blinden in die Gesellschaft einzufordern. „An den richtigen Platz gestellt“, so der ausgebildete Blindenlehrer Wörner, „wird der arbeitsfähige Blinde ein werteschaffender, produktiver Mensch und damit den Sehenden gegenüber ein durchaus gleichwertiges Mitglied der Volksgemeinschaft sein.“[205]

Die Ausrichtung der 100-Jahr-Feier der Blindenanstalt war eine der letzten Amtshandlungen von Alfred Lotichius als Vorstandsvorsitzender des polytechnischen Tochterinstituts. Den mit einer Jüdin verheirateten Lotichius sollte das gleiche Schicksal ereilen, wie den Präsidenten der „Polytechnischen“ Richard Wachsmuth. Der Beirat der Polytechnischen Gesellschaft hatte im April 1937 beschlossen, den hoch angesehenen Lotichius aus „Zweckmäßigkeitsgründen“ bis zum Abschluss der Jubiläumsfeierlichkeiten noch im Amt zu belassen. Lotichius' Vater war als größter Kupferimporteur in Europa zu Wohlstand gekommen. Nachdem er die väterliche Firma übernommen hatte, konnte sich Lotichius bald ins Privatleben zurückziehen und seinen wissenschaftlichen Interessen frönen. Als Direktor der Senckenbergischen Naturforschenden Gesellschaft hatte Lotichius 1912 zu den Mitunterzeichnern des Gründungsvertrags der Frankfurter Universität gezählt. Seit 1933 Vorstandsmitglied der Blindenanstalt, wurde Lotichius 1935 einstimmig zum Vorsitzenden des Gremiums gewählt. Zu Lotichius Nachfolger wurde im November 1937 der Nichtparteigenosse Rudolf Flinsch ernannt.[206]

Die Auswirkungen der „Gleichschaltung“ des Gesundheitswesens mit dem NS-Staat bekam die Blindenanstalt im Sommer 1933 zu spüren. Bislang waren die „Zöglinge“ der Anstalt von dem jüdischen Augenarzt des Bürgerhospitals, Josef Igersheimer, unentgeltlich behandelt worden. Als Igersheimer zum 1. Juli 1933 die Kassenzulassung entzogen wurde, erkannte er die Zeichen der Zeit und emigrierte in die Türkei, wo er in Istanbul eine Professur für Augenheilkunde und die Leitung der Universitäts-Augenklinik übernahm. Der niedergelassene Augenarzt Heinrich Gebb übernahm die ärztliche Betreuung der Frankfurter Blindenanstalt.

Bürstenmacherei der Frankfurter Blindenanstalt, 1931.

Im NS-Staat machte die Landesverwaltung die zwischen der Polytechnischen Gesellschaft, der Stadt Frankfurt und dem Landeshauptmann vertraglich vereinbarte Erstattung eines Viertels der jährlichen Fehlbeträge der Blindenanstalt von der „Gleichschaltung“ des Vorstands abhängig. Nach einer Umfrage unter den Mitgliedern des Gremiums konnte im Protokoll der Sitzung vom 7. Juli 1933 „erleichtert“ festgehalten werden: „Da die Vorstandsmitglieder z. Zt. zu mehr als 50 % aus Angehörigen der NSDAP und des Stahlhelms bestehen, sind die Bedingungen gegeben.“[207]

Der Direktor der Frankfurter Blindenanstalt von 1917 bis 1924, Paul Grasemann, rührte in seinem Grußwort zur 100-Jahr-Feier des Instituts ein heißes Eisen an: „Man hat immer befürchtet, daß die NSDAP. dem Blinden gegenüber sich ablehnend verhalten würde. Dies ist durchaus nicht der Fall. Gewiß, die nationalsozialistische Weltanschauung hat Opfer von ihnen gefordert, aber sie haben diese Opfer bejaht. Und je größer die Opfer, desto größer die Ehre. Und schon vor Jahren hat das Rassepolitische Amt der NSDAP. eine Ehrenerklärung für die deutsche Blindenschaft abgegeben.“[208] Grasemann gab sich alle Mühe, die nationalsozialistische Rassenpolitik zu verharmlosen. Seit der Machtübernahme durch Hitler prägte die „nationale Eugenik“ die Bevölkerungspolitik, das heißt die „Tüchtigen und erbbiologisch hoch Veranlagten“ wurden gefördert, als „minderwertig“ eingestufte Menschen durch Sterilisation und später Ermordung ausgeschaltet.[209] Das am 14. Juli 1933 im Reichskabinett verabschiedete „Gesetz zur Verhütung erbkranken Nachwuchses“ legalisierte die Zwangssterilisation. Erbkrank im Sinne des Gesetzes war, wer

beispielsweise an „angeborenem Schwachsinn", „schwerer erblicher körperlicher Mißbildung" oder an erblicher Blindheit litt.[210] 1934 fielen in der Frankfurter Blindenanstalt „ungefähr 16 unserer Betreuten"[211] unter das Rassengesetz. Im darauf folgenden Jahr mussten sich vier blinde Frauen „der Sterilisation unterziehen."[212] Abschließend heißt es im Jahresbericht 1937 des polytechnischen Tochterinstituts: „Die Massnahmen zur Durchführung des Gesetzes zur ‚Verhütung erbkranken Nachwuchses' sind nunmehr restlos durchgeführt. In unserer Anstalt wurden 11 Blinde, also ca. 16 % von dem Gesetz betroffen."[213] Die NS-Rassenpolitik verbreitete unter den „Zöglingen" der Blindenanstalt ein Klima der Verunsicherung.

Die Blindenanstalt wurde 1938 erstmals zur Grundsteuer für die Immobilien in der Adlerflycht- und in der Stalburgstraße herangezogen, wogegen der Steuerberater der Einrichtung umgehend Einspruch erhob. Die neue Steuergesetzgebung war der Auslöser, die Blindenanstalt in eine Stiftung mit eigener Rechtspersönlichkeit zu überführen.[214] Auf den Beschluss der Polytechnischen Gesellschaft, die Blindenanstalt in eine steuerlich begünstigte Stiftung umzuwandeln, folgte im Juni 1940 die Genehmigung durch das Preußische Staatsministerium. Die Stiftung verfolgte den Zweck, „hilfsbedürftige Blinde beiderlei Geschlechts ohne Rücksicht auf das religiöse Bekenntnis in das Stiftshaus aufzunehmen, zu betreuen und ihnen nach Möglichkeit lohnende Arbeit zu verschaffen."[215] Das Unterstützungsangebot wurde im gleichen Atemzug auf Bedürftige „arische(r) Abstammung im Sinne der Nürnberger Gesetze"[216] eingegrenzt. Im Zweiten Weltkrieg wandelte sich die Blindenanstalt zu einem „wehrwirtschaftlichen Betrieb". In den Werkstätten der Blindenanstalt wurde zu achtzig Prozent für die Wehrmacht und für andere wehrwirtschaftliche Zulieferbetriebe produziert. So wurden zum Beispiel in der Maschinenstrickerei Socken und Jacken für das Militär hergestellt. Mehrere blinde Frauen arbeiteten in einer Munitionsfabrik.[217]

Der am 1. September 1939 durch den deutschen Angriff auf Polen ausgelöste Zweite Weltkrieg besetzte alle Lebensbereiche. Der leitende Direktor der Frankfurter Sparkasse von 1822, Friedrich Jakob Seelig, hatte als Hauptmann der Reserve schon am 8. August 1939 den Einberufungsbefehl erhalten. Seeligs Stellvertreter, der Leutnant der Reserve Carl Müller, gehörte ebenfalls zu den ersten, die in die Kasernen einrücken mussten. Im September 1939 waren bereits 67 Mitarbeiter der Frankfurter Sparkasse beim Militär. Von insgesamt 413 Sparkassenmitarbeitern hatten im Dezember 1940 131 die Geschäftskleidung mit der feldgrauen Uniform getauscht. Die Rumpfbelegschaft der Sparkasse umfasste 282 Mitarbeiter, achtzig Kriegsaushilfen eingeschlossen. Der Sparkassenbetrieb lief in den gewohnten Bahnen. Mit Fortdauer des Krieges mussten allerdings immer mehr wichtige Unterlagen im Tresor verwahrt und immer öfter die Luftschutzkeller aufgesucht werden.[218]

Luftschutzkeller und Lochkartenabteilung der Frankfurter Sparkasse, 1943.

Im Zweiten Weltkrieg trennte sich die Polytechnische Gesellschaft von ihrem gesamten Immobilienbesitz. Aus eigenem Antrieb hätte die „Polytechnische" den Gebäudekomplex an der Neuen Mainzer Straße schwerlich veräußert, denn die von der Sparkasse und von der Stadt gezahlten Mieten bildeten die Haupteinnahmequelle der Gesellschaft. Darüber hinaus hatten überschlägige Berechnungen ergeben, dass die Polytechnische Gesellschaft bei einer Finanzierung aus den zu erwartenden Kapitalerträgen jährlich um etwa 10.000 Reichsmark schlechter gestellt sein würde. Die Direktion und der Vorstand der Frankfurter Sparkasse waren jedoch sehr daran interessiert, endlich in den Besitz eines eigenen Domizils zu gelangen. Die Vertragsparteien einigten sich bald über den Kaufpreis von 1,6 Millionen Reichsmark, scheiterten aber an dem Veto der Preisprüfungsstelle, die den Betrag auf 1,4 Millionen Reichsmark herabsetzte. Die Sparkasse kam der „Polytechnischen" entgegen, indem sie zusätzlich zu dem gedeckelten Kaufpreis künftig die Verwaltungskosten der Gesellschaft übernahm und auf die Miete für die Geschäftsstelle in der Neuen Mainzer Straße 53 verzichtete.

Der Gebäudekomplex Neue Mainzer Straße 47 bis 51 wechselte am 1. Januar 1941 den Besitzer. Die Polytechniker legten das Kapital jeweils zur Hälfte in Reichsschatzanweisungen und in Sparguthaben an, auf eine Sicherung durch „Realwerte" wurde 1942 mit dem Verkauf der Liegenschaft Kirchnerstraße 10 endgültig verzichtet. Die Kapitalzinsen ermöglichten die gemeinnützige Tätigkeit der Polytechnischen Gesellschaft.[219] Auf Anweisung und unter Verwendung von Geldern des Gauleiters musste die „Polytechnische" 1942 einen Sozial- und einen Kulturfonds einrichten, die unter Sprengers Verfügungsgewalt standen. Im März 1943 kamen ein „Fonds für Kriegshinterbliebene" und ein „Fonds für Fliegergeschädigte" hinzu, der Kontostand des Letzteren betrug bei Kriegsende mehr als 1,36 Millionen Reichsmark. Aus dem „Fonds für Fliegergeschädigte" soll der Gauleiter „ziemlich häufig erhebliche Spenden, namentlich an alte Parteigenossen gewährt"[220] haben. Von den über seinen Kopf hinweg getroffenen Entscheidungen brüskiert und von dem Dauerkonflikt um die Überschüsse der Sparkasse zermürbt, trat der Präsident der „Polytechnischen" im Mai 1943 von seinem Amt zurück. Gauleiter Sprenger berief am 11. August 1943 Gauamtsleiter Hermann Gamer zum „Vereinsführer" der Polytechniker.[221]

Institut für Bienenkunde (re.) im Schatten des „Durchgangslagers Luft", 1942.

Feindliche Bomberverbände hatten erstmals im Juni 1940 Kurs auf Frankfurt am Main genommen. Der erste von zwölf Großangriffen aus der Luft erfolgte am 4. Oktober 1943 und forderte unter der Zivilbevölkerung etwa 600 Todesopfer. Flugzeugbesatzungen der Royal Air Force oder der US-Air Force, die in Gefangenschaft gerieten, kamen zur Registrierung und Vernehmung in das „Durchgangslager Luft" (Dulag) nach Oberursel, bevor sie in die Stammlager für Gefangene der Luftwaffe verbracht wurden. Die ersten Piloten und Besatzungsmitglieder wurden im Dezember 1939 im zum Dulag umfunktionierten Gästehaus des Reichssiedlungshofs vis-a-vis dem Institut für Bienenkunde festgesetzt. Im Zweiten Weltkrieg haben mehr als 40.000 Gefangene das in unmittelbarer Nachbarschaft zum Reichssiedlungshof errichtete Dulag-Barackenlager durchlaufen. Das direkt am Lagerzaun gelegene Bieneninstitut konnte die praktische und wissenschaftliche Arbeit fortsetzen. Während der Institutsleiter Peter Rietschel ab Septem-

Die Neue Mainzer Straße 45–49 in den letzten Tagen des März 1944.

ber 1939 im Kriegseinsatz war, konnte der zunächst ebenfalls einberufene Institutsmitarbeiter Hugo Gontarski von Juni 1940 bis April 1943 nach Oberursel zurückkehren. Als Gontarski erneut eingezogen wurde, kümmerte sich der 1943/44 von einem Ostarbeiter des Reichssiedlungshofs unterstützte Bienenmeister Peter Fuchs um den praktischen Bienenzuchtbetrieb. Der Direktor des im März 1944 ausgebombten Zoologischen Instituts der Frankfurter Universität, Hermann Giersberg, verlegte sein Büro mit einer Assistentin und drei Doktorandinnen nach Oberursel in das Bieneninstitut.[222]

Als sich nach der deutschen Niederlage bei Stalingrad das vorzeitige Ende des „Dritten Reichs" abzuzeichnen begann, rief Propagandaminister Joseph Goebbels am 18. Februar 1943 im Berliner Sportpalast den „Totalen Krieg" aus. Hatte Hitler noch 1940 die „Ausradierung" englischer Städte befohlen, verschärften jetzt die Westmächte den Luftkrieg gegen die deutsche Zivilbevölkerung. Als die Frankfurter Altstadt bei den Großangriffen vom 18., 22. und 24. März 1944 dem Erdboden gleichgemacht wurde, sanken auch die Blindenanstalt im Frankfurter Nordend und die Liegenschaften Neue Mainzer Straße 49/51 in Schutt und Asche. Im ausgebrannten Hauptgebäude der Stiftung in der Adlerflychtstraße hatten nur die Kellerräume den Feuersturm überstanden. Unter den Mietern des Wohnhauses Stalburgstraße 11 waren sechs Tote sowie zwei Verletzte zu beklagen. „Der größte Teil der Einrichtungsgegenstände", so der Schadensbericht von Direktor Wörner, „das gesamte Fertigwarenla-

Der ehemalige Eingang zur Polytechnischen Gesellschaft, Neue Mainzer Straße 47, März 1944.

ger und ein Teil der Rohstoffbestände, sowie teilweise der persönliche Besitz unserer blinden Insassen und Angestellten wurden trotz mehrtägiger und aufopfernder Rettungsarbeiten ein Raub der Flammen."[223] Unter Begleitung von Wörners Ehefrau und einigen Mitarbeitern der Stiftung wurden am 19. März 1944 55 Blinde in die ehemalige Jugendherberge „Wilhelmsmühle" bei Villmar an der Lahn evakuiert. Die Polytechnische Gesellschaft hatte die Luftangriffe in dem nur leicht beschädigten Gebäude Neue Mainzer Straße 53 relativ glimpflich überstanden. Gleichwohl wurde die Geschäftsstelle in den letzten Märztagen 1944 nach Eppstein im Taunus in Sicherheit gebracht. In den freien Räumen der Neuen Mainzer 53 errichtete die in Luftschutzkellern und bei anderen Banken untergebrachte Frankfurter Sparkasse eine provisorische Hauptstelle.[224]

Amerikanische Truppen stießen am 26. März 1945 bis in die Innenstadt vor, drei Tage später war Frankfurt vom Nationalsozialismus befreit. Die Stadt trauerte nach der bedingungslosen Kapitulation der Wehrmacht am 8. Mai 1945 um etwa 35.000 Opfer der NS-Diktatur, darunter 12.555 ermordete Juden. Die Mainmetropole lag nach zwölf Jahren Nationalsozialismus in Trümmern.

„Nobis cura futuri – Wir sorgen für die Zukunft"

Wiederaufbau und Kultur 1945 – 1966

Deutsche und Alliierte wechselten im Oberurseler „Dulag Luft" die Seiten, nachdem amerikanische Truppen am 30. März 1945 das verlassene Kriegsgefangenenlager beschlagnahmt hatten. Anfang April 1945 warteten tausende in Gefangenschaft geratene deutsche Soldaten auf den provisorisch umzäunten Wiesen vor dem Dulag auf den Abtransport in die Kriegsgefangenenlager auf den Rheinwiesen zwischen Alzey und Bad Kreuznach. Trotz der Beschlagnahmung des „Reichssiedlungshofs" durch die „9. Army Group, Disarmament Wing" konnte das von Bienenmeister Peter Fuchs und von Helene Gontarski betreute Institut für Bienenkunde der Polytechnischen Gesellschaft zunächst weiterarbeiten. Im Juli 1945 musste das Institutsgebäude geräumt werden, da das „United States Forces European Theater Military Intelligence Center" das Gelände des Siedlungshofs und des Dulags für ein Lager zur Befragung deutscher Kriegsgefangener beanspruchte. Im Stab des europäischen Hauptquartiers der US-Streitkräfte in Frankfurt war der Leiter der militärischen Aufklärung und des Nachrichtendienstes, Brigadegeneral Edwin L. Sibert, für das nach ihm „Camp Sibert" genannte Lager in Oberursel zuständig. Nach der Abkommandierung Siberts im Herbst 1946 wurde die bis 1993 von der US-Armee genutzte Militärbasis im Vordertaunus in „Camp King" umbenannt.[225]

Bittere Not bestimmte den Alltag der frühen Nachkriegsjahre. Die Hälfte der etwa 269.000 in der Stadt ausharrenden Einwohner war bei Kriegsende im Grunde genommen obdachlos. Standen vor Kriegsbeginn 553.000 Einwohnern in Frankfurt 177.570 Wohnungen zur Verfügung, musste sich die infolge von Evakuierungen und Kriegseinwirkungen um mehr als die Hälfte geschrumpfte Bevölkerung 1945 in den vorhandenen 44.000 unversehrten und 53.000 zum Teil stark beschädigten Wohnungen einrichten. Rückkehrer und Flüchtlinge – im Herbst 1946 zählte Frankfurt schon wieder 424.000 Einwohner – verschärften die ohnehin dramatische Wohnungsnot und Lebensmittelknappheit. Nahrungsmittel sowie praktisch alle Artikel des täglichen Bedarfs waren in der Nachkriegszeit als Mangelwaren rationiert und nur gegen Bezugsscheine erhältlich. Die Verteilung der Lebensmittel verantwortete ab April 1945 das städtische

Frankfurt am Main im Frühjahr 1945.

Ernährungsamt. Die seit Kriegsbeginn ohnehin knapp bemessenen Rationen sanken nach Kriegsende noch unter das Existenzminimum von täglich 1.600 Kalorien für den Normalverbraucher. Das war zum Leben zu wenig, zum Sterben zu viel. Mit Schwarzmarktgeschäften, Tauschhandel oder „Hamsterfahrten" versuchte die Not leidende Großstadtbevölkerung über die Runden zu kommen. Die jahrelange Unterernährung wirkte sich auf die Konstitution der Menschen verhängnisvoll aus. Im Verhältnis zur Vorkriegszeit verdoppelte sich nach 1945 die Säuglingssterblichkeit, unter den Erwachsenen stieg die Mortalität um fast fünfzig

Prozent. Dass nicht nur die körperliche, sondern auch die seelische Verfassung unter der Mangelernährung gelitten hatte, geht aus einer Bemerkung der städtischen Pressestelle vom April 1948 hervor: „Weite Kreise unseres Volkes befinden sich heute in völliger Apathie. Der Hunger hat sie stumpf gemacht.“[226]

Die Frankfurter Nazi-Größen hatten sich Ende März 1945 vor den heranrückenden GIs der 5. US-Infanteriedivision und der 6. US-Panzerdivision rechtzeitig aus dem Staub gemacht. Gauleiter Jakob Sprenger entkam zunächst nach Weimar und setzte am 7. Mai 1945 nach einer Odyssee durch Bayern und Österreich seinem Leben in Tirol ein Ende. Oberbürgermeister Friedrich Krebs hatte sich nach seinem Wohnsitz in Bad Homburg abgesetzt. In der ersten Aprilwoche wurde der „Alte Kämpfer“ verhaftet und im Lager Darmstadt interniert, wo auch Wilhelm Avieny einsaß. Über den letzten Präsidenten der Polytechnischen Gesellschaft, Gauamtsleiter Hermann Gamer, wusste Bruno Müller dem von der amerikanischen Militärregierung eingesetzten amtierenden Bürgermeister, Wilhelm Hollbach, Ende Mai 1945 nur zu berichten, dass der Elektromeister „zur Zeit und in absehbarer Zukunft zur Ausübung seines Amtes nicht in der Lage“[227] sei. Müller schlug Hollbach vor, Stadtkämmerer Friedrich Wilhelm Lehmann bis zur förmlichen Neukonstituierung der Gesellschaft als kommissarischen Präsidenten der „Polytechnischen“ einzusetzen. Der Bürgermeister berief den Stadtkämmerer am 6. Juni 1945 zum „einstweiligen Vorstandsmitglied und Präsidenten“ der Polytechnischen Gesellschaft, womit zugleich Lehmanns Aufsicht über die Frankfurter Sparkasse von 1822 legitimiert war.

Der mit Arbeit überhäufte Kämmerer beauftragte den nach seiner Amtsenthebung verfügbaren Müller, die Situation der Gesellschaft zu erkunden. Die Recherchen ergaben, dass die Mitgliederschaft rund siebzig Polytechniker umfasste. Da sich infolge der Kriegswirren die meisten Adressen geändert hatten, sollten die Mitglieder über einen Aufruf in der „Frankfurter Rundschau“ zur Rückmeldung aufgefordert werden. In der Annahme, dass sich ehemalige Parteigenossen nicht zurückmelden würden, erwartete Müller von der Aktualisierung der Adressenliste eine „stille“ Entnazifizierung der Polytechnischen Gesellschaft als positive Begleiterscheinung. Die Zugehörigkeit der bisherigen Beiratsmitglieder zu dem Gremium hielt Müller für erloschen, da sie fast alle in das NS-System verstrickt waren. Die aus dem Jahr 1936 stammende Vereinssatzung gründete auf dem nationalsozialistischen „Führerprinzip“ und bedurfte unbedingt einer Neufassung.[228]

Bei der Frankfurter Sparkasse von 1822 waren fast siebzig Mitarbeiter von der Entnazifizierung betroffen, darunter auch die Direktion. Mit der

Angestellte der Frankfurter Sparkasse von 1822 beim Enttrümmern, 1946.

kommissarischen Leitung der 1822er wurde im April 1945 der Direktor der Stadtsparkasse, Weingarten, beauftragt. Aus Sorge um die Zukunft der Frankfurter Sparkasse wandten sich leitende Mitarbeiter und der Betriebsrat an den 1935 von den Nationalsozialisten aus dem Amt des Direktors gedrängten, in Murnau am Staffelsee lebenden Fritz Hetzer. Der 71-jährige Hetzer reiste nach Frankfurt, sprach beim zuständigen Finanzoffizier vor und wurde durch Erlass der amerikanischen Militärregierung wieder in sein altes Amt berufen. Direktor Hetzer übernahm am 1. Januar 1946 die Geschäftsführung der Frankfurter Sparkasse und löste zugleich Stadtrat Lehmann als kommissarischen Präsidenten der Polytechnischen Gesellschaft ab.[229] Der Einladung zur ersten Mitgliederversammlung nach dem Kriegsende folgten am 26. Februar 1946 nur 13 Polytechniker. Im Evangelischen Vereinshaus Westend konnte Fritz Hetzer alte Bekannte wie August de Bary, Emil Emge und Bruno Müller begrüßen, später kam auch noch Oberbürgermeister Kurt Blaum hinzu. Die einstündige Zusammenkunft diente der Standortbestimmung und der Zukunftsplanung. Bis zur nächsten Versammlung sollte ein mit Fritz Hetzer, Alfred Lotichius und Eduard Vollrath besetzter Ausschuss Kandidaten für die Vorstandswahl vorschlagen und den Entwurf einer neuen Satzung vorlegen.

Das bereinigte Mitgliederverzeichnis wies nur noch rund sechzig Polytechniker aus. Dem dreiköpfigen Ausschuss wurde daher die Formulierung eines Textes zur Mitgliederwerbung aufgetragen. Die unter dem Titel „Unsere Arbeit und unsere Absichten" in Umlauf gebrachte zweiseitige Werbeschrift erklärte nach einem Rückblick auf die Historie zu den Zielen des Vereins: „Wir wollen die technischen Bestrebungen in unserer Stadt zusammenfassen und insbesondere die Kenntnis von den technischen und kulturellen Fortschritten vermitteln, die bei anderen Völkern erreicht wurden und an denen Deutschland in den Jahren der Abschließung nicht teilhaben konnte. [...] Wir wollen all die Bestrebungen pflegen und fördern, die eine Zusammenarbeit unter den Völkern anstreben, oder die sich bemühen, die Nöte der Kriegszeit zu überwinden und das Los unserer schwer leidenden Mitmenschen zu erleichtern und zu verbessern. Für diese Betätigung im Sinne des friedlichen Aufbaues brauchen wir erfahrene Mitarbeiter, die uns mit ihrem Rat, aber auch mit ihrer Tat und, wenn es nötig ist, auch durch Opfer an Zeit und Geld an der Verwirklichung unserer Aufgaben helfen wollen."[230] Dem Werbeschreiben hätte auch das Motto der ersten Druckschriften der „Gesellschaft zur Beförderung nützlicher Künste und deren Hülfswissenschaften" gut zu Gesicht gestanden: „Nobis cura futuri – Wir sorgen für die Zukunft."

Bis Juli 1946 konnten die Polytechniker zehn neue Mitglieder in ihrer Mitte begrüßen, darunter den Bezirksarchitekten Wilhelm Derlam und den Chefarzt am Krankenhaus Höchst Max Flesch-Thebesius. Der designierte Präsident der Polytechnischen Gesellschaft, Oberbürgermeister Kurt Blaum, setzte im Februar 1946 den hessischen Ministerpräsidenten Karl Geiler von der bevorstehenden Wahl in Kenntnis, denn noch war die NS-Satzung in Kraft, der zufolge der Gauleiter den Präsidenten der „Polytechnischen" bestellte. Dieses Recht des Gauleiters war auf den Ministerpräsidenten übergegangen. „Bei der Bedeutung und dem Ansehen", begründete der Oberbürgermeister sein Engagement, „die die Polytechnische Gesellschaft genießen, und mit Rücksicht auf den Umstand, dass diese Vereinigung eine der wertvollsten ist, die Frankfurter Bürgersinn entsprungen ist, schlage ich vor, mich zum Präsidenten der Polytechnischen Gesellschaft zu bestellen. Für diese Überlegung war auch maßgebend, dass der Gesellschaft bei dem Wiederaufbau der Stadt und insbesondere des kulturellen Lebens eine hervorragende Bedeutung zukommen wird."[231]

Auf der Tagesordnung der zweiten Mitgliederversammlung der Polytechniker nach dem Kriegsende, die am 26. März 1946 erneut im Evangelischen Vereinshaus Westend stattfand, stand die Verabschiedung der neuen Satzung an erster Stelle. Mit den Statuten beschlossen die 14 anwesenden Mitglieder endlich auch offiziell die im Sprachgebrauch längst vollzogene Änderung des Vereinsnamens in „Polytechnische Gesellschaft e. V." Die Gesellschaft förderte und unterstützte „technische und kulturelle, künstlerische und humanitäre Unternehmungen jeder Art in Frankfurt a. M. und Umgebung."[232] Der Vorstand wurde wieder von der Mitgliederversammlung gewählt. An die Stelle des nationalsozialistischen Beirats trat zur Unterstützung und Beratung des Vorstands erneut der Engere Ausschuss. Die Mitglieder wählten am 26. März 1946 erwartungsgemäß Oberbürgermeister Kurt Blaum zum Präsidenten und Alfred Lotichius zum Vizepräsidenten der Polytechnischen Gesellschaft. Zu weiteren Vorstandsmitgliedern wurden Eduard Vollrath und Friedrich Wilhelm Lehmann berufen. Die Militärregierung erteilte der Polytechnischen Gesellschaft am 2. Mai 1947 die Genehmigung, sich im Bezirk Frankfurt am Main im Sinne der Satzung zu betätigen.

Nach dem Untergang des „Dritten Reichs“ war die alte Reichsmark kaum noch etwas wert gewesen. Die Kriegswirtschaft hatte eine riesige Geldmenge in Umlauf gebracht, der nach 1945 nur ein minimales Warenangebot gegenüberstand. Zur Neuordnung des Geldwesens verkündeten die Militärgouverneure der drei Westzonen am 19. Juni 1948 das

Oberbürgermeister i. R. Kurt Blaum (1884–1970).

Der Oberbürgermeister i. R. – Kurt Blaum

Nach der am 4. Juli 1945 durch die amerikanische Militärregierung erfolgten Ernennung zum Oberbürgermeister wandte sich Kurt Blaum über Radio Frankfurt an die Bevölkerung: „Als langjähriger kommunaler Verwaltungsmann und alter Demokrat in Südwestdeutschland trete ich mein Amt an. Wir stehen vor der schweren Aufgabe des Wiederaufbaus der alten Freien Reichsstadt. Es gilt, die Hoffnungen und Erwartungen auf das Erreichbare zu beschränken. Laßt uns auf dem Boden von Gerechtigkeit und Freiheit zusammenstehen.“[233] Der 61-jährige erfahrene Verwaltungsfachmann übernahm die Verantwortung für eine zertrümmerte und hungernde Großstadt.
Kurt Blaum hatte 1884 in Straßburg das Licht der Welt erblickt. Der Professorssohn studierte in seiner Vaterstadt und in Kiel Rechts- und Staatswissenschaft, 1908 wurde er zum Doktor der Jurisprudenz promoviert. Als Verwaltungsdirektor des Straßburger Armenamts und sozialpolitischer Dezernent begann Blaum seine kommunale Laufbahn. Im Ersten Weltkrieg diente er als Adjutant, Oberleutnant der Reserve und Kompanieführer. Von Dezember 1921 bis März 1933 bekleidete Blaum das Amt des Hanauer Oberbürgermeisters. Unter seiner Leitung wurde der Industriehafen gebaut und die Stadt entscheidend erweitert. Der Anhänger der liberalen Deutschen Demokratischen Partei musste 1933 auf Druck der NSDAP seinen Schreibtisch im Hanauer Rathaus räumen.

Fortan betätigte er sich als Fachautor für kommunalwissenschaftliche Themen. Auf Befehl der amerikanischen Besatzungsmacht kehrte Blaum im April 1945 als kommissarischer Oberbürgermeister vorübergehend nach Hanau zurück. Bald darauf ersetzte der Verwaltungsfachmann in Frankfurt den provisorisch zum amtierenden Bürgermeister ernannten Journalisten Wilhelm Hollbach. Das öffentliche Leben begann in Blaums kurzer Amtszeit langsam wieder in geregelte Bahnen zurückzukehren. Nach dem Wahlsieg der SPD bei den ersten freien und demokratischen Kommunalwahlen nach 1933 in Frankfurt, waren Blaums Tage im Amt des Oberbürgermeisters gezählt. Der CDU-Anhänger Blaum unterlag am 25. Juli 1946 bei der Oberbürgermeisterwahl in der Stadtverordnetenversammlung dem Sozialdemokraten Walter Kolb mit 28 gegen 32 Stimmen.[234]

Nach 1945 an der Wiederherstellung des Deutschen Sparkassen- und Giroverbandes beteiligt, arbeitete Blaum in verschiedenen Gremien an der Vorbereitung der Währungsreform mit. Von der Mitgliederversammlung am 26. März 1946 zum Präsidenten der Polytechnischen Gesellschaft gewählt, war Blaum kraft seines Amtes Mitglied im Verwaltungsrat der Frankfurter Sparkasse von 1822. Der unermüdliche Reformer und Erneuerer sozialer und gesellschaftlicher Einrichtungen war von 1947 bis 1952 der erste Nachkriegspräsident des Hessischen Roten Kreuzes. Darüber hinaus engagierte sich Blaum beim Aufbau des „Zentral-Verbandes der Fliegergeschädigten, Evakuierten und Währungsgeschädigten", dessen Präsident er 1961 wurde. Für seine Verdienste um den Wiederaufbau verlieh die Polytechnische Gesellschaft 1959 Blaum die Silberne Ehrenplakette mit der Umschrift „Für selbstlose Arbeit". Als sich Blaum nach 18-jähriger Amtszeit kurz vor seinem achtzigsten Geburtstag nicht mehr zur Wiederwahl stellte, ernannte ihn die „Polytechnische" zum Ehrenmitglied. Im Alter von 86 Jahren ist Kurt Blaum im November 1970 in Oberursel gestorben.[235]

neue Währungsgesetz. Demnach bekam jeder Bewohner der Westzonen am 20./21. Juni 1948 im Zuge der Währungsreform für sechzig Reichsmark ein „Kopfgeld" von zunächst vierzig und im August 1948 weiteren zwanzig neuen Deutschen Mark. Die Abwicklung der Währungsreform erfolgte über die in der Frankfurter Taunusanlage ansässige Bank deutscher Länder. Der Währungsschnitt traf die Besitzer von Sparguthaben, die im Verhältnis von 100 zu 6,5 abgewertet wurden, besonders hart. Ge-

Die Hauptstelle der Frankfurter Sparkasse von 1822 in der Neuen Mainzer Straße 53, 1948.

winner der Neuordnung waren die Eigentümer von Sachwerten wie Produktionsbetrieben oder Immobilien.[236]

Unter einem Zelt, das auf dem abgeräumten Trümmergrundstück Neue Mainzer Straße 51 errichtet worden war, bediente die Frankfurter Sparkasse am 20. Juni 1948 die Kunden. Die von der Militärregierung für diesen Stichtag vorgeschriebene Anmeldung des „Altgeldbesitzes“ brachte der 1822er eine Zunahme der Spareinlagen von mehr als 37,2 Millionen Reichsmark sowie der sonstigen Einlagen von fast 23 Millionen Reichsmark. 317.000 Konten wurden zur Umstellung bei dem Geldinstitut angemeldet. Wochenlang hatten die Sparkassenmitarbeiter mit der Abwicklung der Währungsreform alle Hände voll zu tun, wobei die von dem Institut schon 1939 angeschafften Hollerith-Buchungsmaschinen gute Dienste leisteten. Unter Hinzuziehung von etwa 100 Aushilfsangestellten gelang es, der Arbeit Herr zu werden. Der Währungsschnitt bedeutete für die Sparkassen einen schweren Rückschlag. Seit der vor dem Beginn des Zweiten Weltkriegs eingeführten Zwangsbewirtschaftung und der Drosselung der Konsumgüterproduktion war die Kaufkraft des Geldes gesunken. Die Gesamteinlagen der Frankfurter Sparkasse von 1822 betrugen bei Kriegsende rund 400 Millionen Reichsmark. Da sich das Sparen nicht mehr lohnte, schrumpften die Gesamteinlagen der Frankfurter Sparkasse bis zur Währungsreform auf knapp 350 Millionen Reichsmark. Der stete Einlagenschwund bestätigte die Notwendigkeit einer Währungsreform.

Den Kunden der Frankfurter Sparkasse wurde im Zuge der Währungsreform das „Kopfgeld“ von zwanzig neuen Deutschen Mark in einem provisorischen Zelt auf dem Trümmergrundstück Neue Mainzer Straße 51 ausgezahlt, August 1948.

Obwohl die Marktsituation im Juni 1948 schlagartig umgekehrt wurde, das Warenangebot rasch zunahm und eine weitgehende Normalisierung des Wirtschaftslebens eintrat, war es mit der Währungsreform nicht getan. Die Sparkassen mussten das Vertrauen in den Sinn und Zweck des Sparens neu aufbauen.[237]

Die Frankfurter Sparkasse von 1822 startete am 21. Juni 1948 mit 18,4 Millionen D-Mark Spareinlagen in eine neue Zeit. Die DM-Eröffnungsbilanz der 1822er schloss mit gut 32,3 Millionen D-Mark ab. Die Not der ersten Monate nach der Währungsreform und der große Nachholbedarf, der durch das verlockende Warenangebot immer drückender wurde, veranlassten viele Sparer zur Abhebung ihrer umgestellten Guthaben. Bis Ende 1948 sanken daher die Spareinlagen des Instituts bis auf 14,9 Millionen D-Mark ab. Ganz allmählich sorgten die Festigung der Preise und die Rückkehr des Vertrauens für ein Wiedererstarken des Sparwillens. Das Zwecksparen begann, das für viele Jahre die Arbeit der Geldinstitute belebte. Die Kunden sammelten auf ihren Sparkonten unter Verzicht auf entbehrlichen Konsum die Beträge an, die sie für Neuanschaffungen brauchten. Das zeitlich von der Währungsreform 1948 und der ersten großen Rezession 1966/67 eingegrenzte „Wirtschaftswunder“ war geprägt von hohen jährlichen Wachstumsraten des realen Sozialprodukts, durch den Abbau der Arbeitslosigkeit trotz des Zustroms von Flüchtlingen und den steigenden materiellen Wohlstand. Die ersten drei Konsumwellen der Fünfzigerjahre galten Nahrungsmitteln, Bekleidung und Hausrat. Das Institut für Demoskopie in Allensbach befragte im Sommer 1955 die Bundesbürger danach, was ihnen noch fehlte, um sagen zu können: „Jetzt geht es mir gut, jetzt habe ich einen angemessenen Lebensstandard."[238] Ganz oben auf der Wunschliste standen mit dem Kühlschrank, und nachfolgend der Waschmaschine und dem Staubsauger drei Elektrogeräte. Die Plätze vier und fünf belegten Polstersessel und großformatige Bodenteppiche. An sechster Stelle der Konsumwünsche rangierte der Fernsehempfänger.

Die Bilanzsumme der Frankfurter Sparkasse stieg von 51,5 Millionen D-Mark am Ende des Jahres 1949 auf rund 1,14 Milliarden Mark beim Jahresabschluss 1965. Die Zahl der von der 1822er verwalteten Sparkonten hat sich zwischen 1949 und 1965 fast verdreifacht und kletterte auf fast 400.000 Konten. Das Durchschnittsguthaben pro Sparkonto stieg von 135 D-Mark am 21. Juni 1948 auf 2.156 Mark Ende 1965. Von 100 Frankfurter Einwohnern besaßen Mitte der Sechzigerjahre 58 ein Sparbuch der Frankfurter Sparkasse. Die Erfolge des Geldinstituts sind ein Spiegelbild des Aufstieges der Stadt Frankfurt im „Wirtschaftswunder". Unter den sozialdemokratischen Oberbürgermeistern Walter Kolb (1946–1956) und Werner Bockelmann (1957–1964) wurde Frankfurt wiederaufgebaut und der Aufstieg zum Wirtschaftszentrum sowie zur internationalen Finanz- und Handelsstadt bewerkstelligt. Der Flughafen Rhein-Main, die Messe und die Bank deutscher Länder bildeten die Trümpfe der Kommune. Am Industriestandort Frankfurt blieben die Branchen Chemie, Elektrotechnik und Maschinenbau vorherrschend. Die Mehrheit aller Arbeitsplätze stellte ab den sechziger Jahren das Dienstleistungsgewerbe. Großbanken, Handelsfirmen und Versicherungen, aber auch Verbände oder Gewerkschaften, ließen sich an dem Verkehrsknotenpunkt nieder.[239]

Die Frankfurter Sparkasse hat durch ihr Aktivgeschäft wesentlich zur Entwicklung der Frankfurter Wirtschaft beigetragen. Etwa zwei Drittel der Kredite entfielen auf langfristige Darlehen. Von den bis Ende 1965 insgesamt gewährten Hypothekendarlehen in Höhe von knapp 295 Millionen D-Mark dienten etwa zwei Drittel dem sozialen Wohnungsbau, ein Zehntel wurde für frei finanzierte Wohnungen eingeräumt. Die Zahlen stehen für die Bedeutung des Institutes für den Wiederaufbau der Stadt. Daneben hat die Sparkasse stets den Kommunalkredit gepflegt. Mit fast 119 Millionen D-Mark waren die öffentlich-rechtlichen Körperschaften Ende 1965 von der Frankfurter Sparkasse von 1822 mit Darlehen unterstützt worden. Die Kunden der Sparkasse gehörten überwiegend dem mittelständischen Bereich an. Anschaffungsdarlehen, Kleinkredite und das Teilzahlungs-Kreditgeschäft kamen hauptsächlich diesem Sektor der Frankfurter Wirtschaft zugute. Neben der 1956 großzügig wiederaufgebauten Hauptstelle der 1822er in der Neuen Mainzer Straße 49–53 unterhielt das Geldinstitut 1965 45 Zweigstellen in fast sämtlichen Stadtteilen.[240]

Hessische Landeszentralbank (li.) und Hauptstelle der Frankfurter Sparkasse in der Neuen Mainzer Straße 47 und 49-53, um 1957.

Die Leitung der aufstrebenden Frankfurter Sparkasse von 1822 stellte an die Verantwortlichen hohe Anforderungen. Direktor Fritz Hetzer übergab am 1. August 1950 den Staffelstab an seinen Nachfolger Emil Emge. Zusammen mit Hetzer hatte Emge nach beendeter kaufmännischer Ausbildung 1919 bei der Frankfurter Sparkasse angefangen. Emge verkörperte die Urbanität des echten Frankfurters, die Liebe zur Vaterstadt und die Aufgeschlossenheit für alle Fragen ihrer wirtschaftlichen wie kulturellen Entfaltung. Die Frankfurter Sparkasse von 1822 und die Polytechnische Gesellschaft wurden zu Emges Lebensaufgabe. Schon 1930 hatte ihn Hetzer zunächst als stellvertretendes Mitglied in die Direktion berufen. Nach Hetzers zwangsweiser Pensionierung war Emge im Vorstand dem geschäftsführenden Direktor gleichgestellt worden. Nach 1945 arbeitete Emge erneut mit Hetzer zusammen. Wieder galt es, die selbstständige Existenz der Frankfurter Sparkasse von 1822 zu verteidigen. Emge setzte alle Hebel in Bewegung, um die Polytechnische Gesellschaft mit neuem Leben zu erfüllen und die enge Verbindung des ältesten Tochterinstituts mit der „Muttergesellschaft" zu erhalten. Dass die Polytechnische Gesellschaft zusammen mit der Frankfurter Sparkasse aus den Trümmern in zeitgemäßer Form wieder neu erstand, ging zu einem Gutteil auf Emges Konto. Als leitender Direktor hat Emge dem Institut von 1950 bis 1965 vorgestanden und in Verbindung mit seinem Nachfolger, Wilhelm Bloch, dessen Geschicke geleitet.[241]

Die Rücklagen der Frankfurter Sparkasse betrugen nach dem 21. Juni 1948 nur noch 2,57 Millionen D-Mark. In der Bilanz der 1822er zum 31. Dezember 1965 wurden mehr als 44,3 Millionen Mark Rücklagen ausgewiesen. Das entsprach zwar den gesetzlichen Vorschriften, rechtfertigte aber nach wie vor deren ausschließliche Verwendung als Deckung der Einlagen des Instituts. Auf Überschüsse aus der Sicherheitsrücklage des Tochterinstituts spekulierte die Polytechnische Gesellschaft weiterhin vergeblich. Gleichwohl hat die Sparkasse der „Muttergesellschaft" nach der Übernahme des Grundbesitzes an der Neuen Mainzer Straße zur Seite gestanden. So hat die Frankfurter Sparkasse der Polytechnischen Gesellschaft in der Neuen Mainzer Straße Büroräume und sonstige Einrichtungen für gemeinnützige Zwecke zur Verfügung gestellt. Die Bilanz der Polytechnischen Gesellschaft hatte zum 31. Dezember 1947 ein Vermögen von rund 4,5 Millionen Reichsmark ausgewiesen. Nach der Währungsreform verfügte die „Polytechnische" noch über knapp 75.000 D-Mark. Der Kassenwart der Gesellschaft musste jede Mark dreimal umdrehen. Für die 3,25 Millionen Reichsmark Reichsschatzanweisungen des alten Gesellschaftsvermögens brachte das Allgemeine Kriegsfolgengesetz die Anerkennung einer Ablösungsschuld, so dass die Bilanz für 1958 wieder ein Vermögen von rund 510.000 D-Mark auswies. Das Vermögen der Polytechniker ist seitdem langsam gewachsen und gewährte einen gewissen, gegenüber früheren Zeiten nach wie vor sehr begrenzten Handlungsspielraum. Die Mitgliederbeiträge erlaubten ebenfalls keine großen Sprünge. Die Zahl der Mitglieder war zwar bis Ende 1953 wieder auf 100 angestiegen und sollte sich bis Ende 1965 auf 151 erhöhen, das dadurch erreichte Beitragsaufkommen fiel jedoch nicht ins Gewicht. Die Polytechnische Gesellschaft blieb bis zur Regelung der Entschädigungsansprüche fast ausschließlich auf Spenden und außerordentliche Einnahmen angewiesen.[242]

Nach der Währungsreform gab es 1948 außer der Frankfurter Sparkasse von 1822 nur noch zwei aktive Tochterinstitute der Polytechnischen Gesellschaft: die Blindenanstalt und das Institut für Bienenkunde. Die Wöhler-Stiftung war der Währungsreform zum Opfer gefallen. Zuvor hatte man die Cöntgen- und Fleck'sche Stiftung endgültig aufgelöst. Die evakuierte Blindenanstalt war im September 1946 von Villmar auf das vom Landeshauptmann überlassene Schloss Dehrn bei Limburg umgezogen. Unter den 45 „Zöglingen" befand sich auch eine Anzahl Kriegsblinder, die in sechs- bis zwölfmonatigen Umschulungskursen für geeignete Berufe ausgebildet wurden. Anfangs gehegte Bedenken wegen der gemeinsamen Betreuung von Kriegsversehrten und blinden Zivilisten bestätigten sich nicht. „Entgegen aller Befürchtungen", berichtete der Anstaltsleiter Karl Wörner 1947, „und zum Erstaunen aller Beteiligten hat sich jedoch herausgestellt, dass die im Jahre 1947 veranstalteten Kurse in bester Harmonie der beiden Blindengruppen verlaufen sind. Den Leistungen der Kriegsblinden wurde vonseiten der Fachverbände höchste Anerkennung gezollt. Diese Schwerbeschädigten sind allerdings keine Dauerinsassen, sie gehen vielmehr nach Beendigung ihrer Ausbildung bzw. Umschulung in ihren Heimatort zurück, wo sie das erlernte Gewerbe selbstständig ausüben."[243]

Der Vorstandsvorsitzende der Stiftung Blindenanstalt, Alfred Lotichius, trieb den Wiederaufbau der Häuser an der Adlerflycht- und an der Stalburgstraße voran, da die große Entfernung zwischen dem Lahnschloss Dehrn und Frankfurt am Main den Betrieb mit erheblichen Kosten belastete. Der Wiederaufbau des Hauptgebäudes Adlerflychtstraße 8 begann im Jahr 1950. Eine namhafte Beihilfe aus einer öffentlichen Sammlung lieferte den Grundstock. Darlehen aus öffentlichen Mitteln und eine Hypothek der Frankfurter Sparkasse von 1822 ermöglichten die Restfinanzierung. Die Trümmerverwertungs-Gesellschaft half durch die kostenlose Abfuhr des auf dem Grundstück lagernden Schutts. Am 28. Juni 1951 fand die feierliche Einweihung des wiederhergestellten Anstaltsgebäudes statt. 55 Blinde und zehn Angestellte zogen in die freundlich gestalteten Räume ein. „Wohltuend", so der erste Eindruck eines Redakteurs der „Neuen Zeitung", „war auch der Rundgang durch das neue Blindenhaus, der Anblick der hellen Zimmerwohnungen, der Gemeinschaftssäle, der geräumigen Küche, aber auch die praktischen Werkstätten der Bürstenmacher, der Korb-, Stuhl- und Mattenflechter und der Maschinenstrickerinnen; wohltuend die Ueberzeugung, daß diese mit Blindheit geschlagenen Menschen hier einen Arbeitsplatz finden, der sie aus der Minderwertigkeit erlöst und ihnen ständigen Lebensmut zuführt."[244]

Die Blindenanstalt teilt der Polytechnischen Gesellschaft die Adresse ihres neuen Ausweichquartiers mit, September 1946.

Das als Wohnhaus für Blinde wiederaufgebaute Haus Adlerflychtstraße 14 war ebenfalls 1951 bezugsfertig. Die Pflegegelder für die Heiminsassen reichten nicht aus, um die aus dem Wiederaufbau der Gebäude erwachsenen Zins- und Tilgungslasten aufzubringen. Die Stiftung blieb auf die Überschüsse aus dem Absatz der Erzeugnisse ihrer Werkstätten und auf Spenden angewiesen. Im Jahre 1953/54 baute die Anstalt das Haus Stalburgstraße 9 als Wohnhaus für die Familien von Blinden wieder auf.

Wiederaufgebaute Blindenanstalt, 1951.

Mit dem 1956 fertiggestellten blindengerechte Ein- bis Dreizimmerwohnungen bietenden Neubau Stalburgstraße 11 war zwölf Jahre nach der Zerstörung im März 1944 der Wiederaufbau der Stiftung Blindenanstalt vollendet. Die Polytechnische Gesellschaft und die Frankfurter Sparkasse von 1822 haben den Wiederaufbau der Blindenanstalt nach Kräften unterstützt. Da das Tochterinstitut eine selbstständige Stiftung mit eigenem Vermögen ist, wurde die Muttergesellschaft dadurch nicht belastet. Die aufgenommenen Darlehen erreichten fast den Betrag von einer halben Million D-Mark. Davon waren Ende 1957 bereits rund 100.000 Mark getilgt.[245]

VW-Kastenwagen der Blindenanstalt.

In den Blindenwerkstätten herrschte in den Fünfzigerjahren unter den Bürstenmachern, Korb- und Mattenflechtern Vollbeschäftigung. Im Laufe der Jahre wurde es jedoch immer schwieriger, geeignete Vertreter für den Vertrieb der Blindenwaren zu finden, obwohl dafür 1964 sogar ein Kombikraftwagen angeschafft wurde. Unter den Blinden ließ das Interesse an den traditionellen Handwerksberufen spürbar nach, so dass die Werkstätten trotz der Ausstattung mit arbeitserleichternden Maschinen bald unter Nachwuchsmangel litten. Die Möglichkeit, nach einer entsprechenden Ausbildung als Telefonist, Stenotypist oder Fernschreiber bei einer Behörde oder in einem Unternehmen arbeiten zu können, erschien vielen verlockender als die traditionellen Handwerksberufe. Die Frankfurter Blindenanstalt hat geeigneten „Zöglingen“ die Absolvierung entsprechender Ausbildungskurse mit anschließender Prüfung vor einem Ausschuss der Industrie- und Handelskammer ermöglicht. In Verbindung mit dem Universitätsinstitut für Orthopädie „Friedrichsheim“ konnten Blinde den Beruf des Masseurs erlernen. Die Ausbildungsangebote sollten Blinden bessere Verdienstmöglichkeiten und größere Selbstständigkeit bieten.[246]

Hugo Gontarski untersucht Bienen auf Milbenbefall, um 1950.

Das Institut für Bienenkunde musste 1946 für das „Camp King“ endgültig das Feld räumen. Mit Hilfe der Polytechnischen Gesellschaft errichtete der Institutsleiter Hugo Gontarski dicht beim Gotischen Haus in der Gemarkung Oberstedten einen neuen Bienenstand. Selbst unter den erschwerten Bedingungen führte Gontarski seine wissenschaftliche Arbeit fort, indem er sich mit der Bekämpfung der Nosema-Bienenkrankheit befasste und die Eignung von Nährhefe als Eiweißfutter in den ersten Frühlingstagen untersuchte. Der unermüdliche Bienenkundler kümmerte sich um die Beratung der Imker und die Information der Bevölkerung, zugleich sorgte er dafür, dass das Institut fast seinen gesamten Aufwand durch die Honigernte und die Abgabe selbstgezogener Königinnen deckte. Die Institutsräume im Eichwäldchen bei Oberstedten mussten 1949 wesentlich erweitert werden. Die Landwirtschaftskammer und der Fachverband der Bienenzüchter gewährten beträchtliche Zuschüsse. Das Institut für Tierzucht an der Universität Gießen erteilte Gontarski 1953 einen Lehrauftrag für Bienenkunde. Das führte zu einer vertraglichen Vereinbarung, mit der die Polytechnische Gesellschaft unter Wahrung ihrer Eigentumsrechte das Institut für Bienenkunde der Universität Gießen als Außenstelle für Lehr- und Forschungsaufgaben zur Verfügung stellte. Die Frankfurter Sparkasse von 1822 bezuschusste die praktische Bienenzucht und fühlte sich dem polytechnischen Institut nicht zuletzt deswegen besonders verbunden, weil das Firmenlogo einen Bienenkorb zeigte.[247]

Das Bieneninstitut erhielt 1956 ein festes Domizil. In unmittelbarer Nähe zur bisherigen Notunterkunft wurde am Waldrand von Oberusel ein Einfamilienhaus mit Grundstück erworben. Nach einjähriger Umbauphase konnte die wissenschaftliche Arbeit und die praktische Bienenzucht in dem ehemaligen Wohnhaus fortgesetzt werden. Die Bienenzucht erlebte in den Fünfzigerjahren in fast allen europäischen Ländern schwere, durch Klimaschwankungen bedingte Rückschläge. Außerdem wurde die Bienenhaltung in dicht besiedelten und hoch industrialisierten Gebieten immer problematischer und erforderte eine intensivere Betriebsweise gegenüber den herkömmlichen Methoden der Imker. Dadurch wurden an die Forschungsarbeit des Instituts für Bienenkunde neue Ansprüche gestellt, zugleich mussten die Lehrtätigkeit und die Beratung fortentwickelt und erweitert werden.

Institutsgebäude und Bienenstand mit Wetterstation in Oberursel, 1958.

Der an die Person von Hugo Gontarski gebundene Vertrag mit der Universität Gießen erlosch nach dem Tod des Bienenforschers im Jahr 1963. Daraufhin kehrte das Institut für Bienenkunde 1964 unter das Dach der Johann Wolfgang Goethe-Universität zurück. Der Direktor des Frankfurter Zoologischen Instituts, Martin Lindauer, nahm sich der polytechnischen Einrichtung an und verpflichtete den österreichischen Bienenkundler Friedrich Ruttner als neuen Leiter, der zugleich eine Dozentur im Rahmen des Zoologischen Instituts der Universität übernahm.[248]

Die erste Vortragsreihe der Polytechnischen Gesellschaft begann am 8. Januar 1952 und stand unter dem programmatischen Titel „Große Geister wirken Wunder". Der Heidelberger Physikprofessor Otto Haxel sprach zum Thema „Der Atomzerfall als Energiequelle der Zukunft (mit Lichtbildern)". An die Vorträge des Technischen Vereins und des Vereins für Volkswirtschaft und Gewerbe anknüpfend übernahm die Muttergesellschaft als Veranstalterin nun selbst die Verantwortung. Die Ausrichtung der Vortragsabende in Verbindung mit der Frankfurter Sparkasse von 1822 sorgte für anhaltenden Erfolg. In der Anfangszeit wurden alljährlich zwei Vortragsreihen unter einem Gesamtthema auf die Beine gestellt. Der Fokus lag dabei auf der gemeinverständlichen Darlegung moderner technischer und wirtschaftlicher Probleme für interessierte Laien. Die Veranstaltungen bewegten sich auf einem Niveau, das einer anspruchsvollen Erwachsenenbildung entsprach und gewisse Elementarkenntnisse voraussetzte.

Die Auswahl der Redner, bei denen es sich durchweg um anerkannte Fachleute handelte, sorgte dafür, dass sich zunehmend Angehörige der technischen Berufe und Oberstufenschüler der Frankfurter Gymnasien zu den Vorträgen einfanden. Seit Herbst 1954 wurden im Anschluss an die Vorträge auch Führungen durch Industriebetriebe und Besichtigungsfahrten veranstaltet. Gemeinsam mit Präsident Kurt Blaum hat sich Bruno Müller um die Konzeption der Vortragsreihen verdient gemacht. Im Hinblick auf die Bedeutung des polytechnischen Vortragswesens wählte die Mitgliederversammlung im Dezember 1954 Bruno Müller in den Engeren Ausschuss der Gesellschaft. Zwei Jahre später wurde im Januar 1957 in der von den Architekten Johannes Krahn, K. F. Kunz und A. Gütte erbauten neuen Hauptstelle der Frankfurter Sparkasse von 1822 in der Neuen Mainzer Straße der mit allen technischen Finessen versehene Vortragssaal in Benutzung genommen. Zur Entlastung von Bruno Müller übernahm 1957 Schriftleiter Hermann Schultze die Aufgaben des Vortragsreferenten.[249]

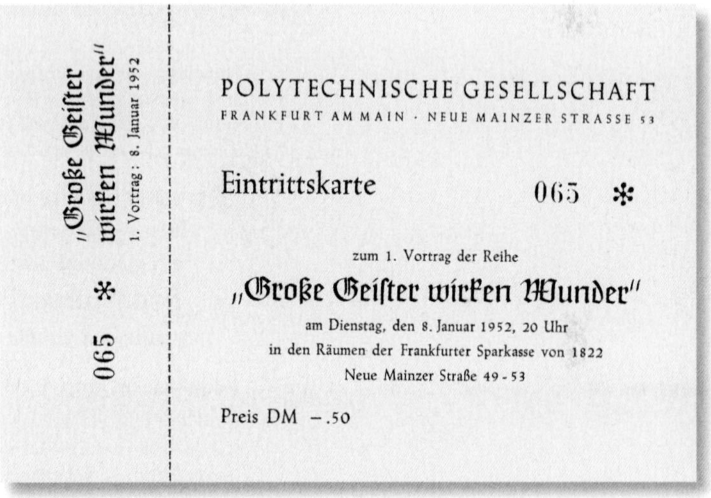
„Große Geister wirken Wunder"
1. Vortrag: 8. Januar 1952
065 *

POLYTECHNISCHE GESELLSCHAFT
FRANKFURT AM MAIN · NEUE MAINZER STRASSE 53

Eintrittskarte 065 *

zum 1. Vortrag der Reihe
„Große Geister wirken Wunder"
am Dienstag, den 8. Januar 1952, 20 Uhr
in den Räumen der Frankfurter Sparkasse von 1822
Neue Mainzer Straße 49-53

Preis DM -.50

„Große Geister wirken Wunder"
7. Vortrag: 1. April 1952
198 *

POLYTECHNISCHE GESELLSCHAFT
FRANKFURT AM MAIN · NEUE MAINZER STRASSE 53

Eintrittskarte 198 *

zum 7. Vortrag der Reihe
„Große Geister wirken Wunder"
am Dienstag, den 1. April 1952, 20 Uhr
in den Räumen der Frankfurter Sparkasse von 1822
Neue Mainzer Straße 49-53

Preis DM -.50

Das Vortragswesen der Polytechnischen Gesellschaft diente im ersten Jahrzehnt der Befriedigung des Nachholbedarfs. Durch die NS-Diktatur, den Zweiten Weltkrieg und die Nachkriegszeit hatten die technisch Interessierten von den Fortschritten der internationalen Forschung kaum etwas mitbekommen. Der aufgestaute Wissensdurst hatte wesentlichen Anteil am Erfolg der polytechnischen Veranstaltungen. Gegen Ende der Fünfzigerjahre machten sich eine gewisse Sättigung und die beginnende Konkurrenz des Fernsehens bemerkbar. Um den Kreis der Interessenten zu erweitern, wurden die Vortragsreihen durch Einzelvorträge über technisch-wirtschaftliche Probleme aktueller Art ersetzt. Erst-

POLYTECHNISCHE GESELLSCHAFT E. V.

FRANKFURT AM MAIN · NEUE MAINZER STRASSE 53

Große Geister wirken Wunder

Haben Sie sich jemals klar gemacht, welch große Fortschritte der menschliche Geist und menschliches Können in letzter Zeit auf allen Gebieten der Technik, der Industrie und der Landwirtschaft erzielen konnten?

Atomkraft und radioaktive Atome, Radar und Ultraschall, Bildfunk und Fernsehen, Raketen- und Düsenantrieb, Nylon und Perlon, Penicillin und Streptomycin, Süßlupine und Hydroponik —

Dies alles haben wir in wenigen Jahren in unser Leben aufgenommen, teilweise mit Entsetzen, weil einiges anfänglich nur der Zerstörung diente.

Letzten Endes dienen sie aber doch dem Gedanken, menschliche Fronarbeit zu erleichtern, Wohlfahrt und Wohlstand zu heben, allen Menschen der Welt zu nützen.

Die Polytechnische Gesellschaft, die schon seit 1816 technische und wirtschaftliche Fortschritte der Welt unseren Mitbürgern nahe gebracht hat, will nunmehr in einer Vortragsreihe zeigen, wie das, was gute und große Geister in den letzten Jahren ersannen und entdeckten, für das Wohl der Menschen in friedlichem Aufbau nutzbar gemacht werden kann.

„**Große Geister wirken Wunder**" das sollen die umseitig vermerkten zehn Vorträge zeigen, die vom Jahresbeginn 1952 ab **am ersten und dritten Dienstag jeden Monats in den Räumen der Frankfurter Sparkasse von 1822** Neue Mainzer Str. 49-53 **jeweils um 20 Uhr** stattfinden.

Jedermann, der diesen Problemen nachsinnt, ist als Hörer willkommen. Eintritt je Vortrag DM 0.50.

Karten sind zu haben bei der Frankfurter Sparkasse von 1822 und allen ihren Zweigstellen und beim Bund für Volksbildung.

Es sind folgende Vorträge in Aussicht genommen:

mals im Jahre 1960 wurde an einem Abend ein historisches Thema behandelt. Direktor Emil Emge regte 1963 die Aufnahme kultureller und heimatgeschichtlicher Themen in das Vortragsprogramm der Polytechnischen Gesellschaft an. Die kulturhistorischen Vorträge waren gut besucht und der Frankfurter Bürgerschaft offenbar ein Bedürfnis.[250]

Die Ruine des Opernhauses war ein „Dorn im Fleische Frankfurts."[251] Der Baukörper der bei den Luftangriffen im März 1944 ausgebombten Oper war im Wesentlichen erhalten geblieben und stand seitdem als mah-

Ruine mit Spruchband der Bürgeraktion „Rettet das Opernhaus“, 1953/54.

nende Ruine, Wind und Wetter preisgegeben, mitten in der Stadt. Oberbürgermeister Kurt Blaum hatte schon 1946 für eine Sicherung des Bauwerkes bis zum späteren Wiederaufbau plädiert. In der Bürgerschaft gab es weite Kreise, denen ein Wiederaufbau gerade dieses Bauwerks eine Herzenssache war. Maßgebende Vertreter des Magistrats und der Stadtverordnetenversammlung gaben hingegen zu Beginn der Fünfzigerjahre zu erkennen, dass sie den Wiederaufbau des alten Opernhauses angesichts der vielfältigen Pflichten und Lasten der Stadtgemeinde nicht für vordringlich hielten. Das Gerücht, im Städtischen Bauamt seien Pläne für den Abriss der Ruine und den Bau eines Parkhauses in Arbeit, löste eine öffentliche Diskussion aus. Unter dem Vorsitz des Polytechnikers Max Flesch-Thebesius bildete sich 1951 der Ausschuss „Rettet das Opernhaus“, dem weitere Frankfurter Vereine und Organisationen beitraten. Die Polytechnische Gesellschaft übernahm die Geschäftsführung. Als der Ausschuss 1953 die Genehmigung zu einer Geldsammlung erhielt, brachte diese bis zum Jahresschluss rund 100.000 D-Mark ein. Eine Straßensammlung anlässlich des zehnten Jahrestags der Zerstörung des Opernhauses ergab im März 1954 einen Reinerlös von 22.116 D-Mark. Insgesamt verzeichnete der Ausschuss ein Spendenaufkommen von fast 150.000 D-Mark.[252]

Der Ausschuss „Rettet das Opernhaus“ gab 1954 bei dem auf den Wiederaufbau großer Gebäude spezialisierten Architekten Gerhard Weber einen Entwurf für die Wiederherstellung des Baukörpers und seine zweckmäßige Verwendung in Auftrag. Weber kam zu dem Ergebnis, dass sich im wiederaufgebauten Opernhaus ein Konzertsaal mit 2.000 Sitzplätzen und darunter ein Bühnenraum mit annähernd 800 Sitzplätzen für Schauspielaufführungen einbauen ließen. Auf Grund dieses Vorentwurfes stellten einige namhafte Baufirmen eine überschlägige Kostenschätzung von 4,25 Millionen D-Mark für den Wiederaufbau des Opernhauses auf. Das Vorhaben, das nicht nur unter Theater- und Konzertfreunden großen Anklang fand, stieß im Römer auf Widerstand. Es entwickelte sich eine jahrelange Diskussion, die zu einer Modifikation des ganzen Vorschlages führte. Nachdem die Stadtverwaltung den Bau eines für alle Bühnengattungen bestimmten Theaterkomplexes ins Auge gefasst hatte, forderte die Mehrheit der Stadtverordnetenversammlung für den Fall eines Wiederaufbaues des alten Opernhauses dessen Einrichtung als Konzert- und Kongressgebäude. Die Kosten des Projektes kletterten dadurch in die Höhe und zogen die Entscheidungsfindung in die Länge, bis die städtischen Finanzen durch die großen Verkehrsbauten gebunden waren. Für die Anhänger eines Wiederaufbaus des Opernhauses stellte der CDU-Stadtverordnete Max Flesch-Thebesius in der Sitzung des Stadtparlaments vom 13. Mai 1954 fest: „Wir wollen in Frankfurt nicht Einwohner, sondern Bürger dieser Stadt sein!“[253]

Die Polytechnische Gesellschaft und der ihr verbundene Ausschuss „Rettet das Opernhaus“ verfolgten seit 1954 ein Hauptziel: den Schutz der Ruine vor dem weiteren Verfall. Nachdem das städtische Bauamt die Kosten der Bausubstanzsicherung mit 180.000 D-Mark beziffert hatte, stellte der Ausschuss seine Spendengelder in Höhe von 150.000 D-Mark zur Verfügung, um die Arbeitsaufnahme zu ermöglichen. Mit dem Beginn der Sicherungsmaßnahmen im Februar 1955 hatte der Ausschuss „Rettet das Opernhaus“ ein wichtiges Etappenziel erreicht. Unter dem neuen Namen „Saalbau im Opernhaus“ ließen die ehemaligen Ausschussmitglieder nicht locker und traten weiterhin an den Magistrat und an die Stadtverordnetenversammlung mit Vorschlägen heran. Die städtischen Gremien beschlossen Anfang 1959 die von den Wiederaufbaubefürwortern wiederholt geforderte technisch-wissenschaftliche Prüfung der Standfestigkeit der Ruine auf ihre Verwendbarkeit für einen Saalbau. Der Gutachterausschuss, in dem der Statiker und Oberbaurat a. D. Georg Petry die Polytechnische Gesellschaft vertrat, kam zu dem Ergebnis, dass „die Ruine in ihrer Gesamtheit standfest ist und daß insbesondere die Außenmauern und ihre Fundamente für einen Wiederaufbau verwendbar sind.“[254]

Als der Magistrat 1960 die Vorplanung für den Wiederaufbau des Opernhauses an eine Architektengruppe vergab, löste sich der Ausschuss „Saalbau im Opernhaus“ auf. Die Polytechnische Gesellschaft stimmte diesem Beschluss zu, beauftragte jedoch den Vorstand und den Engeren

DEM WAHREN SCHÖNEN GUTEN

war das Frankfurter Opernhaus, dieser herrlichste Opernhausbau, den wir je in Deutschland besessen haben, geweiht. So wurde es bei seiner Erbauung im Jahre 1880 eingemeißelt. Was unsere Stadt mit Hilfe zahlreicher Bürger damals im Wetteifer mit Wien und Paris geschaffen hat, fiel 1944 den Bomben zum Opfer und ist seitdem dem Verfall ausgesetzt. Von ersten technischen Stellen ist aber nach eingehender Untersuchung festgestellt worden, daß der bauliche Kern des Gebäudes, besonders auch die stattlichen Fassaden, zu einem Wiederaufbau noch durchaus geeignet sind. Die Sachverständigen halten, um weiteren zerstörenden Wettereinflüssen vorzubeugen, im wesentlichen Sicherung der Mauerkronen und Wiederherstellung des teilzerstörten Daches für genügend. Die Kosten einschließlich der Bedachung werden von ihnen auf etwa eine halbe Million Mark veranschlagt. Ist diese Sicherung durchgeführt, so können die städtischen Körperschaften über die künftige Verwendung des wertvollen Gebäudes nach Bedürfnis und Wunsch der Frankfurter Bevölkerung — z. B. für einen Saalbau — ihre Entscheidung treffen.

Der Magistrat erklärt jedoch, zur Zeit den erforderlichen Betrag nicht aufbringen zu können, und hat das Gebäude nur mit einem Zaun umgeben. Es gilt daher, durch freiwillige Spenden die Mittel für die Rettung des Opernhauses aufzubringen. Der Magistrat hat dem zugestimmt.

Die Polytechnische Gesellschaft von 1816 berief Vertreter aller an dieser kulturellen Aufgabe interessierten Organisationen zu einem „Ausschuß zur Rettung des Opernhauses". Dieser hat nach langen Bemühungen von den Staatsbehörden die Genehmigung zur Sammlung erlangt und erhielt die Bestätigung des Finanzamts, daß die Spenden als Sonderausgaben für gemeinnützige Zwecke **steuerfrei** abgesetzt werden können.

Mitbürger, jetzt bitten wir Euch, aus freien Stücken und in echtem Bürgersinn die Mittel für die Rettung des Opernhauses zu spenden: **Sämtliche Banken, Sparkassen und sonstige Kreditanstalten nehmen diese Spenden auf das Konto „Rettet das Opernhaus" entgegen.** Auch können Spenden unmittelbar auf das hierfür besonders bestellte Konto 676 des Postscheckamtes Frankfurt a. M. für „Sammlung Rettet das Opernhaus" überwiesen werden.

Frankfurt hat seine weltberühmte Altstadt verloren! Soll auch das herrlichste Bauwerk des letzten Jahrhunderts in unserer Stadt — das Ihr retten könnt — untergehen?

Rettet das Opernhaus

Namens des „Ausschuß zur Rettung des Opernhauses"
der Polytechnischen Gesellschaft von 1816

Dr. Blaum, Oberbürgermeister a. D.

Prof. Dr. Flesch-Thebesius *Dr. A. Lotichius* *Bankier Adolf Melber*

Frankfurt am Main, den 3. Juli 1953.

Ausschuss, die Angelegenheit in Verbindung mit dem Kuratorium Kulturelles Frankfurt im Auge zu behalten. 1964 trat eine neue Wende ein. Fritz Dietz übernahm im Februar das Amt des Präsidenten der Industrie- und Handelskammer Frankfurt und begann seine Amtstätigkeit mit einem Aufruf an die Mitbürger zu einer neuen Aktion für den Wiederaufbau des Opernhauses. Die Polytechnische Gesellschaft stellte dafür die bei ihr angesammelten Spenden zur Verfügung.[255]

Schalterhalle der Frankfurter Sparkasse an der Neuen Mainzer, Januar 1957.

Zusammen mit den von ihm gegründeten und entwickelten Instituten hatte sich 1921 der Mitteldeutsche Kunstgewerbeverein von der Polytechnischen Gesellschaft getrennt. Der Verein hatte sich seitdem zu einer Gesellschaft der Förderer und Freunde des städtischen Museums für Kunsthandwerk entwickelt. Jahr für Jahr hat der Förderverein wertvolle Sammlungsstücke erworben und diese dem Museum als Dauerleihgaben überlassen. Die Unterstützung des Museums für Kunsthandwerk genügte den Vereinsmitgliedern auf die Dauer nicht. Sie wollten nicht weiter im Verborgenen bleiben, sondern wieder wie ehedem breitere Kreise durch Vorträge und Ausstellungen für ihre Arbeit interessieren. Die Hinwendung zu einem gemeinnützigen Wirken in der Öffentlichkeit führte den Mitteldeutschen Kunstgewerbeverein zu Beginn des Jahres 1958 zurück unter das Dach der Polytechnischen Gesellschaft. Als selbstständiges Tochterinstitut der Polytechnischen Gesellschaft mit eigenem Vermögen und eigenem Mitgliederkreis fand der Verein damit die Basis für eine erweiterte Tätigkeit. Mit der Aufnahme kultureller Themen in die Vor-

Schalterhallen-Konzert unter Leitung von Günther Weigmann, März 1965.

tragsveranstaltungen der Polytechnischen Gesellschaft kam 1965 auch der Mitteldeutsche Kunstgewerbeverein zu Wort und erreichte einen großen Kreis von Hörern.[256]

Die Unterbringung des Museums bildete die Hauptsorge des Kunstgewerbevereins. Seit der Zerstörung des ursprünglichen Domizils in der Neuen Mainzer Straße im März 1944 führte das Museum für Kunsthandwerk ein Schattendasein. Die Stadtverwaltung mietete im vierten Stock eines ehemaligen Kaufhauses auf der Zeil Räume für die Magazinierung der Bestände. Sonderausstellungen wurden im Dormitorium des Karmeliterklosters gezeigt. Gebetsmühlenartig hat der Mitteldeutsche Kunstgewerbeverein in seinen Publikationen und durch entsprechende Schritte bei den maßgebenden Stellen auf die Nachteile des Provisoriums hingewiesen. Endlich bot sich 1961 eine Lösung an. Die Villa Metzler am Schaumainkai 15 mit ihrem großen, von alten Bäumen bestandenen Garten, zuletzt von Krankenschwestern bewohnt, wurde frei. Der Bezirksverein Sachsenhausen machte sich dafür stark, in der Villa das obdachlose Museum für Kunsthandwerk unterzubringen. Dieser Initiative schloss sich der Mitteldeutsche Kunstgewerbeverein mit allem Nachdruck und mit Erfolg an. Der Museumsdirektor erreichte 1966 die gründliche Instandsetzung der Villa Metzler, so dass der Kernbestand – die Möbel und ein Teil der Keramik – eine würdige Dauerausstellung erhielt. Für Sonderausstellungen diente weiterhin das Karmeliterkloster.[257]

Im Musikleben der Stadt fehlte der kleinere Rahmen für die Kammermusik. Diese Lücke beschäftigte den Engeren Ausschuss der Polytechnischen Gesellschaft ausgangs der Fünfzigerjahre. Insbesondere setzte sich Direktor Emil Emge dafür ein, dem künstlerischen Nachwuchs eine Chance zu geben. Nach längerer Vorbereitung wurde am 11. Dezember 1959 der Verein zur Pflege der Kammermusik und zur Förderung junger Musiker e. V. gegründet und als selbstständiges Tochterinstitut in die Polytechnische Gesellschaft aufgenommen. Um die Kammermusik wieder zur gebührenden Geltung zu bringen und zugleich Nachwuchstalenten eine Gelegenheit zur Vorstellung zu geben, war zunächst an die Ausrichtung schlichter Hauskonzerte gedacht. 1960 veranstaltete der Verein allmonatlich ein Konzert. Der Vortragssaal der Frankfurter Sparkasse erwies sich bald als zu klein, um den Zustrom der Musikliebhaber aufzunehmen. Ein Testkonzert in der großen Schalterhalle des Geldinstituts brachte eine überraschend gute Akustik des Raums zu Gehör. Die Schalterhallenkonzerte bedurften keiner großen Werbung, denn die Qualität der Darbietungen sprach sich bei den Freunden der Kammermusik schnell herum und sorgte für Mundpropaganda. Die Frankfurter Sparkasse von 1822 überließ die Halle dem Verein unentgeltlich und übernahm alle Nebenkosten.

Die Programme der Kammermusikabende wurden mit großer Sorgfalt und bei aller Vielseitigkeit der berücksichtigten Stilgattungen stets in sich ausgewogen gestaltet. Die Leistungen der jungen Solisten, die sich dabei vorstellten, fanden den Beifall des aufgeschlossenen Publikums und eine sachliche Würdigung der Fachkritik in den Tageszeitungen. Da ein Teil der jungen Solisten noch studierte oder sich gerade die ersten Meriten verdiente, waren die Nachwuchskünstler für die großzügige Förderung sehr dankbar. In Einzelfällen gewährte der Verein Stipendien oder einmalige Beihilfen. Seit 1963 wurden auch hoch qualifizierte Ensembles und Solisten eingeladen. Die künstlerische Leitung der Kammermusikabende lag ab Oktober 1964 in den Händen von Günther Weigmann, der für eine weitere Hebung des künstlerischen Niveaus sorgte. Die 50. Veranstaltung im März 1965 wurde als Festkonzert zu einem Höhepunkt. Die Schalterhalle der Frankfurter Sparkasse von 1822 war bis auf den letzten Platz gefüllt.[258]

An der Seite des Kammermusikvereins wirkte seit 1961 das Kuratorium Kulturelles Frankfurt. Die Mitgliederversammlung der Polytechnischen Gesellschaft beschloss am 21. November 1961 die Aufnahme des Kuratoriums Kulturelles Frankfurt e.V. in den Kreis der Tochterinstitute. Der Schulterschluss war das Ergebnis einer allmählichen Annäherung,

die in der Zusammenarbeit in dem Ausschuss „Saalbau im Opernhaus“ begonnen hatte. Das im Frühjahr 1957 durch eine Gruppe von Bürgern, zu der neben Industriellen und Gewerkschaftlern auch bekannte kulturell tätige Frankfurter gehörten, ins Leben gerufene Kuratorium war bestrebt, durch private Initiative die Förderung kultureller Einrichtungen in Frankfurt zu ergänzen. Im Gründungsaufruf forderte das Kuratorium, dass „es an der Zeit ist […] über die materiellen Dinge hinaus einen Stil zu finden, der im Geistigen und Kulturellen sich ausdrückt.“[259]

Fleurs et Céramique. Ölgemälde von Henri Matisse, um 1911/13. © VG Bild-Kunst Bonn

In der Anfangsphase entfaltete das Kuratorium Kulturelles Frankfurt eine rege Ausstellungstätigkeit. Zwischen 1958 und 1965 war das Kuratorium an der Verwirklichung von 15 zum Teil recht bedeutenden Ausstellungen beteiligt. Mit dem Frankfurter Kunstverein wurden Projekte im Karmeliterkloster, im Historischen Museum und in den Römerhallen verwirklicht. 1958 begannen die beiden Vereine in kurzen Abständen mit drei Ausstellungen graphischer Arbeiten von Joan Miró und Marc Chagall, gefolgt von einer größeren Ausstellung von Werken Emil Noldes. Mit rund 20.000 Besuchern galt die Nolde-Schau als einer der größten Ausstellungserfolge in Frankfurt nach 1945. Das Kuratorium wurde zu einem Aktivposten im kulturellen Leben der Stadt Frankfurt. Als sich 1962 die Gelegenheit bot, das als „entartete Kunst" von den Nationalsozialisten beschlagnahmte und gegen Devisen ins Ausland verkaufte Bild von Henri Matisse „Fleurs et Céramique" zurück zu erwerben und die Stadtverwaltung nur die Hälfte der geforderten 500.000 Mark aufzubringen vermochte, bemühten sich die Vorstände des Kuratoriums Kulturelles Frankfurt, Hans-Peter Hoheisel und Arnulf Borsche, um die Beschaffung der anderen Hälfte. Hoheisel und Borsche vermochten die Direktoren der Frankfurter Sparkasse von 1822 dafür zu gewinnen, anlässlich des 140-jährigen Bestehens des Geldinstituts 250.000 Mark für den Rückkauf des Matisse-Bildes zu stiften. [260]

Übergabe der Matisse-Spende durch den Vorsitzenden des Verwaltungsrats der Frankfurter Sparkasse, Johannes Becker, an Oberbürgermeister Werner Bockelmann (re.), Juni 1962.

Eine besondere Aufgabe sieht das Kuratorium Kulturelles Frankfurt in der Dokumentation der Frankfurter Kulturgüter. „In einer Zeit, in der sich der Charakter der Stadt vollkommen wandelt, verdienen die kulturellen Traditionen festgehalten zu werden.“[261] Dieser Satz aus einem der Jahresberichte des Kuratoriums Kulturelles Frankfurt war richtungweisend. 1965 veröffentlichte das Kuratorium als erste Vereinspublikation den von Suzanne Beeh-Lustenberger bearbeiteten Band „Glasgemälde aus Frankfurter Sammlungen“. Das Kuratorium finanzierte sich über die Beiträge seiner Mitglieder und über Spenden von Frankfurter Unternehmen. Die Polytechnische Gesellschaft gewährte alljährlich namhafte Zuschüsse.

Zwei Jahrzehnte nach dem Ende des Zweiten Weltkrieges stand die Gesellschaft in einem „Kranz blühender Institute“ wieder auf einer soliden Grundlage. Die Frankfurter Sparkasse von 1822 nahm die Feier des 140-jährigen Bestehens im Jahre 1962 zum Anlass, die Wöhler-Stiftung mit einem Kapital von 100.000 D-Mark wieder aufleben zu lassen. Nach der Erfüllung aller Formalien nahm das unselbstständige Tochterinstitut im Jahre 1965 seine Tätigkeit erneut auf. Zwei Frankfurter Studenten der Technischen Hochschule Darmstadt bekamen ein monatliches Stipendium von je 250 Mark. Außerdem wurden 1965 Studierenden der beiden Frankfurter Staatlichen Ingenieurschulen für Bauwesen und Maschinenbau Buch- und Sachspenden im Werte von 4.000 Mark gewährt.[262] Nach achtzehnjähriger Amtsführung verzichtete Kurt Blaum kurz vor der Vollendung seines achtzigsten Lebensjahres auf die Wiederwahl zum Präsidenten der Gesellschaft. Die Polytechniker ernannten Blaum am 24. März 1964 zum Ehrenmitglied und wählten den Regierungsvizepräsidenten Karlheinz Müller zu seinem Nachfolger.

Bürgersinn und Bürgertat
1966 – 2005

Auf dem Schreibtisch des am 11. April 1966 an einem Herzinfarkt gestorbenen Regierungsvizepräsidenten Karlheinz Müller lag obenauf das handschriftliche Geleitwort für das Jubiläumsbuch zur 150-Jahr-Feier der Polytechnischen Gesellschaft. Der in Wiesbaden lebende Präsident der „Polytechnischen" legte darin für den Verein und für sich selbst ein Bekenntnis zu Frankfurt am Main ab. Von Anfang an sei die Gesellschaft bestrebt gewesen, „der geistigen Idee Frankfurts zu dienen."[263] Müller lobte die Integrationskraft der Mainmetropole. Wer die zur Untertreibung und zur Selbstironie neigende Mentalität annehme, könne schon in der ersten Generation ein „Frankfurter" werden. Für die Akzeptanz als „echter Frankfurter" waren die Liebe zur Stadt und ein ausgeprägter Bürgersinn Voraussetzung. Der Präsident schloss die Einführung mit den Worten: „An der Schwelle der Zukunft wollen wir einen Kristallisationspunkt geistiger Kräfte bilden, ein Senfkorn im geistigen Leben unserer Stadt sein, der unsere ganze Liebe gilt. Unsere Devise heißt wie eh und je: Frankfurt."[264] Bald nachdem er diese Worte zu Papier gebracht hatte, schloss Karlheinz Müller für immer die Augen.

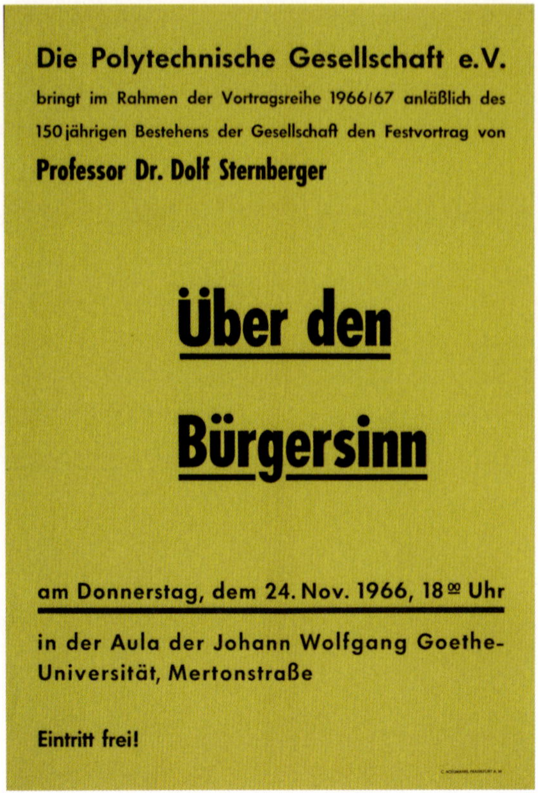

Trotz des Trauerfalls wurde das 150-jährige Bestehen der Polytechnischen Gesellschaft am 24. November 1966 mit einem ganz im Zeichen des Bürgersinns stehenden Festakt in der Aula der Johann Wolfgang Goethe-Universität und einem Empfang im Hotel Frankfurter Hof gebührend gefeiert. Nachdem der neue Präsident der Gesellschaft, Franz Schmidt-Knatz, die zahlreich erschienenen Festgäste begrüßt hatte, ergriff Oberbürgermeister Willi Brundert das Wort. Das Oberhaupt der Stadtverwaltung brach eine Lanze für die aktive ehrenamtliche Mitarbeit der Bürger an der Zukunft ihres Gemeinwesens. Es genüge nicht, eine Großstadt wie Frankfurt nur gut zu verwalten. Ohne das Bürgerengagement, so Brundert, verkümmere das gesellschaftliche Leben. Doch dank der Jubilarin sei ihm um die Mainmetropole nicht bange. In seinem Festvortrag „Über den Bürgersinn" spann der Heidelberger Professor für Politische Wissenschaften, Dolf Sternberger, den Faden weiter, indem er den bürgerlichen Verein als die eigentliche „Zelle des Staates" bezeichnete. Als Merkmal einer freien Gesellschaft böten Vereine ein Forum, „wo man mit seinesgleichen beratschlagt und beschließt, und zwar ebenso wohl aus der Nötigung wie aus der Lust, an den gemeinsamen Angelegenheiten mitzuwirken; nicht aus finsterem ethischem Pflichtgefühl und nicht aus beschränktem ökonomischem Interesse, sondern nun eben – aus Bürgersinn. Und das ist einfach der unmittelbare Drang, gemeinsam unser Milieu, unsere Stadt, auch unseren Staat so einzurichten, daß wir gerne miteinander darin leben."[265]

Die von Sternberger als „cives francofurtenses"[266] bezeichneten Polytechniker hatten mit ihren gemeinnützigen Einrichtungen ganz erheblich zu einer lebenswerten Stadt beigetragen. Der Mensch sei, so der Politikprofessor in Anlehnung an den griechischen Philosophen Aristoteles, von Natur ein politisches und bürgerliches Wesen. Gleichwohl habe Jean Jacques Rousseau eindeutig zu schwarz gemalt, als er den Untergang des Bürgerstaates für den Fall prophezeite, dass auch nur ein Bürger auf die öffentlichen Angelegenheiten achselzuckend mit „Que m'importe!" reagiere (Was geht's mich an!). Umgekehrt, so Sternberger am Ende seines Festvortrags, werde ein Schuh daraus: „Solange es Bürger gibt, einige, eine Anzahl, möglichst eine ausreichende Menge, die von dieser und von jener öffentlichen Angelegenheit sagen ‚Cela m'importe' – Das geht mich an!, da will ich mittun, da wollen wir uns zusammentun –, so lange lebt der Staat. Und so lange lebt die Stadt. Zum Beispiel die Stadt Frankfurt."[267] Auf vielfachen Wunsch ließ der Engere Ausschuss Sternbergers von den Festgästen mit lang anhaltendem Applaus aufgenommene Rede als Broschüre drucken und den Polytechnikern als Weihnachtsgabe übersenden. Zum Jubiläum hatte der Vorstand den Mitgliedern bereits die vom Nestor der Frankfurter Wirtschaftsgeschichte, Franz Lerner, verfasste mehr als 600 Seiten starke Festschrift mit dem treffenden Titel „Bürgersinn und Bürgertat" überreicht.[268] Das Standardwerk des Polytechnikers Lerner durfte fortan in keiner wohlsortierten Bibliothek zur Frankfurter Stadtgeschichte mehr fehlen. Die Polytechnische Gesellschaft zeigte sich zur 150-Jahr-Feier in Geberlaune und spendierte der Aktionsgemeinschaft für den Wiederaufbau der Alten Oper 100.000, dem Städelschen Kunstinstitut 25.000 und der Frankfurter Michael-Schule für geistig behinderte Kinder 25.000 D-Mark. Die Mittel stammten von dem ältesten Tochterinstitut, der Frankfurter Sparkasse, die der Muttergesellschaft für jedes Jahr ihres Bestehens 1.000 D-Mark zur Verfügung stellte.[269]

Im Juni 1972 hatte die Frankfurter Sparkasse von 1822 selbst Grund zum Feiern. Unter dem Slogan „1822 ... imponierend jung" beging die

Großsparkasse ihr 150-jähriges Bestehen. Mit einer Bilanzsumme von knapp 2,8 Milliarden Mark, rund 768.000 Kundenkonten, 76 Zweigstellen und mehr als 1.300 Mitarbeitern stand die 1822er im Jubiläumsjahr glänzend da. Gemessen an den Spareinlagen nahm das polytechnische Institut unter den deutschen Sparkassen den neunten Platz ein. Bei einer 1973 vom Emnid-Institut am Finanzplatz Frankfurt durchgeführten Umfrage schnitt die 1822er entsprechend gut ab. Die Frankfurter Sparkasse erzielte im Vergleich zur Dresdner Bank, zur Deutschen Bank und zur Stadtsparkasse auf die Frage nach dem Bekanntheitsgrad (48, 39, 38 und 28 Prozent) oder nach dem Kundenanteil (37, 12, 13 und 18 Prozent) jeweils das beste Ergebnis. Bei den 18- bis 25-Jährigen erreichte die 1822er jedoch nur einen Anteil von 25 Prozent, womit die Hauptzielgruppe für die Kundenwerbung im Anschluss an die Jubiläumsfeierlichkeiten feststand.[270]

Wie ein roter Faden zogen sich am 12. Juni 1972 die Themen „Bürgertugend – Bürgertat", so auch der Titel des Festvortrags des Frankfurter Religionswissenschaftlers Dieter Stoodt, durch die mehrstündige, in der Höchster Jahrhunderthalle ausgerichteten 150-Jahr-Feier der Spar-

Erich Nazarenus und Wilhelm Moxter überreichen Oberbürgermeister Rudi Arndt (v.l.n.r.) das Sparkassenbuch mit der Spende für den Neubautrakt des Historischen Museums, 12. Juni 1972.

kasse. Günther Weigmann griff Punkt 16 Uhr zum Taktstock, um mit den vom Verein zur Pflege der Kammermusik und zur Förderung junger Musiker engagierten Künstlern und der Ouvertüre der „Feuerwerksmusik" von Georg Friedrich Händel die Veranstaltung zu eröffnen. Nachdem der Leitende Direktor der Frankfurter Sparkasse, Wilhelm Moxter, die Gäste willkommen geheißen hatte, folgten einige Grußworte, so zum Beispiel vom Hessischen Minister für Wirtschaft und Technik, Heinz

Herbert Karry. „Diese einzige freie Sparkasse in Hessen", lobte der FDP-Politiker die Leistungen des Instituts zur Förderung des Gemeinwohls, „habe dabei bewiesen, daß Geld nicht alles ist, sondern lediglich ein Mittel, um Gutes zu tun."[271] Als Präsident der Industrie- und Handelskammer und Vorsitzender der Aktionsgemeinschaft Opernhaus, die seit 1964 mit 217.000 Mark von der Sparkasse unterstützt worden war, überbrachte Fritz Dietz die Glückwünsche der Frankfurter Wirtschaft. Oberbürgermeister Rudi Arndt verließ die Jubiläumsfeier zu später Stunde nicht mit leeren Händen. Der Vorsitzende des Verwaltungsrats der Sparkasse, Erich Nazarenus, hatte ihm während der Feierstunde ein Spendensparkassenbuch mit 2,5 Millionen D-Mark als erste Rate für den Neubau des Historischen Museums überreicht. Die Jubiläumsspende der Frankfurter Sparkasse von 1822 zugunsten des ersten städtischen Museumsneubaus nach dem Zweiten Weltkrieg belief sich insgesamt auf fünf Millionen Mark.[272]

Der Neubau des Historischen Museums war Teil der umstrittenen Bebauung des Dom-Römer-Bereichs, einem heißen Eisen der Kommunalpolitik. Der 1952 begonnene Neuaufbau der Innenstadt hatte aus Unsicherheit über die zukünftige Form des historisch bedeutsamen Herzstücks der Mainmetropole das circa 6.000 Quadratmeter große Areal zwischen Dom und Römer ausgespart. Der 1962/63 aus einem internationalen „Dom-Römer-Wettbewerb" siegreich hervorgegangene Entwurf der Frankfurter Architekten Wolfgang Bartsch, Anselm Thürwächter und Hans Weber wurde wegen fehlender privater Nutzer und Mangel an öffentlichen Mitteln zunächst auf Eis gelegt. Die Architektengemeinschaft hatte für das in den Wettbewerbsbedingungen geforderte Technische Rathaus einen Komplex aus drei unterschiedlich hohen Bürotürmen vorgesehen. Dem exponierten Standort zollten die Architekten Tribut, indem sie die Höhe der neuen Baumasse dem Domschiff der St. Bartholomäuskirche unterordneten, den Türmen durch umlaufende Fensterputzbalkone das gedrungene Aussehen nahmen und die Dachzentralen mit geneigten Schieferdächern ausstatteten. Der preisgekrönte Entwurf bildete nach wie vor die Diskussionsgrundlage, als die geplante U-Bahn-Linie vom Hauptbahnhof zur Seckbacher Landstraße 1969 erneut Bewegung in das Bauvorhaben im Dom-Römer-Bereich brachte. Ein Sonderausschuss der Stadtverordnetenversammlung entwickelte eine Gesamtkonzeption, die im Wesentlichen den Bau der U-Bahnstation „Dom/Römer", den Wiederaufbau des Saalhofkomplexes mit einem Neubautrakt für das Historische Museum, den „Historischen Garten" mit Überresten römischer und karolingischer Bauten, das Technische Rathaus und eine mehrgeschossige Tiefgarage vorsah. Die Modernität und die Massigkeit des Verwaltungs-

Dom-Römer-Bereich, um 1961.

baus und die zum Römerberg gerichtete Betonfassade des Historischen Museums lösten in der von Studentenprotesten ohnehin gebeutelten Stadt heftige Diskussionen aus.[273]

Das seit 1968 von Dieter Berndt geleitete Kuratorium Kulturelles Frankfurt nahm aktiv an dem Diskurs zur Stadtplanung teil. Auf Einladung des Kuratoriums sprach am 30. September 1969 der Frankfurter Planungs- und Baudezernent Hans Kampffmeyer im Rahmen der Vortragsreihe der Polytechnischen Gesellschaft über „Die Gestaltung des Dom-Römer-Bereichs (mit Lichtbildern).“ Anhand von Plänen und Modellfotografien gab sich der Dezernent alle Mühe, die Kritik an der Architektur der Bürotürme zu entkräften. Die Skeptiker sollten sich mit dem Gedanken trösten, dass sich selbst der unansehnliche Henninger-Turm innerhalb weniger Jahre zu einem Frankfurter Wahrzeichen gemausert habe. Eine Rekonstruktion des im Zweiten Weltkrieg zerstörten Altstadtkerns lehnte Kampffmeyer rundweg ab: „Wir würden unsere Aufgabe verfehlen."[274] Den Befürwortern eines originalgetreuen Wiederaufbaus von Altstadthäusern entgegnete der Stadtrat, dass sie ein „Disney-Land in das heilige Herz der Stadt"[275] verpflanzen wollten. In der anschließenden Aussprache führte der Präsident der Polytechnischen Gesellschaft, Schmidt-Knatz, den gelungenen Wiederaufbau der Altstädte von Warschau und Danzig als Gegenbeispiele an. Während die Nikolaikirche mit den alten Gebäuden und dem geplanten Neubautrakt des Historischen Museums auf Schmidt-Knatz einen relativ homogenen Eindruck machte, wirkte auf ihn die Ostseite des Römerbergs bedingt durch das Technische Rathaus schwerfällig. „Er sei", so die Wiedergabe des Diskussionsbeitrags des Präsidenten in der „Frankfurter Allgemeinen Zeitung", „äußerst betroffen über den Gegensatz zwischen den Bürotürmen und der leichten Eleganz der Nikolaikirche. Das könne der Weisheit letzter Schluß nicht sein."[276]

Die Protestwelle bewog die Stadtverordnetenversammlung am 16. Oktober 1969 zu einer öffentlichen Anhörung des Sonderausschusses „Bebauung Dom-Römer-Bereich". Bei der Befragung durch die Stadtverordneten votierten die meisten Architekten des Städtebaubeirats für den 1963 preisgekrönten Wettbewerbsbeitrag, das heißt für das Technische Rathaus und für eine moderne Bebauung der verbliebenen Mittelzone. Als die Entscheidung unmittelbar bevorstand, veranstaltete das Kuratorium Kulturelles Frankfurt am 10. Januar 1970 mit acht Lehrstuhlinhabern für Städtebau ein Kolloquium zur Dom-Römer-Bebauung. Auf einleitende Beiträge von Oberbürgermeister Brundert und dem Vorsitzenden des Kuratoriums Berndt folgte eine dreistündige Marathonsitzung, an deren Ende die Professoren das städtische Konzept unisono bestätigten, mit einer Ausnahme: Der Entwurf für das Technische Rathaus sollte „trotz seiner hohen Qualität" im Hinblick auf das Volumen und die Höhenentwicklung nochmals überdacht werden. Für Änderungen war es indessen zu spät. Gegenanträge der CDU und der FDP zur entscheidenden Magistratsvorlage M 530 „Bebauung des Dom-Römerberg-Bereichs" betrafen das Technische Rathaus. Die SPD-Fraktion zeigte sich unbeeindruckt und beschloss am 19. März 1970 mit ihrer absoluten Mehrheit in der Stadtverordnetenversammlung das gesamte Bebauungskonzept.[277]

Mit der Jubiläumsspende zugunsten des Museumsneubaus am Römerberg setzte die Frankfurter Sparkasse von 1822 ein Zeichen. Vertraulich hatten die beiden Direktoren der 1822er, Wilhelm Bloch und Wilhelm Moxter, schon im Dezember 1968 Oberbürgermeister Willi Brundert über die Absicht der Sparkasse informiert, zur 150-Jahr-Feier mit einer Fünf-Millionen-Spende eine gemeinnützige Einrichtung für die Frankfurter Bürger zu ermöglichen, „die für alle Zeiten im Bewusstsein der Bevölkerung mit dem Namen unseres Instituts verbunden sein soll.“[278] Oberbürgermeister Brundert und Planungsdezernent Kampffmeyer verwendeten sich persönlich bei der Führung des polytechnischen Instituts dafür, die Jubiläumsspende dem geplanten Neubautrakt des Historischen Museums zu widmen. Bei der Übergabe des Spendensparkassenbuchs am 12. Juni 1972 an Oberbürgermeister Rudi Arndt begründete der Vorsitzende des Verwaltungsrats, Erich Nazarenus, die mutige Entscheidung: „Sie werden fragen, warum ermöglichen wir gerade den Wiederaufbau des Historischen Museums? Mit einem anderen Objekt würden wir vielleicht in der Öffentlichkeit mehr Aufmerksamkeit und spontanere Zustimmung erzielen. Ich darf die Frage dahin beantworten, daß wir mit einer Jubiläumsspende nicht nach Effekten haschen, sondern – wie es die Tradition unseres Hauses ist – ohne Rücksicht auf Zeitströmungen ein Werk mitgestalten wollen, das die Beschäftigung und Auseinandersetzung mit der Geschichte unserer näheren Heimat fördert, denn jede Generation steht nun einmal auf dem Fundament der Vergangenheit. Wir sind alle Erben der Geschichte unseres Volkes und seiner Kultur, ob wir wollen oder nicht. Unsere Sparkasse hofft, damit zugleich einen nicht unwichtigen Beitrag zur Bewältigung der Zukunft zu leisten. Denn nur wenn wir die Vergangenheit verstehend begreifen, werden wir die Chance und die Kraft haben, den kommenden Generationen ein Leben in einer besseren, humaneren Welt zu ermöglichen.“[279]

Die städtischen Museen waren die Stiefkinder der Frankfurter Kulturpolitik. Innerhalb der öffentlichen Kulturverwaltung rangierten sie unter „ferner liefen“. Bis 1955 hatte die Stadt in den Wiederaufbau der Universität 15 Millionen, den Bau und die Einrichtung des Großen Hauses fast zwölf Millionen und in den Zoo mehr als fünf Millionen D-Mark investiert. Im Museumsbereich waren lediglich sechsstellige Beträge auf das Liebighaus (218.000 Mark) und auf den Saalhof (488.000 Mark) entfallen. Das Kuratorium Kulturelles Frankfurt richtete am 19. März 1969 in Verbindung mit weiteren Kulturvereinen im Vortragssaal der Frankfurter Sparkasse eine Podiumsdiskussion zum Thema „Frankfurts Museen und ihre Zukunft“ aus, an der sich neben dem freidemokratischen Kulturdezernenten, Karl vom Rath, auch der Direktor des Historischen Museums, Hans Stubenvoll, und der Leiter des Museums für Kunsthandwerk, Peter Meister, beteiligten. Die beiden Direktoren nutzten die Gelegenheit, um den Zustand ihrer Häuser lebhaft zu beklagen. Meister berichtete, dass ihm 1956 bei seinem Amtsantritt eine adäquate Unterbringung des Museums zugesichert wurde. Inzwischen sei die Sammlung zwar zweimal umgezogen, trotzdem könne sie in ihrem derzeitigen Domizil am Schaumainkai nur zu einem Bruchteil ausgestellt werden. Stubenvoll leitete seit 1960 das Historische Museum in dem „Provisorium Saalbau". Die Verwirklichung der seit 1962 vorliegenden Pläne für einen Neubautrakt habe sich von Jahr zu Jahr verzögert. Neuerdings bilde die in Aussicht stehende Jubiläumsspende der Frankfurter Sparkasse einen Silberstreifen am Horizont.[280]

Über den Verlauf der Eröffnungsfeier am 13. Oktober 1972 und das Ergebnis der „Historischen Dokumentation" zur Stadtgeschichte wa-

Das neue Historische Museum Frankfurt am Eröffnungstag, 13. Oktober 1972.

Mittelalter-Abteilung der „Historischen Dokumentation", Oktober 1972.

ren die Finanziers des Historischen Museums nicht besonders glücklich. Der Hessische Kultusminister Ludwig von Friedeburg und Oberbürgermeister Rudi Arndt mussten bei ihren Reden gegen Sprechchöre demonstrierender Schüler ankämpfen, manche Schrifttafeln der noch unvollständigen Dauerausstellung wurden wegen ihrer linkslastigen Geschichtsdarstellung zum Gegenstand öffentlicher Streitdebatten. Auf Einladung des Kuratoriums Kulturelles Frankfurt erläuterten am 31. Januar 1973 der Direktor Hans Stubenvoll und der Gestalter Herbert W. Kapitzki die Konzeption der „Historischen Dokumentation". Wenngleich zum Beispiel die Kritik an der Verwendung des „Klassen"-Begriffs für die mittelalterliche Gesellschaftsordnung ihre Berechtigung hatte, so war es Stubenvoll und seinen Mitarbeitern doch immerhin gelungen, das Historische Museum wenigstens zeitweilig in den Mittelpunkt des kulturpolitischen Interesses zu rücken.[281]

Das Ergebnis der Kommunalwahl am 20. März 1977 stellte die politischen Kräfteverhältnisse in Frankfurt am Main auf den Kopf. Mit 51,3 Prozent der Stimmen erzielte die CDU in der einstigen SPD-Hochburg zum ersten Mal die absolute Mehrheit (SPD: 39,9, FDP: 6,0 Prozent) und stellte mit Walter Wallmann den Oberbürgermeister. Der sozialdemokratische Kulturdezernent, Hilmar Hoffmann, blieb vom Stühlerücken im Magistrat verschont und ging mit Unterstützung von Stadtkämmerer Ernst Gerhardt und Baudezernent Hans-Erhard Haverkampf sowie mit der Rückendeckung des Oberbürgermeisters daran, die seit langem diskutierte Idee des Museumsufers zu verwirklichen. Zu Gast bei der Polytechnischen Gesellschaft stellte Hoffmann am 29. Januar 1980 das Museumsufer-Konzept vor, mit dem das Image von „Mainhattan“ aufpoliert und im Wettbewerb der großen Städte gepunktet werden sollte. Neben den vorhandenen Instituten wie dem Historischen Museum, dem Museum für Vor- und Frühgeschichte, dem Völkerkundemuseum, dem Städel oder dem Liebighaus waren zunächst vier neue Institute für Film, Musik, Architektur und Gegenwartskunst geplant. Das Museum für Kunsthandwerk und das Bundespostmuseum sollten Erweiterungs- beziehungsweise Neubauten erhalten. In seinem mit Adorno-Zitaten gespickten Vortrag veranschlagte der Kulturdezernent die Kosten dieses gewaltigen Museumsneubauprogramms auf rund 110 Millionen D-Mark. Der Löwenanteil war für das Kunsthandwerkmuseum eingeplant. In der städtischen Museumspolitik bestand zwischen den beiden großen Parteien CDU und

SPD ein Grundkonsens. Das Museumsufer bildete das einigende Band.[282]

Für Oberbürgermeister Walter Wallmann waren Bildung und Kultur kein schmückendes Beiwerk, sondern harte Standortfaktoren. Bei der Eröffnung des neuen Kundenzentrums der Frankfurter Sparkasse von 1822 an der Neuen Mainzer Straße legte Wallmann am 16. Januar 1979 im Rahmen der polytechnischen Vortragsreihe seine „Gedanken zur Frankfurter Kommunalpolitik“ dar. Kultur, führte der Oberbürgermeister aus, sei heute das „eigentliche Ferment“ der Kommunalpolitik, da sie ganz entscheidend dazu beitrage, dass sich die Bürger mit ihrer Stadt identifizierten. Der CDU-Politiker bekannte sich zu Offenheit und Toleranz gegenüber dem Kulturleben. „Wir müssen fähig sein“, so Wallmann, „selbst das zu ertragen, was unter dem Anspruch, es sei Kunst, uns in unseren persönlichen Gefühlen verletzt, so bitter das im Einzelfall sein mag. Aber es gibt nie nur ein bißchen Freiheit. Es gibt nur wirkliche Freiheit oder keine.“[283] Von den Verantwortlichen erwartete der Christdemokrat, dass sie für ein „plurales Angebot“ sorgten. Nachdem der Beifall der rund 270 Festgäste verklungen war, überreichte Franz Schmidt-Knatz dem Redner aus aktuellem Anlass eine gemeinsame 50.000-Mark-Spende der Frankfurter Sparkasse und der Polytechnischen Gesellschaft zur Versorgung von Vietnam-Flüchtlingen. Als erste deutsche Großstadt hatte sich Frankfurt am Main zur Aufnahme von 250 Boatpeople bereit erklärt.

Mit dem Umbau der Hauptgeschäftsstelle in der Neuen Mainzer Straße war der Frankfurter Sparkasse von 1822 ein Kunststück gelungen, das an die Quadratur des Kreises erinnert. In eineinhalbjähriger Bauzeit war die aus den Fünfzigerjahren stammende Schalterhalle in ein modernes multifunktionales Kundenzentrum umgebaut worden, in dem tagsüber Bankgeschäfte abgewickelt werden und abends Konzerte stattfinden. Die zur Kunstgalerie hergerichtete umlaufende Empore ergänzt das Miteinander von Kunst und Kommerz. Nach Geschäftsschluss lassen sich die in der Raummitte platzierten, auf Rollen laufenden Schreibplätze und Sitzgelegenheiten für die Kunden im Handumdrehen abräumen und durch eine Bestuhlung für bis zu 900 Konzertbesucher ersetzen. Auf Anraten eines Fachmanns für Akustik wurden die Wände und Decken des Kundenzentrums großzügig mit Holz getäfelt und ein Granitfußboden verlegt, wodurch die Musik weicher klingt und von einem natürlichen Nachhall getragen bis in die hintersten Reihen dringt. Die Gäste der Eröffnungsfeier für das Kundenzentrum bekamen am 16. Januar 1979 einen kleinen Vorgeschmack auf die künftigen Konzertereignisse, als der Pianist und ehemalige Stipendiat des Vereins zur Pflege der Kammermusik, Christian Elsas, auf dem neuen Bösendorfer-Flügel aus Wien Sonaten von Franz Schubert, Alban Berg und Johannes Brahms zum Besten gab. „Wer die viersätzigen Riesendimensionen der Brahms-Sonate“, lobte die „Frankfurter Allgemeinen Zeitung“, „mit so viel Überblick disponiert, klangmächtigen Höhepunkten wie zartesten lyrischen Verdichtungen gleichermaßen ihr

Recht gibt, der weckt Erwartungen auf eine pianistische Zukunft, die man ebenso im Auge behalten sollte wie weitere Klangproben mit wechselnden Besetzungen im jüngsten Konzertsaal Frankfurts."[284]

Die Kammerkonzerte in dem Kundenzentrum der Sparkasse stehen beim Musikernachwuchs als Sprungbrett für eine spätere Karriere hoch im Kurs. Das 200ste Konzert des Vereins zur Pflege der Kammermusik und zur Förderung junger Musiker bestritt am 15. Oktober 1980 das wenige Monate zuvor unter Leitung von Hans-Dieter Resch von Instrumentalsolisten sowie ehemaligen und gegenwärtigen Studenten der Frankfurter Musikhochschule gegründete Orchester „Sinfonietta Frankfurt". Auf dem Programm standen Wolfgang Amadeus Mozarts Serenata notturna D-Dur KV 239, das Klavierkonzert A-Dur KV 488 und die C-Dur-Sinfonie KV 338 mit nachkomponiertem Menuett KV 409. „Junge Menschen", mahnte der Präsident der Polytechnischen Gesellschaft, Schmidt-Knatz, in seiner Begrüßung, „brauchen eine positive Kritik, die sie in ihrer Leistung bestätigt."[285] Der letzte Ton war kaum verklungen, als in dem überfüllten Kundenzentrum Beifall aufbrandete und die Musikliebhaber, wie es bei den Kammerkonzerten in der Sparkasse Brauch ist, eine Zugabe forderten. Einige Zuhörer meinten gar, dass der Bösendorfer-Flügel noch nie so herrlich geklungen habe wie unter Andreas Meyer-Hermann im A-Dur-Konzert.

„Bankenklamm" Neue Mainzer Straße. Fotografie von Horst Winkler, 1977.

Die werbewirksamen Kammerkonzerte zum Nulltarif wurden 1970 auf die Geschäftsstellenbereiche der Frankfurter Sparkasse von 1822 in Hanau, Offenbach und Schwalbach ausgedehnt, wo sie schon bald nicht mehr aus dem kulturellen Leben wegzudenken waren. Nach dem frühen Tod von Günther Weigmann übernahmen 1976 der Rektor und der Prorektor der Frankfurter Musikhochschule, Hans-Dieter Resch und Gerhard Mantel, die Künstlerische Leitung der „Schalterhallenkonzerte". Das musikalische Geschehen in der Neuen Mainzer Straße 49–53 dokumentieren acht zwischen 1970 und 1986 veröffentlichte Langspielplat-

Kammermusikabend im neuen Kundenzentrum der Frankfurter Sparkasse, Dezember 1978.

ten mit Konzertmitschnitten. In memoriam Günther Weigmann erschien 1977 in dieser Reihe eine Schallplatte mit zwei Livemitschnitten aus Kammermusikabenden mit Werken von Franz Berwald und Igor Strawinsky, die noch unter Weigmanns künstlerischer Leitung stattgefunden hatten. Wegen des Umbaus der Sparkassenzentrale mussten die Kammermusikabende im September 1989 zunächst bei freiem Eintritt in den Mozart-Saal der Alten Oper verlegt werden. Die seit 1990 aus dem Eintrittskartenverkauf erzielten Einnahmen leitete der Verein zur Pflege der Kammermusik in Form einer jährlichen 30.000-Mark-Spende an die Frankfurter Musikhochschule weiter. Darüber hinaus spendete der von der Frankfurter Sparkasse finanzierte Verein pro Jahr bis zu 25.000 Mark zur Vergabe von Stipendien an Musikstudenten. Vor dem 300sten Konzert des Vereins zur Pflege der Kammermusik konnte Rektor Resch am 23. Oktober 1991 im Mozart-Saal einen Scheck über 30.185 D-Mark in Empfang nehmen. Mit Prorektor Mantel am Pult brachte die „Sinfonietta Frankfurt" beim Jubiläumskonzert Schuberts Fünfte und Mozarts g-Moll-Sinfonie KV 550 zur Aufführung. Tags darauf lobte die Musikkritikerin Ellen Kohlhaas: „Schlüssige Tempi und dynamische Entwicklungen, sprechend phrasierte Stimmendialoge und Liniengeflechte, sorgsam ausgefeilte Details in niemals zerfallendem Gesamtaufbau, schöner, runder, flexibler Ton bei Streichern wie Bläsern zeichneten die Wiedergabe beider Sinfonien aus."[286]

Die „Aktionsgemeinschaft Opernhaus" löste sich im Januar 1982 auf. Mit der Eröffnung der Alten Oper am 28. August 1981 war die Mission des Vereins erfüllt. In der letzten Sitzung vor der Kommunalwahl hatten die Stadtverordneten im Februar 1977 den Beschluss gefasst, das historische Bauwerk wie vom Magistrat vorgeschlagen als Konzert- und Kongresshaus unter dem Namen „Alte Oper" wiederaufzubauen. Bei der Eröffnung an Goethes Geburtstag im August 1981 bekannte Oberbürgermeister Walter Wallmann gegenüber den 2.300 geladenen Gästen: „Der Wiederaufbau dieses im besten Sinne bürgerlichen Hauses ist mehr als nur die Wiederherstellung eines kulturhistorisch wertvollen Gebäudes. Ihm kommt symbolische Bedeutung zu. Die Frankfurter Bürgerschaft hat sich damit für jene Goethesche bürgerliche Tradition entschieden, in deren Mittelpunkt der Citoyen – und nicht etwa der Bourgeois – steht. Die Alte Oper soll ein Haus für alle, ein architektonischer und kultureller Mittelpunkt eines freien bürgerlichen Gemeinwesens sein."[287] Den Wiederaufbau der „schönsten Ruine Deutschlands" hat sich die Stadt exakt 160,04 Millionen D-Mark kosten lassen, zuzüglich dreißig Millionen Mark für die Inneneinrichtung, die Außenanlagen und die Tiefgarage. Die von Fritz Dietz geleitete Aktionsgemeinschaft hat für das kostspielige Bauprojekt immerhin rund 15 Millionen Mark Spendengelder aufgebracht. Das Kuratorium Kulturelles Frankfurt trug zu dem Spendenaufkommen sein Scherflein bei, indem es seit 1965 von jedem Mitgliedsbeitrag bis zu einem Fünftel an die Aktionsgemeinschaft abführte, insgesamt kamen dabei 71.295 Mark zusammen. In Verbindung mit dem Amt für Denkmalpflege gab der polytechnische Kulturverein 1981 ein Farbposter der Alten Oper heraus und spendete den Verkaufserlös von mehr als 10.000 Mark der Aktionsgemeinschaft. Zusätzlich hat sich das Kuratorium seit der Gründung im Jahr 1957 in zahlreichen Aufrufen, Vorträgen und Publikationen unablässig für den Wiederaufbau der Alten Oper stark gemacht, so zum Beispiel auch in den seit März 1977 von Günther W. Berg verfassten KKF-Kurzinformationen, den „Blauen Blättern".[288] Die Polytechnische Gesellschaft unter-

Von 1970 bis 1986 erschienen acht Schallplatten mit Konzertmitschnitten der Kammermusikabende. Das orangefarbene Album enthält in memoriam des Künstlerischen Leiters, Günther Weigmann, Franz Berwalds Septett B-Dur und Igor Strawinskys „Apollon Musagète", 1977.

Eröffnung der Alten Oper. Fotografie von Tadeusz Dabrowski, 28. August 1981.

stützte den Wiederaufbau der Alten Oper nicht nur finanziell. Ohne den im Jahr 1953 von ihrem Präsidenten Kurt Blaum einberufenen Ausschuss „Rettet das Opernhaus" wäre die Kriegsruine mit Sicherheit der Spitzhacke zum Opfer gefallen.

Die provisorische Unterbringung des Museums für Kunsthandwerk in der ehemaligen Villa Metzler am Schaumainkai 15 war dem letzten Weltkrieg geschuldet. Weil in der im klassizistischen Stil erbauten Villa nur ein Bruchteil der Sammlungen gezeigt werden konnte, fanden von Zeit zu Zeit auf der gegenüberliegenden Mainseite im Dormitorium des Karmeliterklosters Sonderausstellungen statt. Die im Herbst 1973 beschlossene Änderung des Vereinsnamens bildete ebenfalls eine Spätfolge des Krieges. Da der Gebrauch des Begriffs „mitteldeutsch" nach der Teilung Deutschlands nicht mehr opportun erschien, hieß der Mitteldeutsche Kunstgewerbeverein fortan „Kunstgewerbeverein in Frankfurt/Main e. V." Als

1974 die Amtszeit von Direktor Peter Meister endete, berief der Magistrat mit der langjährigen Oberkustodin Annaliese Ohm zugleich die Wunschkandidatin des Kunstgewerbevereins zur Nachfolgerin. Ohm war die erste Frau an der Spitze eines Frankfurter Museums und ein Glücksfall für das Kunsthandwerkmuseum. Innerhalb einer Dekade führte Ohm der Öffentlichkeit mit 32 Sonderausstellungen im Karmeliterkloster und ständig wechselnden Präsentationen am Schaumainkai vor Augen, welche Schätze im Depot des Museums verborgen schlummerten. Dass der Neubau für eine der bedeutendsten Spezialsammlungen Deutschlands zur europäischen, islamischen und ostasiatischen angewandten Kunst auf der Agenda ganz oben stand, als die Stadt das Museumsufer-Projekt anpackte, ging auf den Einsatz der umtriebigen Direktorin zurück. Ohm hatte sich für den Ankauf des benachbarten Grundstücks Schaumainkai 17 eingesetzt und das Raumprogramm als Grundlage für den 1979 ausgeschriebenen internationalen Architektenwettbewerb entwickelt. Die Vorgaben hinsichtlich des Areals betrafen die Berücksichtigung der kubischen Form der Villa als Grundelement für die Entwürfe des Neubaus und den Erhalt der Parklandschaft. Aus dem Realisierungswettbewerb ging im April 1980 der New Yorker Architekt Richard Meyer mit einem auf drei Kuben basierenden Entwurf als Gewinner hervor, das Urteil der Jury erfolgte einstimmig.[289]

Vor der Kulisse der Villa Metzler eröffnete am 26. Februar 1982 Oberbürgermeister Walter Wallmann mit dem ersten Spatenstich die Bauarbeiten für den Erweiterungsbau des Museums für Kunsthandwerk. Die öffentliche Kritik des Landesdenkmalpflegers Gottfried Kiesow und des Stadtplaners Albert Speer, dass der von Richard Meyer entworfene massige Baukörper die klassizistische Villa erdrücke, hatte den Baubeginn nicht verhindert. Der Kunstgewerbeverein unterstützte das auf einen Kostenrahmen von 43,5 Millionen Mark festgelegte Bauprojekt ohne Wenn und Aber. Als sich nach Fertigstellung des Rohbaus im Herbst 1983 abzeichnete, dass der für die Inneneinrichtung eingeplante Betrag von 2,3 Millionen Mark nur für eine einfache Ausstattung hinreichen würde, initiierte der Förderverein eine Spendenaktion. Für einen Mindestbetrag von 300 Mark verkaufte der Kunstgewerbeverein funkelnde Kristalle als Bausteine, die zugleich „ein zauberhaftes Symbol für die Vielfalt des Museums für Kunsthandwerk“[290] darstellten. Die Frankfurter Sparkasse von 1822 und die Polytechnische Gesellschaft gingen mit gutem Beispiel voran und erwarben 130 Bausteine gegen eine Spende von 130.000 Mark. Das Beispiel der Polytechniker machte Schule, sodass der Vorsitzende des Kunstgewerbevereins, Joachim Schwarzkopf, am 17. Januar 1985 Kul-

Flankiert von Stadtverordnetenvorsteher Hans-Jürgen Hellwig, Planungsdezernent Hans-Erhard Haverkampf, Architekt Richard Meier und Kulturdezernent Hilmar Hoffmann (v.l.n.r.) führt Oberbürgermeister Walter Wallmann den ersten Spatenstich zum Erweiterungsbau des Museums für Kunsthandwerk aus, 26. Februar 1982.

turdezernent Hilmar Hoffmann in der zukünftigen Bibliothek des fast fertiggestellten Erweiterungsbaus einen Scheck in Höhe von 750.000 D-Mark überreichen konnte. Der Vorsitzende der 1822er, Wilhelm Moxter, erhöhte den Betrag während der Feierstunde spontan um weitere 40.000 Mark. Mit der zweckgebundenen Spende wurden die Einrichtung der Museumsbibliothek, die Beschaffung von Regalen und Spezialschränken für die Textilabteilung, die Beschriftung der Exponate und die audiovisuelle Ausstattung des Vortragsraums finanziert. In seiner Festrede bewertete Bruno Dechamps, Mitherausgeber der „Frankfurter Allgemeinen Zeitung", das auf Betreiben von Joachim Schwarzkopf zusammengekommene Spendenergebnis als eine typisch Frankfurter Bürgertat.[291]

Bundespräsident Richard von Weizsäcker verband am 25. April 1985 die Eröffnung des erweiterten Museums für Kunsthandwerk mit seinem ersten offiziellen Besuch in Frankfurt am Main. Nachdem Weizsäcker bei der Einweihung des Museumsbaus den gelungenen Brückenschlag zwischen Alt und Neu bewundert hatte, ging das Staatsoberhaupt mit Gefolge zu Fuß über den Eisernen Steg zum Römer, wo es im Kaisersaal von Oberbürgermeister Wallmann als Ehrengast der Stadt begrüßt wurde. Das „weiße Traumschiff" am Frankfurter Schaumainkai 17 galt 1985 als Höhepunkt im Schaffen des Architekten Richard Meyer. In einer von der Wochenzeitung „Die Zeit" veröffentlichten Eloge bezeichnete Manfred Sack das Frankfurter Kunstgewerbemuseum als „eines der schönsten Museen, die es gibt."[292] Meyer war ein großer Wurf gelungen, indem er

Erweiterungsbau des Museums für Kunsthandwerk. Fotografie von Klaus Meier-Ude, 1985.

den im rechten Winkel um die alte Ville gruppierten Kuben die Maße des ehemaligen Landhauses zu Grunde legte und die Flachdächer nicht höher zog als es der First des Villendachs vorgab. Mit vielfältigen Überleitungen vom Innen- zum Außenraum hatte Meier das „Bauhaus-Schloss" in die Parkanlage eingebettet. „Mit Blick nach draußen in den Park", geriet der ehemalige Kulturdezernent Hilmar Hoffmann noch Jahrzehnte später ins Schwärmen, „erschließt sich über zahlreiche die Etagen verbindende Rampen ganz zwanglos der einladende Rundgang, in dessen Verlauf die antiken Exponate ihre Liebkosung durch unsere Gegenwart erfahren. Der Neubau des Museums für Kunsthandwerk ist nur eine, wenn auch die wohl prächtigste Perle in der Kette der Neubauten unseres linken Museumsufers."[293] Der Neubau erwies sich als Besuchermagnet und lockte vom Eröffnungstag bis zum Jahresende 1986 rund 677.000 Besucher an. Der alte Besucherrekord hatte bei 45.740 gelegen und datierte ins Jahr 1975. Als der Reiz des Neuen zu verblassen begann, sanken die

Besucherzahlen in den Kalenderjahren 1989 und 1990 auf unter 200.000. Die verdiente Direktorin Annaliese Ohm war 1987 von Bord gegangen. Zu Ehren der in den Ruhestand getretenen Direktorin erwarb der Kunstgewerbeverein eine silberne Augsburger Toilettengarnitur von 1716/20 und überließ sie dem Museum für Kunsthandwerk als Dauerleihgabe.[294]

Über das im Institut für Bienenkunde während der 30-jährigen Präsidentschaft von Franz Schmidt-Knatz Geleistete sagen nüchterne Zahlen mehr als viele Worte: So wurden zwischen 1966 und 1996 exakt 472 wissenschaftliche Publikationen verfasst, 41 Diplom-, 17 Examens- und

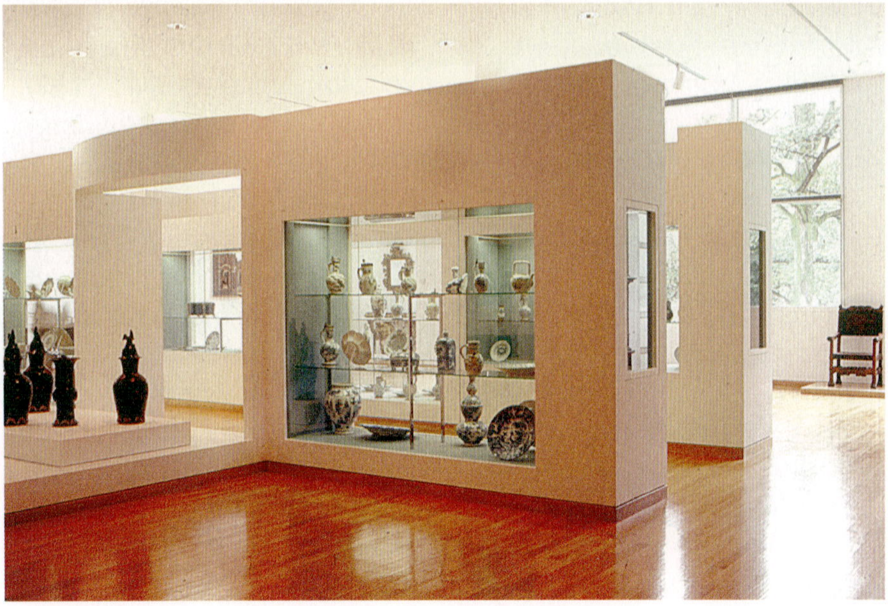

Schauraum im Museum für Kunsthandwerk, Frühjahr 1985.

26 Doktorarbeiten fertiggestellt, 22 Schulabgänger zu Imkergehilfen ausgebildet sowie 27.450 Kindergarten- und Schulkinder durch den Bienengarten geführt. Die Basis für das erfolgreiche Wirken bildete der 1964 zwischen der Polytechnischen Gesellschaft und der Johann Wolfgang Goethe-Universität vereinbarte Kooperationsvertrag sowie der Ausbau des Instituts. Während die Gesellschaft durch Zukäufe das Institutsgelände am Rand von Oberursel erweiterte, bemühte sich der neue Institutsleiter Friedrich Ruttner in Verbindung mit dem Direktor des Zoologischen Instituts der Universität, Martin Lindauer, bei der Stiftung Volkswagenwerk erfolgreich um Drittmittel für den Bau eines modernen Laborgebäudes. Der im November 1967 von der Philipp Holzmann AG übergebene Anbau wurde am 28. Juni 1968 offiziell eingeweiht. Unterdessen ließ die Polytechnische Gesellschaft das alte Institutsgebäude renovieren, in dem sich weitere Laborräume, Geräte- und Schleuderräume sowie ein Honiglager befanden. Von einem trockenen und warmen Sommer begünstigt

Der Frankfurter – Franz Schmidt-Knatz

Der 1913 geborene Bankierssohn stammte aus einer seit Generationen in Frankfurt ansässigen Familie. Nachdem Schmidt-Knatz die Musterschule erfolgreich absolviert hatte, studierte er bis zum 1934 abgelegten Ersten Staatsexamen Jura in Heidelberg, München und Kiel. An der Alma Mater seiner Vaterstadt promovierte der angehende Jurist bei Erich Genzmer mit einer Arbeit über die wirtschaftlichen Grundlagen und die rechtliche Gestaltung des Bausparvertrags. Die Zulassung zum Rechtsanwalt erhielt Schmidt-Knatz 1946 nach seiner Rückkehr aus der Kriegsgefangenschaft, 1952 wurde er zum Notar bestellt. Da er beruflich Fuß gefasst hatte, begann sich der überzeugte Frankfurter ehrenamtlich für das Gemeinwohl zu engagieren und fand 1954 in der Polytechnischen Gesellschaft Aufnahme. Als die Gesellschaft im Jubiläumsjahr 1966 nach dem plötzlichen Tod von Karlheinz Müller dringend einen neuen Präsidenten benötigte, fiel die Wahl auf den etablierten Rechtsanwalt und Notar Franz Schmidt-Knatz, der sich seit Juni 1965 als Mitglied des Kuratoriums der Stiftung Blindenanstalt im Ehrenamt bewährt hatte.
„SK", so das interne Namenskürzel für Schmidt-Knatz, hat das Präsidentenamt vom 12. Mai 1966 bis zum 26. April 1996 und somit länger als jeder andere bekleidet. Kraft seines Amtes stand „SK" zugleich in sämtlichen Führungsgremien der polytechnischen Tochterinstitute in der Verantwortung. So wirkte er unter anderem als Vorsitzender des Kuratoriums der Stiftung Blindenanstalt (ab 1972), des Vorstandes des Vereins zur Pflege der Kammermusik, des Verwaltungsausschusses der Wöhlerstiftung und des Instituts für Bienenkunde sowie als einfaches Vorstandsmitglied im Kunstgewerbeverein und im Kuratorium Kulturelles Frankfurt. Der Verwaltungsrat der 1822er wählte Schmidt-Knatz im Februar 1974 zum neuen Vorsitzenden, womit erstmals in der Geschichte der Frankfurter Sparkasse der amtierende Präsident der Polytechnischen Gesellschaft beide Positionen in Personalunion bekleidete. Nach der 1989 vollzogenen Fusion der Frankfurter Sparkasse mit der Stadtsparkasse Frankfurt teilte sich Schmidt-Knatz bis 1994 den Verwaltungsratsvorsitz im jährlichen Wechsel mit Stadtkämmerer Ernst Gerhardt. In seiner Antrittsrede als Präsident der Polytechnischen Gesellschaft stellte Hans-Jürgen Hellwig am 26. April 1996 das Wirken seines Vorgängers unter das Motto „Ehrenamtlicher Dienst am Gemein-

wohl" und ehrte den Lateiner mit der Feststellung „Franz Schmidt-Knatz de Societate Polytechnica bene meritus" (Franz Schmidt-Knatz hat sich um die Polytechnische Gesellschaft besonders verdient gemacht). Auf Vorschlag des Engeren Ausschusses wählte die Mitgliederversammlung Schmidt-Knatz im April 1996 zum Ehrenmitglied und stellte ihn in eine Reihe mit August Anton Wöhler oder Kurt Blaum.

Von Hause aus ein eher bescheidener Mensch wunderte sich Schmidt-Knatz 1993 bei seiner Verabschiedung aus dem Kuratorium der Stiftung Blindenanstalt über die auf seine Person gehaltenen Lobreden: „Ich bin gerührt und erstaunt, was ich alles geleistet haben soll."[295] Der hoch gewachsene Jurist hat für sein ehrenamtliches Engagement zahlreiche Auszeichnungen erhalten. So zeichnete ihn die Stadt Frankfurt 1984 mit der für Verdienste auf kommunalpolitischem, kulturellem oder sozialem Gebiet verliehenen Ehrenplakette aus. Das Bundesverdienstkreuz 1. Klasse und die Ehrensenator-Würde der Johann Wolfgang Goethe-Universität hatte Schmidt-Knatz schon 1980 verliehen bekommen. Zum Ehrensenator konnte ernannt werden, wer sich in hervorragender Weise um die Universität verdient gemacht hatte, ohne ihr persönlich anzugehören. Der Präsident der Polytechnischen Gesellschaft wurde 1980 für die Förderung des Instituts für Bienenkunde geehrt. „Durch den Einsatz von Herrn Dr. Schmidt-Knatz", begründete der Senat der Universität die akademische Ehrung, „hat das Institut in den 60er Jahren einen beachtlichen Ausbau erfahren; es ist heute eine weltweit anerkannte Lehr- und Forschungsstätte für Bienenkunde."[296] Mit Franz Schmidt-Knatz verlor die Polytechnische Gesellschaft am 21. Juni 2002 einen großen Präsidenten.

Franz Schmidt-Knatz (1913–2002). Ansprache zur 150-Jahr-Feier der Frankfurter Sparkasse. Fotografie von Klaus Meier-Ude, 12. Juni 1972.

erntete das Institut 1967 rund 1.050 Kilogramm Honig. Für den eigenen Bienenbestand von 150 Völkern, für Experimente und für Imker wurden in dem Stichjahr circa 700 Bienenköniginnen gezüchtet. Im Auftrag der Veterinärbehörden oder von Imkern untersuchten die Mitarbeiter des Instituts 1967 mehr als 1.300 Bienenproben auf seuchenhafte Erkrankungen. Friedrich Ruttner brachte die hoch entwickelte imkerlich-handwerkliche Praxis mit moderner biologischer Grundlagenforschung unter einen Hut, was schon bald die ersten wissenschaftlichen Lorbeeren einbrachte. Neue Erkenntnisse zur Paarungsbiologie oder die globale Erfassung der Honigbienenrassen sorgten weltweit für Anerkennung. Das wissenschaftliche Renommee und die räumliche Erweiterung verlangten nach zusätz-

Der aus Mitteln der Stiftung Volkswagenwerk errichtete Erweiterungsbau des Bieneninstituts, Frühjahr 1968.

lichem Personal. Die Johann Wolfgang Goethe-Universität kam nicht umhin, einen weiteren wissenschaftlichen und mehrere technische Mitarbeiter für das Bieneninstitut in den Stellenplan des Fachbereichs Biologie aufzunehmen. Ruttners effektive Arbeitsgruppe lockte Examenskandidaten und Doktoranden sowie Gastforscher aus aller Herren Länder nach Oberursel im Taunus.[297]

Das Institut für Bienenkunde kam 1971 und 1975 erneut in den Genuss von Fördermitteln der Stiftung Volkswagenwerk. Die von der Bundesrepublik Deutschland und dem Land Niedersachsen zur Förderung von Wissenschaft und Technik in Forschung und Lehre gegründete privatrechtliche Stiftung stellte dem polytechnischen Institut zur baulichen Erweiterung und insbesondere zur Einrichtung von Bienenflughallen fast eine halbe Million D-Mark zur Verfügung. Die vollklimatisierten Hallen bieten bei 28 bis 35 Grad Celsius und einer hohen Luftfeuchtigkeit ideale Bedingungen für eine von der Witterung unabhängige Forschungsarbeit und für die Haltung bis dahin fast unbekannter tropischer Honigbienenarten. In den Flugräumen, die 1975 in einer hinter dem „Camp King" gelegenen Halle des ehemaligen Reichssiedlungshofs eingerichtet wurden, ließen sich erstmals Völker aller vier bekannten Bienenarten halten und studieren: die Riesenhonigbiene, die Zwerghonigbiene, die asiatische oder indische Honigbiene sowie die in Europa und in Afrika vorkommende einheimische Biene. Als Dozent am Oberurseler Institut widmete sich Nikolaus Koeniger Mitte der Siebzigerjahre der Erforschung des Alarm- und Aggressionsverhaltens der mit einem Stachel bewehrten Bienen. Bei

Friedrich Ruttner demonstriert den ruhigen Wabensitz und die Sanftmut der Bienen, um 1975.

der von Koeniger betriebenen Züchtung einer „sanften Biene“ ging es im Endeffekt um die Zukunft der Imkerei in der Bundesrepublik, nicht mehr und nicht weniger. Bis auf wenige Ausnahmen sahen die etwa 90.000 Imker in der Bienenhaltung und in der Honigbereitung nur noch einen Nebenerwerb, zumal es immer schwieriger wurde, geeignete Plätze zum Aufstellen der Bienenstöcke zu finden. Weil die Hobbyimker näher an Gärten und Wohngebiete heranrückten, häuften sich in der Bevölkerung die Klagen über schmerzhafte Bienenstiche. Das Institut für Bienenkunde hatte bereits zu Beginn der Fünfzigerjahre unter Verwendung der relativ „friedliebenden“ österreichischen Krainer-Bienen mit der Züchtung einer sanften Biene begonnen. Nach einem speziellen Auswahlverfahren wurden nur die sanftesten Bienen vermehrt, sodass um 1975 bei den Oberurseler Zuchtköniginnen Stiche am Menschen kein Thema mehr waren. Unter 1.000 Kindern aus 56 Schulklassen, die den Bienengarten des Instituts besucht und dabei die Insekten hautnah erlebt hatten, war es zu keinem Zwischenfall gekommen.[298]

Im Februar 1977 geriet das polytechnische Institut für Bienenkunde in helle Aufregung: Auf Winterwindeln institutseigener Versuchsvölker waren Varroa-Milben entdeckt worden! Die Milbe nistet zwischen den Chitinschalen der Biene und ernährt sich und ihren Nachwuchs von der Körperflüssigkeit des Wirtstiers, das an dem Parasitenbefall stirbt. Die Bienenseuche verbreitete sich seit Anfang der Siebzigerjahre von Asien aus über den gesamten Erdball und wurde zu einem „Weltproblem der Imkerei“. In Oberursel hatte sich die erst 1975 entdeckte Varroa-Milbe vermutlich über im Vorjahr aus Pakistan importierte Cerana-Völker eingenistet. Von den 200 Bienenvölkern des Instituts war im März 1977 jedes fünfte mit der Milbe befallen. Um eine weitere Verschleppung der Varroatose möglichst zu verhindern, ordnete der Landrat des Hochtaunuskreises die Einrichtung von Sperrgebieten in einem Radius von einem Kilometer um die Stände des Instituts für Bienenkunde an. Trotzdem waren zwei Jahre nach der Entdeckung der Oberurseler Varroa-Milben in ganz Hessen 1.200 der 80.000 Bienenvölker von dem Parasiten befallen. Sofort nach dem Bekanntwerden der Hiobsbotschaft hatte Friedrich Ruttner ein hoch qualifiziertes Team zur Abwehr der Bienenseuche zusammengestellt. Mit Hochdruck wurde an der Erforschung der Milbe und an der Suche nach einem geeigneten Gegenmittel gearbeitet, wobei die Hauptschwierigkeit darin bestand, dass der Wirkstoff für den Parasiten giftig und für den Wirt unbedenklich sein sollte und überdies im Honig keine Rückstände hinterlassen durfte. Ruttner setzte die Varroatose-Forschung auch nach seiner Emeritierung im Mai 1981 fort und konnte gegen Ende des Jahres mit dem Pflanzenschutzmittel K 79 (Chlordimephormhydrochlorid) einen ersten Erfolg verbuchen.[299]

Der neue Leiter des Instituts für Bienenkunde, Nikolaus Koeniger, war bei seinem Amtsantritt am 6. Mai 1981 in Oberursel kein Unbekannter. Koeniger hatte 1968 bei Ruttner zum Thema „Über die Fähigkeit der Bienenkönigin zwischen Arbeiterinnen- und Drohnenzellen zu unterscheiden" promoviert und anschließend zunächst als Stipendiat der Deutschen Forschungsgemeinschaft und später als Dozent an dem polytechnischen Tochterinstitut gearbeitet. Das Verhältnis Koenigers zum Bieneninstitut war nachgerade familiär, denn auch seine Ehefrau erlangte 1968 bei Ruttner den Doktorgrad. In Fachkreisen sorgte Gudrun Koeniger mit den ersten Fotografien vom Hochzeitsflug einer Bienenkönigin für Furore. Nikolaus Koeniger habilitierte sich 1978 für das Fach Zoologie und folgte Anfang 1980 einem Ruf als „Associate Professor of Apiculture" an die Universität in Guelph (Ontario). Bei seiner Rückkehr aus Kanada fand der neue Institutsleiter im Mai 1981 seuchenbedingt nur noch neunzig Bienenvölker vor. Unter Anleitung von Koeniger gelang es den Imkermeistern des Instituts, die Anzahl der Völker binnen Jahresfrist auf die „Sollstärke" von 180 zu erhöhen. Die Gemeinde Oberursel gab 1982 einem Antrag Koenigers statt und änderte den Namen der Straße, an der das Institut für Bienenkunde liegt, von „Im Rosengärtchen" in „Karl-von-Frisch-Weg". Der österreichische Zoologe und Nobelpreisträger hatte den Orientierungssinn von Fischen und Bienen erforscht und dabei die „Sprache" der Bienen entdeckt. Das Oberurseler Bieneninstitut führt den Namen des im Juni 1982 verstorbenen Karl von Frisch, dem es wertvolle Anregungen und Förderungen verdankte, seither im Briefkopf. Die 50-Jahr-Feier des Instituts fiel im September 1987 mit der Einweihung eines Dachaufbaus auf dem Laborgebäude zusammen. Das alte Flachdach war durch ein Satteldach ersetzt worden, unter dem die Bibliothek des Instituts und die deutsche Redaktion der internationalen Fachzeitschrift „Apidologie" Platz fanden.[300]

Im Karl-von-Frisch-Weg 2 wird „bienenfleißig" gelehrt und geforscht. Dem Fachbereich Biologie zugeordnet bestimmt der universitäre Alltag das Geschehen im Institut für Bienenkunde, wo Lehrveranstaltungen für Studenten abgehalten sowie Arbeitsplätze für Examenskandidaten, Doktoranden und Gastforscher bereitgestellt werden. Aufgrund der Mitarbeit in internationalen Verbänden, der Organisation von Kongressen und der Publikation von wissenschaftlichen Beiträgen gehört das Oberurseler

Institut zu den ersten Adressen auf dem Gebiet der Bienenkunde. Forschungsschwerpunkte waren Anfang der Neunzigerjahre die Genetik, die Physiologie des Verhaltens und die Fortpflanzung der Biene. Zudem gewann die Beratung und Betreuung von Entwicklungsprojekten zur Förderung der Bienenhaltung in Afrika und Asien an Bedeutung. In Europa bildete die Suche nach einer wirksamen und zugleich biologisch unbedenklichen Behandlungsmethode der Varroatose nach wie vor die größ-

Ausländische Gäste im Institut für Bienkunde: Jerzy Woyke aus Polen und Tadaharu Yoshida aus Japan mit Nikolaus Koeniger (li.), 1985

te Herausforderung der Imkerei. Das Institut für Bienenkunde ist kein Elfenbeinturm. Die polytechnische Einrichtung hält mit ihrem Wissen nicht hinter dem Berg, sondern bietet Imkern, Schulen und an der Biologie Interessierten Vorträge, Führungen und Publikationen an. Die Institutsleiter befruchten mit ihren Beiträgen das Vortragsprogramm der Polytechnischen Gesellschaft, die bis heute einen abstrahierten Bienenkorb in ihrem Emblem führt.[301]

Der Geschäftsbericht der Frankfurter Stiftung Blindenanstalt für das Jahr 1988 ist ein Dokument des Umbruchs. „Die Übernahme neuer Aufgaben", erklärte der Verwaltungsdirektor des selbstständigen Tochterinstituts der Polytechnischen Gesellschaft, Detlef Hartung, damals, „führt zu einer Änderung der bisherigen Struktur der Stiftung Blindenanstalt von einer Wohnanlage mit begleitenden Rahmendiensten zu einem Zentrum der Blindenarbeit mit einer breiten Angebotspalette, die sich nicht nur für die Mieter der Wohnanlage erschöpft, sondern teilweise bundesweit genutzt werden kann."[302] Der Strukturwandel im Blindenwesen hatte sich 1976 mit der Schließung der Werkstätten angekündigt. Die jungen

Blinden wollten keine Körbe mehr flechten oder Bürsten binden, sondern strebten beispielsweise eine Ausbildung zum Programmierer oder Datenverarbeitungskaufmann an, um sich später in der freien Wirtschaft behaupten zu können. Die moderne Sozialgesetzgebung funktioniert nach dem Prinzip der Hilfe zur Selbsthilfe und ermöglicht es Behinderten auch finanziell auf eigenen Füßen zu stehen. Der Wunsch nach mehr Selbstständigkeit ging mit der Ablehnung des Anstaltslebens einher, weshalb sich Ende der Siebzigerjahre in dem über 33 Einzelzimmer mit Gemeinschaftsküchen und -bädern verfügenden Hauptgebäude in der Adlerflychtstraße nur noch sechs Bewohner verloren. Die Blindenanstalt erhielt von 1979 bis 1983 eine Verjüngungskur und wurde in eine Wohnanlage mit 46 modernen blinden- und behindertengerechten Ein- bis Dreizimmerappartements umgestaltet. Bei Bedarf konnten sich die rund sechzig Mieter (Stand: Mai 1987) mit Mahlzeiten versorgen lassen oder Putz- und Begleitdienste in Anspruch nehmen. Insgesamt lebten im Frühjahr 1984 etwa 1.100 Blinde in Frankfurt am Main. Das unter der Leitung des langjährigen Verwaltungsdirektors Hans-Wilhelm Felden begonnene Sanierungsprojekt wurde nach dessen Pensionierung am 31. August 1982 von seinem Nachfolger Werner Mehlfeldt vollendet. Auf Mehlfeldt folgte am 1. Juli 1985 Detlef Hartung im Amt des Verwaltungsdirektors.[303]

Mit dem 31-jährigen Diplomkaufmann Hartung hielt die Computertechnik Einzug in die Blindenanstalt. Beim Computerriesen IBM wurde im November 1986 in Frankfurt eine Neuentwicklung vorgestellt, mit deren Hilfe blinde Nutzer Bildschirmtexte ertasten können. Dabei werden die auf dem Bildschirm auftauchenden Informationen über einen Adapter in Brailleschrift umgewandelt, deren Symbole auf einem besonderen Display zu ertasten sind. Das neue Gerät ist für die Menschen ohne Augenlicht der Schlüssel zur Welt der elektronischen Datenverarbeitung. Den Adapter sowie das dazugehörige fünfzig mal zehn Zentimeter große Zusatzgerät hatte die Deutsche Blindenstudienanstalt in Marburg entwickelt, das Set kostete rund 15.000 D-Mark. Damit Sehbehinderte sich die Computertechnik zu eigen machen konnten, eröffnete die Frankfurter Blindenanstalt am 15. Dezember 1988 das Dokumentarische Institut. IBM unterstützte die Neugründung mit einer Geldspende zur Einrichtung von zwei PC-Arbeitsplätzen und der Abordnung eines Computerfachmanns in die Adlerflychtstraße. In einem von der Bundesanstalt für Arbeit und dem Landeswohlfahrtsverband getragenen Pilotprojekt organisierte das von Andreas Heinecke geleitete Institut in Verbindung mit dem Hessischen Rundfunk und dem Südwestfunk die Ausbildung blinder Akademiker zu Hörfunk-Dokumentaren. Der in Deutschland einzigartige Ausbildungsgang begann mit zwei Kandidaten, einem von

Geburt an blinden Diplomdolmetscher und einem hochgradig sehbehinderten Lehrer. Beide mussten zunächst einen vierwöchigen Kurs in elektronischer Datenverarbeitung im Dokumentarischen Institut absolvieren, bevor sie in einer Rundfunkanstalt zwei Jahre lang von einem Lehrdokumentar ausgebildet wurden. Die Tätigkeit des Dokumentars besteht im Großen und Ganzen darin, aufgezeichnete Sendungen nach inhaltlichen und formalen Kriterien zu erfassen und in ein Datensystem einzugeben. Im zweiten Jahr besuchten die Auszubildenden im Lehrinstitut für Dokumentation in Frankfurt einen 13-wöchigen Theoriekurs, an dessen Ende sie eine Prüfung ablegten.[304]

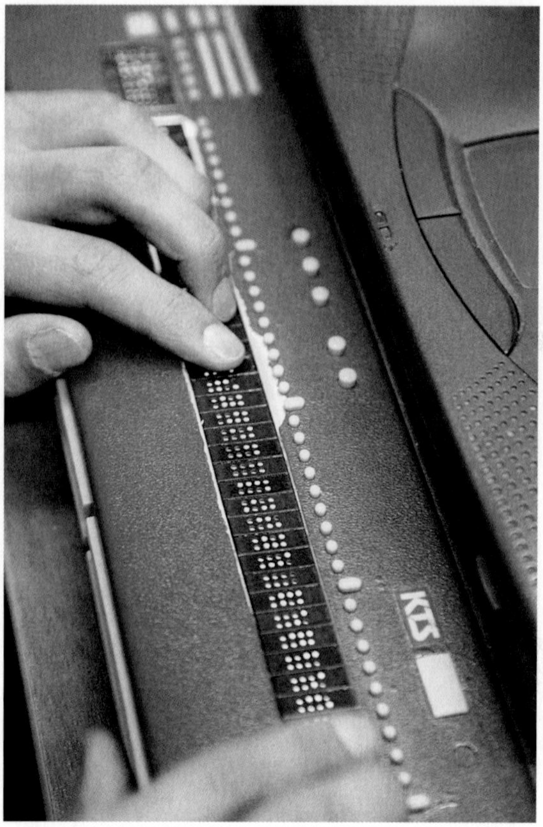

Braillezeile zur Darstellung des Bildschirmtextes in Punktschrift, um 2007.

Weitere zukunftsweisende Projekte des Dokumentarischen Instituts betrafen die vom Bundesministerium für Forschung und Technologie finanzierte Studie „Nutzbarmachung von elektronisch verfügbarer Fachinformation für Blinde und Sehbehinderte“ oder die „Elektronische Tageszeitung“ für Blinde. „Eine Tageszeitung einmal selbst lesen zu können“, bekannte der Vorsitzende des Deutschen Blindenverbandes, Armin Kapallo, im Oktober 1989 beim Start der Testphase, „das ist für mich wie auch für viele andere blinde Menschen schon lange ein Traum.“[305] Gemeinsam mit dem Blindenverband, IBM und dem Verlag der „Frankfurter Rundschau“ erprobte die Stiftung Blindenanstalt mit Erfolg die tagesaktuelle elektronische Übermittlung der „FR“. Bis Mitternacht übertrug der Verlag den Datensatz der anderentags erscheinenden Ausgabe mit Hilfe eines Modems von der Großen Eschenheimer Straße zum Dokumentarischen Institut in der Adlerflychtstraße. Dort bereitete ein Redakteur die Daten für die blinden Leser auf, indem er zum Beispiel für jeden Artikel Schlagwörter vergab, um das gezielte Auffinden bestimmter Informationen zu erleichtern. Anschließend wurde der Text in die Mailbox der Blindenanstalt gestellt und zugleich, auf Disketten kopiert, an die Abonnenten per Post verschickt. Die elektronisch übermittelten Zeitungstexte konnten von den Lesern entweder über einen „Großschriftbildschirm“ oder über ein die ertastbare Blindenschrift darstellendes Display aufgenommen werden. Außerdem gab es eine synthetische Sprachausgabe, bei der die digitale Zeitung in Sprachimpulse umgewandelt und vorgelesen wurde. Im Sommer 1993 hatte die „Elektronische Zeitung“ für Blinde rund sechzig über ganz Deutschland verteilt lebende Abonnenten. Ab einem festen Stamm von 500 Lesern sollte sich die „Elektronische Zeitung“ selbst tragen.[306]

Der „Dialog im Dunkeln“ öffnete Sehenden die Augen für die Lebenswelt der Blinden. Die Stiftung Blindenanstalt beteiligte sich zusammen mit IBM und den kooperierenden Rundfunkanstalten an der REHA ’89 in Düsseldorf mit einem Gemeinschaftsstand, an dem die Arbeit des „Dokumentarischen Instituts“ vorgestellt wurde. Als Beitrag für das kulturelle Rahmenprogramm der REHA ’89 hatte der Leiter des Instituts, Andreas Heinecke, mit dem Kölner Akustikdesigner Axel Rudolph die Rauminstallation „Dialog im Dunkeln“ kreiert. In einem völlig abgedunkelten Raum wurden alltägliche Situationen nachgestellt. Der Besucher schlüpfte in die Rolle eines Blinden und lernte, sich anhand von Geräuschen, Bodenbelägen oder Gerüchen zu orientieren. Im Ausgangsbereich konnten sich die Besucher in der „Louis Braille-Bar“, einem Café im Dunkeln, stärken und die Erlebnisse Revue passieren lassen. Der „Dialog im Dunkeln“ wurde während der REHA ’89 vom Publikum begeistert aufgenommen und im Juni/Juli 1990 im Frankfurter Künstlerhaus Mousonturm mit großem Erfolg wiederholt. Die ungewöhnliche Rauminstallation tourte anschließend durch halb Europa, musste aber von der Stiftung Blindenanstalt im Dezember 1995 aus Kostengründen aufgegeben werden.[307]

Die 1988/89 von der Frankfurter Blindenanstalt und dem Blindenbund Hessen gemeinsam in der Adlerflychtstraße eröffnete „Hilfsmittelberatungsstelle“ ist bis heute in Betrieb. Die Mitarbeiter der Beratungsstelle stehen Blinden, Sehbehinderten und Taubblinden sowie deren Angehörigen aus Frankfurt und Umgebung unbürokratisch mit Rat und Tat zur Seite. Die Unterstützung in Bezug auf Schreib- und Lesehilfen beschränkt sich nicht auf Produktinformationen zu Punktschriftmaschinen oder Bildschirmlesegeräten. Zusätzlich besteht die Möglichkeit, Einzelunterricht im Umgang mit dem PC und in computergestützter Brailleschrift zu erhalten. Von der Beratungsstelle werden als Mobilitätshilfen der weiße Stock und die gelbe Armbinde mit den drei schwarzen Punkten ausgegeben, ohne die ein Blinder nicht das Haus verlassen darf – es sei denn, er ist in Begleitung eines Führhundes. Als Orientierungshilfen vertreibt die Beratungsstelle Reliefkarten, auf denen sich Blinde eine Vorstellung vom Frankfurter Stadtgebiet oder vom Streckennetz der S- und U-Bahnlinien ertasten können. Die Frankfurter Lions Clubs hatten die Entwicklung und die Herstellung von drei unterschiedlichen Reliefkarten finanziert. Die Kinderhilfestiftung e.V. ermöglichte mit einer Geldspende die Eröffnung der „Spieliothek“ für Blinde am 15. Januar 1991. Zuvor hatten ehrenamtliche Mitarbeiter der Stiftung Blindenanstalt handelsübliche Einzel- und Gesellschaftsspiele mittels Beschriftungen, Markierungen oder Fixierungen blindengerecht umgerüstet. Den kostenlosen Ausleihservice der „Spieliothek" nahmen 1991 bereits 136 Blinde aus Deutschland und mehreren Nachbarstaaten in Anspruch. Die Frankfurter Blindenanstalt ist eine sozial-kreative Einrichtung.[308]

„Hände, die sehen können" lautete im Juni 1989 der Titel einer Skulpturen-Ausstellung in der Berliner Gedächtniskirche aus Anlass des Evangelischen Kirchentags. Die „Gruppe 37" der Frankfurter Blindenanstalt war in der Gedächtniskirche mit 15 Kunstwerken aus Steatit, besser bekannt als Speckstein, vertreten. Auf Initiative des Bildhauers Dieter Josef Bauer hatte sich im Mai 1988 ein kleiner Kreis von blinden, sehbehinderten und sehenden Laien gebildet, die sich unter Anleitung des freischaffenden Künstlers kreativ betätigen wollten. Der Workshop nannte sich in Anlehnung an das Gründungsjahr 1837 der Blindenanstalt „Gruppe 37".

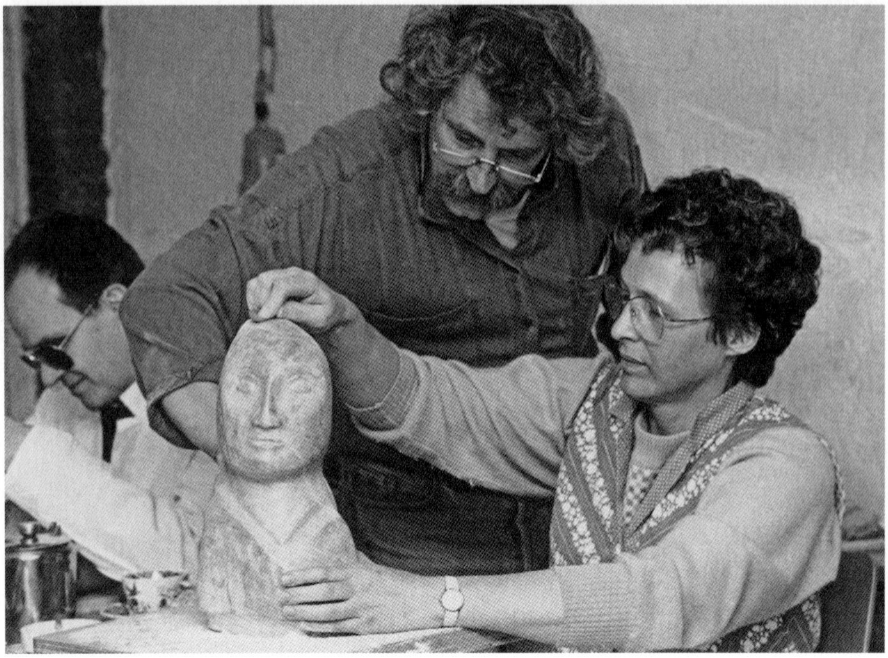

Bildhauer Dieter Josef Bauer leitet eine sehbehinderte Künstlerin der Werkstatt-Galerie 37 an. Fotografie von Jochen Günther, März 1989.

Wie sein großes Vorbild Joseph Beuys ist Bauer davon überzeugt, dass jeder Mensch ein Künstler ist. Die Stiftung sah in der Künstlergruppe einen willkommenen Beitrag zur Rehabilitation und Integration und eröffnete im Dezember 1989 in Räumen des Dokumentarischen Instituts die „Galerie 37". Noch während der Vernissage sorgte der kunstverständige Honorarkonsul Karl Heinz Arnold für ein Erfolgserlebnis der besonderen Art, als er die komplette Ausstellung für sein privates Frankfurter Museum für Kunst in Steatit erwarb. „Diese Skulpturen", lobte Arnold, „sind qualitativ so hochwertig, daß sie das Museum um wertvolle Stücke bereichern."[309] Das Urteil des Speckstein-Sammlers war dem Leiter der „Gruppe 37", Dieter Josef Bauer, aus dem Herzen gesprochen. Im Interview mit der „Frankfurter Allgemeinen Zeitung" bescheinigte der Bildhauer seinen Schülern im März 2002 einen eigenen Stil. „Die sanften Wölbungen", wurde Bauer in dem Artikel wiedergegeben, „und akkurat gezogenen Rillenstrukturen der leuchtenden Skulpturen aus Sandstein könne man jedoch am besten mit dem Tastsinn erleben. Dem Auge bleibe der Reichtum dieser Kunstwerke aber oftmals verschlossen."[310]

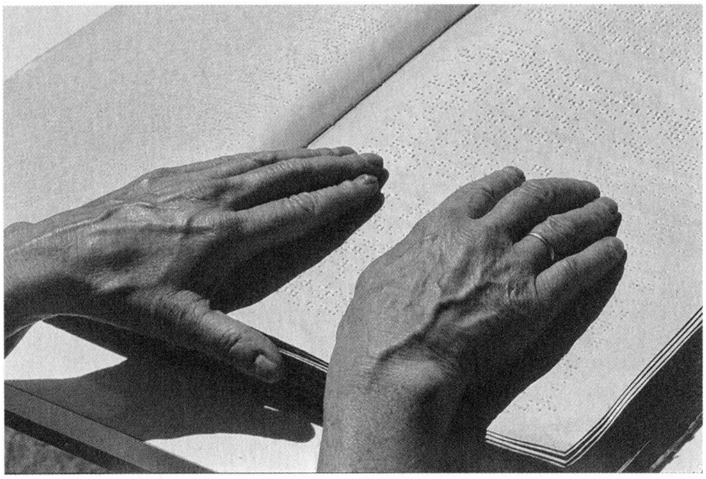

Die Polytechnische Gesellschaft zeichnete den scheidenden Verwaltungsdirektor Detlef Hartung am 29. Juni 1993 mit der Silbernen Ehrenplakette aus. „Er hat es", heißt es in der Verleihungsurkunde, „ mit seinen Mitarbeitern vermocht, erfolgreich neue Wege zur Eingliederung Blinder und Sehbehinderter in das Berufsleben zu vermitteln. Durch diese Bemühungen, insbesondere unter Einsatz elektronischer Datenverarbeitung, konnten neue Berufsbilder erschlossen werden, die bis dahin nur nichtbehinderten Personen verfügbar waren."[311] Der langjährige Leiter der Suchtberatungsstelle des Evangelischen Regionalverbandes, Paul Sorgenfrei, trat am 1. Juli 1993 Hartungs Nachfolge an. Zusammen mit Hartung ehrte die Polytechnische Gesellschaft Arnulf Borsche, der seit 32 Jahren dem Kuratorium der Stiftung Blindenanstalt angehörte und seit zwanzig Jahren das Amt des stellvertretenden Vorsitzenden bekleidete. Als Franz Schmidt-Knatz am 31. Dezember 1993 aus Altersgründen den Vorsitz im Kuratorium aufgab, stand außer allem Zweifel, dass Borsche sein Nachfolger wurde.

Sorgenfrei und Borsche übernahmen ihre Ämter zu einem schwierigen Zeitpunkt. Die enormen Kosten der deutschen Einheit, die anhaltend hohe Arbeitslosigkeit und der zunehmende Globalisierungsdruck engten die Spielräume der öffentlichen Haushalte ein und ließen die allgemeine Spendenbereitschaft erkalten. Das sollte auch die Frankfurter Stiftung Blindenanstalt zu spüren bekommen, deren erfolgreiche Tätigkeit der vorangegangenen Jahre in erster Linie über projektgebundene Mittel finanziert worden war. Ein von langer Hand vorbereitetes Millionenprojekt der Blindenanstalt, die „Elektronische Zentralbibliothek für Behinderte", wurde im September 1993 vom Bundesministerium für Forschung und Technik mit dem Verweis auf die Finanzkrise sang- und klanglos abgesagt. Als die Stiftung auch noch die unaufschiebbare fast 800.000 Mark teure Sanierung des Haupthauses an der Adlerflychtstraße ohne jegliche öffentliche Zuwendung stemmen musste, drohte im Sommer 1994 ein Liquiditätsengpass. Auf ein Hilfeersuchen der Stiftung trat die Polytechnische Stiftung dem in Bedrängnis geratenen Tochterinstitut mit einer projektgebundenen Spende in Höhe von 150.000 D-Mark zur Seite. Neben der üblicherweise jedes Jahr gewährten Spende über 16.000 Mark musste die Gesellschaft der in finanzielle Schieflage geratenen Blindenanstalt zwischen 1994 und 1998 mit weiteren 360.000 Mark unter die Arme greifen. Der permanente zusätzliche Zuschussbedarf führte zu Spannungen zwischen den Verantwortlichen bei der Blindenanstalt und dem neuen Präsidenten der Polytechnischen Gesellschaft, Hans-Jürgen Hellwig. Dem Hinweis des Rechtsanwalts Hellwig, dass die Stiftung unter allen Tochterinstituten der „Polytechnischen" von ihrem „Tätigkeitsfeld her die günstigste Ausgangsposition" habe, um Drittmittel einzuwerben, hielten Borsche und Sorgenfrei ein in den letzten zwölf Jahren eingeworbenes Spendenaufkommen von rund zweieinhalb Millionen Mark entgegen. Präsident Hellwig beließ es nicht bei Vorhaltungen und erbot seine Mithilfe bei einer Spendenaktion der Blindenanstalt für den Bau eines Musischen Zentrums. Die Stiftung Blindenanstalt blieb ein Sorgenkind der Polytechnischen Gesellschaft.[312]

Bildschirmlesegerät für Sehbehinderte. Fotografie von Petra Welzel, Juli 1997.

Die fertigen Pläne für das Musische Zentrum der Blindenanstalt lagen seit Herbst 1998 beim Geschäftsführer Paul Sorgenfrei in der Schublade und warteten auf grünes Licht für den Baubeginn. Das zweistöckige Gebäude sollte der bislang in einem baufälligen Pavillon aus der Nachkriegszeit untergebrachten „Werkstatt-Galerie 37" sowie musikalischen Förderangeboten auf dem Areal an der Adlerflychtstraße Raum geben. Da auch in der im Stadtteil Dornbusch gelegenen von blinden und sehbehinderten Kindern aus Frankfurt und Umgebung besuchten Hermann-Herzog-Schule der Musikunterricht ausfiel, war eine Mitbenutzung des Zentrums durch die Förderschule vorgesehen. Eigentlich konnte sich die finanziell klamme Blindenanstalt den 1,1 Millionen Mark teuren Neubau gar nicht leisten. Auf Empfehlung des Präsidenten der Polytechnischen Gesellschaft, Hellwig, wurde das geplante Musische Zentrum im November 1998 von der „Frankfurter Allgemeinen Zeitung" in die zum sechsten

Mal durchgeführte vorweihnachtliche Spendensammlung „F.A.Z.-Leser helfen“ aufgenommen. Dank einer 570.000-Mark-Spende der F.A.Z.-Leser und mit finanzieller Unterstützung der „Polytechnischen“ (50.000 Mark), der Aktion Mensch, des Integrationsamtes Hessen und von Einzelpersonen konnte im Frühjahr 2000 mit dem Bau begonnen werden. Für die laufenden Personal- und Sachkosten der „Werkstatt-Galerie 37“ und die musikpädagogischen Angebote kam die Cronstett- und Hynspergische Evangelische Stiftung auf. Präsident Hellwig verband am 4. April 2001 seine Eröffnungsansprache im schlüsselfertigen Musischen Zentrum mit einem Dankeswort an Geschäftsführer Sorgenfrei, der nach der Fertigstellung des Neubaus in den Ruhestand getreten war. Als neuer Geschäftsführer der Stiftung Blindenanstalt wurde im Rahmen der Einweihungsfeier der Diplompsychologe Franz-Josef Esch in sein Amt eingeführt. Neben der Bildhauerei sorgten im Musischen Zentrum Musik, Tanz und Theater für zusätzliche Lebensqualität. „Musikstunden“, so der blindgeborene Pianist und Sänger Robert Lütteke, „sind die hellen Momente im Leben.“[313]

Als ein Freund der Schönen Künste engagiert sich Hans-Jürgen Hellwig für die Kultur in Frankfurt am Main. Der renommierte Wirtschaftsanwalt und frühere Stadtverordnetenvorsteher (1981–1984) amtierte von 1985 bis 1997 als kulturpolitischer Sprecher der CDU in der Mainmetropole. Polytechniker seit 1986 wurde Hellwig 1992 in den Vorstand und bald darauf zum Vizepräsidenten der Gesellschaft berufen. Nachdem Franz Schmidt-Knatz sein Amt altersbedingt aufgegeben hatte, wählte die Mitgliederversammlung am 26. April 1996 den Christdemokraten Hellwig zum Präsidenten und die Verlegerin Henriette Kramer zur Vizepräsidentin der Polytechnischen Gesellschaft. Kramer gehörte seit 1977 zu der kleinen Gruppe von Polytechnikerinnen in der von Männern geprägten Gesellschaft.[314] Der Vordenker Hellwig nahm im April 1997 die 40-Jahr-Feier des Kuratoriums Kulturelles Frankfurt zum Anlass, um seine dezidierten Positionen zur Kulturpolitik darzulegen. Kulturdezernent Hilmar Hoffmann habe in den Siebzigerjahren mit der Formel „Kultur für alle“ den Nerv der Zeit getroffen. Inzwischen sah Hellwig aber das Gespenst einer „Sozialpädagogisierung“ der Kultur umgehen. Statt nach „Kultur für alle“ werde nunmehr nach dem Motto „Alles ist Kultur!“ gehandelt. Dabei sei Kunst etwas „zutiefst Elitäres“. „Kulturpolitik“, so der Musikfreund Hellwig, „muß vorrangig dem Außergewöhnlichen zur Öffentlichkeit verhelfen. Die Festhalle füllt sich auch so, [...] Kulturpolitik muß stadtspezifische Prioritäten begründen und Schwerpunkte setzen. Kultur ist nicht das Allgemeine für Alle. Sie ist das Besondere für Einzelne, für Individuen. Sie muß nur allen zugänglich sein.“[315]

Die Kammermusikabende der Polytechniker verkörperten insofern den Idealfall, als sie Hochkultur zu einem niedrigen Eintrittspreis boten. Nach dem Abschluss der Baumaßnahmen in der Neuen Mainzer Straße und der Rückkehr der Veranstaltungsreihe aus der Alten Oper in das Kundenzentrum der Frankfurter Sparkasse im Jahr 2000 war der Eintritt zu den Kammermusikabenden wieder frei. Hans-Jürgen Hellwig bildete am 4. November 1998 mit drei Professoren der Hochschule für Musik und Darstellende Kunst die Jury für den erstmals ausgelobten Kammermusikpreis der Polytechnischen Gesellschaft. Um den zur Förderung des kammermusikalischen Ensemblespiels ins Leben gerufenen und mit 20.000 D-Mark dotierten Preis konnten sich aus Studenten der Musikhochschule gebildete Streichquartette bewerben. Zu dem öffentlichen Wettbewerbsvorspiel in der Musikhochschule meldeten sich fünf Quartette mit jeweils einem 40-minütigen Programm. Im Anschluss an das dreieinhalbstündige Konzert gratulierte Hellwig im Namen des Preisgerichts dem erstplatzierten „Janos-Quartett". „Es zeigte", pflichtete der Musikkritiker Guido Holze der Jury bei, „mit Werken beziehungsweise einzelnen Sätzen von Haydn, Schubert und Ravel die stärkste klangliche Ausgewogenheit, die reichste Farbpalette und das größte stilistische Differenzierungsvermögen."[316] Mit der Annahme des Preises verpflichteten sich die Preisträger, regelmäßig und intensiv, durch die Kammermusikprofessoren der Hochschule betreut, als Ensemble zu proben. Die Früchte dieser Arbeit sollten im Mai 1999 bei einem Konzert im Mozart-Saal der Alten Oper zu Gehör gebracht werden. Der Kammermusikwettbewerb und das Preisträgerkonzert sind bis heute feste Programmpunkte innerhalb der Konzertreihe der Kammermusikabende.

Öffentlich tritt die Polytechnische Gesellschaft vor allem durch ihre Vortragsreihe in Erscheinung. Auf Litfasssäulen und Plakatwänden wird im „polytechnischen Gelb" für die hochkarätigen Referenten geworben. Das Spektrum der Vortragsthemen ist weit gefächert und reichte beispielsweise im Jahr 1999 von „Region Rhein-Main. Wie werden wir gemeinsam besser?" bis zu „Die Erde eiert – Wer steuert unseren Planeten?" – Redner waren der Hessische Ministerpräsident Roland Koch und der Direktor des Forschungsinstituts und Naturmuseums Senckenberg, Fritz F. Steininger. Das Vortragsprogramm umfasste 1999 insgesamt 16 Veranstaltungen, davon fanden sechs in Verbindung mit der Johann Wolfgang Goethe-Universität und jeweils zwei in Kooperation mit dem Kunstgewerbeverein und dem Kuratorium Kulturelles Frankfurt statt. Gemäß Paragraph zwei der 1995 geänderten Satzung förderte und unterstützte die Polytechnische Gesellschaft „technische, wissenschaftliche, kulturelle, künstlerische und humanitäre Unternehmungen jeder Art in

Frankfurt am Main und Umgebung. In diesem Rahmen stellt sich die Gesellschaft die Aufgabe, das Wirken und Leben freier und unabhängiger Institute, Einrichtungen, Vereinigungen und Bestrebungen in der Frankfurter Bürgerschaft in geeigneter Weise zu fördern, zu stärken oder zu schaffen."[317]

Der allgemein formulierte Vereinszweck nahm in der Tätigkeit der sieben Tochterinstitute konkrete Formen an. Vorstand und Engerer Ausschuss der „Muttergesellschaft" waren mit den führenden Organen der beiden unselbstständigen Institute, dem Institut für Bienenkunde und der Wöhler-Stiftung, sowie den fünf selbstständigen Tochterinstituten, der Sparkasse, der Blindenanstalt, dem Kunstgewerbeverein, dem Verein zur Pflege der Kammermusik und dem Kuratorium Kulturelles Frankfurt, personell eng verflochten. Darüber hinaus ließ die „Polytechnische" die Institute an der jährlichen Gewinnausschüttung der Frankfurter Sparkasse teilhaben. Von dem in 1999 erzielten Bilanzgewinn in Höhe von 46,5 Millionen Mark stellte die Sparkasse der Gesellschaft 300.000 Mark für gemeinnützige Zwecke zur Verfügung. Davon waren 100.000 Mark als durchlaufender Posten für den Verein zur Pflege der Kammermusik und zur Förderung junger Musiker bestimmt. Die übrigen Institute wurden anhand eines bestimmten Verteilerschlüssels mit Spenden bedacht. Zu den regelmäßig mit kleineren vierstelligen Beträgen Begünstigten gehörten der Cäcilien-Verein, der Physikalische Verein, der Jüdische Nationalfonds, das Institut für Sozialarbeit und seit 1993 die Frankfurter Bürgerstiftung. Die Mitgliederversammlung der Polytechniker entschied zudem über eine in jedem Jahr vergebene Großspende. Präsident Hans-Jürgen Hellwig übergab im Mai 1998 Oberbürgermeisterin Petra Roth eine Großspende in Höhe von 50.000 D-Mark für das vom städtischen Drogenreferat ins Leben gerufene „Crack Street Projekt". Der vom Frankfurter Polizeipräsidenten Harald Weiss-Bolland geleitete Verein „Bürger und Polizei für mehr Sicherheit" profitierte 2003 von einer Großspende über 25.000 Euro. Bei der Polytechnischen Gesellschaft ging alles seinen gewohnten Gang, größtmögliche Kontinuität war Trumpf. Es sollte die Ruhe vor dem Sturm sein.[318]

Als der Notar Hans Göring am 29. Dezember 1988 seinen Stempel auf den zwischen der 1822er und der Stadtsparkasse ausgehandelten Vereinigungsvertrag gedrückt hatte, war die Fusion der beiden Institute zur Frankfurter Sparkasse perfekt gewesen. Durch den Zusammenschluss entstand die viertgrößte Sparkasse in der Bundesrepublik mit einer Bilanzsumme von 16 Milliarden D-Mark, mehr als 600 Millionen Mark Eigenkapital, 140 Geschäftsstellen und rund 3.200 Mitarbeitern. Da die kommunale Stadtsparkasse in der privatrechtlichen Sparkasse von 1822 aufging, handelte es sich bei der Frankfurter Sparkasse der Rechtsform nach um einen wirtschaftlichen Verein beziehungsweise um eine privatrechtliche freie Sparkasse im Unterschied zu der großen Mehrzahl öffentlich-rechtlicher Sparkassen. Vereinsmitglieder waren zum einen die Mitglieder und der Präsident der Polytechnischen Gesellschaft und zum anderen die Stadt Frankfurt am Main. In der Mitgliederversammlung hielten die Polytechniker sechzig und die Stadt vierzig Prozent der Stimmrechte. Neben der Mitgliederversammlung zählten der Verwaltungsrat und der Vorstand zu den Organen des Geldinstituts. Der Verwaltungsrat, dem der Präsident der Polytechnischen Gesellschaft, der Oberbürgermeister der Stadt Frankfurt, drei weitere Magistratsmitglieder, fünf Polytechniker und fünf Mitarbeiter der Sparkasse angehörten, hatte in erster Linie die Geschäftsführung des Vorstands zu überwachen, den Jahresabschluss zu genehmigen und über die Verwendung des Jahresüberschusses zu entscheiden. Der Vorstand setzte sich aus dem Vorsitzenden, seinem Stellvertreter und drei weiteren Mitgliedern zusammen. Nach der Unterzeichnung des Vereinigungsvertrages, dem äußerst schwierige Verhandlungen vorausgegangen waren, schied der langjährige Vorstandsvorsitzende der 1822er, Wilhelm Moxter, der die Gespräche entscheidend geprägt hatte, zum Jahresende 1989 aus dem Amt. Den Vorstand der Frankfurter Sparkasse führten fortan als gleichberechtigte Doppelspitze Klaus Wächter (1822er, seit 1982 Polytechniker) und Dieter Albert (Stadtsparkasse). Nach dem Ableben von Dieter Albert im März 1992 amtierte Wächter als alleiniger Sprecher. Das Geldinstitut sollte gemäß der am 8. März 1989 mit der Eintragung ins Handelsregister in Kraft getretenen Satzung „den Sparsinn fördern; sie gibt Gelegenheit, Ersparnisse und andere Gelder sicher und verzinslich anzulegen. Sie dient der Befriedigung der privaten und öffentlichen Kreditbedürfnisse nach Maßgabe dieser Satzung. Sie pflegt den bargeldlosen Zahlungsverkehr und betreibt die weiteren in dieser Satzung vorgesehenen Geschäfte."[319] Die Geschäfte sollten nach wirtschaftlichen Grundsätzen geführt werden. Gleichwohl war die Erzielung von Gewinn, das strich die Satzung ausdrücklich heraus, nicht der Hauptzweck des Geschäftsbetriebes.

Der Präsident der Polytechnischen Gesellschaft, Hans-Jürgen Hellwig, überreicht Oberbürgermeisterin Petra Roth einen Scheck über 50.000 D-Mark für ein vom Jugendamt mit dem Malteser Hilfsdienst und der Aidshilfe gemeinsam betriebenes Crack-Street-Projekt. Fotografie von Petra Welzel, 19. Mai 1998.

Die Fusion der beiden Sparkassen trug dem Wettbewerb der Kreditinstitute in der Bankenmetropole Frankfurt Rechnung. Außerdem wollten sich die Partner rechtzeitig für den Europäischen Binnenmarkt wappnen, indem sie ihre Kräfte bündelten. Der Binnenmarkt wurde zum 1. Januar 1993 eröffnet und gewährleistete innerhalb der Europäischen Gemeinschaft den freien Verkehr von Personen, Waren, Dienstleistungen und Kapital, was den Konkurrenzdruck im Bankgewerbe zusätzlich verschärfte. Mit vereinten Kräften sollten bei der Frankfurter Sparkasse die kreditwirtschaftliche Betreuung von Privatkunden und der heimischen Wirtschaft gesteigert, die Qualität im personellen und technischen Bereich erhöht sowie die Ertragskraft gestärkt werden. Die Sparkasse setzte weiter auf Kundennähe und eröffnete zum Beispiel am 30. Januar 1989 eine Filiale in Dreieich-Sprendlingen. Nach Maßgabe eines „Allfinanzkonzepts" wurden 1989 eine Immobilien- und im darauffolgenden Jahr eine Versicherungsgesellschaft der Frankfurter Sparkasse gegründet. Auf die wachsende Konkurrenz der Direktbanken reagierte der Vorstand im Herbst 1996 und hob die „1822direkt" aus der Taufe. Die prosperierende Frankfurter Sparkasse gründete 1997 zur Feier ihres 175-jährigen Bestehens die gemeinnützige „1822-Stiftung", die sich um das Bildungswesen, die historische Forschung und soziale Anliegen in Frankfurt und Umgebung kümmert. Im Jahr 2000 konnte es sich die Sparkasse leisten, das Stiftungskapital zu verdoppeln. Nach der Jahrtausendwende musste die Frankfurter Sparkasse den Gürtel enger schnallen.[320]

Der Bilanzgewinn brach 2002 im Vergleich zum Vorjahr um knapp 34 Prozent ein und lag nur noch bei 11,1 Millionen Euro. Vorstand und Verwaltungsrat der Sparkasse starteten zur strategischen Neuausrichtung ein Restrukturierungsprogramm, demzufolge die Anzahl der Geschäftsstellen auf 71 reduziert und mehr als 550 Stellen in dem Unternehmen abgebaut werden sollten. Bereits vor einiger Zeit hatten das Geldinstitut, die Polytechnische Gesellschaft und die Stadt Gespräche über die Umwandlung der Rechtsform der Sparkasse in eine Aktiengesellschaft zur Erhöhung der Eigenkapitalbasis aufgenommen. Der Dialog mündete in einen öffentlich ausgetragenen Streit über Dividendenzahlungen und wurde Mitte 2001 ergebnislos abgebrochen.[321] Die Sparkasse hatte 2003 tiefrote Zahlen geschrieben und befand sich im Frühjahr 2004 in ernsten Schwierigkeiten. Nachdem der langjährige Sprecher des Vorstands, Klaus Wächter, zum Jahresende 2003 aus dem aktiven Dienst ausgeschieden und in den Verwaltungsrat gewechselt war, hatte sein Nachfolger bereits nach wenigen Wochen und unter dem Eindruck von ihm vermuteter Risiken im Jahresabschluss 2003 den Bettel wieder hingeworfen. Zu allem Übel wurde das anschließend kommissarisch von Andreas Goßmann geleite-

Unterzeichnung des Vereinigungsvertrags der Sparkasse Frankfurt mit der Frankfurter Sparkasse von 1822 durch die Vorstandsvorsitzenden Dieter Albert (Stadtsparkasse) und Wilhelm Moxter (1822er) sowie dessen Nachfolger Klaus Wächter (v.l.n.r.). Stehend Stadtkämmerer Ernst Gerhardt, Notar Hans Göring und Franz Schmidt-Knatz (v.l.n.r.). Fotografie von Jochen Günther, 29. Dezember 1988.

te krisengebeutelte Geldinstitut ab Februar 2004 von der Bundesanstalt für Finanzdienstleistungsaufsicht (Bafin) einer Sonderprüfung unterzogen. Von Goßmann über den Stand der Dinge informiert, beschlossen der Vorstand und der Engere Ausschuss der Polytechnischen Gesellschaft im März 2004 ein Sparprogramm für das laufende Jahr. Demnach wurden sämtliche Spenden an die polytechnischen Tochterinstitute halbiert, andere Vereine oder Institutionen gingen völlig leer aus. Das rund eine Million Euro betragende Vermögen der Gesellschaft sollte vorerst nicht angetastet werden. Die „Polytechnische“ spendete 2004 der Blindenanstalt, dem Kunstgewerbeverein, dem Kuratorium Kulturelles Frankfurt und dem Verein zur Pflege der Kammermusik insgesamt 38.500 Euro. Der Löwenanteil von 31.000 Euro war zur Förderung der Kammermusik bestimmt. Im festen Glauben, dass die Frankfurter Sparkasse einen starken Partner benötigte, plädierte der Präsident der Polytechnischen Gesellschaft Hans-Jürgen Hellwig im März 2004 öffentlich für eine Umwandlung des Kreditinstituts in eine Aktiengesellschaft und den späteren Verkauf der Anteile der „Polytechnischen“. Der Verkaufserlös könnte anschließend zur Pflege des Gemeinwohls eingesetzt werden. Dass sich Hellwig mit der Verkaufsoption im Alleingang und ohne vorher die Mitglieder gehört zu haben an die Öffentlichkeit gewandt hatte, wurde ihm von vielen Polytechnikern angekreidet.[322]

Die Vorgänge rund um die Neuordnung der Frankfurter Sparkasse gewannen im April 2004 eine Eigendynamik. In einer 10-stündigen (!)

Sitzung des Verwaltungsrats wurde am 13. April 2004 bekannt, dass der Jahresabschluss 2003 infolge von drastischen Wertberichtigungen und aufgrund von Steuernachzahlungen einen Fehlbetrag von 210 Millionen Euro aufwies. Der Vorstand der Sparkasse erklärte die Negativbilanz mit dem „Preisverfall bei den als Kreditsicherheiten dienenden Immobilien“ und der konjunkturbedingten „Rekordzahl von Unternehmensinsolvenzen.“[323] Zum Ausgleich des Fehlbetrags musste unter anderem auf die stillen Reserven der Sparkasse zurückgegriffen werden, die dadurch stark zusammenschmolzen. Gegner und Befürworter einer Neuordnung der Sparkasse lieferten sich in der Verwaltungsratssitzung einen heftigen Schlagabtausch. Mit der Initiative, die Frankfurter Sparkasse und die Landesbank Hessen-Thüringen unter einer Holding zusammenzufassen, stieß Hellwig beim Vorstand der Sparkasse und bei den Vertretern der Polytechnischen Gesellschaft im Verwaltungsrat auf massiven Widerstand. Ein vom Vorsitzenden des Verwaltungsrats, Jürgen Stüve, gegen den Präsidenten der Polytechnischen Gesellschaft, Hans-Jürgen Hellwig, eingebrachter Misstrauensantrag scheiterte am Veto der städtischen Ratsmitglieder. Die Kontrahenten verständigten sich schließlich darauf, ein bei der Investmentbank „Goldman, Sachs & Co.“ in Auftrag gegebenes Gutachten abzuwarten, das die unterschiedlichen Szenarien für eine Neuordnung der Sparkasse beleuchten sollte.[324]

Unter den etwa 700.000 Kunden der Frankfurter Sparkasse (Fraspa) machte sich Nervosität breit. Die BILD-Zeitung goss mit einem „Ist mein Geld bei der Fraspa noch sicher?“ überschriebenen Artikel zusätzlich Öl ins Feuer. Viele Kunden begannen ihre Konten zu räumen, sodass der Sparkasse im April 2004 an manchen Tagen geschätzte eineinhalb bis zwei Millionen Euro an Einlagen verloren gingen. Frankfurts Oberbürgermeisterin Petra Roth versuchte am 15. April zusammen mit Kämmerer Horst Hemzal der aufkeimenden Unruhe entgegenzuwirken. „Niemand muss sich Sorgen um sein Geld bei der Frankfurter Sparkasse machen“[325], versicherte die Oberbürgermeisterin. Am Abend des 15. April 2004 folgte im Drama um die Neuordnung des Traditionsunternehmens der zweite Akt. Die Mitglieder des Wirtschaftlichen Vereins, sprich die Polytechniker und einige Vertreter der Stadt, versammelten sich in der Neuen Mainzer Straße 47–53 zu einer Krisensitzung. Im Verlauf der fünfstündigen außerordentlichen Mitgliederversammlung machten zahlreiche Polytechniker ihrem Ärger über die „mangelnde Information zur Lage“ und über den eigenmächtigen Vorstoß Hellwigs bezüglich eines Verkaufs der Sparkasse Luft. Die Versammlung, die formal nicht beschlussfähig war, sprach dem Vorstand der Sparkasse das Vertrauen aus und lehnte mehrheitlich in einem Grundsatzbeschluss den Verkauf des Unternehmens an eine Privatbank ab: „Die anwesenden Mitglieder des wirtschaftlichen Vereins Frankfurter Sparkasse befürworten, die gegenwärtige Trägerschaft der Frankfurter Sparkasse beizubehalten und dass die Frankfurter Sparkasse damit ein integraler Bestandteil des Sparkassen- und Giroverbandes Hessen-Thüringen innerhalb der Sparkassenfinanzgruppe Deutschlands bleibt. Die anwesenden Mitglieder des wirtschaftlichen Vereins Frankfurter Sparkasse bitten den Vorstand, alle notwendigen Maßnahmen zu ergreifen, um die rechtliche und wirtschaftliche Selbständigkeit zu sichern."[326] Der Wortlaut des Beschlusses hielt ein Hintertürchen für den Zusammenschluss mit einer Landesbank oder einer öffentlichen Sparkasse offen. Auf Druck der Bafin gab Klaus Wächter einen Tag nach der außerordentlichen Mitgliederversammlung des Wirtschaftlichen Vereins sein Mandat im Verwaltungsrat zurück. Jürgen Stüve legte im Mai 2004 den Vorsitz nieder, gehörte dem Verwaltungsrat aber weiterhin an. Zu Stüves Nachfolger wurde der erfahrene Bankensanierer Paul Wieandt gewählt. Doch auch für Hans-Jürgen Hellwig, der sich im Juni als Präsident der Polytechnischen Gesellschaft turnusgemäß zur Wiederwahl stellen wollte, wurde es angesichts der Missstimmung unter den Mitgliedern langsam eng.[327]

Der frühere Universitäts-Präsident Klaus Ring ließ sich im Juni 2004 in die Pflicht nehmen. Im Streit um die Neuordnung der Frankfurter Sparkasse war viel Porzellan zerschlagen worden, hatte sich innerhalb der Polytechnischen Gesellschaft eine Opposition gegen den amtierenden Präsidenten gebildet. Von mehreren Seiten gebeten, fand sich Ring schließlich zu einer Gegenkandidatur bei der Vorstandswahl am 14. Juni 2004 bereit. Der gebürtige Kölner war nach dem Studium der Mikrobiologie und Biochemie 1962 in Kiel an der Christian-Albrechts-Universität promoviert worden. Nach Assistentenzeiten in Frankfurt und Auslandsaufenthalten habilitierte er sich 1968 an der Johann Wolfgang Goethe-Universität und erhielt die venia legendi für Physiologische Chemie am Fachbereich Humanmedizin. Als Professor für Mikrobiologische Chemie am neu eingerichteten Gustav Embden-Zentrum der Biologischen Chemie baute er dortselbst die Abteilung für Mikrobiologische Chemie auf. Von 1980 an war er Mitglied des Dekanskollegiums und des Vorstandes des Universitätsklinikums wie auch des Senates der Universität. 1986 wurde er zum Präsidenten der Universität gewählt, 1988 zum Vizepräsidenten der deutschen Hochschulrektorenkonferenz und zum Präsidiumsmitglied der noch im Aufbau befindlichen europäischen Rektorenkonferenz bei der Europäischen Union in Brüssel. In diese Zeit fiel mit der Wiedervereinigung Deutschlands auch das Zusammenschmelzen der beiden Hochschulsysteme in West und Ost, dem Ring sich intensiv zu widmen hatte.

Im Anschluss an die achtjährige Präsidentschaft, in der zum Beispiel das Biozentrum auf dem Riedberg als Beginn des Ausbaus der naturwissenschaftlichen Institute verwirklicht wurde, wechselte Ring 1994 als Leiter zur Stiftung Lesen nach Mainz, einer privaten, bundesweit tätigen Stiftung. Dort beschäftigte er sich intensiv mit Bildungsthemen, vor allem mit Fragen der frühen Förderung von Kindern, namentlich der Sprach- und Lesefähigkeit und ästhetischen Erziehung. Seit 1989 Polytechniker sprach Ring 1995 auf Einladung des Kuratoriums Kulturelles Frankfurt in der Vortragsreihe der Gesellschaft unter dem Thema „Vom gedruckten Wort zum flimmernden Bild – sind wir auf dem Weg in eine sprachlose Gesellschaft?" über die Leseförderung als Stiftungszweck. Gerne zitiert der bibliophile Naturwissenschaftler und Lateiner einen Wahlspruch der Polytechniker: „Concordia res parvae crescunt" (frei übersetzt: Durch einträchtiges Zusammenwirken kann Großes erreicht werden).[328] Diejenigen Polytechniker, die Ring im Juni 2004 auf den Schild hoben, schätzten unter anderem das kooperative und kommunikative Wesen des Kandidaten. Außerdem hatte der 70-Jährige erkennen lassen, dass er an einer Trägerschaft der Frankfurter Sparkasse festzuhalten gedachte.

Fünf Minuten vor acht leitete der Präsident Hans-Jürgen Hellwig am Abend des 14. Juni 2004 mit der Eröffnung der Mitgliederversammlung der Polytechnischen Gesellschaft den dritten Akt im Drama um die Neuordnung der Frankfurter Sparkasse ein. Nach der Entgegennahme des Geschäftsberichts und des Jahresabschlusses 2003 sowie der Entlastung des Vorstands schritt die Versammlung zur Vorstandswahl. Während sich Hans-Jürgen Hellwig zur Wiederwahl stellte, wurde Klaus Ring aus der Versammlung heraus von dem früheren Verwaltungsdirektor des Hessischen Rundfunks, Artur Jerger, als Gegenkandidat vorgeschlagen. Bevor es zur Kampfabstimmung um das Präsidentenamt kam, erteilte der Wahlleiter, Eberhard Kramer, noch einmal den beiden Kandidaten das Wort. Seit acht Jahren im Amt verwies Hellwig darauf, dass die Gesellschaft unter seiner Leitung an Profil und an Bedeutung gewonnen habe. Bezüglich seiner Amtsführung sah Hellwig, was die Neuordnung der Frankfurter Sparkasse betraf, keinen Grund für eine Kurskorrektur. Der Mitbewerber Klaus Ring fühlte sich der Aufgabe gewachsen und führte seine Erfahrungen als Universitäts-Präsident ins Feld. Zuallererst gelte es die Sparkasse zu stabilisieren, wobei Ring auf Transparenz und Offenheit im gegenseitigen Umgang großen Wert legte. Nachdem sich die Kandidaten geäußert hatten, kam es zu zahlreichen Wortmeldungen. In der Presse wurde der Sitzungsverlauf als teilweise „tumultartig" beschrieben. Auf Antrag von Peter-Wilhelm Schlüter erfolgte die Stimmabgabe in geheimer Wahl. Von 168 abgegebenen Stimmen entfielen bei sechs Enthaltungen 121 auf Klaus

Ring und 41 auf Hans-Jürgen Hellwig. Anschließend wurden Henriette Kramer und Hans Dietrich Becker nahezu einstimmig zur stellvertretenden Präsidentin und zum Schriftführer gewählt. Mit der Berufung von Andreas Goßmann zum Kassenführer und Roland Hemmerich zum weiteren Mitglied war der Vorstand der „Polytechnischen" komplett und der Weg für einen Neuanfang geebnet. Zehn Minuten vor elf beschloss der neue Präsident Klaus Ring wohl eine der denkwürdigsten Mitgliederversammlungen in der Geschichte der Polytechnischen Gesellschaft.[329]

Im Juli 2004 wurden die Polytechniker von der „normativen Kraft des Faktischen" eingeholt. Die Gutachter von „Goldman, Sachs & Co." erteilten der „Stand-alone-Strategie" der Frankfurter Sparkasse eine klare Absage. Die Expertise verbreitete mit einer Analyse der schlechten Vermögenslage, der schwachen Eigenkapitalrendite und dem zusätzlichen Kapitalbedarf beim Eintritt von Risiken geradezu Untergangsstimmung. Rettung in der Not sollte ausgerechnet der verpönte Verkauf der Sparkasse an einen starken Partner bieten. Nur mit frischem Geld, so die Gutachter, könne die Sparkasse ihre Ertragskraft steigern und aus der Verlustzone herauskommen. Unter Berücksichtigung der am 15. April 2004 vom Wirtschaftlichen Verein verabschiedeten Resolution bot sich ein Zusammengehen mit der Landesbank Hessen-Thüringen (Helaba) an, die zu 85 Prozent dem Sparkassen- und Giroverband Hessen-Thüringen gehört. Die restlichen Anteile der Helaba halten das Land Hessen und der Freistaat Thüringen mit zehn beziehungsweise fünf Prozent. Unter dem schützenden Dach der Landesbank sollte die Fraspa als eigenständige Tochter fortbestehen. Das hessische Sparkassenfusionsgesetz aus dem Jahr 1988 ließ im Fall der Frankfurter Sparkasse nur den Verkauf an einen öffentlich-rechtlichen Partner zu. Jede andere Variante bedurfte der Zustimmung des hessischen Wirtschaftsministers, mit der hingegen nicht zu rechnen war. Da weder die Polytechnische Gesellschaft noch die Stadt Frankfurt Anteile an der Sparkasse besaßen – beide verfügten nur über Stimmrechte in der Mitgliederversammlung des Wirtschaftlichen Vereins –, musste das Geldinstitut als Voraussetzung für den Verkauf in eine Aktiengesellschaft umgewandelt werden. Die Vorstandsmitglieder der Frankfurter Sparkasse waren mit den Investmentbankern von „Goldman, Sachs & Co." einer Meinung. Der seit 1. September 2004 amtierende Vorstandssprecher der Fraspa, Harald Quensen, hielt die „stand-alone-Strategie" aufgrund der geringen Ertragskraft und der stark eingeschränkten Risikotragfähigkeit der Sparkasse ebenfalls für nicht mehr angezeigt. Auf einer außerordentlichen Mitgliederversammlung mussten die Polytechniker am 10. Dezember 2004 erkennen, dass mit dem Gutachten eine neue Sachlage eingetreten war. Schweren Herzens beschlossen die Mitglieder mehrheitlich, die Umwandlung der Sparkasse in eine Aktiengesellschaft vorzubereiten. Der Präsident Klaus Ring und der Vorsitzende des Verwaltungsrats, Paul Wieandt, wurden zur Aufnahme von Verkaufsgesprächen ermächtigt.[330]

Bis zur nächsten Mitgliederversammlung der Polytechnischen Gesellschaft am 14. Juli 2005 hatten die Verhandlungsführer ganze Arbeit geleistet. Die Ecksteine des zwischen der „Polytechnischen", der Stadt und der Landesbank Hessen-Thüringen ausgehandelten Kaufvertrags entsprachen weitestgehend den Vorgaben der Mitglieder. Die Eigenständigkeit der Sparkasse blieb nach der Übernahme durch die Landesbank auf der Basis eines Mutter-Tochter-Modells gewahrt. Zur wirtschaftlichen Stabilisierung sollte die Helaba der Tochter Eigenmittel von bis zu 200 Millionen Euro zuführen. Die Fraspa gehörte weiterhin zur Sparkassenorganisation und damit zum öffentlich-rechtlichen Bereich. Darüber hinaus hatten der Name Frankfurter Sparkasse, der Unternehmenssitz in der Mainmetropole und die Geschäftsstellen im Umland zumindest für die nächsten fünf Jahre Bestand. Die erfolgreiche „1822direkt" blieb bestehen. Von dem vereinbarten Verkaufspreis in Höhe von 725 Millionen Euro entfielen 435 Millionen Euro auf die Polytechnische Gesellschaft. Hinzu kam ein „Besserungsschein" zu Gunsten der Verkäufer für eine in Aussicht stehende Steuerrückerstattung von bis zu sechzig Millionen Euro. In Fachkreisen herrschte die einhellige Meinung, dass die Verhandlungsführer das bestmögliche Ergebnis erzielt hatten. Zur Verwendung des Verkaufserlöses schlug Klaus Ring den Mitgliedern die Gründung einer gemeinnützigen Stiftung vor, die, auf dem Fundament der Gründungsideen der „Polytechnischen" von 1816 aufbauend, der Förderung insbesondere von Bildung, Wissenschaft, Kultur und sozialen Projekten zugunsten Frankfurter Bürgerinnen und Bürger gewidmet sein sollte.

Von den 158 anwesenden Polytechnikern stimmten 129 dem Rechtsformwechsel der Sparkasse und dem Kaufvertrag zu, zwanzig votierten mit „Nein", sieben enthielten sich und zwei Stimmzettel waren ungültig. Damit war der Verkauf der Frankfurter Sparkasse mit knapp 83 Prozent der gültigen Stimmen angenommen, doch erst nachdem auch die parallel zur Mitgliederversammlung der Polytechniker tagende Stadtverordnetenversammlung ihr Plazet gegeben hatte, war die Transaktion in trockenen Tüchern. Der Wirtschaftliche Verein beschloss am 19. Juli seine Umwandlung in eine Aktiengesellschaft, so dass im September 2005 zum ersten Mal in Deutschland eine Sparkasse den Besitzer wechseln konnte. Während die Polytechnische Gesellschaft und die Stadt Frankfurt am 8. September 2005 der Landesbank Hessen-Thüringen ihre Anteile an der

Frankfurter Sparkasse überschrieben, gingen bei der Stadtkasse 290 Millionen Euro und auf dem Konto der „Polytechnischen" stolze 435 Millionen Euro ein.[331]

Mit dem Hinweis, dass jedem Ende auch ein Anfang innewohnt, hatte Präsident Ring am 14. Juli 2005 in der entscheidenden Mitgliederversammlung den Traditionalisten unter den Polytechnikern den Abschied von der Sparkasse zu erleichtern gesucht: „Wenn jetzt die Polytechnische Gesellschaft die Trägerschaft der Frankfurter Sparkasse aufgibt, dann bedeutet dies für sie einen tief greifenden Einschnitt in ihrer Geschichte. Sie trennt sich von einer bedeutenden Einrichtung, der von ihrer Gründung an ihre besondere Zuwendung galt. Dieser Abschnitt in ihrer Geschichte wird jetzt beendet. Aber mit diesem Ende kann ein Neuanfang verbunden werden; ein Neuanfang, der dem Gründungsgedanken der Polytechnischen Gesellschaft ganz neue Möglichkeiten eröffnet. Mit dem Erlös aus dem Verkauf der Sparkasse fließen ihr Mittel zu, deren Höhe sie in die Lage versetzen, ihre Aufgaben in eine bisher nicht denkbare Dimension – und das heißt auch Qualitätsebene – zu führen und gleichzeitig auch langfristig abzusichern. Das ist eine neue Situation, die außerordentliche Chancen für die Polytechnische Gesellschaft selbst, aber auch für die Stadt und die Bevölkerung birgt."[332]

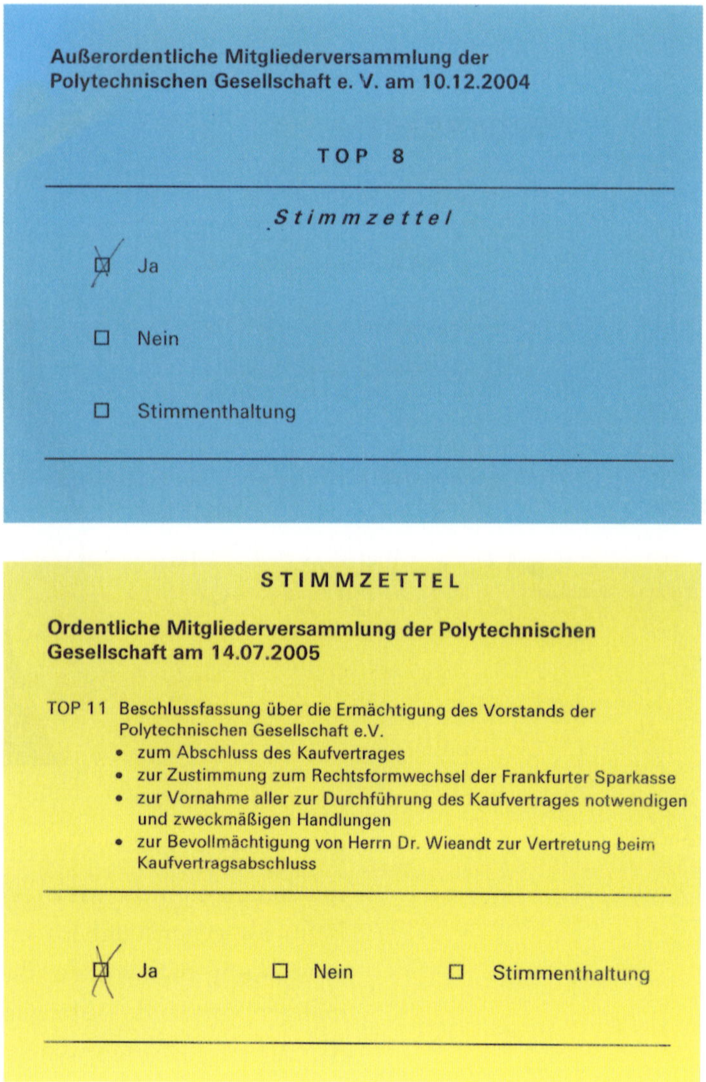
Außerordentliche Mitgliederversammlung der Polytechnischen Gesellschaft e. V. am 10.12.2004

TOP 8

Stimmzettel

☒ Ja

☐ Nein

☐ Stimmenthaltung

STIMMZETTEL

Ordentliche Mitgliederversammlung der Polytechnischen Gesellschaft am 14.07.2005

TOP 11 Beschlussfassung über die Ermächtigung des Vorstands der Polytechnischen Gesellschaft e.V.
- zum Abschluss des Kaufvertrages
- zur Zustimmung zum Rechtsformwechsel der Frankfurter Sparkasse
- zur Vornahme aller zur Durchführung des Kaufvertrages notwendigen und zweckmäßigen Handlungen
- zur Bevollmächtigung von Herrn Dr. Wieandt zur Vertretung beim Kaufvertragsabschluss

☒ Ja ☐ Nein ☐ Stimmenthaltung

Stimmzettel für die Umwandlung der Sparkasse in eine Aktiengesellschaft (blau) und für den Verkauf der Anteile (gelb).

Die zurückliegenden eineinhalb Jahre hatten nicht nur in der Mitgliederschaft der Gesellschaft Polarisierungen und Zwistigkeiten hervorgerufen. Weitaus bedrohlicher waren vor allem von außerhalb der Gesellschaft, namentlich der Bankenaufsicht (Bafin) gekommene und auch in die Öffentlichkeit gebrachte Vorwürfe gegenüber vier der Vorstände der Sparkasse gewesen, die zu Rücktritten oder sogar Entlassungen geführt hatten. Mit Genugtuung konnte daher Mitte 2007 die Gesellschaft zur Kenntnis nehmen, dass die Staatsanwaltschaft Frankfurt nach langer und sorgfältiger Prüfung die Ermittlungen gegen alle vier Vorstände gemäß § 170,

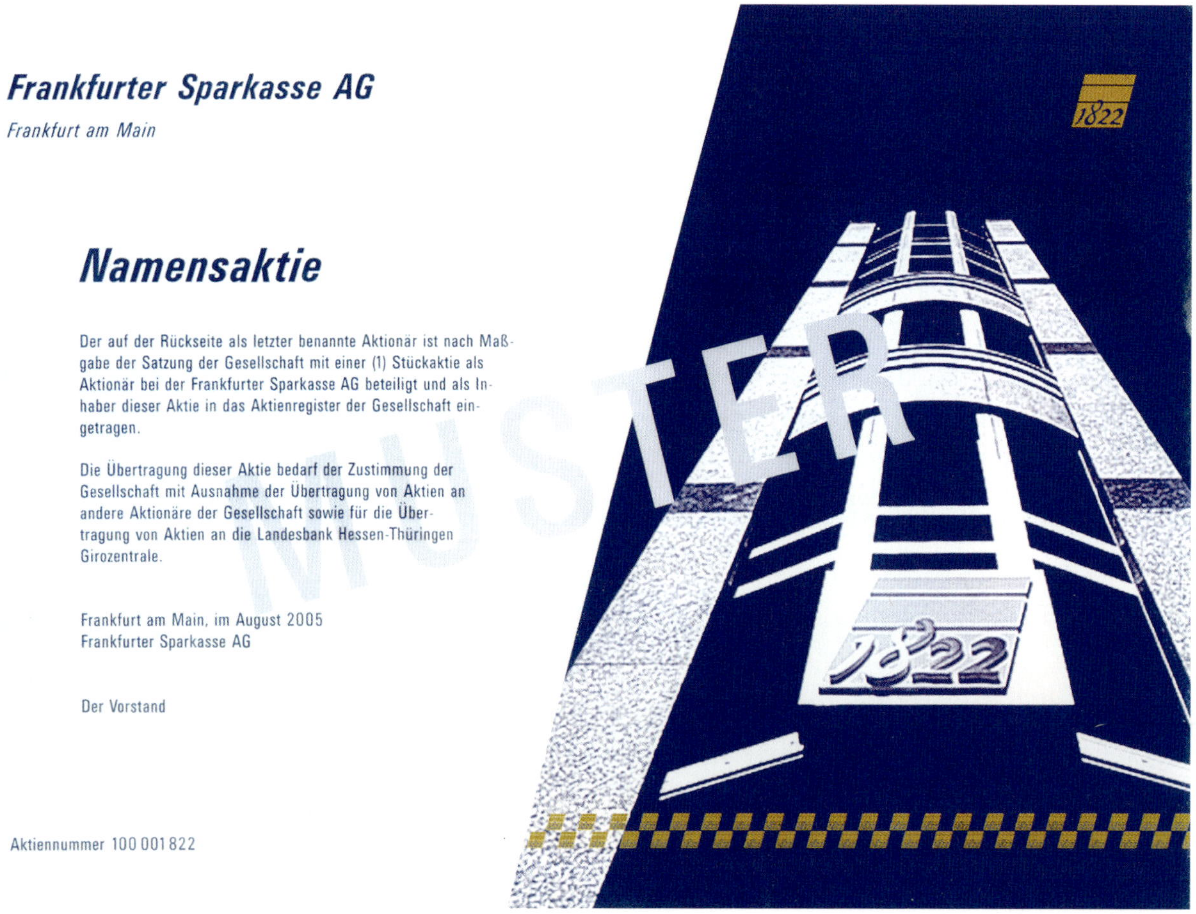

Frankfurter Sparkasse AG

Frankfurt am Main

Namensaktie

Der auf der Rückseite als letzter benannte Aktionär ist nach Maßgabe der Satzung der Gesellschaft mit einer (1) Stückaktie als Aktionär bei der Frankfurter Sparkasse AG beteiligt und als Inhaber dieser Aktie in das Aktienregister der Gesellschaft eingetragen.

Die Übertragung dieser Aktie bedarf der Zustimmung der Gesellschaft mit Ausnahme der Übertragung von Aktien an andere Aktionäre der Gesellschaft sowie für die Übertragung von Aktien an die Landesbank Hessen-Thüringen Girozentrale.

Frankfurt am Main, im August 2005
Frankfurter Sparkasse AG

Der Vorstand

Aktiennummer 100 001 822

Abs. 2 StPO wegen mangelnden Anfangsverdachtes eingestellt hatte. Damit hatten sich die außerordentlich gravierenden Anschuldigungen der Bafin als gegenstandslos erwiesen. Die Betroffenen wurden ohne Einschränkung auch von der Bafin rehabilitiert. So erfreulich dies für die ehemaligen Vorstände – übrigens sämtlich Polytechniker – war, der Schatten, der auf sie geworfen worden war, wird noch lange nachwirken. Es darf auch nicht vergessen werden, dass noch einige Menschen mehr in den Strudel dieser Ereignisse gezogen und dadurch in ihrem beruflichen Werdegang empfindlich gestört worden sind.

Tradition und Moderne
2005 – 2010

„Groß wurde Frankfurt durch die Kraft der Bürger, die Geist und Gut gemeinem Wohle weihten“[333], lautet der wie in Stein gemeißelte erste Satz im Goldenen Buch der Frankfurter Stiftungen. Umrahmt von einer Feierstunde erfolgte am 29. November 2006 im Kaisersaal des Römers die Eintragung der „Stiftung Polytechnische Gesellschaft Frankfurt am Main“ in das Goldene Buch, in dem sich bereits etwa 430 Einrichtungen verewigt hatten. Die Hausherrin, Oberbürgermeisterin Petra Roth, hob in ihrer Begrüßungsansprache die Sonderstellung der Mainmetropole als Stiftungshauptstadt Deutschlands hervor. Im Verhältnis zur Einwohnerzahl wies Frankfurt bundesweit die höchste Dichte an Stiftungen auf. Je

Eintragung in das Goldene Buch der Frankfurter Stiftungen: Klaus Ring, Roland Kaehlbrandt, Henriette Kramer, Johann-Peter Krommer und Hans Dietrich Becker (v.l.n.r.). Fotografie von Michael Bennett, 29. November 2006.

100.000 Einwohner verfügte die Stadt über mehr als 65 Stiftungen. Ins gleiche Horn wie Roth blies Regierungspräsident Gerold Dieke, indem er herausstellte, dass Hessen die höchste Stiftungsdichte aller deutschen Flächenländer verzeichne. Als größte Bürgerstiftung rangierten die über 320 Millionen Euro verfügenden Polytechniker unter allen deutschen Stiftungen an elfter Stelle. Bevor der Regierungspräsident dem Vorstandsvorsitzenden, Klaus Ring, die offizielle Stiftungsurkunde aushändigte, zeigte er sich zuversichtlich, dass die Gründung neue Impulse für eine moderne Bürgergesellschaft setzen werde. Für die „Polytechnische", so Dieke, breche eine „neue Zeit" an.[334]

Hinter den Akteuren lag ein arbeitsreiches Jahr. Der Geldsegen hatte unter den Polytechnikern keine Spur von Goldgräberstimmung aufkommen lassen, vielmehr zerbrach man sich, von einem großen Verantwortungsbewusstsein beseelt, den Kopf über die sinnvollste Verwendung des Erlöses aus dem Verkauf der Sparkassen-Aktien. Der Vorstand und der Engere Ausschuss der Polytechnischen Gesellschaft favorisierten die Gründung einer gemeinnützigen, selbstständigen Stiftung als zweckmäßigste und wirkungsvollste Lösung. Das Stiftungsmodell versprach Kontinuität und Stabilität sowie bei schlanker Organisation kurze Entscheidungswege. In einer außerordentlichen Mitgliederversammlung erläuterte am 13. Oktober 2005 der Senior Partner von „Linklaters Oppenhoff & Rädler", Welf Müller, den einhundert anwesenden Polytechnikern das juristische Konzept der geplanten Stiftung. Nach kurzer Aussprache ermächtigten die Mitglieder den Vorstand bei einem Gegenvotum und vier Enthaltungen nahezu einstimmig, die Stiftung zu errichten und mit 320 Millionen Euro auszustatten. Nach Ablauf einer aus dem Kaufvertrag mit der Landesbank Hessen-Thüringen herrührenden 18-monatigen Gewährleistungsfrist sollte die Stiftung bis zu achtzig Millionen Euro erhalten. Die „Frankfurter Allgemeine Zeitung" berichtete über die wegweisende Mitgliederversammlung unter der Überschrift: „Millionen für Frankfurt."[335]

Der Aufbau der Stiftung Polytechnische Gesellschaft schritt mit Siebenmeilenstiefeln voran. Einen Tag nach der außerordentlichen Mitgliederversammlung vollzog der Vorstand der Polytechniker das Stiftungsgeschäft und am 24. November 2005 stimmte der Regierungspräsident als Aufsichtsbehörde dem Vorhaben zu. Kurz darauf konstituierte sich am 6. Dezember 2005 der vorläufige Stiftungsrat mit dem Präsidenten und der Vizepräsidentin der „Polytechnischen", Klaus Ring und Henriette Kramer, die dem Gremium Kraft ihrer Ämter angehörten, sowie mit der Direktorin des St. Katharinen- und Weißfrauenstifts, Erika Pfreundschuh, dem Städel-Direktor Herbert Beck und dem Bankfachmann Paul Wieandt. Der Stiftungsrat fasste in der ersten Sitzung die grundlegenden Beschlüsse zum Aufbau der Organisation und bestellte drei Vorstände. Die Troika bestand aus Klaus Ring, der in der Aufbauphase den Vorsitz im Vorstand und im Rat der Stiftung in Personalunion führte, Johann-Peter Krommer und Roland Kaehlbrandt.

Als Finanzvorstand lässt Johann-Peter Krommer das Vermögen der Stiftung arbeiten, darüber hinaus kümmert er sich um die Organisation und das Personalwesen. Die Arbeit der Stiftung ist aus den Anlageerträgen zu finanzieren, ohne dass dabei das Grundkapital angetastet wird. Die Vermögensverwaltung gleicht Krommer zufolge einem „Balanceakt zwischen möglichst hoher Rendite und möglichst großer Sicherheit.“[336] Im Portfolio der Stiftung überwiegen daher festverzinsliche Wertpapiere mit einem Drittel, hinzu kommen Aktien, Immobilien und „Ertrag sichernde“ Werte. Krommer hat den Beruf des Bankkaufmanns von der Pike auf erlernt. Nach einem Studium der Betriebswirtschaftslehre an der Johann Wolfgang Goethe-Universität ging Krommer zur Frankfurter Sparkasse. Vom Controlling wechselte der 40-jährige 1991 ins Vorstandssekretariat, dessen Leitung er im Jahr 2000 übernahm. Wie alle leitenden Angestellten der Sparkasse wurde Krommer 2001 Mitglied der Polytechnischen Gesellschaft. Nachdem er über Jahre an der Schnittstelle von „Polytechnischer“ und Sparkasse gearbeitet und den Verkauf des Geldinstituts hautnah miterlebt hatte, wechselte der Bankfachmann im April 2006 in den Vorstand der Stiftung. Die bislang provisorisch in der Sparkassen-Zentrale an der Neuen Mainzer Straße untergebrachte Stiftungsverwaltung bezog im April 2006 eine Etage im Bürohaus Schaumainkai 91, das zum Immobilienbesitz des Unternehmers, Mäzens und Polytechnikers Carlo Giersch gehört.

Der für Inhalte, Projekte und Kommunikation zuständige Vorstand Roland Kaehlbrandt vervollständigte im August 2006 das Dreigestirn an der Spitze der Stiftung Polytechnische Gesellschaft. Der promovierte Romanist war auf dem Gebiet des Stiftungswesens kein Unbekannter. In Paris hatte Kaehlbrandt von 1987 bis 1990 die „Fondation de l'Allemagne“ gemanagt, als Leiter Kommunikation war er ab 1993 am Ausbau der Bertelsmann-Stiftung beteiligt. Von Gütersloh wechselte Kaehlbrandt 1999 zur Hertie-Stiftung nach Frankfurt am Main, wo er als Geschäftsführer unter anderem das Projekt „Jugend debattiert“ und das „Start“-Stipendium für begabte Zuwanderer auf den Weg brachte. Seit 2002 Polytechniker ließ sich Kaehlbrandt nicht lange bitten, als ihm die Mitarbeit im Vorstand der neuen Stiftung angetragen wurde. Mit der Verpflichtung weiterer Mitarbeiter zog in die vierte Etage des Bürohauses am Schaumainkai 91 Leben ein. Bei der Polytechnischen Gesellschaft und der gleichnamigen Stiftung, die in dem Verwaltungsgebäude inzwischen zwei Stockwerke belegen, standen 2010 14 Voll- und zwei Teilzeitkräfte in Lohn und Brot.[337]

Von allen Seiten mit Anträgen auf Fördergelder bestürmt, ließ sich der Vorstand der Stiftung Polytechnische Gesellschaft nicht aus der Ruhe bringen. Bevor man in die Projektarbeit einstieg, wurden eine langfristige Strategie sowie die grundlegenden Regelwerke für die Tätigkeit der Stiftung entwickelt und am 3. August 2006 der aus den Mitgliedern der Polytechnischen Gesellschaft gebildeten Stifterversammlung vorgestellt. Das selbstständige Tochterinstitut fühlt sich den polytechnischen Traditionen wie zum Beispiel der Konzentration auf Frankfurt am Main verpflichtet und knüpft an die Ziele der Gründerväter von 1816 an. Die Stiftung der Polytechniker ist bestrebt, gesellschaftliche Impulse zu geben. „Die Stiftung", so das 2006 verabschiedete „Profil" der Neugründung, „möchte dazu beitragen, dass sich Frankfurt zu einem Modell für eine moderne, bürgernahe Stadtgesellschaft entwickelt und dass die Position Frankfurts innerhalb Deutschlands und im Vergleich mit anderen Metropolen gestärkt wird. Zu den Kernzielen gehören: ein vorbildliches Bildungssystem; erstklassige, allen Bevölkerungsschichten zugängliche Kulturangebote; vorbildliche medizinische, soziale und sozialpflegerische Einrichtungen; Angebote, die hier lebenden und arbeitenden Ausländer zu integrieren. [...] Die Stiftung will die Bildungs- und Verantwortungsbiografie vor allem der jungen Bürger fördern. Neben der frühen Förderung von Sprache, Bewegung, Lesen und Hören wird auch die ästhetische Erziehung in Kunst und Musik unterstützt. Zudem liegt der Stiftung die berufliche Bildung in Frankfurt am Herzen."[338]

Die Ziele der Stiftung Polytechnische Gesellschaft verteilen sich auf drei Themenfelder und umfassen der 2005 beschlossenen Verfassung zufolge erstens die Förderung von Bildung, Wissenschaft und Technik, zweitens von Kunst und Kultur einschließlich der Pflege des kulturellen Erbes und drittens von Aktivitäten im sozialen, karitativen und humanitären Bereich. Die in den ersten beiden Themenfeldern aufgeführten Zwecke sollen im Einzelnen durch die Förderung der beruflichen und wissenschaftlichen Fortbildung sowie der Erwachsenenbildung, die Durchführung von Modellprojekten und der Vergabe von Preisen und Stipendien erreicht werden. Zudem wird großer Wert auf die Zusammenarbeit mit anderen Einrichtungen gelegt. Im sozialen Bereich steht die Hebung des öffentlichen Gesundheitswesens, der Jugend- und Altenhilfe sowie der Wohlfahrtspflege auf der Agenda. Hinzu kommt die Unterstützung hilfsbedürftiger Personen. Übergreifend setzte sich die Stiftung für das erste Jahrfünft ihrer Tätigkeit die Stärkung der Identifikation mit Frankfurt und des Zusammenhalts der Einwohner untereinander zum Ziel.[339]

Das Wirken der Polytechnischen Gesellschaft gewann mit der Gründung der Stiftung eine neue Dimension. Dass der Aufbruch in eine „neue Zeit" in geregelten Bahnen vonstattengeht, garantiert die 2005 in Kraft gesetzte Verfassung der Stiftung. Die laufenden Geschäfte führt demnach der aus mindestens zwei und maximal drei Personen bestehende Vorstand.

Sitzung von Stiftungsrat und Stiftungsvorstand: Johann-Peter Krommer, Henriette Kramer, Herbert Beck, Klaus Ring, Eberhard Kramer, Erika Pfreundschuh und Roland Kaehlbrandt (v.l.n.r.). Fotografie von Stephan Feder, 2008.

Die Vorstände werden vom Stiftungsrat für eine Amtszeit von bis zu fünf Jahren berufen, wobei die Wiederbestellung möglich ist. Der Vorstand, dem die Verwaltung des Vermögens, die Entwicklung der Strategie und die Realisation von Projekten obliegt, soll sich unter anderem auch um Zustiftungen bemühen. Ein namentlich nur dem Vorstand bekannter, vom Konzept der Stiftung begeisterter anonymer Wohltäter spendete dem polytechnischen Institut von 2007 bis 2009 insgesamt 2,1 Millionen Euro.[340] Der geschäftsführende Vorstand wird vom Stiftungsrat kontrolliert. Wie oben erwähnt, gehören der Präsident und die Vizepräsidentin der Polytechnischen Gesellschaft sowie drei von der Stifterversammlung gewählte Polytechniker dem Gremium an, das zwei weitere Persönlichkeiten, die nicht dem Kreis der Mitglieder der „Polytechnischen" angehören müssen, kooptiert. Die Amtszeit der gewählten und kooptierten Mitglieder des Stiftungsrats beträgt fünf Jahre, die einmalige Wiederwahl oder Wiederholung der Kooptation ist möglich. Zu den Aufgaben des Rats zählen neben der Aufsicht über die Finanzen der Stiftung die Festlegung der Strategie und der Förderschwerpunkte – in Abstimmung mit dem Vorstand. Der Vorsitzende des Stiftungsrats beruft einmal im Jahr die Stifterversammlung ein, der alle Mitglieder der Polytechnischen Gesellschaft angehören. Die Versammlung der Stifter nimmt die Berichte des Vorstands und des Rats entgegen und entlastet die beiden Führungsgremien.[341]

Die Stiftung Polytechnische Gesellschaft ist operativ und fördernd tätig. Sie entwickelt und verwirklicht nicht nur eigene Projekte, sondern sie fördert innerhalb ihrer satzungsgemäßen Themenfelder auch Vorhaben Dritter, die einen hohen Nutzen für die Allgemeinheit versprechen. Dabei kommt allerdings die Unterstützung von Aufgaben, deren Finanzierung zu den Pflichten der öffentlichen Hand gehören, oder das Stopfen von Löchern im Etat der Stadt nicht in Frage. Auf der Ausschlussliste der „Richtlinie für Förderanträge Dritter“ stehen zum Beispiel auch reine Baumaßnahmen. Die Stiftung Polytechnische Gesellschaft verteilt ihre Fördermittel nicht nach dem Gießkannenprinzip, sondern ist darauf bedacht, eine eigene „Handschrift“ zu entwickeln. Dazu greift sie auf die Tradition der Polytechnischen Gesellschaft zurück. Sie nutzt den aus der Aufklärung stammenden Begriff „polytechnisch“, der in der Interpretation der Stiftung sechs Fähigkeiten umfasst: Die Bindungsfähigkeit in der Familie, die Sprachfähigkeit, das ästhetische Ausdrucksvermögen, den technischen Erfindergeist, den wissenschaftlichen Forschergeist und die Bürgerkompetenz. Zu allen diesen Aspekten entwickelt die Stiftung Modellprojekte.

Im Jahr 2007 gelang der Stiftung ein Auftakt nach Maß, indem sie in ihren Themenfeldern jeweils ein größeres operatives Projekt verwirklichte. Im Bildungsbereich führte die Stiftung gemeinsam mit neun Kooperationspartnern zum ersten Mal den „DeutschSommer“ durch, der Pflege des kulturellen Erbes galt das mit der Gerda Henkel Stiftung umgesetzte Projekt „StadtteilHistoriker“ und im Bereich Soziales gingen im März 2007 die „StadtteilBotschafter“ ans Werk.[342]

„Mach Dein Ding!“ – mit diesem Slogan ermutigte die Stiftung Polytechnische Gesellschaft im November 2006 junge Frankfurter im Alter von 17 bis 27 Jahren, sich um einen Platz im ersten Stipendiatenprogramm, den „StadtteilBotschaftern“, zu bewerben. Geeignete Kandidaten sollten ein ausgeprägtes Engagement für ihren Stadtteil mitbringen und die Verwirklichung einer originellen gemeinnützigen Projektidee vor der eigenen Haustür anstreben. Die Stiftung stellte den Teilnehmern an dem Stipendiatenprogramm finanzielle und inhaltliche Unterstützung bei der Realisation ihrer Projektideen in Aussicht und baute darauf, dass sie als Botschafter Verantwortung für ihre Stadtteile übernehmen. Einsendeschluss für die Bewerbungsunterlagen mit Nachweis des bisherigen Engagements im Stadtteil, einer Projektskizze und der Empfehlung einer Vertrauensperson war der 12. Januar 2007. Unter den Kandidaten wählte eine unabhängige Jury zwanzig „StadtteilBotschafter“ aus, die am 1. März 2007 offiziell ernannt wurden. Jeder Teilnehmer bekam ein Projekt-Stipendium von bis zu 4.000 Euro und für den Besuch von Partnerstädten Frankfurts ein Reise-Stipendium in Höhe von 1.200 Euro. Darüber hinaus veranstaltete die polytechnische Stiftung während der 18-monatigen Laufzeit des Stipendienprogramms für die „StadtteilBotschafter“ eine qualifizierende Seminarreihe zu den Themen Projektmanagement, Spendensammlung, Öffentlichkeitsarbeit, Präsentieren-Verhandeln-Überzeugen, Führen und Leiten sowie „Frankfurt – unsere Stadt". Das von Tina Kühr geleitete Projekt- und Trainerteam der Stiftung stand den „StadtteilBotschaftern" mit Rat und Tat zur Seite.

StadtteilBotschafterin Seniye Kamek (Mitte) während eines Zooausflugs für Sossenheimer Senioren. Fotografie von Stefan Krutsch, 2008.

Die „StadtteilBotschafter" stehen für den Frankfurter Ideenreichtum. Zu den von der Jury ausgewählten Projekten des Stipendienprogramms zählten ein Jugendcafé in Bornheim, eine multikulturelle Küche im Gallus, ein Festival im Turmspringen in Bergen-Enkheim und eine Theaterwerkstatt in Bockenheim. „StadtteilBotschafter" gründeten in Preungesheim einen internationalen Fußballverein, brachten Grundschülern in Fechenheim das richtige Verhalten in Notsituationen bei oder engagierten sich in Unterliederbach für eine bessere Kinderbetreuung. Der 23-jährige „StadtteilBotschafter" Danny Lettkemann richtete im Werkraum der Paul-Hindemith-Schule eine „Handwerkstatt" ein. Unter Anleitung des gelernten Dachdeckers konnten Jugendliche aus dem Gallus-Viertel jeden Freitagnachmittag ihr handwerkliches Geschick im Umgang mit Holz und Metall erproben und sich beruflich orientieren. Den Stipendiaten wurde ein gerüttelt Maß an Flexibilität, Durchhaltevermögen und Verantwortungsbewusstsein abverlangt. Die 24-jährige Medizinstudentin Seniye Kamek wollte ursprünglich in Sossenheim einen Fahrdienst für Senioren einrichten, die sich nicht mehr mit öffentlichen Verkehrsmitteln in die Stadt begeben konnten. Da sich bereits in der Startphase schier unüberwindbare Hindernisse für das Vorhaben auftürmten, musste sich die angehende Ärztin umorientieren. Schließlich eröffnete die „StadtteilBotschafterin“ in der Carl-Sonnenschein-Siedlung einen „Seniorentreff“, der gelegentlich auch Ausflüge in die Stadt oder ins Grüne unternimmt.

Mit einem achteinhalb Meter hohen Kletterturm haben der 19-jährige Dirk Fischer und sein Mitstreiter David Heun unter den Projekten der „StadtteilBotschafter“ den Vogel abgeschossen. Bis zum Aufbau des Turms, der Freizeitsportlern unterschiedlich schwierige Kletterparcours bietet, mussten die beiden „StadtteilBotschafter“ von der statischen Planung über Versicherungsfragen bis hin zu baurechtlichen Vorschriften zahlreiche Klippen umschiffen. Das pfiffige Duo löste selbst das Problem der Finanzierung und sammelte rund 80.000 Euro Spendengelder. Der Kletterturm wurde auf der Sportanlage der TSG 1888 Nieder-Erlenbach errichtet und wird seither von dem Verein betreut. Die Stipendiaten der ersten Generation waren alle bei der Stange geblieben und präsentierten im August 2008 im Haus Gallus ihre Ergebnisse. Acht Projekte wurden nach Ablauf des Stipendienprogramms fortgesetzt, darunter die Griesheimer Generationen-Gespräche von Serkan Rahman oder der von Abdelkarim Bouassam gegründete Fußballverein SV Frankfurt Nord. Die „StadtteilBotschafter“ gingen aus dem Programm in ihrer Persönlichkeit und in ihren Kompetenzen gestärkt hervor. Das Mitglied des Stiftungsvorstandes Roland Kaehlbrandt brachte es auf den Punkt: „Engagement macht kompetent.“[343] Die Stiftung Polytechnische Gesellschaft setzt das erfolgreiche Projekt fort und hat im März 2009 die zweite Generation der „StadtteilBotschafter“ in das Stipendienprogramm aufgenommen.

Die zweite Generation der „StadtteilHistoriker“ erforschte seit Dezember 2008 Aspekte der Frankfurter Geschichte. Im Juni 2007 hatte die Stiftung Polytechnische Gesellschaft in Zusammenarbeit mit der Gerda Henkel Stiftung und der „Frankfurter Neuen Presse“ das Förderprogramm „StadtteilHistoriker – Bürger, die Geschichte schreiben“ ausgelobt. Dem Themenfeld Kunst und Kultur zugeordnet, richtete sich das Programm an interessierte Laien, die sich für ein Jahr mit einem Gegenstand der Frankfurter Stadtgeschichte befassen und anschließend ihre Ergebnisse der Öffentlichkeit vorstellen. Unter 43 Bewerbungen wählte im September 2007 eine unabhängige Jury zwanzig „StadtteilHistoriker“ und ihre Projekte aus. Die Teilnehmer stammten aus 15 Frankfurter Stadtteilen und widmeten sich Themen wie „100 Jahre Schillerschule in Frankfurt-Sachsenhausen“, „Aufgewachsen in Bockenheim – die 60er und 80er Jahre“, „Projekt Cefischer: ein Cartoonist aus Bornheim“ oder die „Dokumentation von Wandgemälden in Frankfurter Bürgerhäusern“. „Die StadtteilHistoriker“, so die Kultur-Bereichsleiterin der Stiftung Polytechnische Stiftung, Katharina Uhsadel, „können mit ihren Projekten ganz neue Facetten der Frankfurter Geschichte erschließen: eine Stadt zwischen global orientierter Metropole und tief verwurzelter lokaler Identität.“[344]

Die Verbundenheit mit Frankfurt zu stärken, ist ein übergeordnetes Leitmotiv der polytechnischen Stiftungsarbeit. Die Stadtteile bieten sich als „Orte der Zugehörigkeit“ an, um innerlich vor Anker zu gehen. Die Kenntnis der reichhaltigen Geschichte Frankfurts als Bürgerstadt vertieft das Heimatgefühl und den Wunsch, am gesellschaftlichen Leben teilzuhaben. Finanziell förderte die Stiftung der Polytechniker die „Stadtteil-Historiker“ mit jeweils 1.500 Euro, die den Aufwand für Recherchen und Präsentation abdecken sollten. Fachlich unterstützte die zur Pflege der historischen Geisteswissenschaften ins Leben gerufene Gerda Henkel Stiftung die Teilnehmer des Förderprogramms mit zwei im Höchster Schloss unter Leitung des Althistorikers Hans-Joachim Gehrke abgehaltenen Geschichtswerkstätten. Dabei wurden die Hobbyhistoriker mit den „Werkzeugen des Historikers“[345] vertraut gemacht und zum Beispiel im Umgang mit den verschiedenen Quellengattungen geschult. Im Haus am Dom präsentierte die erste Generation der „StadtteilHistoriker“ am 15. Dezember 2008 in einer Ausstellung ihre Projektergebnisse. Die zweite Generation saß bereits in den Startlöchern.[346]

StadtteilHistorikerin Uta Endreß vor einer Ausstellungstafel zur Geschichte der Griesheimer Alten Falterstraße, 2008.

Neben den „StadtteilBotschaftern“ und den „StadtteilHistorikern“ entwickelte die Stiftung Polytechnische Gesellschaft im Jahr 2008 in Verbindung mit 24 ehrenamtlich tätigen Organisationen das Ehrenamtsstipendium „BürgerAkademie Frankfurt“. Die Akademie bietet „Impulsgebern“ in den Ehrenamtsorganisationen erstmals ein Forum für den Austausch von Ideen und Praktiken, veranstaltet spezielle Fortbildungsseminare und zollt den besonders engagierten Bürgern durch die auf ein Jahr befristete Berufung nicht zuletzt öffentlich Anerkennung. Das Akademieangebot der Polytechniker wird von der in Bad Homburg ansässigen Herbert

Quandt-Stiftung mitfinanziert. Am 20. Februar 2009 nahm die „Bürger-Akademie" die zuvor von einer Jury ausgewählte erste Generation der Akademiemitglieder auf: acht Frauen und zwölf Männer im Alter von 25 bis 72 Jahren, die sich auf unterschiedlichen Tätigkeitsfeldern für die Allgemeinheit einsetzen. So engagiert sich zum Beispiel der 34-jährige Frank Foddi als Wehrführer bei der Freiwilligen Feuerwehr in Fechenheim und Brigitte Lüben, 65 Jahre, arbeitet seit vielen Jahren als Seelsorgerin in Krankenhäusern und in einem Hospiz. Die „BürgerAkademiker" absolvierten neun Seminare, darunter eine Zukunftswerkstatt, die sich unter anderem mit dem Kardinalproblem der Ehrenamtsorganisationen befasste, dem Nachwuchsmangel. In drei Praxisseminaren tauschten die Teilnehmer Ratschläge für ihre Arbeit aus, ein Persönlichkeitsseminar diente der Verbesserung der rhetorischen Fähigkeiten. Das Akademiejahr verging wie im Fluge, bei der Verabschiedung im November 2009 gaben die scheidenden „BürgerAkademiker" der nächsten Generation vier Empfehlungen mit auf den Weg: Die systematische Vorstellung des Ehrenamts in den Frankfurter Schulen, die Organisation einer Ehrenamtskonferenz, den Aufbau einer Datenbank und das Knüpfen persönlicher Kontakte zu Kommunalpolitikern. Der Staffelstab wurde am 17. Juni 2010 im Casino des Campus Westend an die zweite Generation der „BürgerAkademiker" übergeben.[347]

Von der Titelseite des im Herbst 2007 erschienenen Stiftungsmagazins „Polytechnik" lachen den Lesern fünf aufgeweckte Grundschüler entgegen. Die Drittklässler waren guter Dinge, denn sie gehörten zu den ersten Teilnehmern des neuen Sprachförderungsprogramms der Stiftung Polytechnische Gesellschaft namens „DeutschSommer – Ferien, die schlau machen". Gute Deutschkenntnisse sind der Schlüssel zum schulischen Erfolg. Kinder mit Migrationshintergrund kommen oftmals trotz vorhandener Begabung nicht auf eine höhere Schule, weil sie Grundregeln der deutschen Sprache nicht richtig beherrschen. Nach einem Bremer Modellprojekt der Jacobs Foundation und des Max-Planck-Instituts für Bildungsforschung entwickelte die Polytechniker-Stiftung in Frankfurt ein Sprach-Camp speziell für Drittklässler. Im vierten Schuljahr werden für die Acht- und Neunjährigen in dem dreigliedrigen Schulsystem mit Hauptschule, Realschule und Gymnasium die Weichen für den weiteren Werdegang gestellt. An dieser Wegscheide setzt die Sprachförderung der Stiftung Polytechnische Gesellschaft an. In den ersten drei Wochen der Sommerferien 2007 nahmen 162 Frankfurter Grundschüler vor dem Übergang in die vierte Klasse am ersten „DeutschSommer" teil, um ihre Sprachkenntnisse zu verbessern. Unterrichtet und betreut wurden die zu rund neunzig Prozent aus Zuwandererfamilien stammenden Kinder in drei Jugendherbergen rund um Frankfurt von 42 Lehrern für Deutsch als Zweitsprache sowie von Theater- und Sozialpädagogen. Nach einem gemeinsamen Frühstück besuchten die Drittklässler den zweistündigen Unterricht, der gezielt auf die Probleme beim Erlernen des Deutschen als Zweitsprache einging. Grundlage für den Unterricht wie auch für die anschließenden Theaterproben war das Buch „Der Sprachabschneider“ von Hans-Joachim Schädlich. Darin überlässt die Hauptfigur Paul einem Philologen nach und nach Artikel, Präpositionen und Verben bis er sich nicht mehr verständigen kann und erkennen muss, dass man ohne Sprache unglücklich wird. Nachmittags betreuten die Sozialpädagogen die Kinder in einem abwechslungsreichen Freizeitprogramm.[348]

Die Kosten der seit 2007 in den Sommerferien für die Grundschüler angebotenen „Sprachbäder“ summieren sich mit allem Drum und Dran auf rund 300.000 Euro pro Jahr. Da von den zumeist in einfachen Verhältnissen lebenden Eltern nur ein symbolischer Beitrag erhoben wird, hat die Stiftung Polytechnische Gesellschaft starke Partner ins Boot geholt. Die Carls Stiftung, die Deutsche Bank Stiftung, die Peter Fuld Stiftung, die Marga und Kurt Möllgaard-Stiftung, die Stiftung Citoyen sowie der Union International Club e.V. finanzieren „DeutschSommer“-Stipendien. Weitere Partner sind die Stadt Frankfurt, die Volkshochschule, das Staatliche Schulamt und der hessische Landesverband des Deutschen Jugendherbergswerks. Vor und nach dem „DeutschSommer“ durchgeführte Sprachstandtests belegen markante Fortschritte im Deutschen bei einem erheblichen Teil der Drittklässler, die vorher kein „unterrichtsfähiges“ Deutsch beherrschten. Im Sommer 2009 gelang rund dreißig Prozent der Grundschüler, die zu Beginn der Sprachförderung im Gebrauch von Präpositionen große Wissenslücken aufwiesen, der Schritt zu „unterrichtsfähigen“ Kenntnissen. Bei den Artikeln betrug der Anteil knapp zwanzig Prozent, beim Wortschatz gut 22 Prozent und beim Satzbau rund 28 Prozent. Die Chancen,

DeutschSommer in der Jugendherberge Darmstadt. Fotografie von Barbara Fahle, 2007.

im Anschluss an die vierte Klasse eine Realschule oder ein Gymnasium zu besuchen, steigen für Teilnehmer am „DeutschSommer“ signifikant. Der Abbau von Sprachbarrieren ist ein zusätzlicher Nebeneffekt des Förderprogramms. „Integration“, so der Stiftungsvorstand Roland Kaehlbrandt, „findet über Sprache statt.“[349] Zur Auffrischung der im „DeutschSommer“ 2008 erworbenen Kenntnisse veranstaltete die Stiftung in den Winterferien 2008/09 im Frankfurter Landschulheim Wegscheide bei Bad Orb erstmals den einwöchigen „Endspurt“. Die Viertklässler erhielten beim „Endspurt“ laut Oliver Beddies, Projektleiter Bildung der Stiftung Polytechnische Gesellschaft, den letzten Schub, um das Schuljahr erfolgreich zu meistern.

Eltern sind für den Schulerfolg ihrer Kinder die wichtigsten Stützen. Im Verlauf der „DeutschSommer“-Projekte trat immer deutlicher zutage, dass es insbesondere bei talentierten Kindern aus Migrantenfamilien nicht nur an den erforderlichen Deutschkenntnissen, sondern auch an der notwendigen Unterstützung aus dem Elternhaus haperte. Die Stiftung Polytechnische Gesellschaft rief daher 2008 mit dem Diesterweg-Stipendium das erste Familienstipendium Deutschlands ins Leben. Das nach dem Pädagogen und Mitbegründer der Polytechnischen Gesellschaft, Adolph Diesterweg, benannte Stipendienprogramm unterstützt Kinder und ihre Eltern am Übergang von der Grundschule zur weiterführenden Schule in der vierten und fünften Klasse. Die erste Generation der Stipendiaten wurde im Herbst 2008 aufgenommen. Eine Fachjury hatte zuvor 22 Kinder aus zwanzig Frankfurter Grundschulen in 19 Stadtteilen mit ihren

Eltern ausgewählt. Die Viertklässler waren von ihren Grundschulen und von den Betreuern des „DeutschSommers“ empfohlen worden. Die Familien stammten aus 13 verschiedenen Herkunftsländern. Eines ist den Eltern gemein: Sie wollen das Beste für ihre Kinder, benötigen aber Erziehungs- und Bildungsberatung.

Das Diesterweg-Förderprogramm begann am 22. November 2008 mit dem ersten Akademietag. Es umfasst insgesamt sechs ganztägige Kinderakademien zu den Themen Deutsch, Mathematik, Naturwissenschaf-

Die Kinder des „Diesterweg-Stipendiums“ bei der Aufnahmeveranstaltung im Haus Gallus. Fotografie von Stefan Krutsch, 31. Oktober 2008.

ten, Technik, Theater, Kunst und Musik sowie sechs parallel stattfindende Elternakademien zur Erziehungspraxis und Bildungsbegleitung, zum deutschen Bildungs- und Schulsystem sowie zu Mitwirkungsmöglichkeiten im schulischen und gesellschaftlichen Umfeld. Zwischen den Akademietagen werden Kindertreffs zur Deutschförderung, Elterntreffs sowie regelmäßige Sprechstunden angeboten. Schließlich umfasst das Stipendium einen Bildungsfonds, aus dem bei Bedürftigkeit pro Kind bis zu 600 Euro im Jahr für Bildungsanschaffungen und -maßnahmen beantragt werden können. Das Diesterweg-Stipendium wird von der Stiftung in einer öffentlich-privaten Partnerschaft mit dem Land Hessen und der Stadt Frankfurt durchgeführt. So teilt sich die Stiftung mit dem Hessischen Kultusministerium die Finanzierung der mit Gisela von Auer besetzten Projektleiterstelle. Auer unterrichtete zuvor 32 Jahre als Grundschullehrerin an der Hellerhofschule im Gallus sowie in der Deutschförderung und kann auf einen großen Erfahrungsschatz zurückgreifen. Das Disterweg-Stipendium wirkt: Von den 22 Kindern der ersten Generation wechselten zum Schuljahresbeginn im August 2009 zwei auf eine Realschule, sechs auf eine integrierte Gesamtschule und 14 auf ein Gymnasium.

„Eine Herausforderung ist nun“, so der Tätigkeitsbericht der Stiftung für das Jahr 2009, „die Kinder in den neuen Schulen zu stabilisieren. Die bisherigen Ergebnisse und Erfahrungen sind ermutigend.“[350]

Die Projekte der Stiftung Polytechnische Gesellschaft stehen miteinander in einem inneren Zusammenhang. Der „DeutschSommer“, der „Endspurt“ und das „Diesterweg-Stipendium“ greifen ineinander und bilden eine Projektkette von der dritten bis zur sechsten Klasse. Die beispielgebende Kombination von Sprach-, Persönlichkeits-, Begabten- und Familienförderung ist auch über Frankfurts Grenzen hinaus auf großes Interesse gestoßen. Nachdem das Fundament gelegt und das Erdgeschoss fertig war, konnte die Aufbauphase der Stiftung im Dezember 2008 planmäßig abgeschlossen werden. Für Klaus Ring, den „Vater der Polytechnischen Stiftung“[351], war am 30. November 2008 der Zeitpunkt gekommen, sein Amt als Vorstandsvorsitzender der Stiftung an Roland Kaehlbrandt zu übergeben. „Der Kapitän“, formulierte Hans Riebsamen in der „Frankfurter Allgemeinen Zeitung“ anlässlich des Amtswechsels, „geht von Deck – aber er verlässt nicht das Schiff.“[352] Während Klaus Ring den Vorsitz im Stiftungsrat beibehielt und das Amt des Präsidenten der „Polytechnischen“ weiter ausübte, bildeten Roland Kaehlbrandt und Johann-Peter Krommer fortan das Vorstandsgespann der Stiftung. Finanzvorstand Krommer behielt trotz heftiger Turbulenzen an den Kapitalmärkten das Steuer fest in der Hand. Mit 4,7 Millionen Euro standen 2009 sogar dreißig Prozent mehr an Projektmitteln zur Verfügung als im Vorjahr. Das Stiftungsvermögen betrug 2009 rund 393 Millionen Euro. Nur zur Miete in einem „dribbdebach“ gelegenen Bürohaus am Schaumainkai untergebracht, hatte sich die Stiftung schon länger nach einer als dauerhaften Sitz geeigneten Immobilie umgeschaut. „Hibbdebach“ wurde sie 2009 fündig und erwarb das rund 1.500 Quadratmeter Büro- und Wohnfläche bietende Gebäude Untermainanlage 5. Das 1874 im Stil des späten Klassizismus errichtete Eckgebäude wird neben der Stiftung die Polytechnische Gesellschaft sowie das Kuratorium Kulturelles Frankfurt beherbergen und das neue Zentrum der Polytechnik in Frankfurt am Main bilden. Im Anschluss an die Aufbauphase hat die Stiftung eine kurze Atempause genutzt, um das weitere Vorgehen zu überdenken. Die aktuelle Strategie setzt zum einen auf die Konsolidierung der vorhandenen zwölf Leitprojekte, zum anderen auf Wissenschaft und Technik sowie auf Kunst und Kultur als neue Schwerpunktthemen.[353]

Die Stiftung Polytechnische Gesellschaft fördert „Helle Köpfe für Frankfurt“ und beginnt damit bereits in der Mittelstufe. Seit September 2009 beteiligen sich 14 Schüler und zwei Schülerinnen der Frankfurter Ziehenschule an der „Junior-Ingenieur-Akademie“. Das gemeinsam mit

Im Labor der Fachhochschule Frankfurt programmieren die „Junior-Ingenieure“ Dominik Brey, Julian Landgraf, Tabea Hartl und Julia Dinkler (v.l.n.r.) mit dem Studenten für Informations- und Kommunikationstechnik Nicolas Frevert (Mitte) humanoide Roboter. Fotografie von Dominik Buschardt, 2009

der Deutschen Telekom Stiftung gestartete Projekt hat in Anbetracht des drohenden Fachkräftemangels zum Ziel, Schüler der neunten und der zehnten Klasse vor dem Eintritt in die Oberstufe für natur- und ingenieurwissenschaftliches Arbeiten zu begeistern. In jedem der vier Schulhalbjahre wird ein Themenkomplex behandelt: Robotik, Sensorik, regenerative Energien sowie der Bau eines automatisierten Fahrzeugs. Der Unterricht umfasste drei Wochenstunden und findet zu einem großen Teil in der Fachhochschule Frankfurt und in Partnerunternehmen statt. Durch den Praxisbezug erhalten die Schüler Einblick in die Ausbildung und die Arbeitswelt von Ingenieuren und von Wissenschaftlern. Die Leistungen der Junior-Ingenieur-Akademiker werden in den Zeugnissen benotet und zum Abschluss mit einem Zertifikat bestätigt. Die Ingenieur-Akademie bildet mit dem „Goethe-Schülerlabor Chemie & Physik“ sowie dem „MainCampus-Stipendiatenwerk“ die polytechnische Projektkette Naturwissenschaften und Technik.[354]

Im Bereich der beruflichen Bildung startete die Stiftung im Jahr 2009 in Zusammenarbeit mit der Handwerkskammer Rhein-Main die „Samstagsschule für begabte Handwerker“, ein Projekt zur beruflichen Bildung. Gefördert werden Frankfurts beste Handwerksgesellen. Ziel ist es, das Potential an Führungsfähigkeit der Teilnehmer aufzugreifen und zu verstärken, damit sie sich auf den Weg zur Führungskraft im Handwerk machen. An fünf Samstagen erhalten zehn Gesellen ein umfangreiches Seminarangebot zu den Themen Rhetorik, Präsentation, Führen und Leiten, Trends in verschiedenen Berufen und Zukunft der Handwerksbetriebe. Die „Samstagsschule“ knüpft bewusst an die Tradition der Polytechnischen Gesellschaft an, die bereits im Jahr 1817 eine Sonntagsschule für Handwerker errichtet hatte.

An die „MainCampus-Stipendiaten“ werden von der Stiftung Polytechnische Gesellschaft hohe Anforderungen gestellt. Die von dem Stipendiatenwerk geförderten Nachwuchswissenschaftler zählen nicht nur zu den Besten ihres Faches, sondern sie zeichnen sich auch durch ehrenamtliches und bürgerschaftliches Engagement aus. „Sie müssen“, so der Bereichsleiter Wissenschaft und Technik der Stiftung, Wolfgang Eimer, „über den Tellerrand hinausblicken.“[355] Unter den 24 am 12. November 2008 im Biozentrum auf dem Campus Riedberg feierlich in das Programm aufgenommenen Wissenschaftlern der ersten Generation befand sich auch die Physikerin Marlene Nahrgang. Die 26-jährige promovierte nach einem Einserdiplom am Institut für Theoretische Physik. Von Russland fasziniert, hatte Nahrgang ein Jahr an der Universität von Novosibirsk studiert, zugleich setzte sie sich für tschetschenische Menschenrechtler und Flüchtlinge ein. Die Physikerin erfüllte das Anforderungsprofil des „MainCampus-Stipendiatenwerks“, indem sie die Auswahlkommission sowohl durch ihr Fachwissen als auch durch ihre Persönlichkeit und ihr Engagement überzeugte. Zudem bereitete die glühende Anhängerin des Fußballerstligisten Eintracht Frankfurt ihre wissenschaftliche Laufbahn in der Mainmetropole vor, womit sie ein wichtiges formales Auswahlkriterium erfüllte. Die Stiftung möchte langfristig hoch qualifizierte Wissenschaftler als Leistungsträger und als Botschafter für den Ausbildungs- und Wissenschaftsstandort Frankfurt gewinnen. „Unsere Absolventen“, hofft Klaus Ring, „sollen später einmal auf der ganzen Welt für Frankfurt werben.“[356]

Die ausgewählten Stipendiaten besuchen vier Frankfurter Hochschulen: die Goethe-Universität, die Fachhochschule Frankfurt am Main, die Hochschule für Musik und Darstellende Kunst und die Städelschule. Das Stipendiatenwerk ist interdisziplinär ausgerichtet, ein besonderer Schwerpunkt liegt jedoch auf der Förderung des wissenschaftlichen Nachwuchses in den Naturwissenschaften. Die Stiftung bietet drei Stipendienprogramme an: „MainCampus academicus“ für besonders qualifizierte und leistungsbereite Studierende im Master- beziehungsweise Hauptstudium, „MainCampus doctus“ für exzellente Doktoranden und „MainCampus educator“ für junge Naturwissenschaftler in Erziehungsverantwortung, die gleichzeitig ihre wissenschaftliche Karriere verfolgen sowie den Verpflichtungen in der eigenen Familie gerecht werden müssen. Die Unterstützung geht weit über den finanziellen Aspekt hinaus. Das polytechnische Programm der „MainCampus-Akademie“ stärkt die individuelle Handlungskompetenz, bereitet die Stipendiaten auf Führungspositio-

MainCampus-Stipendiaten bei einem Besuch der Lufthansa Technik, 2009.

nen in der Wissenschaft vor und bietet Begegnungen mit interessanten Persönlichkeiten aus Frankfurt. Nach einer weiteren Ausschreibung im Winter 2009 fördert das Stipendiatenwerk inzwischen 53 Stipendiaten. Sie pflegen den interdisziplinären Austausch, denn aus den hellen Köpfen sollen keine „Fachidioten" werden, sondern Frankfurter mit Bürgersinn.

Die Polytechnische Gesellschaft begreift sich als Familie, deren Erscheinungsbild in erster Linie von den Tochterinstituten geprägt wird. Damit Außenstehende die Zugehörigkeit der sieben Institute zur polytechnischen Familie gleich auf den ersten Blick wahrnehmen, wurde 2006 der optische Auftritt der Polytechnischen Gesellschaft neu gestaltet. In Anlehnung an das traditionelle Bienenkorb-Emblem entwickelte die Bielefelder Agentur „werkzwei" ein modernes Logo. Die in den Traditionsfarben blau und gelb gehaltene Silhouette des Bienenkorbs erinnert zugleich an ein offenes Tor oder an einen verbindenden Brückenbogen. Der abstrakte Bienenstock symbolisiert die polytechnischen Tugenden Fleiß und Gemeinnützigkeit, assoziiert aber auch Offenheit und Dialogbereitschaft. Die Logos der einzelnen Institute tragen jeweils auf der rechten Korbseite ein ihre Tätigkeit charakterisierendes zusätzliches Emblem. So kennzeichnet das Signet der Stiftung Blindenanstalt ein stilisiertes Auge, beim Kammermusikverein erfüllt die Schnecke der Streichinstrumente den gleichen Zweck. Während das Gründungsjahr 1816 das Logo der Polytechnischen Gesellschaft ziert, trägt das Emblem der Stiftung keinen Zusatz, was ihren umfassenden Auftrag unterstreichen soll. Angelehnt an das moderne Logo erscheinen seit Sommer 2006 alle Plakate, Broschüren und Leporellos der „Polytechnischen" in neuer Aufmachung.[357]

Die sechs „erwachsenen" Töchter der Polytechnischen Gesellschaft sollten nach dem Verkauf der Sparkassen-Anteile nicht leer ausgehen. Der

1816 Polytechnische Gesellschaft Frankfurt am Main

Frankfurter Stiftung für Blinde und Sehbehinderte

WöhlerStiftung

Kunstgewerbeverein in Frankfurt am Main e.V.

Institut für Bienenkunde

Verein zur Pflege der Kammermusik und zur Förderung junger Musiker e.V.

Kuratorium Kulturelles Frankfurt e.V.

Stiftung Polytechnische Gesellschaft Frankfurt am Main

Verkaufserlös bot die einmalige Gelegenheit, die Tochterinstitute nach einer langen finanziellen Durststrecke materiell auf eine solide Basis zu stellen. Für die künftige Zusammenarbeit der „Muttergesellschaft" mit den Tochterinstituten wurde am 8. November 2006 in der ordentlichen Mitgliederversammlung ein „Zwei-Säulen-Modell" beschlossen. Zur Eigenfinanzierung und zur Unterstützung der Töchter war ein kleinerer Teil der Sparkassen-Millionen auf dem Konto der Polytechnischen Gesellschaft verblieben. Das Vermögen von rund 40 Millionen Euro versetzte die „Polytechnische" in die Lage, die betriebliche Grundfinanzierung der sechs Institute zu übernehmen. Die Kosten der Projektarbeit müssen die Töchter selbst aufbringen. Die Akquisition von Drittmitteln bildet die zweite Säule des Finanzierungsmodells, womit insbesondere die Stiftung Blindenanstalt und das Institut für Bienenkunde aufgerufen sind, aktiv zu werden. Die Kosten der Basisfinanzierung der Tochterinstitute belaufen sich auf rund 800.000 Euro pro Jahr. Die Löwenanteile entfallen auf die Stiftung Blindenanstalt mit 300.000 und auf das Bieneninstitut mit 220.000 Euro. Der Etat der „Muttergesellschaft" beträgt jährlich etwa 200.000 Euro. Der mit Präsident Klaus Ring, Vizepräsidentin Henriette Kramer, Schatzmeister Johann-Peter Krommer und seit 2007 mit Friedrich Heigl als Schriftführer besetzte Vorstand der „Polytechnischen" kann gemäß der Vereinssatzung über Beträge von bis zu 25.000 Euro verfügen.[358]

Parallel zum Vermögen der Gesellschaft ist seit 2005 die Verantwortung der polytechnischen Gremien gestiegen. Die Polytechniker trugen der rasanten Entwicklung am 9. November 2009 mit der Verabschiedung einer neuen Satzung Rechnung. Nach dem modernen Regelwerk werden die Geschäfte des Vereins nach wie vor von dem vierköpfigen Vorstand mit Klaus Ring an der Spitze geführt. Das Quartett wird allerdings nicht mehr vom Engeren Ausschuss, sondern von einem Kuratorium beraten und überwacht. Außer dem amtierenden Präsidenten gehören dem Kuratorium sechs von der Mitgliederversammlung im November 2009 auf vier Jahre gewählte Polytechniker an: Evelyn Brockhoff, Reinhart Chr. Bartholomäi, Andreas Eichstaedt, Peter-Wilhelm Schlüter, Rudolf Steinberg und Rolf Windmöller. Die Interessen der Töchter vertritt gegenüber dem Vorstand und dem Kuratorium der neu konstituierte „Institutsbeirat". In der Vergangenheit hatten immer dann Interessenkonflikte gedroht, wenn die im Engeren Ausschuss vertretenen Institutsleiter über die Vergabe von Fördermitteln mitbestimmten.

Die Verantwortlichen beobachten den Schrumpfungsprozess der traditionalen Bürgergesellschaft durchaus mit Sorge und rechnen über kurz oder lang mit Auswirkungen auf die Struktur der eigenen Mitgliedschaft.

Damit die „Polytechnische" auch in Zukunft eine Stütze der Gesellschaft bleibt, soll ein im Herbst 2009 gegründeter „Aufnahmeausschuss" beizeiten eine tragfähige Konzeption für die Aufnahmepolitik der am Neujahrstag 2010 305 Mitglieder zählenden Vereinigung ausarbeiten.

Die Vortragsreihe kann sich als wichtigste Eigenveranstaltung der Polytechnischen Gesellschaft nicht über mangelndes Interesse beklagen. Das Fassungsvermögen des von der Frankfurter Sparkasse als Mitveranstalterin in der Hauptstelle an der Neuen Mainzer Straße zur Verfügung gestellten Vortragssaals erweist sich nicht selten als zu gering. Die steigende Besucherzahl und das sinkende Durchschnittsalter der Zuhörer sprechen für die Vielfalt und die Aktualität der in Verbindung mit dem Kuratorium Kulturelles Frankfurt organisierten Reihe. Das Themenspektrum reichte 2009 von der um sich greifenden Computer- und Onlinesucht über die angemessene Höhe von Managergehältern bis zur Erfindung der Blindenschrift durch Louis Braille. Der Erfolg der Vortragsreihe steht und

Vortragssaal der Frankfurter Sparkasse. Fotografie von Stephan Feder, 2006.

fällt mit ihren hochkarätigen Referenten. Zu den für das Jahr 2009 beispielhaft aufgeführten Themen sprachen der Diplompsychologe an der Ambulanz für Spielsucht der Universität Mainz, Klaus Wölfling, der Jurist und Corporate Governance-Experte Theodor Baums und der Schulleiter der süddeutschen Blindenschule in Schleißheim, Volker Hahn.[359]

Mit „Dancing in the Dark" brachte im Dezember 2007 die überwiegend aus blinden Musikern bestehende Popgruppe „Blind Foundation" ihren ersten eigenen im Studio produzierten Song heraus. Im Rahmen eines vom Landeswohlfahrtsverband Hessen und von der Bundesagentur für Arbeit geförderten Berufsintegrationsprojekts hatte die Stiftung Blindenanstalt im Jahr 2004 sieben Musiker eingestellt. Nach Ablauf des zunächst auf drei Jahre befristeten und anschließend verlängerten Förderprogramms sollen die Bandmitglieder sowie der Liedermacher Robert Lütteke möglichst von ihrer Musik leben können. Lütteke nahm 2007 mit den Musikern der „Blind Foundation" seine zweite CD „blind durcheinander" auf. Die Bandmitglieder absolvieren rund fünfzig Live-Konzerte im Jahr. Einen Höhepunkt ihrer Karriere erlebten die Musiker der „Blind Foundation" Ende 2009 beim Internationalen Behindertenfestival „Star of Hope" in St. Petersburg, wo sie vor rund 3.000 begeisterten Zuschauern und Zuhörern spielten. Die Musiker proben und arbeiten mit den Bildhauern der Galerie 37 im Musischen Zentrum an der Adlerflychtstraße unter einem Dach.

Die Angebote der Stiftung zur sozialen Integration von Blinden und Sehbehinderten sind auf den Gebieten Beratung, Rehabilitation, Ausbildung und Freizeit in der Bundesrepublik einzigartig. In Kooperation mit der Deutschen Blindenstudienanstalt Marburg e.V. bietet das selbstständige polytechnische Tochterinstitut seit Herbst 2005 insbesondere für Schüler der Hermann-Herzog-Schule und für ältere hochgradig Sehbehinderte eine Sehrestberatung an. Dabei werden unterschiedliche Lupen, Lupenbrillen oder Bildschirmlesegeräte sowie der Einsatz von Filtergläsern und spezieller Beleuchtung getestet. Die zur Untersuchung und zur Anpassung der verbliebenen Sehkraft erforderlichen Gerätschaften wurden mit Unterstützung der Dr. Josef und Janina Haubenstock-Stiftung angeschafft. Mehr als einhundert Betroffene haben im Jahr 2009 die alle zwei Wochen von einem Mitarbeiter der Blindenstudienanstalt in der Adlerflychtstraße 8 abgehaltene Sehrestberatung in Anspruch genommen. Der Sehrestberater Norbert Gorldt schildert den Verlauf einer Konsultation im Tätigkeitsbericht der Polytechnischen Gesellschaft für das Jahr 2009: „Morgens war Frau K. in meiner Sprechstunde. Sie ist Anfang achtzig. Bei ihr wurde eine altersbedingte Makuladegeneration im Zusammenspiel mit Diabetes festgestellt – eine häufige Diagnose in diesem Alter. Zunächst erfrage ich die gesundheitliche Vorgeschichte von Frau K., um zu sehen, wo wir stehen: Welche Tätigkeiten kann sie nicht mehr ausführen? Wofür benötigt sie am dringendsten Hilfsmittel? Diese und andere Fragen erarbeiten wir gemeinsam. Anschließend messe ich die Sehschärfe, passe die Brille für jedes Auge optimal an und bestimme den Vergrößerungsbedarf. Wir testen verschiedene Hilfsmittel. Im Moment scheint eine Lupe das Mittel der Wahl zu sein. Ich übe mit Frau K. den Umgang damit und erkläre, wie wichtig die richtigen Lichtverhältnisse sind, um optimale Ergebnisse zu erzielen. Im Anschluss an unser Gespräch übermittle ich ihr ein Empfehlungsschreiben an ihren Augenarzt."[360]

Die Stiftung Blindenanstalt änderte im Jahr 2007 ihren Namen. Blinde und Sehbehinderte hatten sich zunehmend an der „Anstalts"-Bezeichnung gestört, der etwas Unfreiwilliges anhaftete. Der neue Name lautet: Frankfurter Stiftung für Blinde und Sehbehinderte – Polytechnische Gesellschaft. Die Namensänderung ging mit einer Reform der Satzung einher. Der Stiftungszweck wurde präzisiert und die dreigliedrige Leitungsstruktur auf zwei Organe reduziert, das Kuratorium und den Vorstand. Den Kuratoriumsvorsitz übernahm im Oktober 2007 die ehemalige Direktorin des St. Katharinen- und Weißfrauenstifts, Stadträtin Erika Pfreundschuh. Peter Gerdon, Direktor der Stiftung Waisenhaus, blieb stellvertretender Vorsitzender des Kuratoriums. Die beiden Protagonisten des Frankfurter Stiftungswesens gehören zum Kreis der Polytechniker – Pfreundschuh seit 1993, Gerdon seit 2004. Den Vorstand bildet Franz-Josef Esch, bis 2008 ehrenamtlich von Hans Dietrich Becker unterstützt. Nach der am 14. Januar 2010 verabschiedeten Satzung besteht der Zweck der Stiftung „in der gesellschaftliche(n) und berufliche(n) Rehabilitation und Integration sehbehinderter und blinder Menschen jeden Alters." Dieser Auftrag wird unter anderem durch die „Bereitstellung geeigneten Wohnraums und betreuender Rahmendienst"[361] erfüllt. Das älteste bestehende Tochterinstitut der Polytechnischen Gesellschaft bietet seit der Gründung im Jahr 1837 betreutes Wohnen an. 2010 umfasste die Wohnanlage der Stiftung an der Adlerflychtstraße 8 und 14 sowie an der Stalburgstraße 9 und 11 insgesamt 46 Appartements mit 42 blinden oder sehbehinderten Mietern. Das Aus- und Weiterbildungsangebot der Stiftung ist auf die Medienbranche spezialisiert. Seit 1989 wurden in den vier zentralen Berufsfeldern mehr als zweihundert Blinde und Sehbehinderte von dem polytechnischen Institut zu wissenschaftlichen Dokumentaren, zu Fachangestellten für Medien- und Informationsdienste, zu Onlinejournalisten und zu PR-Juniorberatern/ PR-Assistenten ausgebildet. Da Menschen ohne Augenlicht aufgrund ihres ausgeprägten Gehörsinns für Tätigkeiten im Ton-Bereich besonders gut geeignet sind, bildet die Stiftung seit 2009 auch auf dem Gebiet „Aufnahmetechnik/ Digitale Nachbearbeitung Ton" aus.

In der Rhein-Main-Region lebten 2008 schätzungsweise 28.000 sehbehinderte und 4.400 blinde Menschen, in Frankfurt gab es etwa 8.700 Sehbehinderte und 1.300 Blinde. Rund dreihundert Betroffene haben im Jahr 2009 die Angebote der Einrichtung im Frankfurter Nordend in Anspruch genommen. Unter den Ratsuchenden ist zuletzt der Anteil der älteren, oftmals von Makuladegeneration betroffenen Personen auffällig stark angestiegen. Die zu einer zentralen Sehstörung führende Netzhautschädigung ist eine der Hauptursachen für die Erblindung im Alter, an der heute bereits rund zwei Millionen Menschen in Deutschland leiden. Auf das Fehlen altersgerechter Beratungs- und Rehabilitationsangebote reagierte die Frankfurter Stiftung für Blinde und Sehbehinderte, indem sie 2009 in Verbindung mit der Johann Wolfgang Goethe-Universität und der Deutschen Blindenstudienanstalt Marburg e.V. das Konzept des „Seniorenförderers" entwickelte. Der Ansprechpartner unterstützt die Senioren nach Eintritt der Behinderung beim Bewältigen der Alltagsprobleme, damit sie möglichst in den eigenen vier Wänden weiter leben können. Den Betroffenen ein selbstständiges Dasein zu ermöglichen und ihnen die Lebensqualität zu erhalten, sind der gemeinsame Nenner der unterschiedlichen Angebote und Projekte der Stiftung für Blinde und Sehbehinderte.[362]

Von der Stiftung für Blinde und Sehbehinderte organisierter Ausstellungsbesuch. Fotografie von Ghomri Wolf-Khosrowi, 2008.

Die Wöhler-Stiftung fand 2007 zu ihrer alten Bestimmung zurück. Ursprünglich zur Förderung des gewerblichen und technischen Nachwuchses gegründet, war die Stiftung 1948 der Währungsreform zum Opfer gefallen. Von der Frankfurter Sparkasse 1962 mit einer 100.000-Mark-Spende zu neuem Leben erweckt, gewährte die Wöhler-Stiftung besonders begabten, finanziell aber nicht auf Rosen gebetteten Studenten naturwissenschaftlicher oder technischer Fachrichtungen Studienbeihilfen. Als sich gegen Ende der Neunzigerjahre kaum noch Studierende fanden, die für eine Beihilfe im Sinne der Satzung in Frage kamen, und kurzzeitig sogar die Auflösung der Stiftung im Raum stand, wurde 2003 der Zweck des unselbstständigen Instituts der Polytechnischen Gesellschaft neu definiert. Die Stiftung sollte künftig das Andenken an den herausragenden Präsidenten der „Polytechnischen" pflegen, indem sie Arbeiten durch die Verleihung von Stipendien oder Preisen förderte, „die dem historischen

Wirken von Dr. August Anton Wöhler oder der Polytechnischen Gesellschaft e.V. einschließlich ihrer Tochterinstitute"[363] gewidmet sind. Tatsächlich förderte die Wöhler-Stiftung von 2004 bis 2006 ein Frankfurter rechtshistorisches Habilitationsvorhaben zum Thema „Schuldklagen aus Wechseln vor dem Reichskammergericht".

2007 besann sich die Wöhler-Stiftung auf ihre Wurzeln und kümmert sich seither wieder in verstärktem Maße um die schulische und berufliche Ausbildung. Namentlich soll das Bildungsangebot der nach dem verdienten Präsidenten der Polytechnischen Gesellschaft benannten Wöhlerschule am Dornbusch gefördert werden. Die Verleihung von Stipendien und Preisen für historische Studien spielt nur noch eine untergeordnete Rolle. Das Gymnasium mit den Schwerpunkten Naturwissenschaften und Musik zählte 2009 rund 1.500 Schüler. Pro Jahrgangsstufe werden zwei Klassen so zusammengestellt, dass ein vollständiges Orchester entsteht. Die Wöhler-Stiftung unterstützte die Musikklassen mit einem Zuschuss für den Kauf eines neuen Flügels. Dem „Mathematikum" der Wöhlerschule griff die Stiftung 2009 bei der Beschaffung von Unterrichtsmaterialen unter die Arme. In einem als „Mathematikum" bezeichneten Schulraum können besonders begabte, aber auch schwächere Schüler an drei Nachmittagen in der Woche freiwillig „Mathe pauken". Seit 2009 arbeitet die Wöhlerschule eng mit dem Institut für Bienenkunde der Polytechnischen Gesellschaft zusammen. Neuntklässler können in Oberursel das Berufspraktikum absolvieren. Außerdem berät das Institut die Schule bei der Bekämpfung der Varroamilbe, der im Jahr 2009 bis auf eines alle schuleigenen Bienenvölker zum Opfer gefallen sind.[364]

Die Tage des Instituts für Bienenkunde schienen Ende 2004 gezählt. Der Fachbereich Biologie hatte im November 2004 dem Drängen der Universitätsleitung, aus Kostengründen Stellen abzubauen, nachgegeben und für 2006 die Aufgabe des Bieneninstituts beschlossen. Die Gelegenheit wurde als günstig erachtet, da zum 30. September 2006 die Emeritierung des Institutsleiters Nikolaus Koeniger anstand. Die Absicht, das renommierte Forschungsinstitut zu schließen, stieß nicht nur unter Bienenkundlern auf Unverständnis. Der angesehene Konstanzer Biologieprofessor und ehemalige Präsident der Max-Planck-Gesellschaft, Hubert Markl, zeigte sich in einem Schreiben an den Dekan des Fachbereichs Biologie der Johann Wolfgang Goethe-Universität ob der geplanten Schließung des Oberurseler Bieneninstituts bestürzt. „In Anbetracht der Tatsache", gab Markl in dem Brief vom 31. Januar 2005 zu bedenken, „daß Honigbienen für die Landwirtschaft – insbesondere für die Bestäubung von Obstbaumkulturen – genauso wie für die Erhaltung bedrohter natürlicher Lebensräume nach dem dramatischen Schwund an Wildbienen geradezu unentbehrlich sind, und zudem die Bienenhaltung in ganz Europa durch Parasitenbefall erheblich gefährdet ist, erscheint es mir nicht zu verantworten, dieses leistungsfähige Institut aufzugeben und damit nicht nur den Interessen der Wissenschaft, sondern auch der deutschen Landwirtschaft genauso wie des Naturschutzes zuwiderzuhandeln."[365]

Die Polytechnische Gesellschaft war keineswegs gewillt, das 1937 gegründete Tochterinstitut mir nichts, dir nichts aufzugeben. Nach intensiven Verhandlungen und finanziellen Zugeständnissen der nach dem Verkauf der Sparkassen-Anteile über die erforderlichen Spielräume verfügenden Polytechniker war das Institut für Bienenkunde im Herbst 2007 gerettet. Das Institut wurde an den neuen Forschungsschwerpunkt Zellbiologie und Neurowissenschaften des Fachbereichs Biowissenschaften der Goethe-Universität angegliedert und sollte in Zukunft von einem ausgewiesenen Neurobiologen geleitet werden. Neben der Entwicklung innovativer Forschungsansätze und der Ausbildung hoch qualifizierter Nachwuchswissenschaftler wurde von dem neuen Institutsleiter erwartet, dass er die ökologische und ökonomische Bedeutung der Bienen noch stärker herausstellt, die Imkerschaft unterstützt und die Öffentlichkeit über das nützliche Insekt aufklärt. Für den Leiter richtete die Polytechnische Gesellschaft eine Stiftungsprofessur ein, die Kosten der übrigen viereinhalb Personalstellen werden mit der Universität geteilt. Darüber hinaus stellt die Gesellschaft das auf ihre Kosten zu unterhaltende Institut in Oberursel zur Verfügung. Der Lehrstuhl wurde mit Bernd Grünewald besetzt, der die Institutsleitung im Januar 2008 übernahm. Der Professor für Zoologie an der Frankfurter Goethe-Universität hatte in Regensburg studiert und wurde 1995 an der Freien Universität Berlin über die Neurobiologie der Biene promoviert. Grünewalds Amtsantritt fand zusätzliche Beachtung, da es sich bei der Stiftungsprofessur der Polytechniker um die erste Zustiftung zu der im Januar 2008 in eine Stiftungshochschule umgewandelten Johann Wolfgang Goethe-Universität handelte.[366]

Unter der neuen Leitung widmet sich das Institut im Vordertaunus gezielt der Neurobiologie der Honigbiene. Dabei werden die Leistungen des fleißigen Insekts von der Ebene des gesamten Bienenvolks über das Individuum bis hinunter zu zellulären und molekularen Mechanismen untersucht. Ergänzend analysieren die Wissenschaftler in Freilandexperimenten Orientierungsleistungen der Arbeiterinnen bei Sammelflügen. Im Labor wird das Duftlernen untersucht, das wichtig für das Wiederfinden und Wiedererkennen der nektarbelohnenden Blüte ist. Die Anzahl der Bienenvölker ist weltweit im Sinken begriffen. Eine Hauptursache für die Verluste ist der Befall der Bienen mit Varroamilben. Trotz jährlicher Behandlungen der Völker treten bei den Imkern immer wieder hohe

Mitarbeiter des Bieneninstituts betreuen das Biomonitoring mit Honigbienen am Frankfurter Flughafen. Fotografie von Stephan Feder, 2006.

Verluste auf, so dass rund um den Globus nach einer dauerhaften Lösung des Problems geforscht wird. Das Oberurseler Institut kooperiert seit einigen Jahren mit der türkischen Universität Bursa, um einen Zuchtansatz zu entwickeln, der sich an der natürlichen Auslese von Parasit-Wirt-Systemen orientiert. Bei dem Langzeitprojekt werden Bienenköniginnen selektiert, die den Milbenbefall besonders gut verkraften. Nach viel versprechenden Anfangserfolgen konnte 2009 eine Förderung des Bundesministeriums für Ernährung, Landwirtschaft und Verbraucherschutz eingeworben werden, die das Projekt bis 2012 sichert.

Das Institut für Bienenkunde liegt an der Schnittstelle von Wissenschaft und Praxis. Von den mehr als zweihundert institutseigenen Bienenvölkern befindet sich nur ein kleiner Teil auf dem Gelände am Karl-von-Frisch-Weg in Oberursel. Das Institut unterhält etwa 18 Bienenstände, von denen die meisten im Dienst der Forschung stehen. Instituts-Bienen sind im Taunus, im Hessenpark und an der Saalburg, aber auch am Rollfeld des Frankfurter Flughafens anzutreffen. Die Bienen werden von zwei Imkermeistern gepflegt, die gleichzeitig die Königinnenzucht des Instituts unterhalten und drei Imker-Auszubildende am Institut betreuen. Zahlreiche Fachpublikationen haben die Forscher im Zusammenspiel von Wissenschaft und Praxis veröffentlicht. Mit „Forschertouren im Bienengarten" fördert das Institut bei Kindergartenkindern und Grundschülern das Bewusstsein für das nach Schwein und Rind wichtigste Nutztier.

Die Nachwuchsforscher untersuchen die Lebenswelt der Bienen und entdecken dabei zum Beispiel, dass die Insekten nichts hören können und allein in Oberursel in guten Jahren bis zu 3.000 Kilogramm Honig geerntet werden.[367]

Die polytechnischen Kammermusikabende sind ein Ohrenschmaus. Der Verein zur Pflege der Kammermusik und zur Förderung junger Musiker stellt pro Saison 21 Konzerte auf die Beine, acht davon im Kundenzentrum der Frankfurter Sparkasse in der Neuen Mainzer Straße, jeweils vier in Schwalbach, Hanau und Bad Vilbel sowie eins in Friedrichsdorf.

Kammermusikabend im Kundenzentrum der Frankfurter Sparkasse. Fotografie von Stephan Feder, 2006.

Die Polytechnische Gesellschaft hat sich nach dem Verkauf der Sparkassen-Anteile auch bei dem bislang von dem Geldinstitut finanzierten selbstständigen Tochterinstitut stärker in die Pflicht nehmen lassen. Seitdem die Frankfurter Sparkasse 2006 das Engagement für den Kammermusikverein auf einen jährlichen Zuschuss von 50.000 Euro zurückgeschraubt hat, fördert die „Muttergesellschaft" das Institut mit rund 80.000 Euro im Jahr. An der Spitze des Vereins zur Pflege der Kammermusik stehen der Präsident der Polytechnischen Gesellschaft, Klaus Ring, und sein Stellvertreter, der Vorsitzende des Vorstands der Frankfurter Sparkasse, Herbert-Hans Grüntker. Die künstlerischen Leiter, Hans-Dieter Resch und Hubert Buchberger, hatten auch zur 50-Jahr-Feier des Kammermusikvereins 2009 einen außergewöhnlichen Konzertreigen zusammengestellt. Acht verschiedene Programme, die bei freiem Eintritt 21mal gespielt wurden, bildeten die „Geburtstagstorte" für das begeisterte Publikum.[368]

Der neue Direktor des in Museum für Angewandte Kunst umbenannten Kunstgewerbemuseums, Ulrich Schneider, steckte Anfang 2003 voller Pläne. In seinem Vorstellungsgespräch vor dem Kunstgewerbeverein erklärte der vom Aachener Suermondt-Ludwig-Museum nach Frankfurt gewechselte Kunsthistoriker die Neugestaltung der Villa Metzler zu einem seiner Hauptanliegen. Als eines der wenigen erhaltenen klassizistischen Bauwerke Frankfurts stand die Villa im Schatten des 1985 eröffneten Neubaus von Richard Meier. „Wie ein Dieb", beschrieb eine Projektskizze im März 2005 den Zustand in dem sanierungsbedürftigen Gebäude, „schleicht der Besucher in ein mehr oder weniger muffiges Ambiente, das in diametralem Gegensatz zum Hauptgebäude steht. Die Villa, einst glanzvoller Ort eines kulturellen Salons, wurde als Finanzierungsopfer empfunden: Die Ausstattung mit Rauhfasertapete, gepaart mit billiger textiler Gestaltung und unangemessenen Leuchtmitteln war nie ein Ort für die hervorragenden Kunstwerke, zumal des Porzellans, die dort in alten Vitrinen wie eine Schausammlung präsentiert sind."[369]

Das Kleinod sollte aus dem Dornröschenschlaf geweckt und als ein kulturelles Zentrum für Frankfurter Bürger zu neuer Blüte kommen. Nach langen Überlegungen, wie dieses Ziel erreicht werden könne, in die auch der Kunstgewerbeverein eingebunden war, entschloss sich der seit 2006 von Friedrich Heigl geleitete Verein der Freunde und Förderer des Museums in einer Mitgliederversammlung, die Trägerschaft für das Revitalisierungsprojekt zu übernehmen. Er gründete für die Durchführung des Projekts die „Gemeinnützige Gesellschaft Historische Villa mbH", die die Villa für einen Zeitraum von zehn Jahren von der Stadt anmietete. Durch diese strategische Entscheidung wurde die Sanierung der Villa zu einem privaten Bauvorhaben, was eine größere Nähe zu engagierten Bürgern und Mäzenen sowie mehr Handlungsfreiheit bei der Ausschreibung der notwendigen Arbeiten zuließ.

Die Planung sah vor, im Gartengeschoss anspruchsvolle Veranstaltungsräume einzurichten, die sowohl dem Museum, als auch außen stehenden Dritten zur Verfügung stehen sollen. In der Folge dieser Zielsetzung waren dann im bisher nur als Keller genutzten Untergeschoss Räume für den gastronomischen Service sowie eine Garderobe und Toiletten einzurichten. Auch für das spätere Management des Veranstaltungsbereichs übernahm die „Gemeinnützige Gesellschaft Historische Villa mbH" die Verantwortung. Für die jeweils fünf Räume der ersten und zweiten Etage, die durch das Museum betreut werden, sah die Planung die Einrichtung so genannter Epochenräume vor, die den Besuchern das Lebensgefühl vergangener Epochen vermitteln sollen. In den vom Barock bis zum

Das Museum für Angewandte Kunst am Schaumainkai. Fotografie von Stephan Feder, 2006.

Jugendstil reichenden Räumen wird keine Eins-zu-eins-Rekonstruktion der historischen Interieurs angestrebt. Über stilgerechte Tapeten, Textilien, Fußböden sowie ausgewählte Möbel und Einrichtungsgegenstände aus dem Museumsbestand soll eine Annäherung an die Wohnkultur der unterschiedlichen Epochen erfolgen. Nicht ein „so war es", sondern ein „ so hätte es gewesen sein können" wird im Sinne einer, so Museumsdirektor Schneider, „prospektiven Denkmalpflege" inszeniert.[370]

Die Renovierung der Villa hatte ihren Preis. Der Gesamtaufwand lag bei 3,2 Millionen Euro. Weitere 200.000 Euro waren für Maßnahmen zur Belebung des Veranstaltungsbereichs vorgesehen. Nicht ganz zwei Drittel des Gesamtaufwandes von 3,4 Millionen Euro stellten die Stadt Frankfurt und das Landesamt für Denkmalpflege Hessen sowie die Stiftung und die Gesellschaft der Polytechniker nach intensiven Verhandlungen zur Verfügung. Die verbliebenen anderthalb Millionen Euro kamen durch Beiträge von Förderern aus dem Kreis von Stiftungen, Unternehmen und Privatleuten zusammen. Friedrich von Metzler und Friedrich

Heigl hatten feste Zusagen für die Deckung des Gesamtaufwandes, als nach einer Vorlaufzeit von gut fünf Jahren 2008 die eigentliche Bauphase begann. Sie dauerte nur knapp neun Monate: Zwei Wochen nach der Unterzeichnung des Vertrags mit einem Generalunternehmer rückten Mitte Februar die Bauarbeiter an und am 28. November 2008 feierte Frankfurt die Wiedereröffnung des im Volksmund Villa Metzler genannten Hauses, das seither den Namen „Historische Villa Metzler" trägt. Oberbürgermeisterin Petra Roth lobte das Projekt in ihrem Grußwort als „Modellfall für die Stadt Frankfurt."[371] Mit der Neugestaltung der Villa hat das Museumsufer einen weiteren herausragenden baulichen und inhaltlichen Akzent erhalten.

Der Kunstgewerbeverein ist bestrebt, „durch Vorträge, Kurse, Führungen und in sonstiger Weise das allgemeine Interesse für das Kunstgewerbe anzuregen, zu erweitern und zu vertiefen."[372] Die Revitalisierung der

Der Englische Salon in der „Historischen Villa Metzler". Fotografie von Uwe Dettmar, 2008.

Villa Metzler führte zu einer spürbaren Belebung des Museums für Angewandte Kunst, das im Jahr 2009 rund 6.000 zusätzliche Besucher zählte. Vom Förderverein initiierte Führungs- und Veranstaltungsangebote wie „Mittwochs zwischen 19 und 20 Uhr" oder „Kunstflirt am Schaumainkai" stoßen auf reges Interesse. Die Vortragsreihe der Polytechnischen Gesellschaft bereicherte der Kunstgewerbeverein 2009 um zwei Referenten: Glenn Adamson vom Victoria & Albert Museum in London sprach zum Thema „Modernes Kunsthandwerk: Tendenzen und Neuentdeckungen" und der in Karlsruhe Architekturgeschichte lehrende Ulrich Maximilian Schumann beantwortete die Frage „Was können wir von der Polytechnischen Bewegung lernen?" mit einem Plädoyer für die vollständige Persönlichkeit, die es versteht, Vergangenheit und Zukunft ebenso wie Nutzen und Schönheit gemeinsam in den Blick zu nehmen. Die von Oktober 2009 bis Januar 2010 im Museum für Angewandte Kunst gezeigte bedeutende Ausstellung der Arbeiten des französischen Möbelkünstlers und Hofschreiners Ludwigs XIV. und Ludwigs XV., André Charles Boulle, stand unter der Schirmherrschaft des Präsidenten der französischen Republik, Nicolas Sarkozy, und des deutschen Bundespräsidenten, Horst Köhler. Weder die Stiftung Polytechnische Gesellschaft noch der Kunstgewerbeverein ließen es sich nehmen, zu dem internationalen Ausstellungsereignis ihr „Scherflein" beizutragen.[373]

Das Kuratorium Kulturelles Frankfurt ist ein weiterer Aktivposten im kulturellen Leben der Stadt Frankfurt. Das seit September 2009 von Jörg Reinwein geleitete selbstständige Tochterinstitut der Polytechnischen Gesellschaft bezweckt „die Förderung von Volksbildung und Wissenschaft unter besonderer Berücksichtigung der Geschichte und Gegenwart der Stadt Frankfurt am Main."[374] Konkret wirkt das Kuratorium mit rund fünfzig Veranstaltungen im Jahr als Diskussionsforum und als Informationsbörse in die Frankfurter Stadtgesellschaft hinein. Darüber hinaus bietet der Verein seinen Mitgliedern mit den monatlich erscheinenden „Kulturellen Kurznachrichten" einen Leitfaden durch die bunte Frankfurter Kulturszene. Gewohnt vielfältig war auch im Jahr 2009 das Programm der „Kleinen Gruppe" des Kuratoriums, die insgesamt 22 Mal teilweise verborgene Schätze in Frankfurt aufspürte: Ehrenmitglied Bernhard Schanz, Mentor und Organisator der 20 bis 25 Personen zählenden „Freundeskreise" ermöglichte den Mitgliedern den Zutritt zu historischen Wandgemälden in Frankfurter Bürgerhäusern, zu den Bad Vilbeler Mineralquellen oder zur Höchster Tapetenmanufaktur. Außerdem standen Ausstellungsbesuche und architektonische Spaziergänge durch die Ernst-May-Siedlung in der Römerstadt und über den Hauptfriedhof auf dem Programm. Die einhundertste „Kleine Gruppe" hatte Anfang August 2009 die frisch restaurierten barocken Fresken der Kirche St. Peter und Paul in Hochheim zum Ziel. Als die bedeutendsten vorbarocken Wandmalereien nördlich der Alpen gelten die zwischen 1515 und 1521 im Kreuzgang des Frankfurter Karmeliterklosters von dem schwäbischen Maler Jörg Ratgeb angefertigten Fresken. Mit der Rekonstruktion des zerstörten Freskos „Anbetung der Heiligen Dreikönige" an der Südwand des Kreuzgangs hat das Kuratorium einen bleibenden Beitrag zur Bewahrung des kulturellen Erbes der Stadt Frankfurt geleistet. Zur Rekonstruktion des Dreikönigsbildes bediente sich der Kopist und Künstler Geor-

Die „Anbetung der Heiligen Drei Könige" im Kreuzgang des Karmeliterklosters. Fotografie von Rolf Oeser, 2006.

gi Takev zwischen 2003 und 2006 eines im Städel verwahrten, um 1850 entstandenen Aquarells von Christian Becker sowie Umrisszeichnungen Otto Donner von Richters. Das Kuratorium Kulturelles Frankfurt hat die Wiederherstellung des Wandbildes mit Spendengeldern finanziert, wobei eine größere Summe der Polytechnischen Gesellschaft die zügige Fertigstellung des Projekts im Frühsommer 2006 ermöglichte.[375]

Die Polytechnische Gesellschaft ist nach dem Verkauf der Anteile an der Frankfurter Sparkasse von 1822 über sich selbst hinausgewachsen. Mit Hilfe der Erlöse aus dem Sparkassenverkauf konnte zum einen die finanzielle Situation der polytechnischen Tochterinstitute deutlich verbessert und zum anderen die Stiftung Polytechnische Gesellschaft gegründet werden. „Es gibt vermutlich in ganz Deutschland keine andere Bürgervereinigung", so der Präsident der Polytechniker, Klaus Ring, „die vergleichbare Wirkungsmöglichkeiten in ihre Stadt hinein hat und damit auch beispielhaft auftreten kann aus der gesellschaftlichen Mitte heraus, unabhängig von ideologischen oder parteipolitischen Interessen, Vorgaben, Abhängigkeiten oder gar Verpflichtungen."[376] Die Polytechnische Gesellschaft hat es seit der Gründung im Jahr 1816 verstanden, ihr Wirken frühzeitig den sich wandelnden Anforderungen anzupassen. Polytechniker sind traditionell zukunftsorientiert.

Der Vorstand der Polytechnischen Gesellschaft: Friedrich Heigl, Johann-Peter Krommer, Henriette Kramer und Klaus Ring (v.l.n.r.). Fotografie von Anna Meuer, 2010.

Proponierende Sekretäre und Präsidenten

1816 – 1818	Johann Heinrich Moritz Poppe
1818 – 1819	Wilhelm Adolph Miltenberg
1819 – 1820	Theodor Kestner
1820	Ludwig Thilo
1821 – 1829	August Anton Wöhler
1830	Vakant
1831 – 1850	August Anton Wöhler
1850 – 1860	Friedrich Eduard Souchay
1860 – 1868	Friedrich Ernst Passavant
1868 – 1877	Johann David Sauerländer
1878 – 1899	Emil von Oven
1899	Gustav Schrader
1900 – 1903	Carl Diehl
1903 – 1914	Alexander Matti
1914 – 1931	Heinrich Becker
1931 – 1932	Philipp Labes
1932 – 1936	Richard Wachsmuth
1936 – 1943	Viktor Schmieden
1943 – 1945	Hermann Gamer
1945	Friedrich Wilhelm Lehmann (kommissarisch Juni – Dezember)
1946	Fritz Hetzer (kommissarisch Januar bis März
1946 – 1964	Kurt Blaum
1964 – 1966	Karlheinz Müller
1966 – 1996	Franz Schmidt-Knatz
1996 – 2004	Hans-Jürgen Hellwig
2004 bis heute	Klaus Ring

Zeittafel

24. November 1816	Gründung des „Polytechnischen Vereins zu Frankfurt a. M."
15. Januar 1817	Umbenennung in „Frankfurtische Gesellschaft zur Beförderung der nützlichen Künste und ihrer Hülfswissenschaften" (GBnKH).
9. November 1817	Eröffnung der Sonntagsschule für Lehrlinge und Gesellen. Das erste Tochterinstitut der GBnKH markiert den Beginn des Frankfurter Berufsschulwesens.
8. April 1818	Karl von Drais erläutert den Mitgliedern der GBnKH die von ihm erfundene „Laufmaschine".
März 1819	GBnKH errichtet die erste Frankfurter „Gasfabrik" und erprobt die öffentliche Straßenbeleuchtung mit Gaslicht.
12. Juni 1822	Sparkasse nimmt als zweites Tochterinstitut den Betrieb auf.
1. Januar 1826	Eröffnung der „Ersparniß-Anstalt" für Kleinsparer (ab 1833: „Ersparungs-Anstalt").
September 1826	Veranstaltung einer Kunst- und Gewerbe-Ausstellung.
1. Februar 1828	Gewerbeschule für Absolventen der Sonntagsschule errichtet.
22. September 1835	Konstituierung des Gewerbevereins.
17. November 1835	„Institut zur Beförderung der Sittlichkeit und des Wohlverhaltens unter der dienenden Klasse" gegründet (ab 1852: Verein zum Wohle der dienenden Klasse).
18. Mai 1837	Eröffnung der Blindenanstalt.
16. November 1840	Schwarze Liste der Frankfurter Liberalen enthält 17 Polytechniker.
25. Januar 1846	Gründung der Wöhler-Stiftung.
18. Mai 1848	Der Polytechniker Friedrich Siegmund Jucho zieht als Abgeordneter der Stadt Frankfurt in die Nationalversammlung ein.
3. Mai 1852	Höhere Gewerbeschule im Katharinenkloster eröffnet.
1. Oktober 1858	Eröffnung der Blindenanstalt Theobaldstraße 23.
16. Februar 1862	Einweihung des Gesellschaftshauses Junghofstraße 18.
25. April 1870	Erster Schultag an der Wöhlerschule.
17. April 1872	Aufnahme des 1865 gegründeten Technischen Vereins unter die polytechnischen Tochterinstitute.
27. Dezember 1874	Neubau der Blindenanstalt Adlerflychtstraße 8 eröffnet.
1. April 1876	Kommunalisierung der polytechnischen Schulanstalten und Verkauf des Gebäudekomplexes zwischen Junghof- und Neuer Rothofstraße an die Stadt Frankfurt.
25. März 1877	Gründung des „Mitteldeutschen Kunstgewerbevereins" – ab 14. März 1878 polytechnisches Institut.
15. Juni 1879	Einweihung des Gesellschaftsgebäudes Neue Mainzer Straße 49.
15. Oktober 1879	Unterrichtsbeginn an der Kunstgewerbeschule.

15. Juni 1882	Gründung der „Pfennig-Sparanstalt".
27. November 1883	Generalversammlung der GBnKH beschließt Erwerb der Liegenschaft Neue Mainzer Straße 51.
10. Juli 1900	Eintragung der GBnKH in das Vereinsregister.
2. Juli 1901	Erwerb der Liegenschaften Neue Mainzer Straße 43–47.
28. Dezember 1903	Erwerb der Liegenschaft Adlerflychtstraße 14 für ein Mädchenwohnheim der Blindenanstalt.
25. April 1904	Erwerb der Liegenschaft Stalburgstraße 11 für ein Männerwohnheim der Blindenanstalt.
26. Oktober 1914	Die GBnKH erhält Sitz und Stimme im Großen Rat der Frankfurter Universität.
5. Februar 1921	Die Stadt übernimmt das Kunstgewerbemuseum, die Kunstgewerbeschule sowie die dazugehörige Bibliothek und mietet die Räumlichkeiten in der Neuen Mainzer Straße 47/49 von der GBnKH.
Juni 1921	Verkauf der Liegenschaften Neue Mainzer Straße 43/45 an den Steuerfiskus.
29. November 1921	Kunstgewerbeverein trennt sich von der GBnKH.
13./14. Juni 1928	Vertrag zwischen der GBnKH, der Stadt Frankfurt und dem Landeshauptmann sichert den Fortbestand der Blindenanstalt.
1935	Gründung des „Muskelflug-Instituts".
Juli 1935	„Gleichschaltung" der Frankfurter Sparkasse von 1822.
16. September 1936	„Gleichschaltung" der GBnKH. Auf Druck des Gauleiters wird eine nationalsozialistische Satzung verabschiedet. Auflösung des Vereins zum Wohle der dienenden Klasse.
1937	Geschäftsstelle der GBnKH in der Neuen Mainzer Straße 53.
1937	Gründung des Instituts für Bienenkunde.
15. Oktober 1939	Umwandlung der Blindenanstalt in eine Stiftung.
1. Januar 1941	GBnKH veräußert den Gebäudekomplex Neue Mainzer Straße 47–51 an die Frankfurter Sparkasse.
19. März 1944	Evakuierung der Blindenanstalt nach Villmar an der Lahn.
22. März 1944	Bei Luftangriffen werden die Liegenschaften Neue Mainzer Straße 49/51 und die Blindenanstalt im Nordend zerstört.
März 1944	Geschäftsstelle der GBnKH nach Eppstein im Taunus ausgelagert.
Juli 1945	Amerikanische Militärregierung beschlagnahmt das Gebäude des Instituts für Bienenkunde in Oberursel.
26. März 1946	Beschluss einer neuen Vereinssatzung Die GBnKH wird in „Polytechnische Gesellschaft e. V." (PTG) umbenannt.
20./21. Juni 1948	Infolge der Währungsreform schrumpft das PTG-Vermögen von rund 4,5 Millionen Reichsmark auf knapp 75.000 D-Mark.

1951	Ausschuss „Rettet das Opernhaus“ ins Leben gerufen.
28. Juni 1951	Einweihung des wiederaufgebauten Hauptgebäudes der Blindenanstalt Adlerflychtstraße 8.
8. Januar 1952	Auftaktveranstaltung der polytechnischen Vortragsreihe.
1953	Institut für Bienenkunde dient der Universität Gießen für Lehr- und Forschungszwecke.
1956	Bieneninstitut bezieht ein Oberurseler Einfamilienhaus „Im Rosengärtchen“.
1956	Wiederaufbau der Blindenanstalt mit dem Gebäude Stalburgstraße 11 abgeschlossen.
26. März 1957	Gründungsversammlung des Kuratoriums Kulturelles Frankfurt (KKF) im Karmeliterkloster.
1958	Der „Mitteldeutsche Kunstgewerbeverein“ wird erneut als Institut der PTG eingegliedert.
11. Dezember 1959	Gründung des Vereins zur Pflege der Kammermusik und zur Förderung junger Musiker e. V.
25. Februar 1960	Erster Kammermusikabend im Vortragssaal der Frankfurter Sparkasse, ab Juni 1960 Schalterhallenkonzerte.
21. November 1961	Aufnahme des KKF unter die polytechnischen Tochterinstitute.
1962	Aus Anlass ihrer 140-Jahr-Feier stellt die Frankfurter Sparkasse 100.000 D-Mark zur Wiederbelebung der Wöhler-Stiftung bereit.
1964	Institut für Bienenkunde wird dem Fachbereich Biologie der Johann Wolfgang Goethe-Universität angegliedert.
1966	Unterbringung des Museums für Kunsthandwerk in der Villa Metzler am Schaumainkai.
28. Juni 1968	Einweihung des von der Stiftung Volkswagenwerk finanzierten Laborgebäudes des Bieneninstituts.
12. Juni 1972	Zur 150-Jahr-Feier spendet die Frankfurter Sparkasse fünf Millionen Mark für den Neubau des Historischen Museums Frankfurt an der Saalgasse.
März 1977	Erstmals erscheint die KKF-Kurzinformation „Blaue Blätter“.
16. Januar 1979	Eröffnung des neuen Kundenzentrums in der 1822er-Hauptstelle Neue Mainzer Straße 49–51.
17. Januar 1985	Kunstgewerbeverein steuert zur Innenausstattung des Erweiterungsbaus des Museums für Kunsthandwerk aus einer Spendenaktion knapp 800.000 Mark bei.
September 1987	50-Jahr-Feier des Instituts für Bienenkunde und Einweihung eines Dachaufbaus auf dem Laborgebäude.
Mai 1988	Blinde und Sehbehinderte gestalten in der „Gruppe 37“ (heute: Werkstatt-Galerie 37) Skulpturen aus Speckstein.

15. Dezember 1988	Eröffnung des Dokumentarischen Instituts der Blindenanstalt.
29. Dezember 1988	Fusion der 1822er und der Stadtsparkasse zur Frankfurter Sparkasse.
Oktober 1989	Elektronische Tageszeitung für Blinde erscheint.
Juni / Juli 1990	Rauminstallation „Dialog im Dunkeln" im Künstlerhaus Mousonturm.
4. November 1998	Verleihung des ersten Kammermusikpreises der PTG.
4. April 2001	Eröffnung des Musischen Zentrums der Blindenanstalt.
2003–2006	KKF ermöglicht die Rekonstruktion des Ratgeb-Freskos „Anbetung der Heiligen Dreikönige" im Kreuzgang des Karmeliterklosters.
14. Juni 2004	Mitgliederversammlung wählt in einer Kampfabstimmung einen neuen Präsidenten der PTG.
14. Juli 2005	PTG-Mitgliederversammlung stimmt der Umwandlung der Frankfurter Sparkasse in eine Aktiengesellschaft und dem anschließenden Verkauf der Anteile an die Landesbank Hessen-Thüringen zu.
13. Oktober 2005	Außerordentliche Mitgliederversammlung beauftragt den PTG-Vorstand, eine gemeinnützige und selbstständige Stiftung zu errichten.
29. November 2006	Eintragung der „Stiftung Polytechnische Gesellschaft Frankfurt am Main" in das Goldene Buch der Frankfurter Stiftungen.
2007	Namensänderung der Stiftung Blindenanstalt in „Frankfurter Stiftung für Blinde und Sehbehinderte – Polytechnische Gesellschaft".
1. März 2007	Im ersten Stipendienprogramm der „Stiftung Polytechnische Gesellschaft" werden zwanzig StadtteilBotschafter ernannt.
5. März 2007	Kunstgewerbeverein gründet die „Gemeinnützige Gesellschaft Historische Villa mbH".
4. Januar 2008	Angliederung des Instituts für Bienenkunde an den Forschungsschwerpunkt Zellbiologie und Neurowissenschaften des Fachbereichs Biowissenschaften der Goethe-Universität. Die PTG richtet für den Institutsleiter eine Stiftungsprofessur ein.
28. November 2008	Wiedereröffnung der revitalisierten „Historischen Villa Metzler".
1. Januar 2010	Die Stiftung Polytechnische Gesellschaft übernimmt die Liegenschaft Untermainanlage 5. Neben der Stiftung wird das Gebäude die PTG und das KKF beherbergen und das neue Zentrum der Polytechnischen Gesellschaft in Frankfurt am Main bilden.

Anmerkungen

[1] Schreiben von Joseph Serviere an den Präfekten Friedrich Maximilian von Günderrode vom 30. März 1812, Senatssupplikationen 163/1 (ISG). Der aus Montpellier zugewanderte Weinhändler Peter Joseph Serviere war 1761 in den Besitz des Neuburger Hofs in der Alten Mainzer Gasse gekommen. Da Serviere auch noch eine Likör- und Parfümfabrik in dem Weinort Lunel betrieb, übertrug er 1789 die Frankfurter Weinhandlung seinem Schwiegersohn Johann Franz Denant und seinem ältesten Sohn Joseph (*12. Dezember 1764). 1816 trat Serviere den Anteil an der Weinhandlung seinem Schwager ab, um sich dem Torfhandel zuzuwenden. In Anbetracht der ständig steigenden Holzpreise wollte Serviere der „ärmern Volksklasse einen wohlfeilen holzsparenden Brennstoff" anbieten (zitiert nach einem Schreiben Servieres an das Rechneiamt vom 29. Mai 1816, Rechnei vor 1816, Nr. 2501, ISG). Über den Einsatz von Feuer als Energieform im gewerblichen und im privaten Bereich sowie über die Brandbekämpfung hat der Polytechniker Joseph Serviere ein zweibändiges in Frankfurt verlegtes Werk veröffentlicht: „Pyrotechnie oder die Lehre von der Entstehung, vom vortheilhaftesten Gebrauche, von der nützlichsten Anwendung und gänzlichen Beherrschung des Feuers in allen Verhältnissen des bürgerlichen Lebens". Nachdem er sich bis zuletzt im Torfhandel betätigt hatte, ist Serviere am 18. April 1832 im Alter von 67 Jahren in Seligenstadt gestorben. Vgl. Rechnei nach 1816, Nr. 832 und 2501 sowie Nachlassakten 1832/3696 (alle ISG). Siehe auch: A. Dietz, Band 4, Teil 2, S. 526.

[2] Vollständiger Titel des 224-seitigen, mit drei Kupferstichen ausgestatteten Werks: Der theoretische und praktische Kellermeister oder die Erkennung, Erzeugung, Behandlung und Erhaltung aller trinkbaren Flüssigkeiten nebst einer neuen Theorie über Branntweinbrennerey, Bier- und Essig-Brauerey, Frankfurt a. M. 1809. Das Fachbuch hat 1811 und 1817 eine zweite und eine dritte, jeweils neu bearbeitete und erweiterte Auflage erfahren.

[3] Vgl. die Mitteilung des Ministers der Justiz, der Polizei und des Innern an den Präfekten des Departements Frankfurt vom 24. April 1812, Senatssupplikationen 163/1 (ISG). Siehe auch: Mikulas Teich, Kapitel 1 und 6.

[4] Joseph Serviere, Der Scheidekuenstler im Brau- und Brennhause. Ein nuetzliches Handbuch fuer Bierbrauer Essigbrauer Branntweinbrenner und Oekonomen. Nebst einem Anhange über unsere Feuerungsanstalten in Hinsicht auf das Einheizen und den Küchengebrauch, Frankfurt a. M. 1816, S. 8.

[5] Ebd., S. IV.

[6] Zitiert nach: S. Schambach, S. 27.

[7] Vgl. W. Müller, S. 2–5 und F. Kopitzsch, S. 8.

[8] Zitiert nach: W. Lagler, S. 113.

[9] Vgl. J. H. M. Poppe, Autobiographie, S. 244–253 und W. Lagler, S. 113–116.

[10] Zitiert nach: A. Köster, S. 587. Zur Dalbergzeit: R. Schwemer, Bd. 2, S. 209 f. und W. Klötzer, Frankfurt, S. 309 ff.

[11] Vgl. ebd., S. 311 ff. und M. Weber, S. 66–72.

[12] Unter der Herrschaft der Stadt Frankfurt standen Niedererlenbach, Niederursel, Oberrad, Niederrad, Bonames, Bornheim, Dortelweil und Hausen. Vgl. R. Koch, Deutsche Geschichte, S. 43, I. Schlotzhauer, S. 98–104, W. Klötzer, Frankfurt, S. 314 f. und R. Roth, Stadt und Bürgertum, S. 229–240.

[13] J. W. von Goethe, S. 44.

[14] Vgl. „Teutschland. Bundes-Angelegenheiten", in: Frankfurter Staats-Ristretto vom 7. November 1816.

[15] Vgl. die Rubrik „Zu verkaufen in der Stadt" und „Waaren-Versteigerung", in: Frankfurter Intelligenz-Blatt vom 16. August 1816, L. Oelsner, S. 5–8 und R. Schwemer, Bd. 2, S. 84 ff.

[16] J. H. M. Poppe, Deutschland, S. 6. Siehe auch die Buchbesprechung im Frankfurter Journal vom 29. März 1816.

[17] J. H. M. Poppe, Deutschland, S. 38.

[18] Ebd., S. 51.

[19] Ebd., S. VI.

[20] Vgl. S. Schambach, S. 20 f. und 33–36 sowie U. Frevert, S. 85 f.

[21] Vgl. J. H. M. Poppe, Autobiographie, S. 251 und Heinrich Ernst, Gründung der Gesellschaft, S. 1. Die gegen Ende des 19. Jahrhunderts von dem langjährigen Sekretär der GBnKH, Heinrich Ernst, angefertigten handschriftlichen Aufzeichnungen sind Teil des im ISG verwahrten Depositums der Polytechnischen Gesellschaft, W 2/4, Nr. 83. Im Frankfurter Staats-Ristretto ist vom 2. bis zum 8. Juli 1816 eine 5-teilige Artikelserie „Ueber Dampfmaschinen und Dampfboete" erschienen. Die anonym veröffentlichte Serie stammt aller Wahrscheinlichkeit nach aus der Feder von Johann Heinrich Moritz Poppe und enthält einen ersten Hinweis auf den Beginn der Gründungsphase der PTG: „Der politechnische Verein, so sich hier jetzt bildet, und der so manches Nützliche an den Tag fördern wird, indem viele geschickte und eifrige Künstler daran Theil nehmen, wird auch die Dampfmaschinen mehr vervollkommenen und anwendbarer machen, und die jetzt in England ausgeführte herrliche Gasbeleuchtung in Ausführung zu bringen wissen. Welchen belehrenden Vortheil wird jedes dieser Mitglieder dieses politechnischen Vereins haben, da er Männer besizt, die ihn in allen Vorfallenheiten mit Rath und That unterstützen können."

[22] Vgl. F. Lerner, Bürgersinn, S. 29 f., W. Klötzer, Die „Polytechnische", S. 2 und „Napoleons Erbschaft. Polytechnische Gesellschaft wird 175 Jahre alt", in: Frankfurter Journal (1991), Heft 2, S. 7.

[23] Vgl. die „Aufforderung zur Bildung eines polytechnischen Vereins zu Frankfurt a. M." vom 25. August 1816, DPTG W 2/4, Nr. 1 und E. Hils, S. 13 und 17.

[24] Vgl. das Protokollbuch der GBnKH (24. November 1816), S. 1, DPTG W 2/4, Nr. 574.

[25] „Frankfurtische Gesellschaft zur Beförderung der nützlichen Künste und der sie veredelnden Wissenschaften. Aufforderung zur Theilnahme", Frankfurt a. M. 1816, S. 3 f. Siehe auch: Protokollbuch der GBnKH (1. Dezember 1816), S. 2, DPTG W 2/4, Nr. 574.

[26] Aufforderung zur Theilnahme, wie Anm. 25, S. 5.

[27] Vgl. R. Roth, Stadt und Bürgertum, S. 252 f., die Liste der Mitglieder des Engeren Ausschusses und des Vorstandes der Sonntagsschule 1816–1819, DPTG W 2/4, Nr. 5 und H. Ernst, wie Anm. 21, S. 5.

[28] „Gesetze und Einrichtung der Frankfurtischen Gesellschaft zur Beförderung der nützlichen Künste und ihrer Hülfswissenschaften", Frankfurt a. M. 1817, S. 3, DPTG W 2/4, Nr. 1.

[29] „Auszug Protocolls des großen Raths" vom 8. Mai 1817, DPTG W 2/4, Nr. 2. Siehe auch: „Subscriptions-Buch", DPTG W 2/4, Nr. 3 und E. von Oven, Gesellschaft, S. 458.

[30] Vgl. F. Lerner, Bürgersinn, S. 30 f. und den zwischen der Administration der Dr. Senckenbergischen Stiftung und dem Engeren Ausschuss der GBnKH abgeschlossenen Mietvertrag vom 21. März 1817, DPTG W 2/4, Nr. 151.

[31] Vgl. J. W. von Goethe, S. 63 und 65, A. de Bary, S. 126 ff., F. Lerner, Bürgersinn, S. 31. und W. Kramer, Chronik Senckenbergische, S. 193.

[32] „Frankfurt, vom 11. April", in: Frankfurter Oberpostamtszeitung vom 12. April 1818. Siehe auch: F. Lerner, Bürgersinn, S. 46 ff. und „Loda – die Laufmaschine für den jungen Herrn", in: FAZ vom 3. Juli 1985.

[33] Vgl. T. J. Reed, passim.

[34] Zitiert nach: Heinrich Ernst, Gasbeleuchtung, S. 3, DPTG W 2/4, Nr. 83.

[35] Vgl. ebd., passim, F. Lerner, Bürgersinn, S. 52–56 und H. Trurnit, S. 25 f. und 30.

[36] A. Diesterweg, S. 10.

[37] Ebd., S. 16. Vgl. J. Steen, S. 135–138 und T. Picard, S. 81–97.

[38] „Verhaltensregeln für Gesellen und Lehrlinge, welche an der Sonntagsschule, errichtet von der Frankfurtischen Gesellschaft zur Beförderung nützlicher Künste und deren Hülfswissenschaften Antheil nehmen wollen", Frankfurt a. M. 1825, S. 7 (APTG).

[39] Vgl. T. Friedleben, S. 25–29, „Freie Städte", in: Frankfurter Staats-Ristretto vom 16. Oktober 1817, F. Lerner, Bürgersinn, S. 57–60, R. Seubert, S. 118–122 und R. Koch, Alte Ordnung, S. 35 ff.

[40] U. E. Kemmeter, Bericht über die Sonntags-Schule, in: Reden und Berichte bei der Jahresversammlung der Frankfurtischen Gesellschaft zur Beförderung nützlicher Künste und deren Hülfswissenschaften und der Einweihung des neuen Gesellschaftslokals am 8ten Januar 1823, Frankfurt a. M. 1823, S. 16 (APTG).

[41] Ebd., S. 16 f.

[42] Ebd., S. 17.

[43] Vgl. das Schreiben von Wilhelm Adolph Miltenberg an Hermann Heinrich Hildebrand vom 2. Februar 1819, DPTG W 2/4, Nr. 86, Hermann Heinrich Hildebrand, Mein Antheil an dem Wirken der Gesellschaft zur Beförderung nützlicher Künste und deren Hülfswissenschaften zu Frankfurt am Main, 1841, S. 3 f., DPTG W 2/4, Nr. 86, das Protokollbuch der GBnKH (6. Dezember 1820), S. 126, DPTG W 2/4, Nr. 574, F. Lerner, Bürgersinn, S. 63–68 und R. Seubert, S. 122 f.

[44] Zuerst schmückte der Frankfurter Stadtadler das Signet der Gesellschaft und den Titel der „Organischen Gesetze der Frankfurtischen Gesellschaft zur Beförderung nützlicher Künste und deren Hülfswissenschaften", Frankfurt a. M. 1819, DPTG W 2/4, Nr. 10. Der von einem Eichenkranz umgebene Bienenkorb mit der Umschrift „Die Frankfurt. Gesellschaft z. Beförderung nützl. Künste" ziert erstmals die 1822 von dem Graveur Johann Ludwig Köhler aus Neustadt an der Haardt gestaltete Denkmünze für die Sonntagsschüler. Auf der Rückseite der Medaille ist in einem Lorbeerkranz zu lesen: „Dem Fleisse". Fortan prangte das Bienenkorb-Signet auf fast allen Druckerzeugnissen der Gesellschaft. Zum Dank wurde Köhler zum korrespondierenden Mitglied ernannt. Siehe hierzu die Titelseite des gedruckten Berichts: „Zweite Prüfung der Schüler der von der Frankfurtischen Gesellschaft zur Beförderung nützlicher Künste und deren Hülfswissenschaften errichteten Sonntagsschule am 31. März 1822" (APTG) und das Protokollbuch der GBnKH (12. Januar 1822), S. 188, DPTG W 2/4, Nr. 574. Vgl. August Anton Wöhler, Jahresbericht, in: Reden und Berichte, wie Anm. 40, S. 9 und F. Lerner, Bienen, S. 181.

[45] Vgl. H. H. Hildebrand, wie Anm. 43, S. 6 f., Anonym, Denkschrift, S. 4 und B. Müller, S. 56.

[46] Zitiert nach: I. Kaltwasser, S. 49. Siehe auch: F. Lerner, Bürgersinn, S. 100 ff.

[47] Vgl. Anonym, Denkschrift, S. 4–8 und F. Lauf, S. 24–36.

[48] Vgl. den gedruckten Aufruf: „Errichtung einer Zinstragenden Sparkasse in Frankfurt a. M." vom 17. Mai 1822 (APTG), den zwischen Johann David Sauerländer und der

GBnKH vereinbarte Mietvertrag vom 1. November 1822, DPTG W 2/4, Nr. 151, Anonym, Denkschrift, S. 8 f. und F. Lauf, S. 36–43.

[49] Zitiert nach: Auszug der wichtigsten Bestimmungen der Statuten von 1824, in: Anonym, Denkschrift, S. 68.

[50] Ebd., S. 72.

[51] Zitiert nach: F. Lauf, S. 47.

[52] Vgl. Anonym, Denkschrift, S. 10 und F. Lerner, Bürgersinn, S. 109.

[53] „Bekanntmachung einer Ersparniß-Anstalt", vom 7. Dezember 1825. Siehe auch: Anonym, Denkschrift, S. 10 f., F. Lerner, Bürgersinn, S. 111–116, F. Lauf, S. 48–51 und I. Kaltwasser, S. 52 f.

[54] Vgl. Hermann Heinrich Hildebrand, Kurze Biographie des Präsidenten der Gesellschaft zur Beförderung nützlicher Künste und deren Hülfswissenschaften Dr. August Wöhler, Frankfurt a. M. 1859, DPTG W 2/4, Nr. 90, das Protokollbuch der GBnKH (6. Dezember 1826), S. 433, DPTG W 2/4, Nr. 574 und G. Veith, S. 3–14.

[55] A. Kirchner, S.4. Siehe auch: „Der engere Ausschuß der Gesellschaft zur Beförderung nützlicher Künste etc. an die verehrlichen Mitglieder", vom 25. November 1820, DPTG W 2/4, Nr. 34, den zwischen Georg Gräber und der GBnKH vereinbarte Mietvertrag vom 1. Oktober 1821, DPTG W 2/4, Nr. 151 und die Vortragsankündigung im Intelligenz-Blatt der freyen Stadt Frankfurt vom 4. Februar 1823.

[56] Bossieren: in Ton, Gips oder Wachs modellieren.

[57] Bericht des proponierenden Sekretärs vor der Jahresversammlung der GBnKH am 12. Dezember 1824, S. 13, DPTG W 2/4, Nr. 34. Siehe auch: „Poussir- und Modellirschule", in: Intelligenz-Blatt der freyen Stadt Frankfurt vom 9. November 1824 und den „Lehrplan und innere Einrichtungen der Modellir-Schule", vom 17. April 1826 (APTG).

[58] Vgl. „Schule für den Unterricht in der Mechanik", in: Intelligenz-Blatt der freyen Stadt Frankfurt vom 9. Oktober 1825, Ernst Sauer, Volksbildung und Berufliches Schulwesen in Frankfurt am Main, Gronau/Hann. 1952, S. 14 f. (unveröffentlichtes Typoskript, ISG) und F. Lerner, Bürgersinn, S. 84–87.

[59] Rede des Herrn Pfarrers Dr. Kirchner, in: Zweite Prüfung der Schüler der von der Frankfurtischen Gesellschaft zur Beförderung nützlicher Künste und deren Hülfswissenschaften errichteten Sonntagsschule am 31. März 1822, Frankfurt a. M. 1822, S. 4.

[60] „Bericht über die Schule, vom proponirenden Sekretäre Herrn Stallmeister Dr. Wöhler", in: ebd., S. 7.

[61] Vgl. Anonym, Es wandelt sich Münze, S. 3.

[62] „Rede des Schülers Johann Philipp Goebel aus Panrode im Herzogthume Nassau, Gesell bei Schneidermeister Hrn. Stumpf", in: Zweite Prüfung, wie Anm. 59, S. 13. Siehe auch: R. Seubert, S. 123 ff.

[63] „Aufforderung zu einer Kunst- und Gewerbs-Ausstellung in der freien Stadt Frankfurt", vom 1. Februar 1826, DPTG W 2/4, Nr. 34. Siehe auch: „Verzeichniß der Kunst- und Gewerbs-Gegenstände welche vom 6ten bis 10ten September 1826 von der Gesellschaft zur Beförderung nützlicher Künste und deren Hülfswissenschaften öffentlich ausgestellt werden", Frankfurt a. M. 1826, DPTG W 2/4, Nr. 34, H. H. Hildebrand, wie Anm. 43, S. 9 und F. Lerner, Bürgersinn, S. 92–96.

[64] Vgl. H. H. Hildebrand, wie Anm. 43, S. 12 und den beigefügten von Stadtbaumeister Hess entworfenen und von Hildebrand geänderten Grundriss der Raumaufteilung im ersten Obergeschoss des ehemaligen Katharinenklosters sowie das gedruckte Rundschreiben des Engeren Ausschusses an die Mitglieder der GBnKH vom 13. März 1833,

DPTG W 2/4, Nr. 50, J. W. von Goethe, S. 51, „Verzeichniß der Gemälde Frankfurter Künstler, welche in dem Locale der Frankfurtischen Gesellschaft zur Beförderung nützlicher Künste und deren Hülfswissenschaften in der Herbstmesse des Jahres 1827 zur öffentlichen Betrachtung aufgestellt wurden", Frankfurt a. M. 1827, DPTG W 2/4, Nr. 34, F. Lerner, Bürgersinn, S. 96 f. und 128 f. sowie Christa von Helmolt, Von allen Seiten sollte Frankfurt glänzen, in: FAZ vom 12. August 1988.

[65] Zitiert nach: F. Lerner, Bürgersinn, S. 127. Zu der Krise um 1830: ebd., S. 124–128.

[66] Vgl. ebd., S. 132–135 und 216–220 sowie das Mitgliederverzeichnis der GBnKH 1836, DPTG W 2/4, Nr. 16, S. 1–8. In der „Gartenbaugesellschaft Flora" erwuchs der „Section für Garten- und Feldbau-Kultur" ein starker Konkurrent. Nachdem die Gartenbaugesellschaft im Frühjahr 1857 ihre erste Blumen- und Pflanzen-Ausstellung veranstaltet und sich die interessierten Kreise endgültig der „Flora" zugewandt hatten, ließ die GBnKH ihre „Section" stillschweigend eingehen.

[67] „Statuten der Gesellschaft zur Beförderung nützlicher Künste und deren Hülfswissenschaften in Frankfurt am Main", Frankfurt a. M. 1832, S. 3, DPTG W 2/4, Nr. 10.

[68] Ebd., S. 9.

[69] L. Börne, S. 526. Vgl. P. Arnsberg, S. 135 und 520 sowie R. Heuberger/ H. Krohn, S. 37 f., 50 f. und 59 f. sowie R. Roth, Vereinswesen, S. 168.

[70] Vgl. das „Mitglieder-Verzeichniß der Gesellschaft zur Beförderung nützlicher Künste und deren Hülfswissenschaften in Frankfurt am Main 1842", Frankfurt a. M. 1842, S. 10, DPTG W 2/4, Nr. 16 und R. Heuberger/ H. Krohn, 59 f.

[71] Empfehlungsschreiben von Amschel Mayer von Rothschild für Jacob Benzheim vom 27. August 1834, DPTG W 2/4, Nr. 575.

[72] Auszüge aus den Statuten, zitiert nach: I. Kaltwasser, S. 122 f. Siehe auch: ebd., S. 54–60, JB 1834, S. 8 und E. von Oven, Festvortrag, S. 6 ff.

[73] Bekanntmachung der Verwaltung des Gewerbevereins, Dezember 1843. Vgl. die „Aufforderung zu einer größeren Kunst- und Gewerb-Ausstellung in der freien Stadt Frankfurt", Oktober 1835, DPTG W 2/4, Nr. 34 und F. Lerner, Bürgersinn, S. 131, 135–139 und 166–172.

[74] H. H. Hildebrand, wie Anm. 43, S. 14. Vgl. den JB 1836, S. 4 ff. und A. Wiedow, S. 5.

[75] Vgl. A. Wiedow, S. 5–11, F. Lerner, Bürgersinn, S. 148 ff. und P. Meyer, S. 9–12.

[76] JB 1837, S. 4. Siehe auch: A. Wiedow, S. 11 ff. und P. Meyer, S. 14 f.

[77] A. Wehner, Festrede, in: „Die Feier des 25jährigen Amts-Jubiläums des Herrn Dr. Wöhler, als Präsident der Gesellschaft zur Beförderung nützlicher Künste und deren Hülfswissenschaften in Frankfurt am Main, den 25. Januar 1846", Frankfurt a. M. 1846, S. 3 (APTG). Zu den Mitgliederzahlen: R. Roth, Stadt und Bürgertum, S. 334.

[78] „Aufruf des Engeren Ausschusses an die gesammten verehrlichen Mitglieder zur Begründung einer Wöhlerstiftung am Jubelfeste des Präsidenten Dr. Wöhler", Frankfurt a. M. 1845, DPTG W 2/4, Nr. 97.

[79] „Statuten der von der Gesellschaft zur Beförderung nützlicher Künste und deren Hülfswissenschaften gegründeten Wöhler-Stiftung", Frankfurt a. M. 1846, S. 4 f., DPTG W 2/4, Nr. 97. Zu den ersten Stipendiaten: JB 1846, S. 7.

[80] August Anton Wöhler, Festrede, in: Fünfundzwanzigjährige Jubelfeier der Gesellschaft zur Beförderung nützlicher Künste und deren Hülfswissenschaften in Frankfurt am Main, am 28. November 1841, Frankfurt a. M. 1841, S. 22, DPTG W 2/4, Nr. 94. Siehe auch: Anonym, Denkschrift, S. 17 ff. und F. Lauf, S. 60 ff.

[81] Vgl. Anonym, Denkschrift, S. 18 ff. und 78 sowie F. Lerner, Bürgersinn, S. 159–162 und 215.

[82] Vgl. H. M. Müller, S. 148–153.

[83] Vgl. S. Wolf, S. 10–13, R. Koch, Nationalversammlung, S. 232 f. und W. Klötzer, Frankfurt am Main, S. 330–333.

[84] „Verzeichniß der s. g. Frankfurter Liberalen" vom 16. November 1840, Haus-, Hof- und Staatsarchiv Wien, Staatskanzlei: Bundespräsidialkanzlei Frankfurt am Main, Sachakten, Faszikel 2, Paket 34a. Zitiert nach: W. Klötzer, Liberalennest, S. 485. Siehe auch R. Roth, Liberalismus, S. 53.

[85] „Verzeichniß", wie Anm. 84.

[86] Ebd. Die zwölf anderen Polytechniker auf der Schwarzen Liste waren der Buchdrucker Friedrich Schneider, der Tuchhändler Johann Daniel Theißinger, der Lotterieunternehmer Wilhelm Rieger, der Advokat Johann Lorenz Eduard Binding, der Kaufmann Heinrich Jakob Christian Albert Brisbois, der Schulleiter Georg Albrecht Dominikus Hassel, der Steinmetz Erhard Gottlieb Franz Rust, der Kaufmann Philipp Karl Guttenberger, der Tabakshändler Georg Heinrich Reuhl, der Advokat Adolf Heinrich Wilhelm Bansa, der Regenschirmfabrikant Heinrich Jacquet und der Arzt August Theodor de Bary. Vgl. W. Klötzer, Liberalennest, S. 489 ff. und das Mitgliederverzeichnis der GBnKH aus dem Jahr 1840, S. 3–11, DPTG W 2/4, Nr. 16.

[87] „Verzeichniß", wie Anm. 84.

[88] Der in Philippseich bei Dreieichenhain geborene Initiator des „Montagskränzchens", Nikolaus Hadermann (1805–1871), leitete in Frankfurt eine medizinisch-gymnastische Anstalt für Mädchen. Ab 1848 widmete er sich ganz der Politik und war fortan als Versammlungsredner und Publizist tätig.

[89] Vgl. S. Wolf, S. 12 f., W. Klötzer, Frankfurt am Main, S. 333 f., „Jucho, Friedrich Siegmund", in: Frankfurter Biographie. Personengeschichtliches Lexikon, Bd. 1: A-L, hrsg. von Wolfgang Klötzer, Frankfurt a. M. 1994, S. 376 f., H. M. Müller, S. 156 f. und R. Roth, Stadt und Bürgertum, S. 47.

[90] Vgl. F. Lerner, Bürgersinn, S. 180 f. und JB 1850, S. 4.

[91] Zitiert nach: S. Wolf, S. 14. Vgl. H. M. Müller, S. 158 f., W. Klötzer, Frankfurt am Main, S. 335 f. und R. Roth, Liberalismus, S. 59.

[92] Vgl. JB 1850, S. 8 und F. Lerner, Bürgersinn, S. 184.

[93] Zitiert nach: ebd., S. 186.

[94] Zitiert nach: ebd., S. 199. Zu Souchay: ebd., S. 193–196. Siehe auch den „Bericht des Direktors der Schul-Verwaltung, Herrn Assessors Dr. Leykam", in: „Vorträge und Berichte über die Wirksamkeit der Gesellschaft zur Beförderung nützlicher Künste und deren Hülfswissenschaften im Jahre 1853, ferner über die Preisverteilung an fleißige Schüler der Sonntags- und Gewerbeschule so wie an würdige Dienstboten. Erstattet am 20. November 1853", S. 9 ff., DPTG W 2/4, Nr. 48.

[95] Zitiert nach: P. Meyer, S. 16.

[96] Vgl. JB 1859, S. 8, F. Lerner, Bürgersinn, S. 223 ff. und P. Meyer, S. 16.

[97] Vgl. F. Lerner, Bürgersinn, S. 203 ff. und I. Kaltwasser, S. 61 ff.

[98] Emil von Oven, Vortrag bei der feierlichen Eröffnung des neuen Gebäudes der Gesellschaft zur Beförderung nützlicher Künste und deren Hülfswissenschaften am 16. Februar 1862, DPTG W 2/4, Nr. 155. Siehe auch: JB 1860, S. 1 und F. Lerner, Bürgersinn, S. 231 ff. und 242 ff.

[99] Paragraph eins der am 2. Mai 1860 genehmigten Statuten der GBnKH nennt als von der Gesellschaft errichtete und verwaltete Institute: „die höhere Gewerbeschule, die Sonntag- und Abendschule, das Institut für Garten- und Feldbau, die Sparkasse, die Ersparungsanstalt, der Gewerbeverein, der Verein zum Wohl der dienenden Klasse, die Blindenanstalt und die Wöhlerstiftung.“ (APTG).

[100] „Rede des Herrn Dr. Passavant“, in: Frankfurter Volkszeitung vom 25. Februar 1862.

[101] Vgl. „Die Einweihung des neuen Gesellschaftshauses“, in: Didaskalia. Blätter für Geist, Gemüth und Publicität vom 18. Februar 1862, JB 1862, S. 8 und F. Lerner, Bürgersinn, S. 248 und 257–260.

[102] Vgl. das Mitgliederverzeichnis vom 1. Januar 1833 – 13. Dezember 1861 im Anhang der am 8. März 1841 genehmigten Statuten der GBnKH, DPTG W 2/4, Nr. 12, F. Lerner, Bürgersinn, S. 226–229 und 240, R. Roth, Stadt und Bürgertum, S. 479 f. und A. Estermann, S.30.

[103] Vgl. „Die Gesellschaft zur Beförderung nützlicher Künste und deren Hülfswissenschaften“, in: Didaskalia. Blätter für Geist, Gemüth und Publicität vom 29. November 1866, JB 1866, S. 1 f., das Mitgliederverzeichnis der GBnKH 1865, S. 4 (APTG) und W. Forstmann, S. 349–353.

[104] Vgl. das Mitgliederverzeichnis der GBnKH 1865, S. 7. Johannes Miquel gehörte der PTG von 1885 bis 1890 an, Franz Adickes war Mitglied seit 1894; vgl. das „Verzeichnis sämtlicher Mitglieder der Gesellschaft, mit Datum der Aufnahme bzw. des Ausscheidens 1816-“, DPTG W 2/4, Nr. 15, S. 1 und 50.

[105] Vgl. das Mitgliederverzeichnis der GBnKH 1865, S. 3–11, F. Lerner, Bürgersinn, S. 286 und 292, K. Maly, Die Macht, S. 463 und W. Forstmann, S. 353–368.

[106] Vgl. „An die Polytechnische Gesellschaft. Bericht der Commission, die finanzielle Lage der Gesellschaft und der einzelnen Institute betreffend“, Frankfurt a. M. 1869, S. 3–8, DPTG W 2/4, Nr. 59, Anonym, Denkschrift, S. 31 und F. Lerner, Bürgersinn, S. 294 ff. und 300 ff.

[107] „Bericht des Engeren Ausschusses betreffend Reorganisation der Gewerbeschule“, Frankfurt a. M. 1870, S. 5 (APTG). Vgl. R. Roth, Stadt und Bürgertum, S. 47.

[108] Bericht, wie Anm. 107, S. 5. Siehe auch: F. Lerner, Bürgersinn, S. 303 f.

[109] Vgl. W. Rudersdorf, S. 9 ff.

[110] „Instructionen für Directoren und Lehrer der von der polytechnischen Gesellschaft zu Frankfurt a. M. gegründeten Lehranstalten“, Frankfurt a. M. 1871, S. 9. Vgl. F. Lerner, Bürgersinn, S. 305 und W. Rudersdorf, S. 11.

[111] „Schulgesetze für die Schulen der Polytechnischen Gesellschaft zu Frankfurt a. M.“, Frankfurt a. M. 1873, S. 3. Vgl. die Grund- und Aufrisse des Schulneubaus im Anhang des „Programms der Schulanstalten der Polytechnischen Gesellschaft zu Frankfurt am Main“, Frankfurt a. M. 1874, S. 71–73, MA S 1315 und W. Rudersdorf, S. 12.

[112] Zitiert nach: F. Lerner, Bürgersinn, S. 309. Siehe auch: P. Meyer, S. 17 f.

[113] Vgl. H. Ernst, S. 5–9.

[114] Vgl. das Mitgliederverzeichnis der GBnKH 1875, DPTG W 2/4, Nr. 23 und R. Roth, Das Vereinswesen, S. 176. So befanden sich zum Beispiel bei der Senckenbergischen Naturforschenden Gesellschaft im Zeitraum zwischen 1828 und 1842 unter den rund 300 Mitgliedern nur fünf Frauen.

[115] Zitiert nach: C. Klausmann, S. 26.

[116] Die Währungsumstellung vom Gulden auf die Mark erfolgte 1875: 1 Gulden = 1 Mark und 71 $^{3}/_{7}$ Pfennige.

[117] Vgl. C. Klausmann, S. 24–31.

[118] „An den Magistrat. Vorstellung und Bitte der Gesellschaft zur Beförderung nützlicher Künste und deren Hülfswissenschaften betreffend die Übernahme der Wöhler-, Handels- und Gewerbe-Schule. Praes. 1. Februar 1875“, Frankfurt a. M. 1875, S. 4 f. Vgl. F. Lerner, Bürgersinn, S. 323 f.

[119] Vgl. ebd., S. 328 ff., Protokoll-Auszug der Stadtverordneten-Versammlung der Stadt Frankfurt am Main, §227 vom 23. März 1876 und Protokoll-Auszug des Magistrats der Stadt Frankfurt a. M., Nr. 549 vom 31. März 1876, beide: Akten der Stadtverordnetenversammlung, Quadrangel 31 und 32 (ISG).

[120] Das „Grüne Gewölbe“ in Dresden ist die historische Museumssammlung der ehemaligen Schatzkammer der Wettiner Fürsten von der Renaissance bis zum Klassizismus. Der Name der umfangreichsten Kleinodiensammlung Europas leitet sich von den malachitgrün gestrichenen Säulen im Pretiosensaal her. Heute gehört das „Grüne Gewölbe“ zu den Staatlichen Kunstsammlungen Dresden.

[121] Vgl. das Vorwort im 129-seitigen Katalog „Historische Ausstellung kunstgewerblicher Erzeugnisse zu Frankfurt a/Main 1875“ und F. Lerner, Bürgersinn, S. 324 ff.

[122] JB 1878, S. 9.

[123] Vgl. F. Lerner, Bürgersinn, S. 326 ff. und 331–335, Mitteldeutscher Kunstgewerbeverein, S. 5 und W. Klötzer, Sammelfreude, S. 8.

[124] Vgl. F. Lerner, Die Neue Mainzer, S. 11 und 28, F. Lauf, S. 90 f., E. Hils, S. 224 f. und 234 sowie W. Forstmann, S. 398.

[125] Zitiert nach: „Einweihungsfeier des neuen Gesellschaftshauses der Gesellschaft zur Beförderung nützl. Künste & deren Hülfswissenschaften am 15. Juni 1879. Einweihungsworte gesprochen vom Präsidenten Senator Dr. von Oven“.

[126] JB 1879, S. 3.

[127] Ebd.

[128] Vgl. F. Lerner, Bürgersinn, S. 346–350, Mitteldeutscher Kunstgewerbeverein, S. 7 f. sowie die Gründungsurkunde der Freiherr Anselm Salomon von Rothschild'schen Stiftung zur Förderung des Kunstgewerbes, Frankfurt a. M. 1877, DPTG W 2/4, Nr. 769.

[129] Der Aufnahmeantrag findet sich in einem Band mit den Statuten der GBnKH von 1841 an die sich ein handschriftliches Verzeichnis der Neuaufnahmen vom 1. März 1833 bis zum 13. Dezember 1861 anschließt, DPTG W 2/4, Nr. 12.

[130] Zitiert nach: Leopold Sonnemann's siebzigste Geburtstagsfeier. Am 29. Oktober 1901 in Frankfurt a. M. Den Theilnehmern zur freundlichen Erinnerung, Frankfurt a. M. 1901, S. 22.

[131] Ebd., S. 23. Siehe auch: F. Lerner, Ein Werk, S. 285 und A. Hansert, Der Mäzen, S. 168 ff.

[132] Hermann von Trenkwald, Gutachten vom 24. Juni 1904, DPTG W 2/4, Nr. 752. Siehe auch: Das Verzeichnis der Gegenstände der Wilhelm Metzler-Sammlung vom 24. August 1904, MA S 1740, Bd. 3, f. 72r. ff. und Anonym, Mitteldeutscher, S. 30–33.

[133] Vgl. die Abschrift des Sitzungsprotokolls des Engeren Ausschusses der PTG vom 18. Juni 1904, DPTG W 2/4, Nr. 752, den Auszug aus dem Protokoll der außerordentlichen Generalversammlung des Mitteldeutschen Kunstgewerbevereins vom 1. Juli 1904, den Protokoll-Auszug der Stadtverordneten-Versammlung der Stadt Frankfurt am Main, §615 vom 5. Juli 1904, MA S 1740, Bd. 3, f. 64r./v. und 66r. sowie die Jahresberichte des Mitteldeutschen Kunstgewerbe-Vereins 1905 und 1906, S. 11 f. und 12.

[134] Vgl. W. Schild, S. 4, B. Adam, S. 30 und 38 sowie „Er ist der Gutenberg der Blinden: Vor 200 Jahren wurde Louis Braille geboren", in: FAZ vom 18. Oktober 2009.

[135] Statuten der Blinden-Anstalt zu Frankfurt am Main, Frankfurt a. M. 1881, S. 3.

[136] Schreiben von Jonas Heinrich Heister an die Verwaltung der Blindenanstalt vom 22. März 1881, MA V 424, Bd. 1, f. 17r.

[137] Schreiben der Direktion der Blindenanstalt an den Magistrat vom 27. April 1881, MA V 424, Bd. 1, f. 15r.-16r. Siehe auch: Magistratsbeschluss vom 28. Juni 1881, ebd.

[138] A. Wiedow, S. 22. Siehe auch: Gesetz betr. die Beschulung blinder und taubstummer Kinder. Vom 7. August 1911, MA V 424, Bd. 1, f. 87r.-88r., F. Lerner, Bürgersinn, S. 449 ff. und P. Meyer, S. 25 ff.

[139] Schreiben der Direktion der Blindenanstalt an das Frankfurter Waisen- und Armenamt vom 15. Mai 1914, Wohlfahrtsamt 773, f. 41v./42r. (ISG. Siehe auch: A. Wiedow, S. 25–29.

[140] Zitiert nach: GB der GBnKH 1900, S. 23. Siehe auch: ebd., S. 22.31, GB der GBnKH 1902–1906, S. 48, E. v. Oven, Festvortrag, S.8 und F. Lerner, Bürgersinn, S. 379 ff.

[141] Vgl. den Jahresbericht der Frankfurter Pfennig-Sparanstalt 1885, Frankfurt a. M. 1886, S. 1, MA S 1740, Bd. 1 f. 41r./v., GB der GBnKH 1907–1912, S. 82 und F. Lerner, Bürgersinn, S. 363–366.

[142] Satzung der GBnKH vom 26. Mai 1900, S. 1, DPTG W 2/4, Nr. 13. Siehe auch: F. Lerner, Bürgersinn, S. 424 und das Vorwort von Hans-Jürgen Hellwig im GB der PTG 2003, S. 3.

[143] Satzung der Frankfurter Sparkasse zu Frankfurt am Main gegründet 1822 durch die GBnKH, Frankfurt a. M. 1902, S. 19 (APTG).

[144] Vgl. GB der GBnKH 1900 und 1902–1906, S. 5 ff. und 19, Anonym, Denkschrift, S. 52 ff., R. Wachsmuth, passim, F. Lerner, Bürgersinn, S. 374, 420 ff. und 456, W. Forstmann, S. 415 ff. und R. Roth, Vereinswesen, S. 204 f.

[145] GB der GBnKH 1907–1912, S. 17. Siehe auch: GB GBnKH 1901, S. 6 f. und Anonym, Denkschrift, S. 51.

[146] Zitiert nach: Anonym, Mitteldeutscher Kunstverein, S. 38. Siehe auch: GB GBnKH 1907–1912, S. 19 ff., „Neubauten der Polytechnischen Gesellschaft", in: Frankfurter General-Anzeiger vom 17. Juli 1908 und F. Lerner, Bürgersinn, S. 438 f.

[147] Vgl. H. M. Müller, S. 197 ff., F. Lerner, Bürgersinn, S. 459–464 und F. Lauf, S. 135–138.

[148] Vgl. Jahresberichte des Mitteldeutschen Kunstgewerbevereins 1914 bis 1918, passim, MA S 1740, Bd. 4 und 5 sowie W. Forstmann, S. 418 f.

[149] Vgl. D. Rebentisch, S. 434–438, das Schreiben des Angestellten-Ausschusses an den Vorstand des KGV vom 7. Juni 1919 und die Schreiben des KGV an den Frankfurter Magistrat vom 10. Juni und 1. Juli 1919, MA S 1743, Bd. 1.

[150] Schreiben des PTG-Präsidenten Becker an Bürgermeister Luppe vom 18. August 1919, MA S 1743, Bd. 1, S. 133 f. Siehe auch: Schreiben von Bruno Müller an den Oberstaatsanwalt beim Landgericht Frankfurt vom 25. Februar 1948 (APTG), Anonym, Denkschrift, S. 58 f. und 79, F. Lerner, Bürgersinn, S. 472 f. sowie F. Lauf, S. 138 f.

[151] Vertrag zwischen der Stadtgemeinde Frankfurt und der GBnKH vom 5. Februar 1921, S. 3 f., MA 8431. Siehe auch: das Schreiben von A. Günther an Oberbürgermeister Voigt vom 29. März 1920, MA S 1743, Bd. 1, S. 282 f., „Stadt und Polytechnische Gesellschaft", in: Frankfurter Nachrichten vom 21. März 1920, den Vertrag zwischen der Stadtgemeinde Frankfurt und dem KGV vom 5. Februar 1921, MA S 1743, Bd. 2, S. 13–16 und die Satzung des KGV vom 29. November 1921, §2, Museum für Kunsthandwerk Nr. 22 (ISG).

[152] Vgl. den Vertrag zwischen der PTG und der Frankfurter Sparkasse von 1822 vom 29. Januar 1920, DPTG W 2/4, Nr. 456, den JB 1921, S. 1 ff., das Protokollbuch der Blindenanstalt 1913–1958, §621 (24. Oktober 1923), Archiv der FSBS, F. Lerner, Bürgersinn, S. 478 f. und 483 f., F. Lauf, S. 143 sowie D. Rebentisch, S. 440 f.

[153] Schreiben der Blindenanstalt an den Magistrat vom 8. Juli 1925, Wohlfahrtsamt 773, f. 78r. (ISG). Siehe auch: „Die Frankfurter Blindenanstalt in Not", in: Frankfurter Zeitung vom 20. März 1926.

[154] Vgl. den Vortrag des Magistrats an die Stadtverordnetenversammlung, Weiterführung der Frankfurter Blindenanstalt betr. vom 12. März 1928 und den Protokoll-Auszug der Stadtverordneten-Versammlung der Stadt Frankfurt am Main §481 vom 24. April 1928, MA V 424, Bd. 2, den Vertrag zwischen dem Bezirksverband des Regierungsbezirks Wiesbaden, vertreten durch den Landeshauptmann und der GBnKH vom 13. Juni 1928, Archiv der FSBS, „Gaben für die Nassauische Blindenfürsorge" und „Weiterführung der Blindenanstalt", in: Frankfurter Nachrichten vom 21. Mai 1927 und 18. März 1928 sowie F. Lerner, Bürgersinn, S. 497 f.

[155] Jahresbericht 1928 der Blindenanstalt, S. 1, Archiv der FSBS.

[156] „Die Frankfurter Blindenanstalt in neuem Gewande", in: Frankfurter Zeitung vom 14. September 1928.

[157] Vgl. ebd. und „Arbeit für Blinde!", in: Frankfurter Nachrichten vom 6. September 1931.

[158] Vgl. F. Lerner, Bürgersinn, S. 490 und D. Rebentisch, S. 477 ff.

[159] Vgl. ebd., S. 469–476.

[160] Vgl. die Personalakte von Richard Wachsmuth im Archiv der Johann Wolfgang Goethe-Universität, Abt. 4, Nr. 1797, das Schreiben von Eduard Vollrath an Richard Wachsmuth vom 24. November 1932, DPTG W 2/4, Nr. 80 und F. Lerner, Bürgersinn, S. 504.

[161] H. T. Wüst, S. 43.

[162] Ebd., S. 41.

[163] Vgl. Anonym, Gesellschaft, S. 36 ff. und F. Lerner, Bürgersinn, S. 492–495.

[164] Vgl. D. Rebentisch, S. 473 ff. und 479–491.

[165] Preisausschreiben der PTG zu Frankfurt a. M. für einen Flug mit eigener Muskelkraft (Genehmigt von der O. L. am 11. September 1934), §1, (APTG).

[166] Zitiert nach: F. Lerner, Bürgersinn, S. 512. Siehe auch: Ebd., S. 508–516 und 544 sowie „Die Muskelkraftflieger setzen ihre Versuche fort", in: Frankfurter General-Anzeiger vom 31. August/ 1. September 1935.

[167] Vgl. „Gleichschaltung auch bei der Nassauischen Landesbank", in: Frankfurter Zeitung vom 7. April 1933, „Die ‚Graue Eminenz' des Gauleiters", in: FR vom 22. September 1949, Bruno Müller, Gutachten Nr. 7. Entwicklung der Polytechnischen Gesellschaft in den letzten 10 Jahren, Frankfurt a. M. Oktober 1945, S. 3, 5 und 22 (unveröffentlichtes Typoskript, APTG), F. Lauf, S. 184 und B. Tüffers, S. 142.

[168] Schreiben von Friedrich Jacob Seelig an Richard Wachsmuth vom 17. Februar 1936, DPTG W 2/4, Nr. 32. Zur Biographie von Seelig: Lebenslauf als Anlage zum Schreiben von Stadtkämmerer Lehmann an Oberbürgermeister Krebs vom 19. Juli 1935, MA 8431.

[169] Schreiben von Bruno Müller an den Oberstaatsanwalt beim Landgericht Frankfurt vom 25. Februar 1948, S. 2 f. (APTG).

[170] Mit Schreiben vom 24. Januar 1936 informierte Wachsmuth Oberbürgermeister Krebs über dessen Aufnahme in die PTG und übersandte die Mitgliedskarte 1936, MA 8431.

Dankschreiben von Krebs an Wachsmuth vom 29. Januar 1936, DPTG W 2/4, Nr. 134. Zu Wisser: N. Hammerstein, S. 206–209 und 554–562. Zu Müller und Stein: B. Tüffers, S. 180 ff. und 337.

171 „Military Government of Germany Fragebogen“ von Bruno Müller am 28. Juli 1945 ausgefüllt, Personalakte Bruno Müller 65.185 (ISG).

172 „Vor der Spruchkammer. Ein ehemaliger Stadtrat“, in: FNP vom 31. Januar 1947. Siehe auch: Dienstvertrag zwischen der Stadtgemeinde und Bruno Müller vom 25. April 1949, Personalakte Bruno Müller 65.185 (ISG) und B. Tüffers, S. 181, 223, 231 und 235.

173 21 Jahre nach Kriegsende hatte sich der Autor des 1966 erschienenen Standardwerks „Bürgersinn und Bürgertat“ in Bezug auf die Geschehnisse während der NS-Zeit aufgrund der „Quellenverhältnisse“ und aus „Rücksicht auf noch lebende Personen“ zu einer „gewissen Zurückhaltung veranlaßt“ gesehen, F. Lerner, Bürgersinn, S. 15. Franz Lerner hatte von 1935 bis zu seiner Einberufung zum Militärdienst 1941 die Presse- und Werbestelle der Stadt Frankfurt geleitet und war 1945 aus dem städtischen Dienst entlassen worden.

174 Anonyme Vorlage „Betr.: § 10 des Vertrages zwischen der Stadtgemeinde Frankfurt a. M. und der Polytechnischen Gesellschaft vom 5. Februar 1921“, vom 17. April 1936 (APTG).

175 Vermerk von Oberbürgermeister Krebs „Vorgang Polytechnische Gesellschaft“ vom 2. Februar 1942, Stiftungsabteilung 371 (ISG). Siehe auch: Schreiben von Stadtkämmerer Lehmann an Oberbürgermeister Krebs vom 4. Juni 1935, MA 8431, das Schreiben von Stadtrat Müller an Oberbürgermeister Krebs vom 23. Januar 1936 (APTG) und den Vermerk „Betr. Ansprüche der Stadt Frankfurt gegen die Polytechnische Gesellschaft wegen Anteilen an den Ueberschüssen der Frankfurter Sparkasse von 1822“ vom 24. August 1949, DPTG W 2/4, Nr. 120.

176 Dieter Rebentisch, Der Machthunger des Gauleiters war unstillbar, in: FAZ vom 20. August 1983. Siehe auch: D. Rebentisch, S. 499–502, H. Drummer, S. 226–231 und S. Zibell, S. 389–395.

177 Schreiben von Richard Wachsmuth an Bruno Müller vom 20. August 1936 (APTG). Siehe auch: Rücktrittsschreiben von Wachsmuth an Müller vom 8. August 1936, den Besprechungsvermerk von Bruno Müller vom 9. September 1936 und das Schreiben von Müller an den Oberstaatsanwalt beim Landgericht Frankfurt vom 25. Februar 1948, S. 3 f. (alle APTG).

178 Protokolle des Spruchkammerverfahrens Wilhelm Avieny, 11. Verhandlungstag 24. August 1949, S. 5, Hessisches Hauptstaatsarchiv Wiesbaden Abt. 520 F Nr. 6152 Bd. 8.

179 Eidesstattliche Erklärung von Richard Wachsmuth vom 9. Januar 1938, Universitäts Archiv Frankfurt, Abt. 14, Nr. 100, f. 51r.

180 Vgl. W. Benz, S. 127–147.

181 Schreiben von Bruno Müller an den Oberstaatsanwalt beim Landgericht Frankfurt vom 25. Februar 1948, S. 6 (APTG). Siehe auch: Niederschrift über die Besprechung am 7.9.36 zwischen dem Herrn Gauleiter einerseits und den Mitgliedern des Engeren Ausschusses der PTG andererseits, vom 9. September 1936 (APTG).

182 Niederschrift über die Sitzung des Engeren Ausschusses der PTG am 7.9.36, vom 9. September 1936 (APTG).

183 Gesellschaft zur Beförderung nützlicher Künste und deren Hülfswissenschaften (Polytechnische Gesellschaft) zu Frankfurt a. M. Satzung von 1936. Genehmigt durch den Beschluß der außerordentlichen Mitgliederversammlung vom 16. September 1936, S. 3, DPTG W 2/4, Nr. 14. Siehe auch: Niederschrift über die ausserordentliche Mitgliederversammlung der PTG am Mittwoch, den 16. September 1936, S. 1 f. (APTG).

[184] Schreiben von Emil Vogt an Richard Wachsmuth vom 6. Juni 1936, DPTG W 2/4, Nr. 134. Siehe auch: Die Nürnberger Gesetze vom 15. September 1935 und das Ehegesundheitsgesetz vom 18. Oktober 1935, S. 23–26, Museum für Kunsthandwerk Nr. 22 (ISG).

[185] Parteigenossen unter den Polytechnikern waren 1938 zum Beispiel Gauamtsleiter Wilhelm Avieny, Geschäftsführer Adolf Darjes, SA-Brigadeführer Karl Dörnemann, Gauwirtschaftsberater Karl Eckardt, Oberbürgermeister Friedrich Krebs, stellvertretender Gauleiter Karl Linder, Gauhauptstellenleiter Adam Nickel sowie der Vorstandsvorsitzende und der Direktor der Frankfurter Sparkasse Otto Schneider und Friedrich Jacob Seelig. Hierzu: Mitglieder-Verzeichnis der GBnKH vom 21. November 1938, DPTG W 2/4, Nr. 134 und F. Lerner, Bürgersinn, S. 542.

[186] Satzung von 1936, wie Anm. 183, S. 4.

[187] Vgl. Schreiben von Jakob Sprenger an Viktor Schmieden vom 17. September 1936, DPTG W 2/4, Nr. 80. Zum stellvertretenden „Vereinsführer" der PTG wurde im Oktober 1936 Stadtrat Hans Schönbein, zum Kassenwart der Vorstandsvorsitzende Otto Schneider ernannt. Hierzu: Entwurf für ein Schreiben von Jakob Sprenger an Schönbein und Schneider vom 2. Oktober 1936, DPTG W 2/4, Nr. 80.

[188] Schreiben von Ferdinand Pachten an Bruno Müller vom 17. September 1936, DPTG W 2/4, Nr. 80.

[189] B. Müller, Gutachten Nr. 7, wie Anm. 167, S. 6. Siehe auch: Schreiben von Jakob Sprenger an Viktor Schmieden vom 2. Oktober 1936, DPTG W 2/4, Nr. 80 und Niederschrift über die Sitzung des Beirats der PTG vom 11. August 1938, S. 1 (APTG). Mit Schreiben vom 21. Oktober 1940 bat Walther Knapp den „Vereinsführer" Schmieden altersbedingt um die Entbindung von seinem Amt als Beirat, DPTG W 2/4, Nr. 80.

[190] „Der Berater des Gauleiters. Wilhelm Avieny vor der Spruchkammer", in: FR vom 11. August 1949.

[191] Vgl. „Military Government of Germany Fragebogen" von Wilhelm Avieny am 10. August 1946 ausgefüllt, Hessisches Hauptstaatsarchiv Wiesbaden, Abt. 520 F Nr. 6152, Bd. 1a, den Beschluss der Spruchkammer Frankfurt a. M. im Verfahren gegen Avieny vom 21. September 1949, ebd., Abt. 501 F Nr. 1012, „Arbeitslager für Avieny", in: Neue Presse vom 22. September 1949 und „Die ‚Graue Eminenz' des Gauleiters", in: FR vom 23. September 1949.

[192] Vgl. B. Müller, Gutachten Nr. 7, wie Anm. 167, S. 6 f., die Niederschrift der außerordentlichen Mitgliederversammlung der PTG am 11. August 1938 und die Niederschrift über die Mitgliederversammlung der PTG am 2. April 1943 (beide APTG).

[193] Vgl. Satzung von 1936, wie Anm. 183, S. 6, Niederschrift über die außerordentliche Mitgliederversammlung der PTG am 16. September 1936, S. 2 f. und das Protokoll über die Sitzung des Beirates der PTG am 17. Juli 1942, S. 4 (alle APTG).

[194] Satzung der Frankfurter Sparkasse von 1822 (Polytechnische Gesellschaft), Frankfurt a. M. 1937, S. 35, MA 8431. Siehe auch: Rechtsbeziehungen zwischen der Stadt und der PTG, November 1942, S. 8 (APTG) und F. Lauf, S. 197.

[195] Bruno Müller bezeichnete Otto L. Viemeier als „NS-Maler", vgl. Gutachten Nr. 7, wie Anm. 167, S. 7.

[196] Der in Wien geborene Franz Karl Delavilla (1884–1967) unterrichtete seit 1913 freie und angewandte Graphik an der Frankfurter Kunstgewerbeschule. 1923 engagierte sich der Wahlfrankfurter für den Zusammenschluss von Städel- und Kunstgewerbeschule. An der neuen Städelschule erhielt Delavilla eine Professur und übernahm die Leitung der Abteilung für freie Graphik. Mit Beckmann, Baumeister und Scheibe wirkte Delavilla als Vertreter der Moderne. Wegen seiner Tätigkeit als künstlerischer Berater jüdischer Fir-

men 1933 unter Druck gesetzt, wurde Delavilla 1944 unfreiwillig in den Vorruhestand geschickt. Von 1946 bis 1950 erneut Professor für freie Graphik an der Städelschule. Für die Auftragsarbeit zahlte die „Polytechnische" im Herbst 1949 dem Städelprofessor 150 D-Mark. In der Präsidentengalerie der Polytechnischen Gesellschaft ist das von Delavilla angefertigte Schmieden-Porträt das einzige Bild von künstlerischer Bedeutung.

[197] F. Lerner, Bürgersinn, S. 526. Siehe auch: „Professor Schmieden 65 Jahre alt", in: Frankfurter Volksblatt vom 19. Januar 1939 und „Ein Meister der Kriegschirurgie", in: Frankfurter Anzeiger vom 18. Januar 1944.

[198] Entwurf für das von Schmieden an den Gauleiter gerichtete Rücktrittsgesuch vom 10. Mai 1943, DPTG W 2/4, Nr. 122.

[199] Ebd.

[200] Anmerkungen zum persönlichen Vortrag des Präsidenten der PTG bei dem Herrn Gauleiter am 10. Mai 1943, S. 4, DPTG W 2/4, Nr. 122.

[201] F. Lerner, Bürgersinn, S. 526. Siehe auch: Personalakte von Viktor Schmieden im Universitäts Archiv Frankfurt, Abt. 14, Nr. 682.

[202] Zitiert nach: M. Kopp, Wiedervorzulegen, S. 195. Siehe auch: Niederschrift über die konstituierende Sitzung des Beirats der PTG am 23. November 1936, S. 4 f. (APTG), „Der Gausiedlungshof des Rhein-Main-Siedlungswerks", in: Kölnische Zeitung vom 3. September 1938 und F. Lerner, Bürgersinn, S. 526 f.

[203] Giersberg, Rietschel, Ziele und Aufgaben des Instituts für Bienenkunde an der Universität Frankfurt a. M. vom 11. Mai 1937 (APTG). Siehe auch: Vorläufiger Bericht über das Institut für Bienenkunde an der Universität Frankfurt a. M., um 1938, Archiv des Instituts für Bienenkunde, F. Lerner, Bürgersinn, S. 529 f. und M. Kopp, Wiedervorzulegen, S. 191–195.

[204] „Menschen im ewigen Dunkel", in: Frankfurter General-Anzeiger vom 4. März 1937. Siehe auch: Ansprache Dr. Lotichius, in: Gedenk-Schrift zur Feier des 100jährigen Bestehens der Blindenanstalt Frankfurt am Main am 25. Mai 1937, S. 13–17.

[205] Karl Wörner, Gegenwartsaufgaben der Blindenanstalt Frankfurt am Main, in: Gedenk-Schrift, wie Anm. 204, S. 36. Siehe auch: Jahresbericht 1937 Blindenanstalt Frankfurt am Main, S. 3 f. (APTG).

[206] Vgl. Protokolle der Blindenanstalt 1913–1958, S. 222 (5. Juli 1933) und 233 (29. Mai 1935), FSBS Archiv, Niederschrift über die Sitzung des Beirats der PTG am 22. April 1937, S. 5 (APTG), Bruno Müller, Bericht über den jetzigen Organisationszustand der Polytechnischen Gesellschaft, vom 29. August 1945, S. 4 (APTG) und „Frankfurter Gesichter. Alfred Lotichius", in: FAZ vom 25. April 1964, dort wird auch der schwere Leidensweg von Lotichius' Ehefrau angesprochen: „Die SS nahm ihm die Frau, eine geborene Weinschenk. Einmal holte er sie mit einem Schreiben Himmlers, das er sich durch seine Beziehungen als Rittmeister des Ersten Weltkrieges besorgt hatte, in Stuttgart aus einem Transport. Sie wurde zum zweiten Male verhaftet und machte, als sie hörte, der Transport sei für Auschwitz bestimmt, ihrem Leben ein Ende."

[207] Protokolle der Blindenanstalt 1913–1958, S. 224 (7. Juli 1933), FSBS Archiv. Der 1918 gegründete Wehrverband „Stahlhelm", eigentlich „Bund der Frontsoldaten", war deutschnational ausgerichtet und neigte zunehmend der antidemokratischen Rechten zu. Bei der Reichstagswahl im März 1933 errangen „Stahlhelm" und die mit ihm verbündete Deutschnationale Volkspartei acht Prozent der Stimmen. Siehe auch: P. Meyer, S. 34.

[208] Paul Grasemann, Grußwort, in: Gedenk-Schrift, wie Anm. 204, S. 28.

[209] Vgl. M. Daum, H.-U. Deppe, S. 31 f.

[210] Gesetz zur Verhütung erbkranken Nachwuchses, vom 14. Juli 1933, § 1, abgedruckt in: M. Daum, H.-U. Deppe, S. 184–187.

[211] Zitiert nach: P. Meyer, S. 36.

[212] Ebd.

[213] Jahresbericht 1937 Blindenanstalt Frankfurt am Main, S. 4 (APTG).

[214] Vgl. Schreiben von Viktor Schmieden an Otto Schneider vom 6. Dezember 1938, Niederschrift über die Sitzung des Beirats der PTG am 7. August 1939, S. 2 (beide APTG) und B. Müller, Gutachten Nr. 7, wie Anm. 167, S. 9. In der Literatur wird auch das „Interesse der NSDAP an der Polytechnischen Gesellschaft und deren finanziellen Mittel" als Ursache für die Umwandlung der Blindenanstalt in eine Stiftung angeführt, vgl. P. Meyer, S. 39.

[215] Blindenanstalt Frankfurt am Main. Satzung der durch das Preußische Staatsministerium – Reichs- und Preußischer Minister des Innern – am 15. Juni 1940 genehmigten Stiftung, S. 3 (APTG).

[216] Ebd.

[217] Vgl. Jahresberichte 1940–1942 Blindenanstalt Frankfurt am Main (alle APTG) und P. Meyer, S. 39.

[218] Vgl. 117. Jahresbericht der Frankfurter Sparkasse von 1822 (Polytechnische Gesellschaft) für 1939, S. 5 (APTG) und F. Lauf, S. 218–225.

[219] Vgl. Niederschrift über die Sitzung des Beirates der PTG am 11. April 1940, S. 1–5 (APTG), Niederschrift über die Sitzung der Kommission der PTG, welche in der Beiratssitzung vom 11. April 1940 für die weiteren aus den Hausverkäufen noch notwendig werdenden Verhandlungen ernannt wurde am 5. Februar 1941, DPTG W 2/4, Nr. 216, B. Müller, Gutachten Nr. 7, wie Anm. 167, S. 25 ff. und F. Lerner, Bürgersinn, S. 533 f.

[220] B. Müller, Gutachten Nr. 7, wie Anm. 167, S. 19. Siehe auch: Vermerk für Oberbürgermeister Kurt Blaum vom 13. Januar 1947 (APTG) und F. Lerner, Bürgersinn, S. 537.

[221] Vgl. Bekanntmachung einer Eintragung in das Vereinsregister vom 15. Juni 1944, DPTG W 2/4, Nr. 14.

[222] Vgl. D. Rebentisch, S. 513 f., Tätigkeitsberichte des Instituts für Bienenkunde 1939, 1943 und 1944 (APTG) und M. Kopp, Flieger, S. 255 f.

[223] Schreiben von Karl Wörner an die PTG vom 14. Mai 1944 (APTG).

[224] Vgl. Vermerk von Bruno Müller vom 13. September 1945 (APTG), F. Lerner, Bürgersinn, S. 538 und F. Lauf, S. 227–230 und 233.

[225] Vgl. M. Kopp, Labyrinth, S.232 ff. und die Erklärungen von Helene und Hugo Gontarski zum Verlust von Einrichtungsgegenständen des Bieneninstituts vom 27. Dezember 1945 (APTG).

[226] Pressestelle, S. 6. Siehe auch: „Wir wiegen 30 Pfund zu wenig", „Schulkinderspeisung für alle" und „Gesundheitszustand und Ernährungslage", in: FR vom 28. Juni 1946, 29. März und 9. Oktober 1947.

[227] Schreiben von Bruno Müller an Wilhelm Hollbach vom 26. Mai 1945, MA 8431. Siehe auch: „Der Berater des Gauleiters", in: FR vom 11. August 1949, H. Drummer, S. 244 und S. Zibell, S. 407 f.

[228] Vgl. Schreiben von Wilhelm Hollbach an Friedrich Wilhelm Lehmann vom 6. Juni 1945, MA 8431, Bruno Müller, Bericht über den Organisationszustand der Polytechnischen Gesellschaft vom 29. August 1945 und ders., Gutachten Nr. 5. Neufassung der Satzung der Polytechnischen Gesellschaft vom 21. September 1945 (beide APTG).

[229] Vgl. das Schreiben von Friedrich Wilhelm Lehmann an Kurt Blaum vom 4. Januar 1946 und das Einladungsschreiben von Fritz Hetzer an die Mitglieder der PTG vom 12. Februar 1946, beide MA 8431 sowie F. Lauf, S. 237–241.

[230] Unsere Arbeit und unsere Absichten, März 1946, S. 2 (APTG). Siehe auch: Niederschrift über die Mitgliederversammlung der PTG am 26. Februar 1946 und Niederschrift über die Sitzung des Engeren Ausschusses der PTG am 25. Juni 1946 (beide APTG).

[231] Schreiben von Kurt Blaum an Karl Geiler vom 22. Februar 1946, MA 8431.

[232] Polytechnische Gesellschaft e. V. zu Frankfurt am Main. Satzung von 1946. Genehmigt durch Beschluß der Mitgliederversammlung vom 26. März 1946, S. 2. Siehe auch: Niederschrift über die Mitgliederversammlung der PTG am 26. März 1946 (APTG) und Schreiben des Kulturausschusses an die PTG vom 10. Mai 1947, Kulturamt 740 (ISG).

[233] Zitiert nach: Günter Mick, Ein Oberbürgermeister in der Zeit der Hungersnot, in: FAZ vom 4. Juli 1995.

[234] Vgl. F. Balser, S. 22, 24 und 27–31 sowie R. Boehling, S. 491 ff.

[235] Vgl. Heinrich Heym, Kurt Blaum, in: Sparkassenrundschau 86 (1969) und „Ein Mann der ersten Stunde“, in: FR vom 28. November 1970.

[236] Vgl. H. M. Müller, S. 323 f.

[237] Vgl. F. Lerner, Bürgersinn, S. 554 f. Für die weitere Darstellung bis 1966 stand das Kapitel „Bürgerinitiative der Gegenwart“ des Zeitzeugen Franz Lerner Pate, F. Lerner, Bürgersinn, S. 554–594.

[238] Zitiert nach: D. Stender, S. 88. Siehe auch: F. Lerner, Bürgersinn, S. 556.

[239] Vgl. ebd., S. 560 und F. Balser, S. 192–204.

[240] F. Lerner, Bürgersinn, S. 560 f.

[241] Vgl. ebd., S. 562 f. und F. Lauf, S. 283–346.

[242] Vgl. F. Lerner, Bürgersinn, S. 563 ff.

[243] Jahresbericht 1947 der Blindenanstalt Frankfurt a. M., S. 1 (APTG).

[244] „Blinde singen Jubelchor“, in: Neue Presse vom 29. Juni 1951.

[245] Vgl. F. Lerner, Bürgersinn, S. 565 ff.

[246] Vgl. P. Meyer, S. 44 f.

[247] Vgl. F. Lerner, Bürgersinn, S. 570.

[248] Vgl. GB der PTG 1956 und 1957, S. 5 und 7.

[249] Vgl. Vgl. „Stolze Bilanz des Frankfurter Bürgersinns“, in: Frankfurter Neue Presse vom 4. Januar 1952 sowie die Sitzungsprotokolle des Vorstandes und des Engeren Ausschusses der PTG am 15. März 1951 und 13. Juni 1952.

[250] Vgl. F. Lerner, Bürgersinn, S. 574 f.

[251] Heinrich Heym, Der Dorn im Fleische Frankfurts. Das alte Opernhaus lässt dem Rathaus keine Ruhe, in: FAZ vom Januar 1964.

[252] Vgl. W. Ehrlich, S. 6–21.

[253] Protokoll der Stadtverordnetenversammlung § 461 vom 13. Mai 1954. Siehe auch: F. Lerner, Bürgersinn, S. 577.

[254] Zitiert nach: ebd., S. 579.

[255] Vgl. ebd.

[256] Vgl. ebd. S. 580–582.

[257] Vgl. ebd., S. 583 f.

[258] Vgl. ebd., S. 586 ff.

[259] Zitiert nach: ebd., S. 588.

[260] Vgl. A. Hansert, Bürgerforum, S. 16–19.

[261] Zitiert nach: F. Lerner, Bürgersinn, S. 590.

[262] Vgl. ebd., S. 591.

[263] Karlheinz Müller, Zum Geleit, in: F. Lerner, Bürgersinn, S. 9.

[264] Ebd., S. 11.

[265] D. Sternberger, S. 17. Siehe auch: „Jubiläumsfeier wurde Bekenntnis zur Kultur", in: FAZ vom 25. November 1966 und „Die Idee von Frankfurt", in: FNP vom 25. November 1966.

[266] civis = Bürger.

[267] D. Sternberger, S. 18.

[268] Der Buchtitel „Bürgersinn und Bürgertat" wurde im Jahr 1958 schon einmal für die ohne Nennung des Autors erschienene Begleitbroschüre einer Ausstellung über die Geschichte des Stiftungswesens der Frankfurter Sparkasse von 1822 in der Neuen Mainzer Straße verwendet. Zur Person von Franz Lerner: W. Klötzer, An Stelle, S. 567–572.

[269] Vgl. „Für jedes Jahr einen Tausender", in: FR vom 24. November 1966.

[270] Vgl. GB der PTG 1972, S. 7 und F. Lauf, S. 421 und 455 f.

[271] Zitiert nach: F. Lauf, S. 426.

[272] Vgl. ebd., S. 426–430.

[273] Vgl. F. Balser, S. 362–365, H.-R. Müller-Raemisch, S. 340–345 und R. Burgard, S. 156.

[274] Zitiert nach: „Das technische Rathaus wird gebaut", in: FAZ vom 2. Oktober 1969. Siehe auch Polytechnische Gesellschaft, Aus der Tradition, S. 62.

[275] Zitiert nach: „Das technische Rathaus", wie Anm. 274.

[276] Ebd.

[277] Vgl. „Rathaus-Plan noch einmal überdenken", in: FR vom 12. Januar 1970 und F. Balser, S. 365 ff.

[278] Schreiben der Direktion der Frankfurter Sparkasse an Oberbürgermeister Willi Brundert vom 20. Dezember 1968, MA 2484.

[279] Erich Nazarenus, Ansprache vom 12. Juni 1972, in: Frankfurter Sparkasse, Bürgertugend, S. 20 f.

[280] Vgl. A. Hansert, Bürgerkultur, S. 254 und „Ein ‚General' findet wenig Gegenliebe", in: FR vom 21. März 1969 sowie den Kommentar von Peter Iden, Lust an der Kultur?, in: ebd.

[281] Vgl. F. Lauf, S. 435, F. Balser, S. 384, „Zehn Worte weniger beseitigen rote Welle", in: FR vom 31. Januar 1973 und „Stilistische Spielereien", in: FAZ vom 2. Februar 1973.

[282] Vgl. „Erst am Schluß kam das Reizwort ‚Städel'", in: FAZ vom 31. Januar 1980, A. Hansert, S. 255 ff., F. Balser, S. 378–382 und H. Hoffmann, S. 67–73.

[283] Zitiert nach: „Die volle Freiheit der Kunst“, in: FAZ vom 18. Januar 1979. Siehe auch: A. Hansert, Bürgerkultur, S. 255.

[284] „Der Frankfurter Sparkasse von 1822...“ (Bildunterschrift), in: FAZ vom 20. Januar 1979. Siehe auch: F. Lauf, S. 531–537 und „50000 DM für Vietnam-Flüchtlinge“, in: FNP vom 17. Januar 1979.

[285] Zitiert nach: „Sprungbrett für Musiker“, in: FR vom 17. Oktober 1980. Siehe auch: „Tummelplatz der Leidenschaften“, in: FAZ vom 17. Oktober 1980.

[286] Zitiert nach: „Wiener Klassik“, in: FAZ vom 24. Oktober 1991. Vgl. Polytechnische Gesellschaft, Aus der Tradition, S. 56–59, „Ein unermüdlicher Anreger“, in: FAZ vom 15. Juni 1976 und „Umzug in den Mozartsaal“, in: Frankfurter Journal vom September 1989.

[287] Zitiert nach: W. Kramer, Frankfurt-Chronik, S. 462. Siehe auch: F. Balser, S. 376 f. und „Die Aktionsgemeinschaft Opernhaus hat ihr Ziel erreicht“, in: FAZ vom 27. Januar 1982.

[288] Vgl. „Aufbau der Alten Oper kostete 160 Millionen Mark“, in: FR vom 11. August 1984, W. Klötzer, 25 Jahre KKF, S. 24. Das Gründungsmitglied des Kuratoriums, Günther W. Berg, war 1977 der Erfinder und bis Anfang 1981 der Verfasser der monatlich veröffentlichten „KKF Kurzinformation. Kulturelle Kurznachrichten für die Mitglieder und Freunde des Kuratoriums Kulturelles Frankfurt e.V.“ Nachdem Berg im Februar 1981 verstorben war, übernahm im März 1982 Verena von Korff die Betreuung der nun auf grünem Papier gedruckten Kurzinformationen.

[289] Vgl. GB der PTG 1973, S. 11, GB der PTG 1974, S. 12, M. Bauer, J. Schwarzkopf, S. 7 f., „Museumssprechstunde“, in: FR vom 29. August 1974 und H. Hoffmann, S. 82 f.

[290] Rundbrief an die Mitglieder des Kunstgewerbevereins in Frankfurt vom Februar 1984 (APTG). Siehe auch: „Kunsthandwerksmuseum: Beim Spatenstich OB-Worte zur Kultur“, in: FR vom 27. Februar 1982 und „Der Magistrat folgt dem amerikanischen Architekten“, in: FAZ vom 20. Juni 1981.

[291] Vgl. „Museum und Mäzenatentum“, in: FNP vom 18. Januar 1985 und „Bürger spenden“, in: FAZ vom 21. Januar 1985.

[292] Manfred Sack, So große Häuser für so kleine Dinge“, in: Die Zeit vom 17. Mai 1985. Siehe auch: „Doppelfeier mit leicht verschnupftem Meier“ und „Weißes Bauhaus-Schloß“, in: FAZ vom 26. und 27. April 1985.

[293] H. Hoffmann, S. 85 f.

[294] Vgl. GB der PTG 1986, S. 16, M. Bauer, J. Schwarzkopf, S. 12 und 22–39 sowie A. Hansert, Bürgerkultur, S. 259.

[295] „Franz Schmidt-Knatz gestorben“, in: FAZ vom 27. Juni 2002. Siehe auch: das Schreiben des Sparkassendirektors Emil Emge an Kurt Blaum vom 21. Mai 1954 (APTG), F. Lauf, S. 455, „Frankfurter Gesichter: Franz Schmidt-Knatz“, in: FAZ vom 30. Mai 1970, Wolfgang Klötzer, Der Jubilar im Reigen erlauchter Geister Frankfurter Jurisprudenz. Rede zum 80. Geburtstag von Franz Schmidt-Knatz am 10. Januar 1993 im Holzhausenschlösschen (APTG), Jahresbericht der SBA 1993, S. 1 (APTG) und Hans-Jürgen Hellwig, Rede vor der Polytechnischen Gesellschaft am 26. April 1996 (APTG).

[296] Schreiben des Präsidenten der Johann Wolfgang Goethe-Universität an die PTG vom 30. Mai 1980 (APTG).

[297] Vgl. GB der PTG 1967, S. 7 f., GB der PTG 1968, S. 9 ff., F. Ruttner, S. 10 f. und N. Koeniger, Institut, S. 6 f.

[298] Vgl. GB der PTG 1971, S. 12 ff., „Schach der Killer-Biene“, in: FR vom 15. März 1976 und „Sanfte Bienen stechen keine Menschen mehr“, in: FNP vom 6. Oktober 1976.

[299] Vgl. „40 Bienenvölker von Varroa-Milben befallen“, in: FR vom 30. März 1977, „Windeln unter den Bienenstöcken“, in: FAZ vom 3. August 1977, „Die Varroa bedroht den

Naturhaushalt“, in: FR vom 21. März 1979, „Eine Zauberformel gegen die Bienenseuche“, in: Wochendienst des Presse- und Informationsamts der Stadt Frankfurt a. M. vom 13. Oktober 1981 und Fridolin Gnädinger, Prof. Dr. Friedrich Ruttner – Leben und Wirken für die Bienen, in: ADIZ. Allgemeine Deutsche Imkerzeitung, August 1998, S. 8 f.

300 Vgl. GB der PTG 1981 und 1982, S. 13 und 14, „Bienenkundler mit Weltruf“, in: FR vom 7. Mai 1981, „Sanftmut und Fleiß bei Honigsammlern am meisten gefragt“, in: Taunuszeitung vom 8. September 1987, N. Koeniger, Institut, S. 8 f. und ders., 70 Jahre, S. 202 f.

301 Vgl. N. Koeniger, Institut, S. 8 f.

302 GB der PTG 1988, S. 12.

303 Vgl. GB der PTG 1976 und 1982, S. 9 und 10, Stiftung Blindenanstalt, 15 ff. und „Neben Ampelsummen verkehrsberuhigte Zonen“, in: FR vom 27. März 1984.

304 Vgl. „Computer erhöhen Chancen der Blinden auf dem Arbeitsmarkt“, in: FNP vom 28. November 1986, „Dokumentarisches Institut der Stiftung Blindenanstalt“, in: FAZ vom 10. Januar 1989 und „An der Tastatur eine Anzeige für Brailleschrift“, in: FAZ vom 2. Januar 1996.

305 Zitiert nach: Stiftung Blindenanstalt, S. 31.

306 „Vor Tau und Tag erscheint die FR mit 1,5 Megabyte im Personalcomputer“, in: FR vom 25. September 1993.

307 Vgl. GB der PTG 1989, S. 14, Stiftung Blindenanstalt, S. 41 und Jahresbericht der SBA 1995, S. 13.

308 Vgl. GB der PTG 1988, S. 14, Jahresbericht der SBA 1991, S. 7, Stiftung Blindenanstalt, S. 43, „S-Bahnlinien zum Fühlen“, in: FAZ vom 9. Mai 1989 und „Hilfe, ich brauch’ mal eben deine Augen“, in: FR vom 9. August 1990.

309 Zitiert nach: „Für die Galerie ’37 schaffen blinde Bildhauer“, in: FR vom 11. November 1991. Siehe auch: Stiftung Blindenanstalt, S. 39 f. und „Blinde lieben glatte Formen“, in: FR vom 10. Juni 1989.

310 „Manchmal schlägt mein Herz zu schnell“, in: FAZ vom 30. März 2002.

311 Zitiert nach dem Umlaufbeschluss (Hartung) der Mitglieder des Engeren Ausschusses der PTG vom 1. Juni 1993 (APTG). Hierzu auch: „Wachablösung an der Spitze der Stiftung Blindenanstalt“, in: FNP vom 1. Juli 1993.

312 Vgl. den Umlaufbeschluss (Borsche) der Mitglieder des Engeren Ausschusses der PTG vom 1. Juni 1993 (APTG), das Protokoll der Klausurtagung des Kuratoriums der SBA am 27. November 1993 in Oberursel, FEBS-Archiv, das Protokoll der Sitzung des Vorstandes und des Engeren Ausschusses der PTG am 14. Juni 1994 (APTG) und „Blindenanstalt nach teurer Haussanierung in Geldnot“, in: FAZ vom 27. August 1994. Tief blicken lässt der geharnischte Briefwechsel zwischen dem Präsidenten der PTG, Hellwig, und dem Vorsitzenden des Kuratoriums der SBA, Borsche, vom 2. Februar und 20. März 1999 (APTG). Nach mehr als 38-jähriger ehrenamtlicher Mitarbeit zog sich Arnulf Borsche am 1. September 1999 aus dem Kuratorium der Stiftung Blindenanstalt zurück, vgl. GB der PTG 1999, S. 30.

313 Zitiert nach: „Manchmal schlägt mein Herz zu schnell“, in: FAZ vom 30. März 2002. Siehe auch: GB der PTG 1999 und 2001, S. 30 und 31, „Mit Musik die Sinne schärfen“, in: FAZ vom 26. November 1998 und „Die Stiftung Blindenanstalt feierte Richtfest fürs neue musische Zentrum“, in: FNP vom 31. Oktober 2000.

314 Im Juni 2005 zählte die PTG 314 Mitglieder, darunter befanden sich lediglich 26 Polytechnikerinnen, vgl. das Mitgliederverzeichnis vom 15. Juni 2005 (APTG). Siehe auch:

Protokoll der Sitzung des Vorstandes und des Engeren Ausschusses der PTG vom 8. April 1992, S. 1 und vom 28. März 1996, S. 3 f. sowie „Hellwig soll Präsident der ‚Polytechnischen' werden", in: FAZ vom 27. April 1996.

[315] H.-J. Hellwig, S. 17 und 21.

[316] „Start mit außerplanmäßigen Auszeichnungen", in: FAZ vom 6. November 1998.

[317] „Satzung der Polytechnischen Gesellschaft e.V. Genehmigt durch Beschluß der Mitgliederversammlung vom 29. März 1963, geändert durch Beschluß der Mitgliederversammlung vom 28. April 1995", S. 3 (APTG). Siehe auch: GB der PTG 1999, S. 13 f.

[318] Vgl. das Protokoll der Sitzung des Vorstands und des Engeren Ausschusses der PTG vom 28. März 1996, S. 3, GB der PTG 1999, S. 4 und 18, GB der PTG 2001, S. 4 sowie GB der PTG 2003, S. 2.

[319] Satzung der Frankfurter Sparkasse vom 8. März 1989, S. 8 (APTG). Siehe auch: Pressemitteilung der Frankfurter Sparkasse vom 9. Januar 1989 und „Frankfurter Sparkasse besiegelt", in: FR vom 30. Dezember 1988.

[320] Vgl. Pressemitteilung, wie Anm. 57, GB der PTG 1989, S. 10, GB der PTG 1990, S. 10, GB der PTG 1996, S. 18, „Es gibt eine zunehmende Tendenz zum Stiften", in: FR vom 6. Dezember 2001 und H. M. Müller, S. 401 f.

[321] Vgl. „Wenn's um Geld geht – Sparkasse", in: FR vom 4. Mai 2001, „Fusionen als Patentrezept?", in: FR vom 30. Januar 2002 und „Mit ‚Offensiv' hat Vorstandschef Wächter die Weichen gestellt", in: FR vom 26. April 2003.

[322] Vgl. das Rundschreiben von Klaus Wächter an die Mitglieder des Wirtschaftlichen Vereins vom 15. Dezember 2003 (APTG), Protokoll der Sitzung des Vorstandes und des Engeren Ausschusses der PTG vom 25. März 2004, S. 1 ff. (APTG), „SPD will Verkauf der Sparkasse verhindern", in: FR vom 6. April 2004 und „Gegenwind für Hellwig", in: FR vom 15. April 2004.

[323] Zitiert nach: „Kampfabstimmung erwartet", in: FR vom 15. April 2004.

[324] Vgl. ebd.

[325] Zitiert nach: „Mehrheit gegen Verkauf der Sparkasse", in: FR vom 16. April 2004.

[326] GB der PTG 2004, S. 2. Siehe auch: „Haus ohne Wächter", in: managermagazin (2004), Heft 6, S. 120–125 und „Vor Hellwig steht noch viel Überzeugungsarbeit", in: FAZ vom 14. April 2004.

[327] Vgl. „Klaus Wächter kehrt Sparkasse den Rücken", in: FR vom 17. April 2004, „Ein erfahrener Sanierer", in: FAZ vom 12. Mai 2004 und „Neuanfang im Fraspa-Verwaltungsrat", in: FR vom 25. Mai 2004.

[328] JB 1886–1890, S. 47. Siehe auch: Protokoll der Sitzung des Vorstandes und des Engeren Ausschusses der PTG vom 28. Februar 1989 (APTG), „Polytechnische Gesellschaft: Kampfkandidatur in Sicht", in: FAZ vom 28. Mai 2004, „Ring tritt bei Polytechnischer Gesellschaft gegen Hellwig an", in: FAZ vom 11. Juni 2004 und „Vom Chemie- zum Sprachforscher", in: FR vom 31. Juli 2004.

[329] Vgl. das Protokoll der Mitgliederversammlung der PTG am 14. Juni 2004 (APTG), „Sparkasse: Vorstandschef verliert sein Amt" und „Ring löst Hellwig ab", in: FR vom 15. und 16. Juni 2004.

[330] Vgl. die Protokolle der Sitzungen des Engeren Ausschusses vom 24. Juli, 16. August und 7. September 2004 (APTG), „Gutachter empfiehlt Fraspa-Verkauf", „Die Polytechniker müssen sich entscheiden" und „Jetzt wird um den Fraspa-Wert gepokert", in: FR vom 21. Juli, 23. Juli und 13. Dezember 2004.

[331] Vgl. das Protokoll der ordentlichen Mitgliederversammlung der Polytechnischen Gesellschaft e.V. am 14. Juli 2005 (APTG), „Helaba kauft Sparkasse", „Abschied von Sparkasse nach 183 Jahren" und „Fraspa 725 Millionen Euro Verkaufssumme geflossen", in: FR vom 17. Mai, 15. Juli und 9. September 2005.

[332] Zitiert nach: Protokoll, wie Anm. 331 (Anlage).

[333] Zitiert nach: „Modern aus Tradition" Eintragung ins Goldene Buch der Frankfurter Stiftungen. Rathaus Römer, Kaisersaal, 29.11.2006 – Ansprachen", hrsg. von der Polytechnischen Gesellschaft e.V. und der Stiftung Polytechnische Gesellschaft, Frankfurt a. M. 2006, S. 6.

[334] Vgl. ebd., S. 8 f. und 18–22 sowie „Polytechnische als Frankfurter Stiftung", in: FAZ vom 30. November 2006.

[335] „Millionen für Frankfurt", in: FAZ vom 15. Oktober 2005. Siehe auch: „Begründung und Beschreibung eines Vorschlages für die Errichtung einer ‚Stiftung Polytechnische Gesellschaft Frankfurt am Main' zur Mitgliederversammlung am 13. Oktober 2005" (APTG) und „Fraspa-Verkauf. Polytechnische gründet gemeinnützige Stiftung", in: FR vom 14. Oktober 2005.

[336] Zitiert nach: „Johann-Peter Krommer", in: FAZ vom 30. Mai 2007. Vgl. TB der SPTG 2006, S. 6 ff. und „Der Millionenmann", in: FAZ vom 24. April 2006.

[337] Vgl. „Roland Kaehlbrandt", in: FAZ vom 30. Mai 2007.

[338] Profil, hrsg. von der SPTG, Frankfurt a. M. 2006, S. 8 f.

[339] Vgl. Strategie, hrsg. von der SPTG, Frankfurt a. M. 2006, passim und TB der SPTG 2006, S. 52.

[340] Vgl. „Tu Gutes und schweig darüber", „Neue Großspende für Polytechnische Stiftung" und „Anruf von ‚Mister X'", in: FAZ vom 12. Juni und 24. Dezember 2008 sowie 21. Dezember 2009.

[341] Vgl. Verfassung, hrsg. von der SPTG, Frankfurt a. M. 2006, passim.

[342] Vgl. Richtlinie für Förderanträge Dritter, hrsg. von der SPTG, Frankfurt a. M. 2006, passim und TB der SPTG 2007, S. 54.

[343] Zitiert nach: „Für Ideen im Stadtteil gibt es Geld", in: FR vom 2. November 2006. Siehe auch: „Springen, klettern, multikulturell Kochen" und „Seniye macht ihr Ding", in: FAZ vom 10. Januar und 24. Juni 2008.

[344] Zitiert nach: StadtteilHistoriker – Bürger, die Geschichte schreiben (Informationsbroschüre), hrsg. von der SPTG, Frankfurt a. M. 2008.

[345] Titel des 1989 in der zwölften Auflage erschienen Standardwerks von Ahasver von Brandt: „Werkzeug für Historiker. Eine Einführung in die Historischen Hilfswissenschaften".

[346] Vgl. TB der SPTG 2007 und 2008, S. 26 und 32 sowie „Wir erforschen unsere Heimat" und „Orte der Zugehörigkeit", in: FNP vom 31. Oktober 2007.

[347] Vgl. TB der SPTG 2008 und 2009, S. 46 und 48 sowie „Eine Akademie für Impulsgeber", „Das Ehrenamts-Gen besser aktivieren" und „Ein echter Ehrenamtler sagt nicht nein", in: FAZ vom 19. Februar und 21. November 2009 sowie 18. Juni 2010.

[348] Vgl. TB der SPTG 2007 und 2008, S. 16 und 20 sowie „Sprachbad für Drittklässler" und „Sprachpflege im Deutsch-Sommer", in: FAZ vom 20. Juli und 14. Dezember 2007.

[349] Zitiert nach: „Sprachbad für Drittklässler", in: FAZ vom 20. Juli 2007. Siehe auch: TB der SPTG 2009, S. 18 und „Ein Schneekäppchen auf dem Deutschsommer", in: FAZ vom 7. Januar 2009.

[350] TB der SPTG 2009, S. 20. Siehe auch: TB der SPTG 2008, S. 18, „Begabung gut, Chancen schlecht“ und „Man kann sich in der deutschen Sprache sonnen und sogar darin baden“, in: FAZ vom 20. März 2008 und 3. September 2009.

[351] So Hans Riebsamen in seinem Beitrag „Polytechnische: Ring gibt Vorsitz an Kaehlbrandt weiter“, in: FAZ vom 29. Mai 2008.

[352] Ebd. Siehe auch: TB der SPTG 2008, S. 6.

[353] Vgl. den TB der SPTG 2009, S. 6, 10 und 68.

[354] Vgl. „Schüler bauen Roboter“ in: Polytechnik 3 (2009), Heft 2, S. 12 f. und TB der SPTG 2009, S. 26.

[355] Zitiert nach: „Ein Stipendienwerk für Wissenschaftler mit Horizont“, in: FAZ vom 13. November 2008.

[356] Zitiert nach: „Förderung für Frankfurts Beste“, in: FAZ vom 23. April 2008. Siehe auch: TB der SPTG 2008, S. 22.

[357] Vgl. TB der PTG 2006, S. 10 f.

[358] Vgl. das Protokoll über die ordentliche Mitgliederversammlung der PTG am 8. November 2006 (APTG).

[359] Vgl. die Satzung der Polytechnischen Gesellschaft, Frankfurt a. M. 2009 (APTG), die Mitschrift der außerordentlichen Mitgliederversammlung der PTG am 9. November 2009 (APTG) und den TB der PTG 2009, S. 8 f. und 10–15.

[360] Zitiert nach: TB der PTG 2009, S. 22. Siehe auch: TB der PTG 2005, 2006 und 2007, S. 21–28, 19 f. und 25.

[361] Satzung der Frankfurter Stiftung für Blinde und Sehbehinderte (Polytechnische Gesellschaft), Frankfurt a. M. 2010, S. 1. Siehe auch: TB der PTG 2007, S. 20 ff.

[362] Vgl. TB der PTG 2009, S. 18–23 und den Jahresbericht 2008 der FSBS, S. 13.

[363] Verwaltungsordnung der Wöhler-Stiftung festgesetzt vom Engeren Ausschuss der PTG in seiner Sitzung vom 24. März 2003, S. 2 (APTG). Siehe auch: Protokoll der Sitzung des Vorstandes und des Engeren Ausschusses der PTG am 27. März 2002, S. 5 (APTG) und TB der PTG 2004, S. 46.

[364] Vgl. die Satzung der Wöhler-Stiftung vom 27. Mai 2008 (APTG) und den TB der PTG 2009, S. 26 f.

[365] Schreiben (Kopie) von Hubert Markl an den Dekan des Fachbereichs Biologie Heinz Dieter Osiewacz vom 31. Januar 2005 (APTG). Markl hatte im November 1982 in der Vortragsreihe der PTG über das Thema „Anpassung und Fortschritt: Evolution aus dem Widerspruch. Zum 100. Todesjahr von Charles Darwin“ referiert. Siehe auch: GB der PTG 2004, S. 38 f.

[366] Vgl. den Vertrag über die Errichtung einer Stiftungsprofessur und die Ausstattung des Instituts für Bienenkunde, Entwurf vom 5. Oktober 2007 (APTG), TB der PTG 2006, S. 36 und „Bienenstock mit elektronischer Einlasskontrolle“, in: FAZ vom 23. Juni 2008.

[367] Vgl. B. Grünewald, S. 30–33, TB der PTG 2008 und 2009, S. 34–39 und 37.

[368] Vgl. den Vertrag über die Unterstützung des Vereins zur Pflege der Kammermusik und zur Förderung junger Musiker e.V. (Polytechnische Gesellschaft) vom 7. Juli 2006 (APTG) und den TB der PTG 2009, S. 46–49.

[369] „Museum für Angewandte Kunst. Projekt 2005–2007 Neustrukturierung der Klassizistischen Villa“, Frankfurt a. M. 2005, S. 1 (APTG). Siehe auch: „Zurück in die erste Liga“, in: FAZ vom 18. Januar 2003.

[370] Vgl. U. Schneider, S. 26 und 29.

[371] Zitiert nach: TB der PTG 2008, S. 28. Siehe auch: F. Heigl, S. 40 ff.

[372] Satzung des Kunstgewerbevereins in Frankfurt/Main e.V. – Polytechnische Gesellschaft, Frankfurt a. M. 2003, S. 3.

[373] Vgl. TB der PTG 2009, S. 28–33.

[374] Kuratorium Kulturelles Frankfurt e.V. (Polytechnische Gesellschaft) Satzung vom 15. November 1999, S. 1.

[375] Vgl. TB der PTG 2006 und 2009, S. 43 und 40–45.

[376] Klaus Ring, Porträt der Polytechnischen Gesellschaft und ihre Entstehungsgeschichte, Vortrag vor dem Rotary Club Frankfurt am Main, 11. Mai 2009, S. 13 (APTG).

Literatur

Adam, Birgit: Das Buch der Blindenschrift, Wiesbaden 2009.

Anonym: Denkschrift zur Feier des hundertjährigen Bestehens der Frankfurter Sparkasse von 1822, Frankfurt a. M. 1922.

Anonym: Gesellschaft zur Beförderung nützlicher Künste und deren Hülfswissenschaften – Polytechnische Gesellschaft 1816–1936, Frankfurt a. M. 1936.

Anonym: Mitteldeutscher Kunstgewerbeverein Frankfurt a/M. 1877–1921, Frankfurt a. M. 1921.

Anonym: Es wandelt sich Münze und Zeit – Doch immer währet Sparsamkeit. Ausstellung anlässlich des 130-jährigen Bestehens der Frankfurter Sparkasse von 1822 in Verbindung mit dem Historischen Museum und der Frankfurter Numismatischen Gesellschaft vom 12. Juni bis 30. Juni 1952 (Begleitbroschüre), Frankfurt a. M. 1952.

Arnsberg, Paul: Die Geschichte der Frankfurter Juden seit der Französischen Revolution, hrsg. von der Moses Jachiel Kirchheim'schen Stiftung, Frankfurt a. M. 1992.

Balser, Frolinde: Aus Trümmern zu einem europäischen Zentrum. Geschichte der Stadt Frankfurt am Main 1945–1989, Sigmaringen 1995 (Veröffentlichungen der Frankfurter Historischen Kommission, XX).

Bary, August de: Geschichte der Dr. Senckenbergischen Stiftung 1763–1938. Ein Zeugnis des Frankfurter Bürgersinns in 175 Jahren, Frankfurt a. M. 1938.

Bauer, Margit/ Schwarzkopf, Joachim (Hrsg.): Museum für Kunsthandwerk 1974–1987, Frankfurt a. M. 1987.

Benz, Wolfgang: Geschichte des Dritten Reiches, München 2000.

Boehling, Rebecca: Die politischen Lageberichte des Frankfurter Oberbürgermeisters Blaum an die amerikanische Militärregierung 1945/1946, in: AFGK 59 (1985), S. 485–537.

Börne, Ludwig: Der ewige Jude, in: Sämtliche Schriften, Bd. 2, hrsg. von Inge und Peter Rippmann, Düsseldorf 1964.

Burgard, Roland: Frankfurts Hochhäuser, Kampffmeyer und die Folgen, in: Hans Kampffmeyer. Planungsdezernent in Frankfurt am Main 1956–1972, hrsg. von Martin Wentz, Frankfurt a. M., New York 2000, S. 139–175.

Daum, Monika/ Deppe, Hans-Ulrich: Zwangssterilisation in Frankfurt am Main 1933–1945, Frankfurt a. M., New York 1991.

Diesterweg, Adolph: Vorschlaege die Errichtung einer Sonntagsschule fuer Handwerks-Lehrlinge und Gesellen in Frankfurt am Mayn betreffend, in: Ueber den Zweck und die Einrichtung guter Lehranstalten fuer Handwerker, Frankfurt a. M. 1817, S. 1–19.

Dietz, Alexander: Frankfurter Handelsgeschichte, Bd. 4, Teil 2, Glashütten/Ts. 1970 (Nachdruck).

Drummer, Heike: Friedrich Krebs – Nationalsozialistischer Oberbürgermeister in Frankfurt am Main. Rekonstruktion eines politischen Lebens, in: Hessisches Jahrbuch für Landesgeschichte 42 (1992), S. 219–253.

Ehrlich, Wilfried: Alte Oper – Neues Haus. Bericht über ein Frankfurter Ereignis, Stuttgart 1981.

Ernst, Heinrich: Geschichte des Technischen Vereins in Frankfurt am Main 1865–1895, Frankfurt a. M. 1895.

Estermann, Alfred: „Wo ich die Sache der Freiheit unterstützen kann…" Leopold Sonnemann, hrsg. von der Frankfurter Sparkasse, Frankfurt a. M. 1995.

Forstmann, Wilfried: Frankfurt am Main in Wilhelminischer Zeit 1866–1918, in: Frankfurt am Main. Die Geschichte der Stadt in neun Beiträgen, hrsg. von der Frankfurter Historischen Kommission, Sigmaringen 1991, S. 349–422.

Frankfurter Sparkasse von 1822 (Hrsg.): Bürgertugend – Bürgertat. 150 Jahre Frankfurter Sparkasse von 1822 Polytechnische Gesellschaft. Festvortrag und Grußworte in der Feierstunde am 12. Juni 1972, Frankfurt a. M. 1972.

Frevert, Ute: Ausdrucksformen bürgerlicher Öffentlichkeit – zwei Beispiele aus dem späten 18. Jahrhundert, in: Bürgerliche Gesellschaft in Deutschland. Historische Einblicke, Fragen, Perspektiven, Frankfurt a. M. 1990, S. 80–89.

Friedleben, Theodor: Entwurf zur Bildung einer Sonntagsschule fuer Handwerker, in: Ueber den Zweck und die Einrichtung guter Lehranstalten fuer Handwerker, Frankfurt a. M. 1817, S. 21–30.

Goethe, Johann Wolfgang von: Über Kunst und Altertum in den Rhein- und Main-Gegenden, hrsg. von August Verleger, Frankfurt a. M. 1942.

Grünewald, Bernd: Das Leben und das Gehirn der Honigbienen. Neue Forschungsansätze am Institut für Bienenkunde in Oberursel, in: Jahrbuch des Hochtaunuskreis 18 (2010), S. 30–33.

Hammerstein, Notker: Die Johann Wolfgang Goethe-Universität Frankfurt am Main. Von der Stiftungsuniversität zur staatlichen Hochschule, Bd. I: 1914 bis 1950, Neuwied, Frankfurt a. M. 1989.

Hansert, Andreas: Ein kulturelles Bürgerforum für Frankfurt. Streiflichter aus der Gründungs- und Frühgeschichte des Kuratoriums Kulturelles Frankfurt, in: 50 Jahre Kuratorium Kulturelles Frankfurt, hrsg. vom KKF, Frankfurt a. M. 2007, S. 4–22.

Hansert, Andreas: Bürgerkultur und Kulturpolitik in Frankfurt am Main. Eine historisch-soziologische Rekonstruktion, Frankfurt a. M. 1992 (Studien zur Frankfurter Geschichte, Bd. 33).

Hansert, Andreas: Der Mäzen und Stifter, in: Frankfurts demokratische Moderne und Leopold Sonnemann. Jude, Verleger, Politiker, Mäzen, hrsg. von Anna Schnädelbach, Michael Lenarz, Jürgen Steen, Frankfurt a. M. 2009, S. 167–177.

Heigl, Friedrich: Chronologie des Vorhabens, in: „Frankfurt leuchtet" Die Revitalisierung der Historischen Villa Metzler am Schaumainkai, hrsg. vom Kunstgewerbeverein, Frankfurt a. M. 2008, S. 40–43.

Hellwig, Hans-Jürgen: Kultur heute, in: 40 Jahre Kuratorium Kulturelles Frankfurt 1957–1997. Feierstunde in der Frankfurter Sparkasse am 11. April 1997, hrsg. vom Kuratorium Kulturelles Frankfurt e. V., Frankfurt a. M. 1997, S. 15–21.

Heuberger, Rachel/ Krohn, Helga: Hinaus aus dem Ghetto… Juden in Frankfurt am Main 1800–1950, Frankfurt a. M. 1988.

Hils, Evelyn: Johann Friedrich Christian Hess. Stadtbaumeister des Klassizismus in Frankfurt am Main von 1816–1845, Frankfurt a. M. 1988 (Studien zur Frankfurter Geschichte, Bd. 24).

Hoffmann, Hilmar: Das Frankfurter Museumsufer, Frankfurt a. M. 2009.

Kaltwasser, Inge: Häusliches Gesinde in der Freien Stadt Frankfurt am Main. Rechtsstellung, soziale Lage und Aspekte des sozialen Wandels 1815–1866, Frankfurt a. M. 1989 (Studien zur Frankfurter Geschichte, Bd. 26).

Kirchner, Anton: Ein Wort der Weihe, in: Reden und Berichte bei der Jahresversammlung der Frankfurtischen Gesellschaft zur Befoerderung nuetzlicher Kuenste und deren Hülfswissenschaften und der Einweihung des neuen Gesellschaftslokals am 8ten Januar 1823, Frankfurt a. M. 1823.

Klausmann, Christina: Politik und Kultur der Frauenbewegung im Kaiserreich. Das Beispiel Frankfurt am Main, Frankfurt a. M., New York 1997 (Geschichte und Geschlechter, Bd. 19).

Klötzer, Wolfgang: Frankfurt, das „Liberalennest". Eine Schwarze Liste aus dem Vormärz, in: Bibliothek – Buch – Geschichte. Kurt Köster zum 65. Geburtstag, hrsg. von Günther Pflug, Brita Eckert und Heinz Friesenhahn, Frankfurt a. M. 1977, S. 483–492.

Klötzer, Wolfgang: Frankfurt am Main von der Französischen Revolution bis zur preußischen Okkupation 1789–1866, in: Frankfurt am Main. Die Geschichte der Stadt in neun Beiträgen, hrsg. von der Frankfurter Historischen Kommission, Sigmaringen 1991, S. 303–348.

Klötzer, Wolfgang: 25 Jahre KKF, in: 25 Jahre Kuratorium Kulturelles Frankfurt 1957–1982, hrsg. vom Kuratorium Kulturelles Frankfurt, Frankfurt a. M. 1982, S. 17–26.

Klötzer, Wolfgang: Die „Polytechnische" und ihre Töchter. Vortrag in der Polytechnischen Gesellschaft am 11. Februar 2003, Frankfurt a. M. 2003.

Klötzer, Wolfgang: Sammelfreude, Stiftergeist und Museumskultur, in: 125 Jahre Kunstgewerbeverein in Frankfurt am Main e. V. Festschrift, hrsg. vom Kunstgewerbeverein, Frankfurt a. M. 2002, S. 3–15.

Klötzer, Wolfgang: An Stelle eines Nekrologs. Herrn Professor Dr. Franz Lerner zum 90. Geburtstag, in: AFGK 63 (1997), S. 567–572.

Koch, Rainer: Deutsche Geschichte 1815–1848. Restauration oder Vormärz?, Stuttgart, Berlin, Köln, Mainz 1985.

Koch, Rainer (Hrsg.): Die Frankfurter Nationalversammlung 1848/49. Ein Handlexikon der Abgeordneten der deutschen verfassunggebenden Reichs-Versammlung, Kelkheim 1989.

Koch, Rainer (Hrsg.): Alte Ordnung – neuer Geist. Die Entstehung der Polytechnischen Gesellschaft vor 175 Jahren, Frankfurt a. M. 1991.

Koeniger, Nikolaus: Institut für Bienenkunde der Polytechnischen Gesellschaft am Fachbereich Biologie der J. W. Goethe-Universität Frankfurt am Main, hrsg. von der Frankfurter Sparkasse, Frankfurt a. M. 1991.

Koeniger, Nikolaus: 70 Jahre Institut für Bienenkunde in Oberursel (Polytechnische Gesellschaft), in: Jahrbuch Hochtaunuskreis 16 (2008), S. 201–203.

Kopitzsch, Franklin: 200 Jahre Bürgertugend und gemeinnütziges Streben, in: 200 Jahre Beständigkeit und Wandel bürgerlichen Gemeinsinns. Gesellschaft zur Beförderung gemeinnütziger Tätigkeit in Lübeck 1789–1989, hrsg. von der Gesellschaft zur Beförderung gemeinnütziger Tätigkeit in Lübeck, Lübeck 1988, S. 8–20.

Kopp, Manfred: Flieger ohne Flügel. Durchgangslager (Luft) und Auswertestelle (West) 1939–1945, in: Jahrbuch des Hochtaunuskreis 17 (2009), S. 254–269.

Kopp, Manfred: Wiedervorzulegen nach dem Kriege. Vom „Haus am Wald" zum Siedlungshof (1933–1942), in: Jahrbuch des Hochtaunuskreis 16 (2008), S. 189–200.

Kopp, Manfred: Im Labyrinth der Schuld. US Army Interrogation Center in Oberursel 1945–1962, in: Jahrbuch des Hochtaunuskreis 18 (2010), S. 232–244.

Köster, Albert (Hrsg.): Die Briefe der Frau Rat Goethe, Leipzig 1968.

Kramer, Waldemar: Chronik der Senckenbergischen Naturforschenden Gesellschaft 1817–1966, Frankfurt a. M. 1967.

Kramer, Waldemar (Hrsg.): Frankfurt-Chronik, Frankfurt a. M. 1987³.

Kunstgewerbeverein, Mitteldeutscher (Hrsg.): Festschrift zur Feier des 25jaehrigen Bestehens 25. März 1902, Frankfurt a. M. 1902.

Lagler, Wilfried: Johann Heinrich Moritz Poppe. Von der Mathematik zur Technologie, in: Adolph Diesterweg. Wissen im Aufbruch, hrsg. von der Universität-Gesamthochschule-Siegen, Siegen 1990, S. 113–116.

Lauf, Friedrich: Im Zeichen des Bienenkorbes. Chronik der Frankfurter Sparkasse von 1822 (Polytechnische Gesellschaft) 1822–1981, Frankfurt a. M. 1984.

Lerner, Franz: Bienen und Bienenkorb als Emblem, in: Bienenmuseum und Geschichte der Bienenzucht. Internationales Symposium über Bienenwirtschaft, Freiburg 16.–18. August 1977, Bukarest 1979, S. 165–184.

Lerner, Franz: Bürgersinn und Bürgertat. Geschichte der Frankfurter Polytechnischen Gesellschaft 1816–1966, hrsg. von der Polytechnischen Gesellschaft e. V., Frankfurt a. M. 1966.

Lerner, Franz: Die Neue Mainzer Straße im Wandel der Zeiten. Erinnerungen und Ausblicke in Verbindung mit der Geschichte der Frankfurter Sparkasse von 1822 (Polytechnische Gesellschaft), Frankfurt a. M. 1956.

Lerner, Franz: Ein Werk beständigen Gemeinsinns. Der Kunstgewerbeverein zu Frankfurt am Main und sein Museum, in: Annaliese Ohm, Horst Reber (Hrsg.), Festschrift für Peter Wilhelm Meister zum 65. Geburtstag am 16. Mai 1974, Hamburg 1975, S. 283–288.

Maly, Karl: Die Macht der Honoratioren. Geschichte der Frankfurter Stadtverordnetenversammlung, Band I: 1867–1900, Frankfurt a. M. 1992 (Veröffentlichungen der Frankfurter Historischen Kommission, XVIII/1).

Meyer, Petra: Stiftung Blindenanstalt Frankfurt a. M. (Polytechnische Gesellschaft) 1837–1987, hrsg. von der Stiftung Blindenanstalt, Frankfurt a. M. 1987.

Müller, Bruno: Stiftungen in Frankfurt am Main. Geschichte und Wirkung, neu bearbeitet und fortgesetzt von Hans-Otto Schembs, Frankfurt a. M. 2006 (Mäzene, Stifter, Stadtkultur. Schriften der Frankfurter Bürgerstiftung und der Ernst Max von Grunelius-Stiftung, Bd. 7).

Müller, Helmut M.: Schlaglichter der deutschen Geschichte, Mannheim 1996³.

Müller, Winfried: Die Aufklärung, München 2002 (Enzyklopädie Deutscher Geschichte, Bd. 61).

Müller-Raemisch, Hans-Reiner: Frankfurt am Main. Stadtentwicklung und Planungsgeschichte seit 1945, Frankfurt a. M., New York 1998.

Oelsner, L.: Historischer Ueberblick über die Bestrebungen der Gesellschaft, in: Neujahrsblatt des Frankfurter Vereins für Geschichte und Altertumskunde (1879), S. 5–21.

Oven, Emil von: Festvortrag, in: Feier des fünfzigjährigen Jubiläums des Vereins zum Wohl der dienenden Klasse am 22. November 1885, Frankfurt a. M. 1886, S. 6–11.

Oven, Emil von: Gesellschaft zur Befoerderung nützlicher Künste und deren Hülfs-Wissenschaften (Polytechnische Gesellschaft), in: Frankfurt am Main in seinen hygienischen Verhaeltnissen und Einrichtungen, red. von Alexander Spiess, Frankfurt a. M. 1881, S. 457–468.

Picard, Tobias: „Bürger-Kapital für Bürger-Erziehung" – Die Frankfurter öffentlichen Schulen 1790–1824, in: AFGK 64 (1998), S. 9–97.

Polytechnische Gesellschaft (Hrsg.): „Aus der Tradition in die Zukunft" Die Polytechnische Gesellschaft und ihre Tochterinstitute, Frankfurt a. M. 1988.

Poppe, Johann Heinrich Moritz: Autobiographie, in: Gallerie berühmter und merkwürdiger Frankfurter. Eine biographische Sammlung, hrsg. von Eduard Heyden, Frankfurt a. M. 1850, S. 244–253.

Poppe, Johann Heinrich Moritz: Deutschland auf der hoechst moeglichen Stufe seines Kunstfleißes und seiner Industrie ueberhaupt. Vorschlaege, Wuensche und Hoffnungen zur Vermehrung des deutschen Wohlstandes, Frankfurt a. M. 1816.

Pressestelle der Stadt Frankfurt: Zwei Jahre Aufbauarbeit in Frankfurt am Main. Was hat die Stadtverwaltung geleistet?, Frankfurt a. M. 1948.

Rebentisch, Dieter: Frankfurt am Main in der Weimarer Republik und im Dritten Reich 1918–1945, in: Frankfurt am Main. Die Geschichte der Stadt in neun Beiträgen, hrsg. von der Frankfurter Historischen Kommission, Sigmaringen 1991, S. 423–519.

Reed, Terence James: Mehr Licht in Deutschland. Eine kleine Geschichte der Aufklärung, München 2009.

Roth, Ralf: Liberalismus in Frankfurt am Main 1814–1914. Probleme seiner Strukturgeschichte, in: Liberalismus und Region. Zur Geschichte des deutschen Liberalismus im 19. Jahrhundert, hrsg. von Lothar Gall und Dieter Langewiesche, München 1995, S. 41–85.

Roth, Ralf: Stadt und Bürgertum in Frankfurt am Main. Ein besonderer Weg von der ständischen zur modernen Bürgergesellschaft 1760–1914, München 1996 (Stadt und Bürgertum, Bd. 7).

Roth, Ralf: Das Vereinswesen in Frankfurt am Main als Beispiel einer nichtstaatlichen Bildungsstruktur, in: AFGK 64 (1998), S. 143–210.

Rudersdorf, Walter: Hundert Jahre Wöhlerschule 1870–1970, Frankfurt a. M. 1970.

Ruttner, Friedrich: Institut für Bienenkunde (Polytechnische Gesellschaft) der Johann Wolfgang Goethe-Universität Frankfurt am Main. Werdegang und Aufgabenbereich, hrsg. von der Frankfurter Sparkasse von 1822, Frankfurt a. M. 1977.

Schambach, Sigrid: Aus der Gegenwart die Zukunft gewinnen. Die Geschichte der Patriotischen Gesellschaft von 1765, hrsg. von der Patriotischen Gesellschaft von 1765, Hamburg 2004.

Schild, Wilhelm: Die Feier des fünfzigjährigen Bestehens der Blinden-Anstalt zu Frankfurt am Main am 11. Mai 1887. Ein Erinnerungsblatt, Frankfurt a. M. 1887.

Schlotzhauer, Inge: „Begeisterung durch die Zeitereignisse" Frankfurt am Main 1813–1818, in: Adolph Diesterweg. Wissen im Aufbruch, hrsg. von der Universität-Gesamthochschule-Siegen, Siegen 1990, S. 98–104.

Schneider, Ulrich: Vom Barock zum Bauhaus – Die Gesellschafts- und Epochenräume der Historischen Villa Metzler des Museums für Angewandte Kunst Frankfurt, in: „Frankfurt leuchtet" Die Revitalisierung der Historischen Villa Metzler am Schaumainkai, hrsg. vom Kunstgewerbeverein, Frankfurt a. M. 2008, S. 24–29.

Schwemer, Richard: Geschichte der Freien Stadt Frankfurt a. M. (1814–1866), Bd. 2, Frankfurt a. M. 1912.

Seubert, Rolf: Freie Sonntagsschule für Handwerker. Die Anfänge der gewerblichen Bildung, in: Adolph Diesterweg. Wissen im Aufbruch, hrsg. von der Universität-Gesamthochschule-Siegen, Siegen 1990, S. 117–126.

Steen, Jürgen: „Welche Wehmut beim Abschied..." Die fünf Jahre an der Musterschule, in: Adolph Diesterweg. Wissen im Aufbruch, hrsg. von der Universität-Gesamthochschule-Siegen, Siegen 1990, S. 135–141.

Stender, Detlef: Das Kühlschrank-Syndrom. Zur Kulturgeschichte des Kühlschranks, in: „Das Paradies kommt wieder..." Zur Kulturgeschichte und Ökologie von Herd, Kühlschrank und Waschmaschine, hrsg. vom Museum der Arbeit, Hamburg 1993, S. 82–99.

Sternberger, Dolf: Über den Bürgersinn. Festvortrag anläßlich des hundertfünfzigjährigen Bestehens der Polytechnischen Gesellschaft am 24. November 1966, Frankfurt a. M. 1966.

Stiftung Blindenanstalt (Red.): Stiftung Blindenanstalt Frankfurt a. M. (Polytechnische Gesellschaft), Frankfurt a. M. 1990.

Teich, Mikulas: Bier, Wissenschaft und Wirtschaft in Deutschland 1800–1914. Ein Beitrag zur deutschen Industrialisierungsgeschichte, Wien, Köln, Weimar 2000.

Trurnit, Hanno: Und man sieht nur die im Lichte. Die Geschichte von Gas und Strom, Wärme und Wasser in Frankfurt und der Region, hrsg. von der Mainova AG, Frankfurt a. M. 2004.

Tüffers, Bettina: Der braune Magistrat. Personalstruktur und Machtverhältnisse in der Frankfurter Stadtregierung 1933–1945, Frankfurt a. M. 2004 (Studien zur Frankfurter Geschichte, Bd. 54).

Veith, G.: Biographie Wöhler's, in: Einladungsschrift zu der am 5. April 1871 stattfindenden öffentlichen Prüfung der Wöhlerschule, Frankfurt a. M. 1871, S. 3–14.

Wachsmuth, Richard: Die Gründung der Universität Frankfurt, Frankfurt a. M. 1929.

Weber, Matthias: Die Kontinentalsperre und ihr Einfluss auf die Frankfurter Handelswelt, in: „Dem Flor der hiesigen Handlung" 200 Jahre Industrie- und Handelskammer Frankfurt am Main, hrsg. von Werner Plumpe und Dieter Rebentisch, Frankfurt a. M. 2008, S. 66–72.

Wiedow, Alexander: Gedenk-Blatt zur Feier des 75-jährigen Bestehens der Frankfurter Blindenanstalt am 17.-18. Mai 1912, Frankfurt a. M. 1912.

Wolf, Siegbert: Liberalismus in Frankfurt am Main. Vom Ende der Freien Stadt bis zum Ersten Weltkrieg (1866–1914), Frankfurt a. M. 1987 (Studien zur Frankfurter Geschichte, Bd. 23).

Wüst, Heinrich Theodor: Frankfurt am Main und die „Polytechnische", hrsg. von der GBnKH und der Frankfurter Sparkasse von 1822, Frankfurt a. M. 1937.

Zibell, Stephanie: Der Gauleiter Jakob Sprenger und sein Streben nach staatlicher Macht im Gau Hessen-Nassau, in: Zeitschrift für Geschichtswissenschaft 5 (2001), S. 389–408.

Abkürzungen

AFGK	Archiv für Frankfurts Geschichte und Kunst
APTG	Archiv der Polytechnischen Gesellschaft
DPTG	Depositum der Polytechnischen Gesellschaft im ISG
FAZ	Frankfurter Allgemeine Zeitung
FNP	Frankfurter Neue Presse
FR	Frankfurter Rundschau
FSBS	Frankfurter Stiftung für Blinde und Sehbehinderte
GB	Geschäftsbericht
GBnKH	Gesellschaft zur Beförderung der nützlichen Künste und deren Hülfswissenschaften
ISG	Institut für Stadtgeschichte, Frankfurt a. M.
JB	Jahresbericht der GBnKH
KGV	Kunstgewerbeverein
KKF	Kuratorium Kulturelles Frankfurt
MA	Magistratsakten (ISG)
PTG	Polytechnische Gesellschaft
SBA	Stiftung Blindenanstalt Frankfurt am Main
SPTG	Stiftung Polytechnische Gesellschaft Frankfurt am Main
TB	Tätigkeitsbericht

Bildquellennachweis

Frankfurter Neue Presse (Archiv) 181, 195, 197, 201, 203
Frankfurter Sparkasse 92
Frankfurter Stiftung für Blinde und Sehbehinderte (Polytechnische Gesellschaft) 107, 152, 193
Hessisches Hauptstaatsarchiv, Wiesbaden 125
Historisches Museum Frankfurt a. M. 15, 16, 31, 38, 43, 47, 50 (li.), 56, 59, 69, 80, 101, 106, 163
Institut für Bienenkunde (Polytechnische Gesellschaft) 189
Institut für Stadtgeschichte Frankfurt a. M. 21, 35, 46, 48, 50 (re.), 52, 63, 65, 66, 73, 79, 81, 84, 86, 88, 89, 96-99, 103, 113, 117, 118, 123, 127, 130, 132, 133, 136, 137, 140, 144, 149, 157, 171, 174, 175, 178, 183, 184, 187, 188, 210
Kopp, Manfred 135
Koeniger, Nikolaus 191
Kramer, Henriette 180
Museum für Angewandte Kunst, Frankfurt a. M. (Foto: Uwe Dettmar) 85
Polytechnische Gesellschaft e. V. 13, 26, 27, 41, 83, 93, 104, 105, 108, 115, 119, 128, 151, 153-156, 159, 167, 176, 185, 196, 209, 211, 215, 217, 219, 221-223, 225, 227-229, 232, 235, 236, 238, 239, 241, 242
Reiss-Engelhorn-Museen, Mannheim (Foto: Jean Christen) 29
Schöler, Michaela 39, 111, 134, 142, 146, 147, 160, 161, 165, 169, 179
Städel Museum, Frankfurt a. M. (Foto: Ursula Edelmann/ARTOTHEK) 164
Universität- und Landesbibliothek Darmstadt 12

Danksagung

Das vorliegende Buch ist keine Einzelleistung. Fast alle Mitarbeiter der Polytechnischen Gesellschaft und der gleichnamigen Stiftung haben auf irgendeine Weise an der Entstehung mitgewirkt. Bei der „Tour de Polytechnique" durch die sieben Tochterinstitute wurde ich von den Vorständen mit offenen Armen aufgenommen und bei den Recherchen unterstützt. Die Leiterin der Geschäftsstelle des Kunstgewerbevereins, Dr. Jasmin Behrouzi-Rühl, gab Hinweise auf versteckte Quellen zur Geschichte des „KGV", Dr. Bernhard Schanz öffnete im Kuratorium Kulturelles Frankfurt viele Türen und der frühere langjährige Direktor des Historischen Museums Frankfurt, Prof. Dr. Rainer Koch, unterzog den Zeitraum der „Freien Stadt" einer kritischen Prüfung. Bislang verschollen geglaubte Dokumente kamen bei der Akteneinlagerung Weilhammer GmbH in Messel wohlbehalten zutage. Der Archivar der „Frankfurter Neuen Presse", Hans Peter Dieterich, ermöglichte den Zugang zu neueren Pressefotos.

Im Institut für Stadtgeschichte gewährte die Leitende Direktorin und Polytechnikerin, Dr. Evelyn Brockhoff, unbürokratisch Zugriff auf das dort archivierte Depositum der Polytechnischen Gesellschaft. Der Institutsmitarbeiter und Kenner der Frankfurter Geschichte im Nationalsozialismus, Lutz Becht, lenkte die Aufmerksamkeit auf den Fall „Avieny". Die angehende Germanistin Franziska Vorhagen stellte die Register zusammen. Die Fotografen Ursula Seitz-Gray, Michael Schmidt (ISG) und Horst Ziegenfusz (HMF) steuerten die Abbildungsvorlagen bei. Die Münchner Oberstudienrätin Astrid Auktor und Dr. Anja Johann gaben dem Text den letzten Schliff. Dr. Henriette Kramer vom Verlag Waldemar Kramer hat aus dem vorgelegten Text- und Bildmaterial ein schönes Buch gemacht. Ihnen allen und ganz besonders meiner Lebensgefährtin Sabine Butz danke ich.

Frankfurt am Main, im August 2010
Thomas Bauer

Der Autor

Dr. Thomas Bauer, geb. 1961, hat als freiberuflicher Historiker zahlreiche Bücher und Ausstellungen zur Frankfurter Stadtgeschichte publiziert und kuratiert. Die Geschichte des Stiftungswesens in der Bürgerstadt bildet einen Schwerpunkt seiner Studien. Bauer ist Mitglied der Frankfurter Historischen Kommission und gehört dem Wissenschaftlichen Beirat der Gesellschaft für Frankfurter Geschichte e. V. an.

Personenregister

Adamson, Glenn 239,
Adickes, Franz 70, 95, 110
Albert, Dieter 201, 203
Albert, Johann Valentin 22, 24, 29, 30, 42
Andreae, Albert 85
Andreae-Winkler, Philipp Bernhard 72
Aristoteles 168
Arndt, Paul 95
Arndt, Rudi 169, 170, 173, 175
Arnold, Karl Heinz 195
Auer, Gisela von 223
Augusta, Kaiserin 78
Avieny, Wilhelm 115, 116, 118, 120, 121, 122, 125, 128, 129, 141

Bartholomäi, Reinhart Chr. 228
Bartsch, Wolfgang 170
Bary, August de 142
Bauer, Dieter Josef 195, 196
Baums, Theodor 230
Beck, Herbert 212, 215
Becker, Carl 85
Becker, Christian 241
Becker, Hans Dietrich 207, 211, 231
Becker, Heinrich 103, 243
Becker, Johannes 165
Becker, Philipp 119
Beckmann, Johann 13
Beddies, Oliver 222
Beeh-Lustenberger, Suzanne 165
Beil, Adam 39
Benzheim, Jacob 50, 51
Berg, Alban 177
Berg, Günther W. 180
Berndt, Dieter 171, 172
Berwald, Franz 179, 180
Bethmann, Hugo von 85
Bethmann, Simon Moritz von 25, 36, 44, 45
Beuys, Joseph 195
Blaum, Kurt 142, 143, 144, 145, 155, 156, 165, 166, 181, 187, 243
Bloch, Wilhelm 149, 173
Bluntschli, Friedrich 82,
Bockelmann, Werner 148, 165
Bonaparte, Napoleon 14, 15, 17, 22, 57
Börne, Ludwig 49
Borsche, Arnulf 165, 196, 197
Bouassam, Abdelkarim 218
Boulle, André Charles 240
Brahms, Johannes 177
Braille, Louis 87, 229
Brentano-Laroche, Georg 25, 40, 41, 44
Brey, Dominik 225
Brockhoff, Evelyn 228
Brumm, Eugen 126
Brundert, Willi 167, 172, 173
Brüning, Adolf 79
Brüning, Clara von 85
Buchberger, Hubert 237
Buderus, Georg F. 36, 37
Burkard, Karl 109
Burnitz, Heinrich 64, 70, 79

Carl, August 88
Cissarz, Johann Vinzenz 105
Clarus, Georg Wilhelm 22, 39
Conrad, Carl 75
Cretzschmar, Philipp Jakob 22, 27

Dalberg, Carl Theodor von 13, 14, 15, 16, 17, 23, 35, 41
Dechamps, Bruno 183
Delavilla, Franz Karl 128
Denant, Johann Franz 11
Derlam, Wilhelm 143
Diehl, Carl 76, 243
Dieke, Gerold 211, 212
Diesterweg, Adolph 22, 24, 30, 32, 33, 222
Dietz, Fritz 159, 170, 180
Dinkler, Julia 225
Donner von Richter, Otto 241
Döring, Philipp Jakob 35, 36
Dörnemann, Karl 125
Drais, Karl von 28, 29
Dünnbeil, Karl 115

Eckardt, Karl 125
Eichstaedt, Andreas 228
Eimer, Wolfgang 226
Elsas, Christian 177
Emge, Emil 142, 149, 155, 162
Endress, Uta 219
Ernst, Heinrich 72
Esch, Franz-Josef 198, 231
Eyssen, Ferdinand 66
Felden, Hans-Wilhelm 192
Fellner, Carl 69
Finck, Georg Daniel 11
Fischer, Dirk 218
Flegel, Georg 45
Flesch, Karl 91
Flesch-Thebesius, Max 143, 157, 158
Flinsch, Rudolf 131
Flinsch, Wilhelm 102
Foddi, Frank 220
Franz II. 14
Freudenthal, Berthold 110
Frevert, Nicolas 225
Friedeburg, Ludwig von 175
Friedleben, Theodor 22, 32
Friedrich Wilhelm IV. 61
Frisch, Karl von 190
Fuchs, Peter 136, 139

Gamer, Hermann 135, 141, 243
Gebb, Heinrich 131
Gehrke, Hans-Joachim 219
Geiler, Karl 143
Genzmer, Erich 186
Gerdon, Peter 231
Gerdum, Christian Daniel 42
Gerhardt, Ernst 175, 186, 203
Giersberg, Hermann 130, 136
Giersch, Carlo 213
Glaeser, Gotthelf Leberecht 41
Göbel, Johann Philipp 44
Goebbels, Joseph 121, 137
Goethe, Johann Wolfgang von 18, 24, 26, 45, 180
Goldschmidt, Selig 85
Gontard, Moritz 78
Gontarski, Helene 139
Gontarski, Hugo 130, 136, 153, 154
Göring, Hans 200, 203
Gorldt, Norbert 230
Goßmann, Andreas 202, 203, 207
Goßmann, Dieterich 85
Gräf, Eduard 107
Gräf, Georg Friedrich 34
Grasemann, Paul 132
Grünewald, Bernd 234
Grüntker, Herbert-Hans 236
Günderrode, Friedrich Maximilian von 11
Günther, Ferdinand 79

Haas, Mens 13
Haeßler, Helmut 115
Hahn, Christian 32
Hahn, Volker 230
Hallgarten, Charles 85
Händel, Georg Friedrich 169
Harnier, Eduard von 89, 91
Hartl, Tabea 225
Hartung, Detlef 191, 192, 196
Hasselhorst, Heinrich 69
Hausmann, Friedrich 83, 101
Haverkampf, Hans-Erhard 175, 183
Haydn, Joseph 199
Heigl, Friedrich 228, 237, 239, 242
Heinecke, Andreas 192, 194
Heister, Catharina 89
Heister, Jonas Heinrich 88, 89
Hellwig, Hans-Jürgen 183, 186, 187, 197, 198, 199, 200, 201, 203, 204, 205, 206, 207, 243
Hemmerich, Roland 207
Hemzal, Horst 204
Herrfeldt, Johann 46
Hess, Johann Friedrich Christian 22, 44, 80
Hetzer, Fritz 103, 115, 116, 142, 149
Heun, David 218
Hickmann, Fritz 56
Hildebrand, Hermann Heinrich 34, 35, 36, 44, 45, 52
Hitler, Adolf 113, 119, 127, 132, 137
Hoffmann, Hilmar 175, 182, 183, 184, 198
Hoheisel, Hans-Peter 165
Hohenzollern, Karl Anton zu 78
Hollbach, Wilhelm 141, 145
Holze, Guido 199
Hoven, Franz von 96, 97

Igersheimer, Josef 131

Jassoy, Louis Daniel 25
Jerger, Artur 206
Johann, Erzherzog von Österreich 60, 61
Jucho, Friedrich Siegmund 56, 57, 58, 59, 60

Kaehlbrandt, Roland 211, 212, 213, 215, 218, 222, 224
Kamek, Seniye 217
Kampffmeyer, Hans 171, 172, 173
Kant, Immanuel 14
Kapallo, Armin 193
Kapitzki, Herbert W. 175
Karry, Heinz Herbert 170
Kellner, Carl Wilhelm 72
Kerber, Fritz 116
Kestner, Theodor 22, 23, 24, 34, 243
Kiesow, Gottfried 182
Kirchner, Anton 42, 43
Klement, Adam 88
Klimsch, Eugen 79
Kloß, Johann Jakob Konrad 59
Knapp, Walther 125
Knoblauch, Johann Christian Carl 52, 53
Koch, Roland 199
Koeniger, Gudrun 190
Koeniger, Nikolaus 188, 189, 190, 191, 233
Köhler, Horst 240
Köhler, Johann Ludwig 35, 43
Kohlhaas, Ellen 179
Kolb, Walter 145, 148
König, Johann Philipp 53
Kosel, Ludwig 52, 53
Krahn, Johannes 155
Kramer, Eberhard 206
Kramer, Henriette 198, 207, 211, 212, 215, 228, 242
Kranzbühler, Max 125
Krebs, Friedrich 114, 117, 119, 120, 129, 141
Kreyssig, Friedrich 73, 74
Krommer, Johann-Peter 211, 212, 213, 215, 224, 228, 242
Kühr, Tina 217

Labes, Philipp 243
Landgraf, Julian 225
Landmann, Ludwig 114, 117
Lehmann, Friedrich Wilhelm 141, 142, 144, 243
Lerner, Franz 128, 168
Lettkemann, Danny 217
Ley, Robert 129
Liebert, Max 100, 102
Lindauer, Martin 154, 185
Linder, Karl 125
Locke, John 14
Lönholdt, Wilhelm 74
Lotichius, Alfred 122, 130, 131, 142, 144, 151
Lüben, Brigitte 220
Luthmer, Ferdinand 82, 83, 103
Lütteke, Robert 198, 230

Mack, Ferdinand Wilhelm 45, 55
Mack, Gustav 75
Manskopff, Friederike 53
Mantel, Gerhard 178, 179
Markl, Hubert 233, 234
Matisse, Henri 165
Matthiae, Friedrich Christian 22
Matti, Alexander 86, 243
Mehlfeldt, Werner 192
Meidinger, Valentin 58
Meier, Richard 183, 184, 237
Meier-Ude, Klaus 184, 187
Meister, Peter 173, 174, 181
Merian, Maria Sibylla 45
Merton, Wilhelm 95
Messing, Catharine 37
Metternich, Klemens Wenzel von 44, 45, 57, 58
Metzler, Friedrich von 239
Metzler, Jakob 64
Metzler, Wilhelm 78, 86, 87
Meyer-Hermann, Andreas 178
Milani, Carl Anton 78, 79, 84
Miltenberg, Wilhelm Adolph 24, 29, 30, 34, 243
Miquel, Johannes 70
Miró, Joan 164
Morgenstern, Johann Friedrich 46
Moxter, Wilhelm 169, 173, 183, 201, 203
Mozart, Wolfgang Amadeus von 178, 179
Müller, Bruno 116, 117, 118, 121, 122, 124, 141, 142, 155
Müller, Carl 116, 134
Müller, Karlheinz 166, 167, 186, 243
Müller, Welf 212
Mumm von Schwarzenstein, Daniel Heinrich 70, 78, 79
Mumm von Schwarzenstein, Hermann 87
Mylius, Carl Jonas 82
Mylius, Johann Jakob 36, 37

Nagler, Carl Ferdinand Friedrich von 56
Nahrgang, Marlene 226
Nazarenus, Erich 169, 170, 173
Neeff, Christian Ernst 27
Neuburg, Johann Georg 22, 23, 27

Ohm, Annaliese 182, 185
Oven, Emil von 64, 65, 71, 80, 82, 243

Pachten, Ferdinand 106, 117, 122, 124
Passavant, Friedrich Ernst 64, 65, 66, 67, 71, 243
Pestalozzi, Johann Heinrich 32
Peters, Andreas 36
Petry, Georg 158
Pfefferkorn, Rudolph 72
Pfreundschuh, Erika 212, 215, 231
Poppe, Adolf 62, 73
Poppe, Johann Heinrich Moritz 12, 13, 14, 15, 16, 18, 19, 20, 22, 23, 24, 28, 32, 33, 34, 243
Prechtl, Johann Josef 29, 30

Quensen, Harald 207

Radl, Anton 15, 44
Rahman, Serkan 218
Ratgeb, Jörg 240
Rath, Karl vom 173
Ravel, Maurice 199
Ravenstein, August 54
Reinganum, Maximilian 49, 57, 58, 59, 60
Reinwein, Jörg 240
Resch, Hans-Dieter 178, 179, 236
Reuß, Johann Wilhelm 27
Riebsamen, Hans 224
Rietschel, Peter 130, 135
Ring, Klaus 205, 206, 207, 208, 209, 211, 212, 215, 224, 226, 228, 236, 241, 242, 243
Rinz, Sebastian 16, 25
Roepe, Fritz 130
Roessler, Fritz 117, 122
Roth, Petra 200, 201, 204, 211, 239
Rothschild, Hannah Louise von 95
Rothschild, Mathilde von 84
Rothschild, Nathan Mayer 96
Rothschild,Wilhelm Carl von 95
Rotschild, Amschel Mayer von 50
Rousseau, Jean Jacques 168
Rudolph, Axel 194
Rumpf, Friedrich 38
Ruttner, Friedrich 154, 185, 187, 188, 189, 190

Sack, Manfred 183
Sauerbruch, Ferdinand 128
Sauerländer, Coelestine 76
Sauerländer, Johann David (Buchdrucker) 25, 37, 41, 42, 45, 51, 243
Sauerländer, Johann David (Rechtsanwalt) 67, 70, 71, 73, 75, 76, 77, 78, 79, 80
Sauerländer, Remigius 72
Schädlich, Hans-Joachim 221
Schanz, Bernhard 240
Schiele, Simon 70
Schiller, Friedrich von 58
Schlüter, Peter Wilhelm 207, 228
Schmidt-Knatz, Franz 167, 172, 177, 178, 185, 186, 187, 196, 198, 203, 243
Schmieden, Viktor 123, 124, 128, 129, 130, 243
Schneider, Otto 115, 116, 121
Schneider, Ulrich 237, 238
Schönbein, Hans 115
Schrader, Gustav 91, 243
Schubert, Franz 177, 179, 199
Schultze, Hermann 155
Schumann, Ulrich Maximilian 240
Schütz, Christian Georg 45
Schwarzkopf, Joachim 182, 183
Seelig, Friedrich Jacob 116, 121, 125, 134
Semper, Gottfried 76
Senckenberg, Johann Christian 25
Serviere, Joseph 11, 12, 13, 18, 19, 22, 23
Sibert, Edwin L. 139
Sichel, Juda Samuel 50
Sommer, Oskar 81
Sonnemann, Leopold 67, 70, 79, 85
Sorgenfrei, Paul 196, 197, 198
Souchay, Franz Eduard 37, 46, 61, 62, 64, 70, 243
Speer, Albert 182
Sprenger, Jakob 115, 119, 120, 121, 122, 123, 124, 125, 127, 129, 135, 141
Staniek, Eduard 83
Stein, Heinrich Friedrich Carl vom und zum 17, 25
Stein, Herbert 117
Steinberg, Rudolf 228
Steininger, Fritz F. 199
Sternberger, Dolf 168
Stoodt, Dieter 169
Strassen, Otto zur 130
Strawinsky, Igor 179, 180
Stubenvoll, Hans 173, 174, 175
Stüve, Jürgen 204, 205

Takev, Georgi 241
Thilo, Ludwig 34, 35, 36, 243
Thürwächter, Anselm 170
Trenkwald, Hermann von 86, 87, 98, 99

Uhsadel, Katharina 218
Ulrich, Christian Friedrich 22, 30, 31
Ursinus, Oskar 114, 115

Valkenburg, Martin van 45
Ventadour, Jean Nicolas 59
Viemeier, Otto L. 127
Vogel, Carl 75
Vogt, Emil 116, 124
Voigt, Georg 104
Vollrath, Eduard 111, 117, 142, 144
Voltaire 14

Wachsmuth, Richard 110, 111, 114, 116, 117, 120, 121, 122, 124, 131, 243
Wächter, Klaus 201, 202, 203, 205
Wallmann, Walter 175, 176, 177, 180, 182, 183
Weber, Gerhard 157
Weber, Hans 170
Wehner, Anton 54
Weigmann, Günther 161, 162, 169, 178, 179, 180
Weiss-Bolland, Harald 200
Weizsäcker, Richard von 183

Wendelstadt, Karl Friedrich 45
Wetzel, Johann Martin 58

Weydt-Varrentrapp, Philipp 94
Weyrauch, Fritz 117
Wieandt, Paul 205, 208, 212
Wilck, Johann Carl 16
Wilhelm I. 70, 78
Wilhelm II. 95
Wilhelm IX. 40
Willemer, Marianne von 18
Windmöller, Rolf 228
Wisser, August 117, 125
Wöhler, August Anton 34, 35, 36, 40, 41, 42, 43, 46, 51, 52, 54, 55, 58, 61, 73, 187, 233, 243
Wöhler, Friedrich 41
Wölfling, Klaus 229
Wörner, Karl 131, 138, 151
Wülker, Gerhard 130
Wüst, Heinrich Theodor 113

Orts- und Sachregister

1822-Stiftung 202

Aargau 35
Adlerflychtstraße 74, 75, 89, 90, 106, 107, 108, 130, 131, 138, 151, 192, 193, 194, 197, 230, 231
Akademie für Sozial- und Handelswissenschaften 95, 110
Aktiengesellschaft 202, 203, 207, 208, 209
Aktion Mensch 198
Aktionsgemeinschaft Opernhaus 170, 179
Alzey 139
Allerheiligentor 36, 69
Allgemeiner Deutscher Frauenverein 76
Allgemeines Kriegsfolgengesetz 150
Alte Mainzer Gasse 11, 64
Alte Oper/ Opernhaus 81, 156, 157, 158, 159, 163, 168, 170, 179, 180, 181, 199
Altstadt, Frankfurter 137, 172
Anlagenring 16, 81
Antisemitismus 121
Arbeitslosigkeit 105, 109, 110, 147, 196
Arbeitsvermittlung 64, 91, 126
Architekten-und Ingenieurverein 78
Armenhilfe 88
Aufklärung 13, 14, 22, 28, 216

Bad Homburg 53, 141, 219
Bad Kreuznach 139
Bad Orb 222
Bad Vilbel 236, 240
Bank deutscher Länder 145, 148
Bankenaufsicht (Bafin) 203, 209
Bankhaus M.A. Rothschild & Söhne 50, 96
Barfüßerkloster 22, 41
Bau- und Siedlungs-Ausstellung 129
Befreiungskriege 26, 57
Bergen-Enkheim 217
Bergzabern 120
Berlin 20, 41, 59, 62, 77, 78, 79, 82, 114, 117, 128, 137, 195, 234
Bertelsmann-Stiftung 213
Berufsschulwesen, Frankfurter 32
Bibliothek 26, 45, 51, 65, 79, 82, 86, 98, 104, 119, 168, 182, 183, 190, 196
Biedermeierzeit 71
Bienenkorb 20, 35, 43, 51, 55, 101, 153, 191, 227
Bienenkunde, Institut für 129, 130, 135, 139, 150, 153, 154, 185, 186, 187, 188, 189, 190, 191, 200, 228, 233, 234, 235
Bienenseuche 189
Bildungswesen 14, 15, 30, 202
Blaue Blätter 180
Blindenanstalt 52, 53, 54, 62, 63, 64, 65, 66, 74, 75, 80, 88, 89, 90, 91, 94, 102, 105, 106, 107, 108, 109, 125, 126, 130, 131, 132, 133, 136, 138, 150, 151, 152, 153, 192, 193, 194, 195, 196, 197, 200, 203
Blindenbund Hessen 194
Blindenschule 52, 74, 90, 230
Blindenverband, Deutscher 193
Blindenwerkstätten 63, 74, 90, 107, 109, 130, 133, 151, 152, 192
Blumen- und Pflanzen-Ausstellungen 47
Bockenheim 37, 93, 120, 217, 218
Bornheim 217, 218
Börse, Frankfurter 81
Börsenkrach, New Yorker 109
Bossier- und Modellierschule 42
Brailleschrift 87, 90, 192, 194
Bundestag 18, 46, 56, 57, 58
Bundesverdienstkreuz 187
Bürgerhospital 25, 26, 131
Bürgermeister 17, 51, 54, 69, 71, 103, 107, 117, 141, 145
Bürgerrecht, Frankfurter 18, 124
Bürgerstiftung, Frankfurter 200
Bürgerverein 67
Burschenschaften 57

Cäcilien-Verein 200
Camp King 139, 153, 188,
Camp Sibert 139
Carls Stiftung 221
Christian-Albrechts-Universität, Kiel 205
Christliche Demokratische Union (CDU) 145, 158, 172, 175, 176, 177, 198
Code Napoléon 15
Cöntgen- und Fleck'sche Stiftung 126, 150
Creditreform, Verein 116
Cronstett- und Hynspergische Evangelische Stiftung 198

Darmstadt 28, 141, 165, 222
Degussa 117
Demokratie 102, 110,
Denkmalpflege 180, 182, 238,
Denkmünze 43, 44, 50, 51
Denkschrift 52, 77, 105, 110,
Deutsche Bank Stiftung 221
Deutsche Blindenstudienanstalt Marburg e.V. 192
Deutsche Demokratische Partei (DDP) 102, 144
Deutsche Forschungsgemeinschaft 190
Deutsche Telekom Stiftung 225
Deutsche Volkspartei (DVP) 102, 110, 117
Deutscher Bund 17, 19, 56, 57, 59, 61, 69
Deutscher Sparkassen- und Giroverband 145, 205
Deutscher Zollverein 20
Deutsches Gewerbemuseum, Berlin 82
Deutschnationale Volkspartei (DNVP) 114
Die Zeit, Wochenzeitung 183
Diesterweg-Stipendium 222, 223, 224
Diktatur 111, 138, 155
Dokumentarisches Institut 192, 193, 194, 195
Dom 170, 171, 172
Dornbusch 197, 233
Dr. Josef und Janina Haubenstock-Stiftung 230
Dreieich-Sprendlingen 202
Dresden 76
Dresdner Bank 169
Durchgangslager Luft (Dulag) 135, 139

Eberhard Karls Universität, Tübingen 14
École polytechnique, Paris 20, 22

Ehrenmitglied 24, 61, 145, 166, 187, 240
Eiserner Steg 183
Emnid-Institut 169
Engerer Ausschuss 23, 24, 28, 31, 32, 45, 49, 55, 67, 70, 72, 77, 79, 80, 82, 96, 117, 121, 122, 124, 125, 144, 155, 162, 168, 187, 200, 203, 212, 228, 229
Ententemächte 99, 100
Entnazifizierung 118, 141
Eppstein im Taunus 138
Ernährungsamt, städtisches 140
Ernst-May-Siedlung 240
Erster Weltkrieg 70, 99, 100, 101, 105, 107, 125, 128, 144
Eschenheimer Tor 25, 27, 28, 30, 32, 33, 34, 41, 130
Eugenik 132
Evangelisches Vereinshaus Westend 142, 143

Fachhochschule Frankfurt 225, 226
Fachschule 15, 78, 79
Fachverband der Bienenzüchter 153
Fechenheim 217, 220
Finanzamt 105
Finanzkrise 196
Flughafen 148, 235
Fondation de l'Allemagne 213
Frankfurter Allgemeine Zeitung 172, 177, 183, 196, 197, 212, 224
Frankfurter Gewerbefreund 51
Frankfurter Hof, Hotel 78, 81, 167
Frankfurter Intelligenzblatt 73
Frankfurter Neue Presse 118
Frankfurter Oberpostamtszeitung 28
Frankfurter Rat 14
Frankfurter Rundschau 125, 141, 193
Frankfurter Sparkasse von 1822 35, 37, 81, 91, 92, 93, 94, 96, 99, 100, 102, 103, 104, 105, 109, 110, 111, 115, 116, 117, 118, 119, 120, 121, 122, 124, 125, 126, 128, 134, 138, 141, 142, 145, 146, 147, 148, 149, 150, 151, 152, 153, 154, 155, 160, 162, 165, 168, 169, 170, 172, 173, 174, 176, 177, 178, 179, 182, 186, 187, 199, 200, 201, 202, 203, 204, 205, 206, 207, 208, 209, 213, 229, 232, 236, 241
Frankfurter Stiftung für Blinde und Sehbehinderte 231, 232
Frankfurter Volksblatt 116
Frankfurter Zeitung 70, 109
Frankreich 15, 46, 58, 99
Französische Revolution 15, 22, 59
Frauen 64, 75, 76, 91, 109, 133, 220, 182
Frauenarbeit 75, 76, 77, 80
Frauenbewegung 76
Frauenbildungs-Verein 76, 95
Freie Demokratische Partei (FDP) 170, 172, 175
Freie Universität Berlin 234
Freiherr Anselm Salomon von Rothschild'sche Stiftung zur Förderung des Kunstgewerbes 84
Friedrichsdorf 236
Friedrichshütte bei Laubach 36,

Gallus-Viertel 217, 223
Gasbeleuchtung 28, 30, 106
Geldentwertung 103, 105
Gemeinnütziges Verein zur Förderung des nationalsozialistischen Siedlungswerkes im Rhein-Main-Gebiet (Siedlungsförderungsverein) 129
Georg und Franziska Speyerschen Studienstiftung 95
Georg-August-Universität, Göttingen 13
Gerda Henkel Stiftung 216, 218, 219
Gesellschaftshaus 64, 65, 67, 72, 74, 79, 80, 81
Gewerbeausstellung 44
Gewerbefreiheit 18, 64, 67, 71, 75
Gewerbekasse 67
Gewerbeschule 42, 43, 55, 72, 77
Gewerbeschule, höhere 62, 64, 72
Gewerbeverein 51
Gleichschaltung 113, 115, 118, 121, 124, 126, 131, 132
Goetheplatz 53
Goethe-Schülerlabor Chemie & Physik 225
Goldenes Buch 211
Goldman, Sachs & Co. 204, 207
Göttingen 13
Grillparzerstraße 121
Großbritannien 11, 17, 19, 29, 99
Große Eschenheimer Gasse 17, 30, 67, 78
Große Eschenheimer Straße 193
Große Gallusgasse 79
Große Sandgasse 19, 36, 37, 41, 42, 44, 45
Gründungsmitglieder 22, 23, 29
Gutleutstraße 125
Gymnasium 12, 14, 15, 20, 22, 23, 31, 41, 120, 220, 222, 224, 233

Hainer Weg 88
Hambacher Fest 57
Hamburg 17, 20, 22, 76
Hamburgische Gesellschaft zur Beförderung der Künste und nützlichen Gewerbe (Patriotische Gesellschaft von 1765) 20, 21, 22
Hanau 40, 144, 145, 178, 236
Handelsschule 67, 73
Hauptbahnhof 81, 170
Hauptfriedhof 38, 39, 240
Hauptwache 57
Haus Fürsteneck 85
Haus zum Karpfen 64
Heidelberg 41, 154, 168, 186
Heiliges Römisches Reichs Deutscher Nation 14, 17
Hellerhofschule 223
Henninger-Turm 172
Herbert Quandt-Stiftung 219, 220
Hermann-Herzog-Schule 197, 230
Hertie-Stiftung 213
Hessenpark 235
Hessischer Rundfunk 192, 206
Hessisches Rotes Kreuz 145
Historische Ausstellung Kunstgewerblicher Erzeugnisse 78
Historisches Museum 164, 169, 170, 171, 172, 173, 174, 175, 176
Hoch'sches Konservatorium 86
Hochheim 240
Hochschule für Musik und Darstellende Kunst 199, 226
Höchst 117, 143, 169, 219, 240
Höchster Farbwerke 79
Hypotheken-Bank, Frankfurter 117

IBM 192, 193, 194
Industrie 12, 17, 18, 19, 20, 23, 31, 71, 77, 144, 148, 155

Industrie- und Handelskammer 153, 159, 170
Innenstadt, Frankfurter 64, 138, 170
Institut für Demoskopie 147
Institut für Garten- und Feldbaukultur 47
Institut für Gemeinwohl 95
Institut für Muskelflug 115, 126
Institut für Stadtgeschichte 22, 118
Institut zur Beförderung der Sittlichkeit und des Wohlverhaltens unter der dienenden Klasse 50, 61
Integrationsamt Hessen 198
Internationale Luftschifffahrtausstellung (Ila) 110

Jahrhunderthalle, Höchst 169
Johann Wolfgang Goethe-Universität 95, 110, 117, 125, 128, 130, 131, 136, 154, 167, 173, 185, 187,188, 199, 205, 206, 213, 226, 232, 233, 234
Juden 15, 18, 49, 114, 121, 123, 138,
Jüdische Nationalfonds 200
Julirevolution von 1830 46, 57
Junghof 24, 25, 64
Junghofstraße 64, 65, 73, 74, 76, 78, 81

Kaiserliches Königliches Polytechnisches Institut, Wien 20
Kaisersaal 183, 211
Kammermusik 162, 169, 177, 178, 179, 180, 186, 199, 200, 203, 236
Karlsbader Beschlüsse 57
Karlsruhe 62, 240
Karl-von-Frisch-Weg 190, 235
Karmeliterkloster 161, 162, 164, 181, 182, 240, 241
Katharinenkloster 45, 46, 51, 52, 53, 61, 62, 64
Kinderhilfestiftung e.V. 194
Kirchnerstraße 91, 135
Kohlrübenwinter 100
Kommunistische Partei Deutschlands (KPD) 110
Konstablerwache 57
Kontinentalsperre 17
Kriegsanleihen 100, 102
Kriegsgefangenschaft 186
Kunst- und Gewerbeausstellung 51
Kunstgewerbemuseum 76, 77, 79, 84, 85, 86, 87, 98, 99, 100, 104, 183, 237
Kunstgewerbeverein 78, 79, 80, 81, 82, 85, 86, 87, 94, 96, 100, 101, 102, 103, 104, 105, 160, 161, 181, 182, 185, 186, 199, 200, 203, 237, 239, 240
Kuratorium Kulturelles Frankfurt (KKF) 158, 159, 162, 164, 165, 171, 172, 173, 180, 186,199, 200, 203, 224, 229, 240, 241

Landesbank Hessen-Thüringen (Helaba) 204, 205, 207, 208, 209, 212
Lange Straße 92
Leipzig 17
Liebighaus 173, 176
Liederkranz 54, 65, 81
Lions Club 194
Lübeck 17
Luftfahrt 114
Luftkrieg 137
Luftschutzkeller 134, 138
Lurgi GmbH 125
Lyzeum 15

Mädchenwohnheim 63, 90, 107
Magistrat 70, 71, 72, 77, 89, 95, 103, 104, 106, 117, 157, 158, 172, 175, 180, 201
MainCampus-Stipendiatenwerk 225, 226
Mainkanalisierung 81
Main-Kraftwerke AG 125
Mangelernährung 141
Männerwohnheim 90
Marburg 40, 110, 192
Marga und Kurt Möllgaard-Stiftung 221
Mechanik-Schule 42
Medizinisches Institut 25, 26
Messe 44, 45, 51, 129, 148
Metallgesellschaft AG 125
Michael-Schule 168
Militärregierung, amerikanische 115, 118, 141, 142, 144, 146
Mitgliederversammlung 94, 104, 111, 117, 122, 124, 126, 142, 143, 145, 155, 162, 187, 198, 200, 201, 204, 205, 206, 207, 208, 209, 212, 228, 237
Mitgliederzahl 71, 105
Mittwochskolleg 57
Montagskränzchen 59
Mousonturm 194
München 20, 77, 79, 186
Murnau am Staffelsee 142
Museum für Kunsthandwerk 161, 176, 184, 185
Museum für Vor- und Frühgeschichte 176
Museumsgesellschaft (Frankfurter Museum für Kunst und Wissenschaft) 49, 54
Museumsufer 175, 176, 182, 184, 239
Musikhochschule, Frankfurter 178, 179, 199
Musisches Zentrum 197, 198, 230
Musterschule 30, 31, 32, 186

Nachkriegszeit 139, 155, 197
Nassauische Blindenfürsorge 107
Nassauische Heimstätte GmbH 125
Nassauische Landesbank 115, 116, 120, 125
Nassauische Sparkasse 92
Nationalliberaler Wahlverein 70
Nationalsozialistische Deutsche Arbeiterpartei (NSDAP) 110, 111, 113, 114, 116, 117, 119, 120, 121, 124, 125, 128, 132, 144
Nationalsozialistische Deutsche Arbeiterpartei, Gauleitung, Hessen-Nassau 116, 120, 121, 122, 123, 124, 128, 130
Nationalversammlung 59, 60, 61, 102
Nazifizierung 116
Neue Frankfurter Zeitung 67
Neue Mainzer Straße 64, 80, 81, 82, 83, 85, 86, 96, 97, 98, 103, 104, 105, 113, 122, 125, 126, 127, 134, 135, 137, 138, 146, 147, 148, 149, 150, 155, 161, 177, 178, 199, 204, 213, 229, 236
Neue Rothofstraße 67, 74, 78
Neuen Schlesingergasse 96
Nieder-Erlenbach 218
Nikolaikirche 172
Nordend 75, 90, 138, 232
Notengebung 74
Nürnberg 76
Nürnberger Gesetze 121, 123, 133

Oberbürgermeister 70, 78, 95, 104, 110, 114, 117, 119, 120, 129, 141, 142, 143, 144, 145, 148, 156, 165, 167, 169, 170, 172, 173, 175, 176, 177, 180, 182, 183, 200, 201, 204, 211, 239
Oberstedten 153
Oberursel 129, 130, 135, 136, 137, 139, 145, 154, 185, 188, 189, 190, 191, 233, 234, 235, 236
Odenwald 128, 129
Offenbach 178
Österreich 17, 42, 44, 57, 60, 61, 69, 75, 99, 141, 154, 189, 190
Österreichische Blindenanstalt 75
Österreich-Ungarn 99

Palais Thurn und Taxis 17, 18, 78
Palmengarten 81,
Paris 20, 57, 87, 213
Patriotischer Verein 61
Paul-Hindemith-Schule 217
Paulskirche 59, 60
Peter Fuld Stiftung 221
Pfennig-Sparanstalt 92, 95
Philipp Holzmann AG 185
Philipps-Universität, Marburg 40
Physikalischer Verein 95, 200
Physikalisches Institut 110
Polizei-Section 88
Pressefreiheit 56
Pressverein 57
Preußen, Königreich 61, 69, 70, 77
Prüfungsfeier 43, 44
Punktschrift 87, 193, 194

Quartierschule 15, 30

Racibórz (Polen) 116
Radio Frankfurt 144
Realschule 73, 220, 222, 224
Rebstock 114, 115
Reichssiedlungshof 129, 135, 136, 139, 188
Revolution von 1848 60, 61, 69
Rheinbund 14, 15, 17
Riedberg 206, 226
Rödelheim 40, 41
Römer 17, 102, 158, 170, 171, 172, 183, 211
Römerstadt 240
Rossmarkt 64
Russland 99, 102, 226

Saalbau AG 64
Saalburg 235
Saalhof 170, 173
Sachsenhausen 95, 161, 218
Sandhof bei Frankfurt am Main 57
Sanierung 81, 107, 192, 197, 237
Satzung 24, 25, 36, 47, 56, 61, 76, 93, 94, 102, 104, 121, 122, 123, 124, 125, 126, 141, 142, 143, 144, 199, 201, 228, 231, 232
Schaumainkai 81, 161, 174, 181, 182, 183, 213, 224, 238, 239
Schillerschule 218
Schleißheim 230
Schloss Dehrn 150
Schulgarten 74
Schulgeld 73
Schulwesen 62, 77
Schwalbach 178, 236
Schwarze Liste 58
Schwarzmarkt 140
Seckbacher Landstraße 170
Senat 17, 18, 25, 28, 30, 32, 36, 39, 56, 62, 65, 67
Senckenberg, Forschungsinstitut und Naturmuseum 199
Senckenbergische Anatomie 22
Senckenbergische Naturforschende Gesellschaft (SNG) 27, 54, 131
Senckenbergische Stiftung 22, 25, 27, 30, 95
Sonntagsschule 10, 32, 33, 34, 35, 37, 41, 42, 43, 44, 52, 72, 226
Sonntags- und Abenschule 62
Sonntags- und Gewerbeschule 45, 46, 47, 49, 52, 55, 61
Sossenheim 217
Sozialarbeit, Institut für 200
Sozialdemokratische Partei Deutschlands (SPD) 102, 110, 145, 148, 172, 175, 176
Sparkassen- und Giroverband Hessen-Thüringen 205, 207
Spar- und Sterbekasse 35
St. Bartholomäuskirche 170
St. Katharinen- und Weißfrauenstift 212, 231
St. Peter und Paul 240
St. Petersburg 230
Städelsches Kunstinstitut 45, 80, 81, 83, 168
Städelschule 128, 226
Städtische Sparkasse 93
StadtteilBotschafter 216, 217, 218, 219
StadtteilHistoriker 216, 218, 219
Stadtplanung 171
Stadtsparkasse 104, 142, 169, 186, 200, 201, 203
Stadtverordnetenversammlung 70, 77, 102, 110, 114, 120, 145, 157, 158, 170, 172, 208
Stalburgstraße 90, 107, 133, 138, 151, 152, 231
Statuten 24, 37, 47, 53, 56, 71, 88, 94, 103, 122, 123, 125, 126, 143
Stenographisches Institut 67, 80, 95
Stiftung Blindenanstalt 151, 152, 186, 187, 191, 193, 194, 196, 197, 198, 227, 228, 230, 231
Stiftung Citoyen 221
Stiftung Lesen 206
Stiftung Volkswagenwerk 185, 188
Stiftung Waisenhaus 231
Stiftungsrat 212, 215, 224
Stiftungsuniversität 95, 110
Stipendien 55, 162, 179, 214, 216, 217, 218, 221, 222, 226, 233
Straßburg 144
Studentenprotest 171
Südwestfunk 192
Suppenanstalt 45

Taubenhofgasse 24
Taunusanlage 145
Technische Hochschule 62
Technische Hochschule Darmstadt 165
Technischer Verein 75, 80, 94, 100, 154
Technisches Rathaus 170, 172
Theobald-Christ-Straße 64
Theobaldstraße 63, 74
Töngesgasse 41, 53
Tübingen 14

U-Bahn 170, 194
Union International Club e.V. 221
Universität Bursa 235

Universität Gießen 153, 154
Universität Halle 128
Universität Jena 117
Universität Mainz 229
Universitätsarchiv, Frankfurter 121
Universitätsgründung 95
Universitätsinstitut für Orthopädie „Friedrichsheim“ 153
Unter- und der Obermainbrücke 81
Unterliederbach 217
Untermainanlage 224

Vaterlandsverein 57
Verein für die körperliche Ausbildung der Jugend 54
Verein für Haushaltungsschulen 95
Verein für Kinderhorte 95
Verein für Volkswirtschaft und Gewerbe 80, 95, 114
Verein zum Wohle der dienenden Klasse 63, 64, 65, 66, 75, 80, 91, 94, 126
Verein zur Pflege der Kammermusik und zur Förderung junger Musiker (Kammermusikverein) 227, 236, 237
Vereinswesen 18, 49, 75
Versuchsgarten-Verein Sachsenhausen 95
Victoria and Albert Museum 77
Villa Metzler 161, 181, 182, 237, 239
Villmar an der Lahn 138
Völkerkundemuseum 176
Völkerschlacht 17
Volkshochschule 221
Volksschule 15, 62, 76, 90
Volkswirtschaftlicher Verein 67
Vormärz 56
Vorschule 73, 83, 90

Wachensturm 57, 58
Wahlrecht 102
Währungsreform 105, 145, 146, 147, 150, 232
Wallanlage 104
Wärmstube 46
Weimar 16, 141
Weimarer Republik 102, 120
Weißfrauenkloster 41
Weißfrauenschule 31, 34, 42
Weltwirtschaftskrise 109, 110
Westend 142, 143, 220
Wiederaufbau 139, 143, 144, 145, 148, 151, 152, 157, 158, 159, 168, 170, 172, 173, 180
Wien 17, 20, 29, 52, 58, 60, 77, 177
Wiener Kongress 17
Wiesbaden 92, 107, 125, 167
Wirtschaftlicher Verein 204, 205, 207
Wirtschaftswunder 147, 148
Wöhlerschule 65, 73, 74, 77, 233
Wöhler-Stiftung 55, 72, 80, 110, 126, 150, 165, 200, 232, 233

Zahnklinik „Carolinum“ 95
Zeil 19, 43,44, 46, 53, 62, 161
Zentral-Verband der Fliegergeschädigten, Evakuierten und Währungsgeschädigten 145
Zentrum (Partei) 102, 110
Ziehenschule 225
Zoo 173, 217
Zoologisches Institut 130, 136, 154, 185
Zum Maulbeerhof, Gasthaus 41
Zum Weidenbusch, Hotel 54
Zunft 12, 56, 60, 67, 75
Zweirad 28
Zweiter Weltkrieg 133, 134, 135, 146, 155, 165, 170, 172, 181